Hans Bernd Altinger • Johannes der Täufer

Hans Bernd Altinger

JOHANNES DER TÄUFER

SEIN WAHRES LEBEN UND WIRKEN, SEINE WIEDERKEHR

DREI ULMEN VERLAG
MÜNCHEN

Die Landkarte ›Palästina zur Zeit Johannes des Täufers und Jesu‹ zeichnete Hans Bernd Altinger.
Für den Schutzumschlag gelangte ein Aquarell ›Johannes der Täufer, der Rufer in der Wüste‹ von Gertraud Berger zur Verwendung.

ISBN 3-926087-20-X

Wege des Lichts bin ich gegangen,
Worte des Heils haben meine Sinne vernommen
und doch bin ich Schüler

Doch wahrlich ich sage Dir,
es gibt keine größere Gnade,
als Schüler des Herrn zu sein.

(Mediales Wort eines Essener-Meisters)

INHALT

ABBILDUNGEN

VORWORT

»Ich sage euch, daß unter denen, die vom Weibe geboren sind, kein Größerer ist als Johannes.« (Lukas-Evangelium 7,28)

Vor fast genau 2000 Jahren wurde in Jerusalem ein Mensch geboren, dessen Name sowohl im Christentum als auch im Islam eine besondere Bedeutung hat: Jochanan ben Sacharja, Johannes der Täufer.

Seine Geburt, sein Leben und sein Tod sind von Mysterien umgeben. Das Neue Testament und der Koran berichten von Johannes dem Täufer, belassen ihn aber dennoch in einem rätselhaften Halbdunkel. Die Evangelien erwähnen zwar die Botschaft Johannes des Täufers und seine Verbindung zu Jesus, lassen aber viele Fragen offen.

Wer war dieser Asket, Prediger und Volksheld wirklich? Wie lebte er? Welche Mission erfüllte er? Welche Beweggründe führten zur Enthauptung durch Herodes? Gehörte er der geheimen Bruderschaft der Essener an und war er etwa der Lehrer Jesu?

Diese Fragen stellten sich mir, als ich vor einigen Jahren auf seltsame Weise mit der Gestalt Johannes des Täufers in Berührung kam. Es waren denkwürdige Phänomene, Zeichen und Erlebnisse, die mich zu diesen Fragen hinführten. Kurze Zeit später stieß ich auf mediale Botschaften Johannes des Täufers und der Essener. Die Poesie und der Inhalt dieser Mitteilungen faszinierten mich. Dennoch dauerte es eine geraume Zeit des Hinterfragens und Zweifelns, ehe ich verstand, daß die *geistige Welt* genauso Realität ist, wie die *Welt der Materie.* Ich erkannte, daß der Geist eines Jesus oder Johannes stets vorhanden und wirksam ist. Einblicke in die Welt der Anthroposophie (1) sowie in die esoterischen Wurzeln der großen Religionen verhalfen mir zu weiterer Erkenntnis.

Von den Essenern wußte ich zum damaligen Zeitpunkt so gut wie nichts. Vom Leben und Wirken Johannes des Täufers war mir soviel wie jedem Durchschnitts-Christen bekannt. Voller Neugier begann ich zu suchen. Ich wollte herausfinden, ob ein inhaltlicher Zusammenhang zwischen den heutigen medialen Botschaften Johannes des Täufers und seiner biblischen und historischen Mission von einst besteht. Ich fragte mich, ob die medialen Mitteilungen der Essener mit dem Gedankengut der ehemaligen Bruderschaft vom Toten Meer in Einklang zu bringen sind.

Im Rahmen meiner Studien über die Essener war diese Übereinstimmung schnell gefunden, gibt es doch die Schriftrollen-Funde von Qumran, die uns viel über die Welt dieser religiösen Gruppierung zur Zeit Christi preisgeben.

Bei meinen Recherchen über das Leben und Wirken Johannes des Täufers mußte ich jedoch bald erkennen, daß ein Gesamtbild nur durch das Sammeln und Sortieren vieler und kleiner Mosaiksteinchen entstehen konnte. Ich habe mehr entdeckt, als ich hoffen durfte. Nur so war es mir möglich, die Mysterien um den Täufer aufzuhellen und sein Leben neu zu schreiben.

Ich habe aber noch mehr gefunden: Prophezeiungen, die in beeindruckender Weise von der Wiederkehr Johannes des Täufers künden. Meine Überraschung war groß, als ich feststellte, daß diese Prophezeiungen mit den empfangenen medialen Botschaften Johannes des Täufers und der Essener übereinstimmten.

Mir wurde bewußt, daß die Existenz Johannes des Täufers, sein Wirken von einst, aber auch seine zukünftige Mission in einem weit größeren Zusammenhang gesehen werden müssen, als die christliche Menschheit erahnt.

Dieses Buch ist deshalb in zwei große Themenkreise gegliedert. Während in Teil I und II historisches und biblisches Leben und Wirken Johannes des Täufers und der Essener beschrieben werden, liegt in Teil III und IV der Schwerpunkt auf der prophetischen Aussage der Wiederkehr Johannes des Täufers und den medialen Botschaften, die ebenfalls von einer Wiederkehr des Täufers in naher Zukunft künden.

TEIL I

JOHANNES DER TÄUFER

SEIN LEBEN UND WERK NEU GESCHRIEBEN

EINFÜHRUNG

Johannes der Täufer ist eine der bedeutendsten Persönlichkeiten in der Geschichte der Menschheit. Sein Wirken hatte großen Einfluß auf die christlichen Kirchen und den Islam. Die Christen verehren ihn als Vorläufer Jesu Christi, die Mohammedaner achten ihn als großen Propheten. Trotz aller Verehrung, die Johannes dem Täufer entgegengebracht wird, ist ein Schleier des Geheimnisvollen um seine Mission gelegt. So sind bis heute auch nur Bruchstücke und Klischees seines Wirkens bekannt. Mein Bestreben ist es, diesen Schleier zu lüften, um den wahren Weg seines Lebens aufzuzeigen und den ganzen Gehalt seiner Mission - damals wie heute - hervorzuheben.

Es verwundert, daß über eine so zentrale Gestalt der Bibel nur wenig gesammeltes Wissen vorhanden ist. Als ich zu suchen und zu recherchieren begann, bin ich auf umfangreiches Material gestoßen. Durch den Fund der Schriftrollen vom Toten Meer im Februar 1947 hat das Wissen über Johannes den Täufer nicht wesentlich zugenommen, der Hintergrund seiner Sendung kann jedoch stärker ausgeleuchtet werden.

Neben den biblischen Texten und den Schriftrollen vom Toten Meer mußten also andere Quellen erschlossen werden, um das Leben und Wirken Johannes des Täufers neu zu schreiben.

Dies war mir jedoch stets bewußt: Ein Mann, ein Prophet hat Geschichte gemacht. Sein Name und Werk bleiben unvergessen. Sein Wissen, seine Weisheit und Lehren waren wesentlich umfassender als uns die Bibel vermittelt. Seine Ausstrahlung, seine Fähigkeit, die Menschen seiner Zeit zu bewegen und die hohe Achtung und Verehrung seiner Mitmenschen beruhten nicht nur auf den wenigen Sätzen, die das Neue Testament zitiert. Es muß mehr gewesen sein, was die Menschen im damaligen Palästina veranlaßte, weite Fußstrecken zurückzulegen, um sein Wort zu hören.

Welche Fähigkeiten zeichneten den Prediger aus? Wer waren seine Lehrer? Wie seine Lebensumstände? Und nicht zuletzt: Was war sein Werk?

DAS ALLGEMEINE BILD

Mit Johannes dem Täufer endet das Alte Testament und beginnt zugleich das Neue Testament. Er trennt sie nicht, er verbindet sie. Dazu war es jedoch nötig, die Mauern der Gesetze, Vorschriften und Rituale des Alten Bundes niederzureißen und durch Worte und Werke im Sinne der kommenden christlichen Heilsbotschaft neu aufzubauen.

Johannes der Täufer wird als der letzte Prophet des Alten Bundes bezeichnet. Aufgrund seiner wirkungsvollen Neuerungen der bestehenden Strukturen und Gesetzesauslegungen sagt Thomas von Aquin in seinem Hauptwerk *Summa Theologica* (1266/73): *»Johannes war nicht nur Prophet, sonder mehr als Prophet.«*

Nach biblischen Quellen ist Johannes der Täufer sechs Monate vor Jesus von Nazareth geboren. Laut dem Evangelisten Lukas war Elisabeth im sechsten Monat schwanger, als Maria von ihrer eigenen Schwangerschaft erfuhr. So fällt auch der kirchlich festgelegte Geburtstag von Johannes dem Täufer auf den 24. Juni, er liegt also sechs Monate vor der Geburt Jesu. Am 24. Dezember, dem von der christlichen Kirche festgelegten Geburtstag Jesu, erreicht die Sonne den tiefsten Stand des Jahres und nimmt von da an zu. Die Festlegung beider Geburtstage ist also symbolhaft bezogen auf den Ausspruch Johannes des Täufers: *»Er muß wachsen, ich aber muß abnehmen.«*

Der Geburtsort Johannes des Täufers ist Ain Karem (En Karim) an der südwestlichen Stadtgrenze Jerusalems. Seine Mutter Elisabeth und Maria waren Cousinen. (Esmira, die Mutter Elisabeths und Anna, die Mutter Marias, waren Schwestern). Interessant ist der Hinweis bei Lukas 1,36-37, daß der Engel, der Maria die Geburt verhieß, auch die von Gott geschenkte Schwangerschaft ihrer Verwandten Elisabeth erwähnt. Dies mag der Anlaß gewesen sein, daß Maria ihre Cousine aufsuchte. Die christlichen Kirchen gedenken diesen Geschehens mit dem Festtag *Mariae Heimsuchung*. Lukas 1, 41 berichtet, daß das Kind in Elisabeths Schoß *»hüpfte«*, als Maria mit ihrer Leibesfrucht im Hause Zacharias erschien.

Beide Geburten wurden den Eltern durch einen Engel (Gabriel) angekündigt, der zugleich auch den Namen der Kinder festlegte. Beide Zeugungen liegen im Bereich des Wundersamen. Unterschiedliche frühchristliche Texte berichten im

Zusammenhang mit der Geburt Johannes des Täufers und Jesu vom Besuch dreier Magis. Beide Kinder sollten von Herodes d. Gr. getötet werden. Wiederum erscheint der Engel und befiehlt die Flucht.

Neben den Gemeinsamkeiten, daß beide zur gleichen Zeit lebten, für das gleiche Ziel mit gleichen Mitteln wirkten und im gleichen Lebensalter von etwa vierzig Jahren(2) durch mysteriöse Urteile eines gewaltsamen Todes starben, zeigt sich noch eine weitere Parallele am Rande: Herodes Antipas wollte die Enthauptung des Täufers nicht. Aus Überlieferungen wissen wir, daß dieser den Täufer sogar in hohem Maße schätzte und achtete und oftmals das Gespräch mit ihm suchte (sh. Mk 6, 20), im besonderen während seiner Inhaftierung auf der Feste Machaerus(3). Widerwillig gab er jedoch dem Drängen seiner Frau Herodias und deren Tochter Salome nach. Auch bei Jesus wissen wir, daß Pilatus gegen dessen Kreuzigung war. Doch auch er gab dem Drängen der Priesterschaft nach.

Die Überlieferungen und Schilderungen beider Lichtgestalten zeigen verblüffende Ähnlichkeiten. Beide getrennt zu erfassen, fällt überhaupt schwer. Man spürt förmlich, daß Johannes der Täufer und Jesus eine Einheit sind, Ergänzung und ein Ineinander-Überfließen zugleich. Fast scheint es, als hätte die Vorsehung ein Prinzip in zwei Gestalten inkarniert, um eben dieses Prinzip sicher in die Welt der Materie zu verpflanzen.

Johannes der Täufer zählt zu den großen Gestalten der Bibel. Alle vier Evangelisten (Markus, Lukas, Matthäus, Johannes) beginnen mit Johannes dem Täufer. Die umfassendste und eindrucksvollste Darstellung des Werkes Johannes des Täufers ist dabei durch den Evangelisten Johannes gegeben. Insgesamt wird Johannes der Täufer in mehr als hundert Versen in der Bibel erwähnt. Im Koran (19. Sure, Verse 1-15) wird die Verkündigung seiner Geburt und Sendung an Zacharias beschrieben. Zudem wird von der Weisheit berichtet, die Johannes dem Täufer bereits im Kindesalter inne ist. Die Mohammedaner verehren Johannes den Täufer unter dem Namen Yahia. Er gilt als Vorläufer des Propheten Mohammed. In der christlichen Welt hat er die Namen:

Johannes der Täufer, Johann Baptist, John the Baptist, Giovanni Battista, Jean Baptiste, Ionnis Prodromos (= der Vorläufer).

Der hebräische Name lautet Jochanan ben Sacharja und bedeutet: Johannes, Sohn des Zacharias.

Johannes der Täufer genießt ein hohes Maß an Verehrung. In der Hierarchie der Heiligen steht er zusammen mit der Gottesmutter Maria auf vorderstem Rang. Speziell im Mittelalter ist die Darstellung seiner Person und seines Wirkens ein beliebtes Thema der bildenden Kunst in der christlichen Welt. Besonders bei Deésis-Bildern (4) wird der thronende oder erhöht stehende Christus zwischen Maria und Johannes dem Täufer dargestellt. Dennoch ist Johannes der Täufer kein volksnaher Heiliger oder gar Volksheiliger. Es gibt auch kaum Legenden um ihn, wie sonst oft bei Heiligen. Gebete an Johannes den Täufer um Fürbitte sind in unserer Zeit selten. Vielen Gläubigen erscheint er auch fälschlicherweise unnahbar. In gewisser Weise hat sich ein Mythos um ihn gebildet.

Ich habe eine Vielzahl von Christen aller Konfessionen befragt. Der biblisch wesentliche Inhalt seines Wirkens (Aufruf zu Buße und Umkehr, Taufe, Hinweisen auf Jesus als Messias), ist allen Befragten in einem, mehreren oder allen Punkten bekannt. Alle beschreiben die Gestalt Johannes des Täufers mit den Eigenschaften Mut, Kraft, Disziplin, Weisheit, Kompromißlosigkeit, Wortgewandtheit, Unerschrockenheit, Strenge und Sich-Zurücknehmen. Seltsamerweise werden die Eigenschaften Liebe und Barmherzigkeit kaum genannt. Im Verlauf dieses Buches werde ich jedoch aufzeigen, daß auch diese in besonders hohem Maße zum Wesen Johannes des Täufers gehören.

Die Predigten Johannes des Täufers (Lk 3, 10-14) zur Volksmenge: *»Wer zwei Röcke hat, gebe einen dem, der keinen hat und wer Speise hat tue ebenso!«*, zu den Zöllnern: *»Fordert nicht mehr, als was euch verordnet ist!«* oder zu den Soldaten: *»Begehet gegen niemand Gewalt und Erpressung und begnügt euch mit euerem Solde!«*, werden von den meisten Christen jedoch Jesus zugeordnet. Diese Verwechslung liegt nahe, da gerade die Aspekte der Nächstenliebe und Gnade durch Jesus personifiziert wurden.

Für uns mag es heute kaum vorstellbar sein, doch die Worte Johannes des Täufers waren revolutionär. Der Aufruf, den Besitz, das tägliche Brot mit dem Nächsten, auch den Unterprivilegierten zu teilen, findet sich im Alten Testament nicht. Daß Johannes der Täufer seine Worte, seine Botschaft an alle Stände, an jedermann, selbst an die Unreinen und Heiden gerichtet hat, war ebenfalls ein Verstoß gegen die bestehende Ordnung. Hinzu kommen seine Angriffe gegen die Selbstherrlichkeit, und Heuchelei der Pharisäer[(5)] und Sadduzäer[(6)], wie sie sehr deutlich im Matthäus-Evangelium (Mt 3, 7-10) und Lukas-Evangelium (Lk 3, 7-9) geschildert werden. Mit diesen Worten aberkennt er ihnen die geistige und priesterliche Führung der Juden, mehr noch, sie waren Angriff auf die geistig-religiöse Elite des Volkes Israel und bestritten das Auserwähltsein Israels.

Johannes der Täufer löste mit seinen Predigten eine Bewegung aus, die man als *Aufbruch zu neuen Ufern des Geistes* bezeichnen muß. Seine Ausstrahlung und Ausdruckskraft, seine Worte und Taten waren bahnbrechend und führten das Volk in großen Scharen zu ihm. Offenbar respektierten alle, selbst seine Gegner, die Lauterkeit seines Wirkens, denn niemand unterstellte ihm persönliche oder politische Motive. Selbst bis dato ist mir kein Historiker, kein Autor bekannt, der Johannes den Täufer in Zusammenhang mit politischen Interessen oder egoistischen Zielen bringt.

Wenn Johannes der Täufer ein so hohes Maß an Verehrung genießt, dann sind wohl folgende Aspekte dafür ausschlaggebend:

Sein Mut gegenüber der geistig-religiösen Elite Israels; die Einführung der Taufe, speziell die Taufe Jesu und in diesem Zusammenhang sein Bekenntnis zur messianischen Bewegung; seine Kompromißlosigkeit gegenüber Herodes Antipas; seine Disziplin in Wort und Tat; sein Sich-Zurücknehmen auf dem Höhepunkt seines Ansehens. Der Täufer bleibt trotz seines Erfolges demütig. Er verweist auf einen Größeren, den Messias.

Darin liegt seine besondere Größe: Johannes der Täufer hatte unbeschreiblichen Einfluß auf das Volk. Doch er wehrte die Verehrung der Menschen von sich ab und verwies auf einen noch Unbekannten: Jesus, den kommenden Messias. Im Zenit seines Ruhms machte er Platz für einen Anderen. Er war bereit, sich einzuordnen und diesem den Weg zu ebnen.

Wenn viele Christen in dem Täufer die Eigenschaft der Strenge sehen oder ihn gar als unnahbar empfinden, so mag das daran liegen, daß seine Anforderungen zu hoch erscheinen und sein Aufruf zur Buße mißdeutet wird. Das Wort Buße ist im heutigen Sprachgebrauch auch seinem ursprünglichen Sinn entfremdet. Das griechische *metanoia* kommt dem sehr nahe, was dem alttestamentaischen und prophetischen Verständnis von Buße innewohnt. *Buße ist Sinnesänderung.* Sie ist also weder Selbstbestrafung noch nachträgliche Reue, vielmehr Umkehr und Neubesinnung. Mit »*Tuet Buße*« forderte Johannes der Täufer die Menschen auf: Wandelt eure Überheblichkeit in Demut! Erhebt euren Körper nicht zu eurem Götzen! Sucht euer Heil nicht im Äußeren! Trachtet nicht nach materiellem Gewinn! Kehret um zu Gott und richtet euch aus nach Gottes Gesetzen!

Die Evangelisten Matthäus, Markus und Lukas nennen als Wirkungsstätten Johannes des Täufers die Wüste (Mt 3,1; Mk 1,4; Lk 3,2) und den Fluß Jordan (Mt 3,6; Mk 1,5; Lk 3,3). Mit Wüste ist die Judäische Wüste gemeint. Matthäus nennt sie in 3,1 die Wüste des jüdischen Landes. Die Bezeichnung Wüste ist hierbei die gebräuchliche Übersetzung des hebräischen Begriffs *midbar*, der nicht eine pflanzenlose Sand- und Geröllandschaft bezeichnet, sondern eine für den Ackerbau untaugliche Region. Eine begrenzte Nutzung als Weide für Kamele, Schafe und Ziegen ist jedoch möglich.

Lukas schildert in 3,3: »*Und er kam in das ganze Land um den Jordan und predigte die Taufe der Buße und Vergebung der Sünden.*« Der Evangelist Johannes erwähnt als Taufstelle *Betanien jenseits des Jordans* (1,28) und *Änon, nahe bei Salim* (3,23). Das hier genannte Betanien ist nicht identisch mit dem Betanien nahe Jerusalem, am östlichen Abhang des Ölbergs, sondern bezieht sich auf die Taufstelle Johannes des Täufers kurz vor der Mündung des Jordans in das Tote Meer. Diese Stelle wird in zeitgemäßen Handschriften Bet-Abara genannt. Die heutige Kleinsiedlung Bat Ha Arava, wo der Wadi Nuseirat aus Jordanien kommend in den Jordan mündet, liegt in unmittelbarer Nähe der historischen Taufstelle. Bezüglich der Taufstelle haben sich in den frühchristlichen Texten jedoch

Irrtümer und Übertragungsfehler eingeschlichen. Wo genau und warum Johannes der Täufer speziell *»jenseits des Jordans«* getauft und gepredigt hat, wird im Kapitel *Auftrag und Werk* dargestellt.

Weitere Stätten an denen Johannes der Täufer wirkte, waren Jerusalem, Jericho, Qumran und die Wüste Judäa. Es kann jedoch ausgeschlossen werden, daß er in diesen Orten taufte oder seine großen Predigten hielt. Wenn man heute diese Gegenden mit modernen Verkehrsmitteln bereist und die öde, geringe Orts- und Bevölkerungsdichte sowie die Unwegsamkeit des Landes erfährt, erscheint es unglaublich, daß Menschen wie Johannes der Täufer und Jesus in der damaligen Zeit Scharen von Menschen in Bewegung setzten, ohne jegliche Kommunikationsmittel, mit Ausnahme des gesprochenen Wortes.

Johannes der Täufer war zweifellos eine charismatische Persönlichkeit. Jesus nennt ihn die Wiederkehr des Propheten Elija(7) (sh. Mt 11,14;17, 10-13; Mk 9,13) und sagt von ihm ferner: *»Oder was seid ihr hinausgegangen? Wolltet ihr einen Propheten sehen? Ja, ich sage euch: Er ist mehr als ein Prophet. Dieser ist's, von dem geschrieben steht: Siehe, ich sende meinen Boten vor dir her, der deinen Weg vor dir bereiten soll. Wahrlich ich sage euch: Unter allen die vom Weibe geboren sind, ist keiner aufgestanden der größer sei als Johannes der Täufer ...«* (Mt 11, 9-11).

Von seinem Innersten her war Johannes der Täufer tief durchdrungen vom Beginn einer neuen Epoche, einer Zeitenwende. Er wußte von dem unmittelbar bevorstehenden Unheil, sofern die Menschheit ihr Denken und Handeln nicht ändert und sich nach dem Geiste Gottes ausrichtet.

Nachdem die Jünger Jesus die Nachricht von der Enthauptung Johannes des Täufers brachten, begann Jesus kraftvoll öffentlich zu wirken und zu predigen. Nach dem Matthäus-Evangelium begann er seine Predigt mit den Johannesworten: *»Tut Buße, denn das Reich des Himmels ist nahe herbeigekommen!«* (Mt 4, 17).

Es gab damals wie heute viele vermeintlich Kluge, die mit Akribie beweisen wollen, daß sich die Prophezeiungen Johannes des Täufers nicht erfüllt haben und seine Mission gescheitert ist. Ich darf dieses Kapitel mit folgender Anmerkung abschließen: Wenn durch Johannes den Täufer und in der Folge durch Jesus keine neue Epoche, keine Zeitenwende herbeigeführt wurde, wann und durch wen dann? Johannes der Täufer war eine faszinierende Gestalt, ausgestattet mit einer Vision, mit Mut, Aufrichtigkeit, Selbstlosigkeit und *einer beredten Zunge.*

Wie sehr bedarf unsere materielle und egoistische Zeit, unsere Zeit der dogmatischen Kirche, unsere Welt des Verbrauchens und Zerstörens wieder einer Gestalt wie Johannes der Täufer. Leider ist uns von seinen Aussagen und Predigten nur ein verschwindend geringer Bruchteil überliefert und erhalten. Dies mag an den Evangelisten liegen, die ihre Aufgabe naturgemäß mehr in der Wiedergabe der

Botschaft Jesu fanden und in Johannes dem Täufer lediglich den Wegbereiter und Vorläufer Christi sahen.

Dieses Bild hat sich schließlich im Christentum über zweitausend Jahre eingeprägt. Es ist jedoch nur eine blasse und einseitige Wiedergabe seines mutigen und kraftvollen Werkes. Die neutestamentaischen Texte werden jedoch dem wahren Bild des Täufers nicht gerecht, da sie ihn ausschließlich in die Konturen des Boten und Wegbereiters zwängen. Die Evangelisten haben ihn nachträglich tendenziös gerahmt, christologisch ausgerichtet und eingeordnet. Demnach bleibt er rätselhaft. Selbst die Essenz seiner Mission wie Erneuerung des Geistes, Bewußtmachung der hohen, unvergänglichen Werte, Verinnerlichung des göttlichen Prinzips, wird nur unscharf wiedergegeben. Den Evangelien zufolge erfüllen sich Werk und Wort Johannes des Täufers in der Mission Jesu. Der Täufer bliebe somit ohne Jesus lediglich eine religiöse Randerscheinung. Umgekehrt wäre Jesus und seine Verkündigung ohne Johannes nur schwer zu verstehen.

Die Einheit, die beide Lichtgestalten bilden, kommt in den neutestamentaischen Texten nicht deutlich genug zum Ausdruck. So muß naturgemäß das Werk des Täufers verblassen. Dessen Mission gewinnt jedoch an Bedeutung, wenn man seine Biographie, die Zeitumstände sowie den historischen Prozess Israels und die Bruderschaft der Essener in einem Netzwerk verbindet.

DAS MYSTERIUM SEINER GEBURT UND KINDHEIT

Die Geburt Johannes des Täufers ist von Mysterien umgeben. Alle Umstände weisen auf das Erscheinen eines außergewöhnlichen Menschen, eines Gottgesandten hin. So kündet der Prophet Jesaja[8] vom Erscheinen Johannes des Täufers mit den Worten: *»Es ruft eine Stimme in der Wüste: Bereitet dem Herrn den Weg, macht in der Steppe eine ebene Bahn unserem Gott!«* (Jes 40, 3). Auf diese Worte bezieht sich Johannes der Täufer, wenn er den Priestern und Leviten auf ihre Frage, wer er sei, antwortet: *»Ich bin eine Stimme eines Predigers in der Wüste: Richtet den Weg des Herrn, wie der Prophet Jesaja gesagt hat.«* (Joh 1, 23).

Auch der Prophet Maleachi[9] sagt Geburt und Mission des Vorläufers Christi voraus: *»Siehe, ich will meinen Boten senden, der vor mir her den Weg bereiten soll. Und bald wird kommen zu seinem Tempel der Herr, den ihr sucht; und der Engel des Bundes, den ihr begehrt, siehe er kommt!«* (Mal 3,1) Auch an anderer Stelle heißt es: *»Siehe, ich will euch senden den Propheten Elija, ehe der große und schreckliche Tag des Herrn kommt.«* (Mal 3, 3).

Auf diese Prophezeiung hin wird Johannes der Täufer schließlich befragt : *»Bist du Elija?«* (Joh 1, 21)

Die Geburt Johannes des Täufers sowie die Geburt Christi datiert man allgemein in die Zeit 8-6 v. Chr. Nach der Pescher-Methode[10] läßt sich das Geburtsdatum Johannes des Täufers auf den 16. September 8 v. Chr. ableiten, das von Jesus auf den 1. März 7 v. Chr.

Der Name Johannes lautet in hebräisch Jochanan, d. h. Gott ist gnädig. Seine Mutter Elisabeth (hebr. Elischeba = mein Gott ist Fülle) entstammt dem Geschlecht Aarons[11] aus dem Stamm Levi[12]. Sein Vater Zacharias (hebr. Sacharja = Jahwe hat sich erinnert) war Priester der Klasse Abija. Sein Name enthält die Ergänzung *Zadokide* und weist auf seine Abstammung von Zadok (= Gerechter) hin. Zadok war Oberpriester unter David und Salomon. Seine Nachkommen behielten das Privileg des Priestertums und ihre führende Stellung auch nach der Kultreform (Abschaffung von Götzenkulten, Tempelreinigung von synkretistischen Kulteinflüssen durch Ezechias und Josija, zweier judäischer Könige, nach Auffindung des Gesetzbuches im Jahre 621 v. Chr.). Mit der Absetzung und Ermordung des Hohenpriesters Onias III. (etwa 170 v. Chr.) wandten sich die Zadokiden erneut gegen den wiederentstandenen Kult in Jerusalem und mußten daher nach Ägypten auswandern. Interessant ist, daß die Qumran-Essener ihre Priester als die *Söhne Zadoks* bezeichneten.

Das Haus Zacharias und Elisabeths stand in Ain Karem, am Stadtrand Jerusalems. Ain Karem gilt auch als der offizielle Geburtsort Johannes des Täufers. Fälschlicherweise wird oftmals die Stadt Hebron als Geburtsort des Täufers genannt. Im Verständnis der damaligen Zeit galt die Familie als wohlhabend und war im Besitz von stattlichen Weinbergen. Die tägliche Arbeit im Hause und auf dem Feld wurde von Bediensteten verrichtet. Zacharias war im Hauptberuf Winzer, seine Priestertätigkeit war mehr nebenamtlich. Wenn nicht Priester, so hätte Johannes der Täufer wohl Winzer werden sollen, um die Tradition der Familie fortzuführen. Bei der Geburt von Johannes, ihres einzigen Kindes, war Elisabeth etwa vierzig Jahre alt.

Auf welche Weise Zacharias die Geburt Johannes des Täufers verkündet wird, erfahren wir unter anderem aus dem Lukas-Evangelium, vor allem aber aus dem *Johannesbuch der Mandäer* (13) sowie aus frühchristlichen Quellen. Der Evangelist Lukas schildert, wie dem Priester Zacharias während eines Rauchopfers im Tempel ein Engel erscheint und ihm die Geburt eines Sohnes ankündigt (sh. Lk 1, 11-13). Elisabeth war bisher Kindersegen versagt geblieben. Jetzt ist sie bereits jenseits des fruchtbaren Alters, eine Mutterschaft wäre nahezu ein Wunder. Der Engel nennt Zacharias auch den Namen des zukünftigen Sohnes: Er soll Jochanan heißen. Dafür fordert der Engel das Unterpfand der Stimme des Zacharias. Dieser verliert bis zur Geburt des Kindes die Sprache. Nach der Niederkunft wird Zacharias von seiner Familie aufgefordert, dem Neugeborenen einen Namen zu geben. Zacharias schreibt auf eine Tafel: Jochanan - und erhält sogleich seine Stimme zurück. Aus Freude und Dankbarkeit stimmt Zacharias einen Lobgesang an. Dieses Benedictus ist bei Lk 1, 68-79 wiedergegeben. Es heißt darin unter anderem: *»Und Du, Kindlein, wirst ein Prophet des Höchsten heißen. Du wirst vor dem Herrn hergehen, daß du seinen Weg bereitest und Erkenntnis des Heils gebest seinem Volk in Vergebung ihrer Sünden ...«*

Aus frühchristlichen Quellen ist uns außerdem überliefert, daß es eine beachtliche jüdische Bewegung gab, die Johannes den Täufer mit dem erwarteten Messias identifizierte. Diese bis heute existierende ehrenwerte Sekte der Mandäer ist ursprünglich aus der Täuferbewegung in der Jordangegend hervorgegangen und ist heute im südlichen Irak beheimatet. Dadurch ist uns der Zugang zu deren Aufzeichnungen bewahrt und das *Johannesbuch der Mandäer* erhalten geblieben. Die Position der Mandäer, in Johannes dem Täufer den wahren Messias zu sehen, ist heute wie damals unverändert. Die ältesten mandäischen Quellen und Traditionen werfen ein Licht auf die Umwelt des Neuen Testaments, auf die Qumran-

Essener sowie auf die johanneischen Schriften. Aus dem *Johannesbuch der Mandäer* erfahren wir von der Inkarnation des Himmelsmenschen in Gestalt Johannes des Täufers: In einer Vision erscheint ein Stern über Enishbai (= Elisabeth), während das Feuer im alten Vater Zakhria (= Zacharias) brennt. Man bittet Lilyuk (= Elijah, hebr. Elijahu) diese Vision zu deuten, worauf dieser erklärt: *»Der Stern, der kam und über Enishbai stehen blieb, bedeutet: ein Kind wird von oben geboren. Er kommt herab und wird Enishbai gegeben. Das Feuer, das im alten Vater Zakhria brennt, bedeutet: Yohana (= Johannes) wird in Jerusalem geboren.«* Als die Nachricht Zakhria übermittelt wird, zweifelt er und sagt: *»Wo gibt es einen toten Mann, der wieder lebendig wird? Genausowenig kann Enishbai ein Kind tragen. Seit zweiundzwanzig Jahren habe ich kein Weib mehr gesehen. Nein, weder durch mich noch durch dich wird Enishbai ein Kind tragen.«* Zakhria wird jedoch erklärt, *»daß das Kind aus der Höchsten Höhe herabkommt und dir auf deine alten Tage geschenkt wird.«* Das Kind wird in den Schoß von Elisabeth gelegt und Johannes wird geboren. Nach der Geburt von Johannes erscheinen Magis (Weise) aus dem Osten, um dem Messias, dessen Stern sie gesehen haben, ihre Referenz zu erweisen. Ein Engel warnt Zacharias vor dem Plan Herodes, das Kind zu töten. Der neugeborene Johannes der Täufer wird auf mysteriöse Weise dem Weißen Berg (Parwan) übergeben. Er kehrt erst im Alter von 22 Jahren auf einer prächtigen Wolke nach Jerusalem zurück, um seine Mission zu beginnen. Es wird auch geschildert, daß eine Wiedervereinigung mit seinen Eltern stattfindet. In dieser Passage der mandäischen Schriften wird Johannes als *Jugendlicher, von Gott gesandt* bezeichnet.

Soweit die Darstellung der Geburt Johannes des Täufers durch die Mandäer. Wenn auch einige Teile dieser Überlieferung legendäre Züge (z. B. Übergabe des Neugeborenen an Parwan, Rückkehr auf einer Wolke) aufweisen, so bewahrt die ursprüngliche Version der mandäischen Geschichte doch die messianische Geburt Johannes des Täufers.

Wir sehen also in den Evangelien von Matthäus und Lukas eine teilweise Übertragung der Geburtsgeschichte Johannes des Täufers auf Jesus. Hugh J. Schonfield schreibt hierzu in seinem Buch *The Essene- Odyssey*: *»Der Kontakt mit den Anhängern Johannes des Täufers, worauf die Apostelgeschichte* (17, 24-26; 19, 1-5) *hinweist, machte die Christen mit den Geburtsgeschichten von Johannes bekannt, in denen er als der neugeborene Messias der Priesterüberlieferungen, der in Bethlehem geboren wurde, dargestellt wird ...«*. An anderer Stelle heißt es weiter: *»Diese Hinweise zeigen, daß die Autoren der Evangelien von Matthäus und Lukas das Täufermaterial auf andere Weise im Interesse des Messiastums Jesu benutzten. Darum übernimmt Matthäus die Episode und die Tötung der Neugeborenen in Bethlehem, während Lukas die Erzählung über die Geburt Johannes einfügt und gleichzeitig dessen Status dem von Jesus unterordnet und die Magi-Episode und deren Nachspiel unterschlägt. Die Legende von der Geburt des Täufers hilft so, die widersprüchlichen Berichte über die Geburt von Jesus zu erklären.«*

Zu dieser Thematik will ich meinen eigenen Standpunkt wiedergeben:

Die erwähnten Magis aus dem Osten waren Mitglieder der Essener oder zumindest dieser Bruderschaft sehr eng verbunden. Sie bezogen sich auf die messianische Philosophie, die Sternenkunde und die kosmischen Gesetze, die Heilkunde und das Wissen um magische Weisheiten. Der Hinweis *aus dem Osten* bezieht sich auf das östlich von Jerusalem gelegene Qumran oder nahe Standorte im Raum Palästina. Die Bezeichnung Osten gilt im damaligen Sprachgebrauch jedoch auch für die Weisheit des östlichen Gedankengutes, einer fundierten und erlebten Religionsphilosophie, die im Gegensatz zum römischen Westen steht. Auf diesem Hintergrund können die Magis aus dem Osten auch Essener aus Syrien oder Ägypten (hier Therapeutae genannt) gewesen sein. Ihre Herkunft aus Ägypten liegt sogar nahe, zieht man den Hinweis auf die Flucht der Familie Jesu nach Ägypten ins Kalkül.

Diese Wissenden und Sehenden werden im Neuen Testament als die Drei Weisen aus dem Morgenland bezeichnet. Sie verfügten über detaillierte Kenntnisse der Prophetie des Alten Testaments und deren Deutung, teils durch geheime mündliche Überlieferungen, teils durch dokumentarische Aufzeichnungen. Ergänzt durch die Kenntnisse in den Wissenschaften und der Magie wußten Auserwählte der Essener von der Geburt und der Mission Johannes des Täufers und Jesu. Beide wurden als Neugeborene von diesen Magis aufgesucht und beiden wurde entsprechend gehuldigt. Diese Huldigung wird im Neuen Testament mit der Übergabe von Gold, Myrrhe und Weihrauch (Symbole für Adel, Macht und Weisheit) an Jesus beschrieben und hat aus Sicht der Magis einen untergeordneten Aspekt. Die bedeutendere Aufgabe der Weisen war jedoch die Begutachtung und Beurteilung der Neugeborenen hinsichtlich der äußeren und inneren, d. h. bekannten und geheimen Prophetie. Die Umstände des Elternhauses, das soziale, geistige und politische Umfeld wurden abgeprüft. Die Hauptaufgabe bestand jedoch zweifellos darin, die Ausbildung und Schulung der beiden Neugeborenen zu lenken. Im Vordergrund stand dabei die allumfassende Vorbereitung auf die zukünftige Mission. Dieses Vorgehen ist auch aus anderen Religionen bekannt. Heute noch wird bei der Geburt des künftigen Dalai Lama genauso verfahren.

Ohne jetzt schon auf den geistigen, religiösen und spirituellen Hintergrund und Aufbau des Essenertums einzugehen, muß hier jedoch vorweggenommen werden: Die Bruderschaft der Essener besaß in der Zeit vom 2. Jh. v. Chr. bis ins 1. Jh. n. Chr. ein Wissen, wie es in der damals bekannten Welt in keiner geistigen Vereinigung vorlag. Ihr geistiges Weltbild war nicht nur auf dem Hintergrund des Alten Testaments, der jüdischen Geschichte und Kultur aufgebaut, sondern viele fremde Einflüsse und Erkenntnisse aus hochentwickelten Kulturen und Religionen vereinten sich im Gedankengut dieser Bruderschaft. Sie studierten und pflegten die Wissenschaften Astrologie, Medizin, Religion intensiv und wußten um den Zusammenhang zwischen Makro- und Mikrokosmos. Ihre ganzheitliche Betrachtungsweise ließ sie erkennen, daß jeder Mensch in den ewigen Kreislauf des göttlichen Kosmos eingebunden ist und körperlich solange wiederkehrt (reinkarniert), bis er das göttliche Prinzip verinnerlicht hat und vom irdischen Dasein erlöst wird. Sie waren die eigentlichen Schriftgelehrten Israels. Aus dem Studim, der Analyse des Alten Testaments und dem Verlauf der schicksalshaften Geschichte Israels aber auch fremder Völker, leiteten sie Zusammenhänge für die Gegenwart und Folgen für die Zukunft ab. Daneben wirkten sie mit gleichem Engagement in den Bereichen Soziales und Landwirtschaft. Aus ihren Aufzeichnungen, den Schriftrollen vom Toten Meer, wissen wir, daß sie viel Zeit mit Gebeten und Meditationen verbrachten und sich mit den Engeln des Schöpfers und den Engeln der Elemente verbinden konnten.

Aus all diesem Wissen leiteten sie den Zeitpunkt des erwarteten Messias ab. Der *Messias der Essener* verkörperte den priesterlichen Aspekt, verbunden mit Leiderfahrung und Demütigung. Andere jüdische Gruppen sahen im Messias den König, verbunden mit Befreiung und politischer Größe für das Volk Israel. Der priesterliche Messias mußte dabei Sproß eines alten, geehrten Priestergeschlechts aus direkter Linie von Levi sein, während der königliche Messias aus dem Hause David erwartet wurde.

In der Gestalt Johannes des Täufers lag die Abstammung klar auf der Hand. Seine Linie ließ sich bis zu Zadok, dem Oberpriester unter den glorreichen Königen David und Salomon, zurückverfolgen.

Die Mandäer, in deren Aufzeichnungen die Tradition der Leviten sehr stark zum Ausdruck kommt, führen sogar den logischen Nachweis der Abstammung Johannes des Täufers von Moses, aus dem Stamm Levi. Die Abstammung Jesu aus dem Hause Davids ist keineswegs nur eine Konstruktion der Evangelisten Lukas und Matthäus, um das Wort zu erfüllen. Die Essener waren den Davididen sehr verbunden. Das davidsche Geschlecht hat im 5. Jh. v. Chr. die Herrschaft verloren. Der Großvater Jesu väterlicherseits hieß Eli und wird in Zusammenhang gebracht mit den palästinischen Essenern, die sich um ein friedliches Nebeneinander mit Herodes d. Gr. bemühten. Elis Abstammung von Nathan, einem Sohn König Davids, war unbestritten. Dies wird untermauert durch die Episode, daß Herodes d. Gr. im Rahmen der Aussöhnung mit den palästinischen Essenern bereit war, dem Davididen Eli eine gewisse politische Machtposition einzuräumen.

Viele Historiker, Religionswissenschaftler und Forscher, die sich mit den Qumran-Rollen beschäftigen, unterstellen daher, daß das Hauptbemühen der Essener in der Wiedereinsetzung des Hohenpriesters (geistliches Oberhaupt) aus der Linie Zadoks (Johannes der Täufer) und des Königs (weltliches Oberhaupt) aus dem Geschlecht Davids (Jesus) bestand. Es ist merkwürdig, daß meist auch die gleichen Historiker, Religionswissenschaftler und Forscher sowohl Johannes den Täufer als auch Jesus aus den Essenern hervorgehen sehen. Sie behaupten sogar, daß beide Gestalten lediglich ein Produkt der Essener sind.

Wer diese Thesen, denen sicher das eine oder andere Indiz zugrundeliegt, vertritt, muß jedoch auch Antwort auf die Frage finden, weshalb weder Johannes der Täufer noch Jesus jemals den Anspruch auf ihre priesterliche bzw. königliche Würde erhoben haben. Aus dem Wirken und der Mission beider findet sich kein Anhaltspunkt, daß die Essener Johannes den Täufer und Jesus diesbezüglich ausgebildet haben. Demnach hätten sie im Sinne ihrer Bruderschaft und ihrer Lehrer versagt, da sie in ihren Reden und Verhaltensweisen dem Weltlichen entsagten, der irdischen Macht sogar einen negativen Stellenwert gaben. Ein Versagen in den Augen der Essener kann jedoch beim besten Willen nicht gefunden werden.

Wir müssen uns also mit dem Gedanken vertraut machen, daß die Bruderschaft der Essener in der Geburt und der Mission von Johannes dem Täufer und Jesus ihre Erwartung erfüllt sahen, wonach beide den Grundstein für eine Zeitenwende der Menschheit gelegt haben. Die Essener waren die einzigen, die davon wußten. Sie sahen den Messias voraus, der den göttlichen Kosmos mit den Menschen verbinden und versöhnen sollte. Dieser Gottgesandte oder Himmelsmensch war zugleich die Verkörperung eines Archetyps, die Fleischwerdung göttlichen Prinzips. Dies wird deutlich im Lukasevangelium (Lk 2, 25-35) wo Simeon erwähnt und zitiert wird:

»Und siehe, ein Mensch war zu Jerusalem, mit dem Namen Simeon; und derselbe Mensch war fromm und gottesfürchtig und wartete auf den Trost Israels, und der heilige Geist war mit ihm. Und ihm war eine Antwort geworden von dem heiligen Geist, er solle den Tod nicht sehen, er habe denn zuvor den Christ des Herrn gesehen. Und er kam auf Anregen des Geistes in den Tempel. Und da die Eltern das Kind Jesus in den Tempel brachten, daß sie für ihn täten, wie man pflegt nach dem Gesetz, da nahm er ihn auf seine Arme und lobte Gott und sprach: Herr, nun lässest du deinen Diener im Frieden fahren, wie du gesagt hast; denn meine Augen haben deinen Heiland gesehen, welchen du bereitet hast vor allen Völkern, ein Licht, zu erleuchten die Heiden und zum Preis deines Volks Israel. Und sein Vater und seine Mutter wunderten sich des, das von ihm geredet ward. Und Simeon segnete sie und sprach zu Maria, seiner Mutter: Siehe, dieser wird gesetzt zum Fall und Aufstehen vieler in Israel und zu einem Zeichen, dem widersprochen wird - und auch durch deine Seele wird ein Schwert dringen -, auf daß vieler Herzen Gedanken offenbar werden.«

Dieser Simeon ist niemand anderer als der historisch bekannte Simon der Essener. Simon der Essener war Oberhaupt der Priesterdynastie des Abjatar, zweiter Priester nach dem zadokidischen Oberhaupt. Allein daraus läßt sich ein enger Zusammenhang zwischen Simon dem Essener und Zacharias, dem Vater Johannes des Täufers ableiten. Simon war bekannt als Seher und Prophet, ausgestattet mit großer Weisheit und Umsicht. Er wird vom Historiker Josephus Flavius mit diesen Eigenschaften ausgezeichnet. Im Zusammenhang mit der Regentschaft des Archelaus werde ich später näher darauf eingehen.

Liegt es nicht nahe, daß Simon einer dieser Magis, dieser Weisen war? Wahrscheinlich war er sogar mehr als das. Er war vermutlich das führende Haupt im Erkennen des gesamten mystischen Vorgangs um die Geburt und Mission der Gesandten Johannes der Täufer und Jesus.

Die Essener wußten um das Leid, das den Messias erwartet (sh. Teil IV, mediale Durchgabe vom 28.05.1991).

Mit der Geburt Johannes des Täufers und vor allem mit der Geburt Jesu war ihre Vision, ihr prophetisches Bild vollkommen. Beide Gestalten bildeten, bezogen auf das Messiastum, eine Einheit. In Johannes dem Täufer sahen sie das vorbereitende, aufbauende Prinzip und die von Jesaja und Maleachi prophezeite Wiederkehr Elijas. In Jesus entdeckten sie das ausbauende, leidende und erlösende Prinzip.

Der königliche Messias, der ausschließlich dem irdischen Glanz und Ruhme Israels dienen sollte, hatte im Gedankengut der Essener seine Existenzberechtigung verloren. Ihr besonderes Verdienst liegt darin, daß sie in der Mission Johannes des Täufers und Jesu eine rein geistig-seelische Aufgabe erkannten. Ihr Wissen um die Geburt beider wurde durch mysteriöse Umstände und Andeutungen verstärkt. Wesentlich war wohl das Erkennen der Neugeborenen zum richtigen Zeitpunkt, also die Summe aller Detailkenntnisse wie das Wissen um eine bestimmte Sternenkonstellation. Wir wissen heute, daß die Essener profunde Kenner und Deuter des Sternenhimmels waren. Auf diesem Hintergrund ist der Stern von Bethlehem mehr als eine schöne Legende. Den Mandäern zufolge zeigte der Stern von Bethlehem die Geburt Johannes des Täufers an. Auf die Geburt Jesu deutete vermutlich ein anderes Zeichen hin.

In einer medialen Mitteilung spricht Johannes der Täufer von einem Bund. Als Zeichen dieses Bundes nennt er die *»Rose der Nacht, die am Tag der Geburt Jesu erblühte«* (sh. Teil IV, mediale Durchgabe vom 18.03.1993). Bei einer späteren medialen Durchgabe wird deutlich, daß dieses Zeichen auch der Bruderschaft der Essener bekannt war. Möglicherweise deutet dieses Zeichen auf ein bestimmtes Sternenbild hin oder aber auf eine Blume, die speziell am Tage der Geburt Christi erblühte. Ich nehme an, daß es sich um ein äußeres Zeichen handelte.

Es ist weder aus religiöser noch aus historischer Sichtweise entscheidend, ob der Stern von Bethlehem das himmlische Geburtszeichen für Johannes den Täufer, Jesus oder gar für beide war. Der Stern von Bethlehem hat jedoch als astronomische Erscheinung eine tiefe Bedeutung. Sichtet man die umfangreiche Fachliteratur zu diesem Thema, kristallisieren sich vier ernstzunehmende Deutungen heraus: Nach gängiger Meinung war der *Stern der Weisen* das dreimalige Zusammentreffen der Planeten Jupiter und Saturn im Sternbild der Fische 7 v. Chr. Einige Gelehrte halten dagegen die dreimalige Konjunktion Jupiters mit dem Stern Regulus an der Brust des Löwen in den Jahren 3 und 2 v. Chr. für das Zeichen, das die Weisen zum Aufbruch nach Bethlehem veranlaßte. Die dritte Ansicht, der Stern von Bethlehem könnte ein Komet gewesen sein, vertrat schon der Kirchenlehrer Origenes (185-253 n. Chr.). Die vierte Möglichkeit, daß der Stern von Bethlehem ein neuer Stern war, eine Supernova, wird nach neuesten Forschungen ernsthaft diskutiert. Eine Supernova ist ein für das menschliche Auge zuvor nicht wahrnehmbarer Stern, der aufgrund einer gewaltigen Lichtemission plötzlich am Himmel sichtbar wird. Ignazius, der Bischof von Antiochia, war noch Zeitgenosse der Apostel. In seinem Brief an die Epheser erwähnt er, daß *»hoch über allen Sternen am Himmel ein Stern hervorleuchtete, dessen Licht nicht zu beschreiben ist und der so neuartig war, daß er Verwunderung auslöste«*. Diese Schilderung weist deutlich auf eine Supernova hin.

Aus den Jahren um die Zeitenwende ist jedoch keine geeignete Supernova überliefert, die zur Lösung des Rätsels beitragen könnte. Der Wissenschaftshistoriker und Religionswissenschaftler Werner Papke ist ein profunder Kenner der babylonischen Astronomie. Er entdeckte, daß die Babylonier im dritten Jahrtausend v. Chr. das Sternbild einer Jungfrau fanden, das sich hinter dem Löwen unterhalb des großen Wagens befand und den Namen ERUA trug. Die Babylonier schrieben diesen geheimnisvollen Namen mit den Keilschriftzeichen (E_4.RU_6.U_2.A.) Das Zeichen RU_6 steht für das sumerische Wort EDIN, das im ersten Buch Mose mit *Eden* übersetzt wird und eine uralte Bezeichnung für das Paradies ist. Das Keilschriftzeichen E_4 bedeutet *Same* und die Zeichen U_2.A zusammen stehen für *hervorbringen* oder *gebären*, so daß ERUA das Sternbild einer Jungfrau war, *die den Samen von Eden gebären sollte.* Das Sternbild der jungfräulichen ERUA kommt übrigens auch im bekannten Gilgamesch-Epos vor, das sich astronomisch exakt auf die Epoche 2340 v. Chr. bezieht.

Es wird also deutlich, daß die jungfräuliche Mutter des Messias schon im dritten Jahrtausend v. Chr., also lange vor Moses und der Bibel, am Himmel von Babylon im Sternbild der Jungfrau ERUA *verstirnt* war. Die Ägypter haben das Sternbild der Jungfrau, die auf übernatürliche Weise einen männlichen Samen, einen Sohn, gebären sollte, von den Babyloniern übernommen. Sie setzten es mit der Göttin Isis gleich und stellten es als Jungfrau dar, die auf einem Thron sitzend einen Knaben im linken Arm hält. Auch die Perser sahen an dieser Himmelsstelle eine Jungfrau, die einen Knaben stillt.

Vor etwa 2000 Jahren erschien der Stern von Bethlehem als Supernova genau im Schoß des Sternbildes Jungfrau ERUA. Als die Magis bzw. biblischen heiligen drei Könige nach Bethlehem kamen, stand der Stern von Bethlehem exakt über der Region Jerusalem.

Wenn also im Schoß des Sternenbildes der Jungfrau ein neuer, alles überstrahlender Stern geboren wurde, mußte im Verständnis der Magis auch die Geburt einer alles überstrahlenden Lichtgestalt auf Erden erfolgen, denn nach dem Gesetz von Makro- und Mikrokosmos geschieht nichts im Großen, was nicht auch im Kleinen seine Analogie findet. Gerade von den Essenern ist uns überliefert, daß dieses Gesetz tief in ihrem Gedankengut verankert war.

Wie konnten die Essener Kenntnis von der babylonischen Sterndeutung erlangen? Auf der einen Seite war es natürlich der essenische Zweig in Ägypten (Therapeutae), der von dieser Sternenkonstellation wußte, andererseits wurden die Juden während ihres babylonischen Exils (597-538 v. Chr.) mit der Sternenkunde und -deutung Babylons vertraut. In diese Zeit fallen auch Leben und Werk des Propheten Daniel, der einer der größten Gelehrten seiner Zeit war. Zarathustra, der Gründer der persischen Religion, war ein Schüler Daniels. 538 v. Chr. eroberte der Perserkönig Cyrus Babylon und gestattete den Juden die Heimkehr nach Jerusalem und Juda. Ein Teil ihrer geistigen Elite blieb jedoch im Raum um den Euphrat und pflegte die Wissenschaften und magischen Weisheiten der hochentwickelten babylonischen Kultur. Diese in Babylon verbliebene geistige Elite wird von vielen Historikern und Religionswissenschaftlern als die Keimzelle des späteren Essenertums betrachtet. So wissen wir auch heute von essenischen Zweigen, die sich im 2. und 1. Jh. v. Chr. im Zweistromland befanden. Wir müssen daher auch mit ins Kalkül ziehen, daß der entscheidende Anstoß für die Deutung des Sterns von Bethlehem von Essenern aus dem Raum Babylon kam. Dieser Hinweis ist deshalb wichtig, weil im griechischen Urtext des Matthäus-Evangeliums nicht von *Weisen* die Rede ist, sondern von Magis (magoi).

Ich bin zu der Überzeugung gelangt, daß diese Weisen der Essener (Magis) die Neugeborenen Johannes und Jesus sofort aufsuchten. Nachdem alle Zeichen und Hinweise der Geburt der Knaben ihrer Vision, ihrer äußeren und inneren Prophetie entsprach, belehrten sie die Eltern über die Mission ihrer Kinder, und erteilten entsprechende Verhaltensregeln.

Ich nehme an, daß diese Auserwählten der Essener auch die Namen beider Neugeborenen bestimmten. Jochanan war ein wenig gebräuchlicher Name, der nicht in der Familientradition stand. Der Name Jesus hingegen war zur damaligen Zeit sehr verbreitet. Nach der Aufforderung des Engels Gabriel sollte der Neugeborene Jesus auch Immanuel (= Gott mit uns) genannt werden. Auch der Prophet Jesaja kündigt den Namen Immanuel an (sh. Jes 7, 14). Aus beiden Namen konnte also keinerlei Rückschluß auf die diesbezüglichen Worte der Propheten Jesaja und Maleachi abgeleitet werden. Ein frühzeitiges Erkennen und Verfolgen der Neugeborenen etwa durch Herodes d. Gr. oder eine feindliche Priesterschaft wurde somit verhindert.

Die Mitteilung der Essener an den Vater Zacharias über die Aufgabe und Mission seines von Gott geschenkten Sohnes kann auch der Anlaß für dessen Loblied, das *Benedictus*, gewesen sein. Diese Essener werden die Eltern der Neugeborenen auch über deren weiteren Weg, die Ausbildung und den Aufenthaltsort in Kenntnis gesetzt haben. Kurz ausgedrückt, sie haben den Eltern das Verfügungsrecht über ihre Kinder entzogen. Dies war jedoch nicht so hart, wie es sich anhört. Zacharias war als Priester aus dem Geschlecht der Zadokiden zumindest mit der Grundstruktur der essenischen Gedankenwelt vertraut. Von Joseph, dem Vater Jesu wird angenommen, daß er sich einem essenischen Zweig angehörig fühlte. Zudem galt es als Ehre, von den Essenern geleitet und ausgebildet zu werden.

Der Evangelist Matthäus (Mt 2) schildert die Flucht der Familie Jesu vor Herodes und dessen Absicht, das Kind zu töten. Was Johannes den Täufer betrifft, so schildern frühchristliche Überlieferungen und Legenden die Flucht mit seiner Mutter Elisabeth in die Wüste. Das Versteck in einer Höhle bewahrte ihn vor der Verfolgung und der Tötung durch Herodes.

Entscheidend ist bei diesen Schilderungen die Botschaft und der Hinweis auf die Bedeutung, die Mission und das künftige Schicksal der beiden Kinder. Schon an den Neugeborenen wird dies erkennbar: Verfolgung durch die Machthaber, das Böse dieser Welt, und die Bewahrung der Auserwählten durch die Führung Gottes. Die Art der Schilderungen entspricht der Form einer lehrhaften Verkündigung in der Tradition der jüdischen Haggada (hebr. = Aussage, Darstellung), schließt aber einen wahren Sachverhalt keineswegs aus.

Die australische Theologin und Qumran-Forscherin Barbara Thiering geht in ihrem Buch *Jesus von Qumran*(14) davon aus, daß Ägypten lediglich ein Pseudonym für Qumran ist und begründet das mit dem Hinweis, daß sich die ägyptischen Essener, die Therapeutae, in Qumran zur Zeit Christi Geburt aufhielten und die Essenersiedlung am Toten Meer *Ägypten* nannten. Mag dies auch eine gewagte Schlußfolgerung sein, so weist sie doch auf die Verbindung der Familie Jesu zu den Essenern hin. Es ist in diesem Zusammenhang unbedeutend, wo nun wirklich der wahre Fluchtort beider Neugeborener war. Fest steht, daß sowohl Fluchtzeit, -weg und -ort einer durchdachten Organisation bedurften, wenn die Staatsmacht dergestalt Leib und Leben bedrohte.

Die Kindestötung von Bethlehem durch Herodes d. Gr. ist in außerbiblischen Texten nicht erwähnt. Es gibt also keinen historischen Nachweis. Dennoch scheinen die Überlieferungen realistisch. Herodes d. Gr. war kompromißlos und rigoros. Die Kindestötung von Bethlehem entspricht seinem Charakter. So hat er im Jahre 4 v. Chr., fünf Tage vor seinem Tode, seinen ältesten Sohn Antipater ermorden lassen. Darüberhinaus wissen wir von dem Geschichtsschreiber Josephus Flavius(15), daß Herodes d. Gr. im Jahre 7 v. Chr., also im Geburtsjahr Jesu, seine beiden Söhne, die aus der Verbindung mit seiner Lieblingsfrau Mariamne I. aus der Dynastie der Makkabäer hervorgegangen waren, ermorden ließ. Als Tatmotiv wird Eifersucht genannt. Es scheint durchaus glaubhaft, daß die beiden Neugeborenen Johannes und Jesus durch Herodes d. Gr. gefährdet waren. Staatspolitisch übrigens trägt dieser seinen Beinamen *der Große* nicht zu unrecht[16]. Wenn er von den Geburten und deren Deutung direkt oder auf Umwegen erfahren hat, dann muß er sein Lebenswerk und seine Dynastie bedroht gesehen haben. Denn dies lag auf der Hand: Sollte ein Zadokide (Johannes der Täufer) Hoherpriester werden, würde dieser bestrebt sein, einem Davididen (Jesus) die Macht in Israel zu verschaffen - und umgekehrt.

Es mag aber auch andere Gefahren für die Neugeborenen gegeben haben, so z. B. von der Seite der Priesterschaft. Zur Zeit der Geburt von Johannes dem Täufer und Jesus war Simon Boethus (23-5 v. Chr.) Hoherpriester. Im Hinblick auf rituelle und moralische Regeln nahmen er und seine Partei (die Boethusier) eine extrem konservative, strenge Haltung ein. Vielleicht sah auch Boethus das Fortbestehen seiner Priesterdynastie im Hinblick auf das Eintreten der alttestamentaischen Prophezeiungen gefährdet.

Die Essener brachten demnach die Neugeborenen, die Mutter Johannes des Täufers und die Eltern Jesu in Sicherheit. Warum bei Jesus beide Elternteile? Viele Historiker und Essener-Forscher gehen davon aus, daß Joseph ohnehin bei Herodes d. Gr. in Ungnade stand. Die Ursache dafür war, daß er sich einem Protest der Pharisäer gegen den Treueeid des jüdischen Volkes auf den römischen Kaiser und die Regierung des Herodes angeschlossen hatte. Nach Josephus Flavius (Antiquitates XVII, 41-46) fand dieser Pharisäeraufstand im Jahre 5 v. Chr. statt.

Die Weisen der Essener täuschten Herodes über den Geburtsort und die Geburtsdaten beider Neugeborenen. Dies ist die Ursache, warum Herodes erst zwei Jahre später die Geburt beider erwartete und ausschließlich etwa zweijährige Knaben suchen und töten ließ.

Was die Geburtsdaten anbelangt, so mußten die Magis nicht unbedingt lügen. Gab es doch verschiedene Standpunkte zur Zeitrechnung, etwa bedingt durch das sogenannte Zwischenjahr und Generationsjahr. Demnach nannten die Weisen das Jahr 3930 AM (= 7 v. Chr.) bezogen auf die sogenannte südsolare Zeitrechnung. Sie wußten jedoch, daß Herodes unter dem gleichen Datum das Jahr 5 v. Chr. verstand, da die Herodianer die sogenannte südlunisolare Zeitrechnung[17] hatten. Wir können sicher sein, daß beide Neugeborenen und deren Mütter von den Essenern in Sicherheit gebracht worden waren, lange bevor Herodes d. Gr. zu suchen begann.

Besonders aus christlichen Quellen liegen uns Berichte über das Martyrium des Zacharias vor: Herodes läßt Zacharias über den Verbleib seines Sohnes Johannes befragen. Dessen Antwort entspricht der Wahrheit, ohne das Versteck preiszugeben. So schreibt der Syrer Ephraim (4. Jh. n. Chr.) in seinen Kommentaren zum Evangelium:

»Andere sagen, Zacharias habe seinen neugeborenen Sohn durch Flucht in die Wüste davor bewahrt, bei der Erschlagung der Neugeborenen getötet zu werden. Dafür wurde er vor dem Altar erschlagen, wie der Herr sagte.«

Der ägyptische Bischof Serapion (4. Jh. n. Chr.) schildert dies wesentlich ausführlicher:
»Laßt uns nun fortfahren, des heiligen Zacharias, des Märtyrers, zu gedenken, und euch einige vielzählige Verdienste mitzuteilen. Ich wünsche, ich könnte dein wahres Leben preisen, doch ich fürchte, mir Tadel von dir einzuhandeln, so wie du auch die gesegnete Elisabeth getadelt hast. Ich bin voller Bewunderung für dich, o frommer Zacharias! In den Zeiten, als die Soldaten des Herodes zu dir kamen und dich fragten: Wo ist dein neugeborener Sohn, das Kind deines Alters?, hast du die Tatsache nicht verschwiegen und gesagt: Ich weiß nichts von diesem Kind, sondern einfach geantwortet: Seine Mutter nahm ihn in die Wüste mit. Und als Zacharias diese Worte den Soldaten gesagt hatte, töteten sie ihn im Tempel. Dann hüllten sie seine Leiche ein und legten ihn in die Nähe seines Vaters Berechiah auf einem versteckten Friedhof, aus Furcht vor dem üblen König; und sein Blut schäumte fünfzig Jahre lang auf der Erde, bis Titus, Sohn des Vespasian, der Herrscher der Römer, kam und Jerusalem zerstörte und die jüdischen Priester wegen des Blutes von Zacharias tötete, wie der Herr ihm befohlen hatte.«

Ob sich diese Schilderung tatsächlich auf den Vater Johannes des Täufers bezieht oder ob das Martyrium des Priesters und Propheten Zacharias aus den palästinischen und babylonischen Schriften gemeint ist, läßt sich nicht mit Gewißheit feststellen. So ist im Alten Testament (Sach 1, 1, Neh 12, 16) die Rede von einem Zechariah (= Zacharias), Sohn des Berechiah, der zur Zeit der Rückkehr aus dem babylonischen Exil lebte. Von einem Märtyrertod ist jedoch nicht die Rede. Der Anlaß, den Märtyrertod auf den Vater Johannes des Täufers zu beziehen, liegt in den Worten Jesu: »... *auf daß über euch komme all das gerechte Blut, das vergossen ist auf Erden, von dem Blut des gerechten Abel an, bis auf das Blut des Zacharias, des Sohnes Berechiah, welchen ihr getötet habt zwischen Tempel und Altar.*« (Mt 23, 34-35)

Es ist anzunehmen, daß Zacharias das Versteck seiner Familie tatsächlich nicht kannte. Die Essener werden es ihm nicht exakt genannt haben, um keine zusätzliche Gefährdung des Neugeborenen zu riskieren. Über die weitere Entwicklung des Kindes Johannes sagt das Neue Testament nichts. Der Evangelist Lukas berichtet lediglich: *»Das Kindlein wuchs und wurde stark im Geist. Und er war in der Wüste, bis daß er sollte hervortreten vor das Volk Israel.«* (Lk 1, 80)

Im Prolog des Lukas-Evangeliums finden sich parallel zu den Kindheitsgeschichten Jesu auch solche über Johannes den Täufer. Sie sind in der Reihenfolge Verheißung-Erfüllung-Überbietung des Johannes durch Jesus aufgebaut und bilden einen Reigen von insgesamt 7 Erzählungen, die zu einem Christusbekenntnis hinführen. Mehr Licht in das Dunkel der Kindheit Johannes des Täufers und Jesu bringt hingegen *Das Wassermann-Evangelium von Jesus dem Christus* (18). Während sich die wesentlichen Inhalte dieses Evangeliums kaum von den Schilderungen der neutestamentaischen Evangelisten unterscheiden, widmet das Wassermann-Evangelium dem Zeitabschnitt zwischen Geburt und öffentlichem Auftreten viel Raum. Beachtlich ist auch die oftmals erwähnte Verbindung zu den Essenern. Das

Wassermann-Evangelium beschreibt in Teil III die Schulung Marias und Elisabeths in Ägypten, im Ort Zoan. Die Schulung beider Mütter wird geleitet von einem Weisen namens Elihu. (Ist er identisch mit Lilyukh, hebr. Elijahu aus dem Johannesbuch der Mandäer, der die Geburt Johannes des Täufers deutete?). Assistiert werden seine Unterweisungen durch eine gewisse Salome. In Kapitel 7, Vers 4-8 heißt es:

»Jesus, Joseph und Maria sind in Zoan in Ägypten, doch Johannes weilt mit seiner Mutter immer noch im Hügelland Judäa. Elihu und Salome entsenden deshalb Boten, um Johannes und Elisabeth zu suchen. Die Boten finden sie und bringen sie nach Zoan. Maria und Elisabeth sind immer wieder voll des Lobes über ihre wunderbare Rettung. Elihu hingegen sagt: Es ist nicht allzusehr verwunderlich, denn Zufall gibt es nicht, und alles was geschieht, wird ausgelöst durch göttliches Gesetz. Von alters her war es beschlossen worden, daß ihr beide zu uns kommen sollet, um an diesem Ort geschult zu werden.«

Im weiteren Verlauf klärt Elihu die beiden Mütter über ihre Auserwähltheit und ihre Aufgabe gegenüber den Kindern auf. Er erzählt, daß ihre beiden Söhne längst erwartet wurden und bestimmt sind, einen Grundstein zu legen, die Menschheit wieder zu Gott hinzuwenden. In den Versen 14-16 und 21-24 heißt es:

»Diese eure Söhne sind die ersten, welche diese gute Nachricht künden und das Evangelium des Guten Willens predigen, daß Friede sei auf Erden. Ihrer harrt ein großes Werk. Der Erdenmensch verschmäht das Licht. Er liebt die Dunkelheit, und wenn das Licht im Dunkeln scheint, kann er es nicht begreifen. Liebe ist die Rettung dieser Welt, und Jesus, Sohn Marias, ist erwählt, den Menschensöhnen diese Liebe vorzuleben. Sinnvoll aber ist dies erst, wenn alle Wege hierfür vorbereitet sind. Und nichts kann so die Wege ebnen, Felsen sprengen, Hügel niederreißen, Schluchten überbrücken, als die Reinheit. Doch des Lebens Reinheit kann der Mensch noch nicht verstehen. Daher muß die Reinheit kommen in Gestalt. Gesegnet seiest du Elisabeth, denn sieh, Johannes ist die Reinheit in Gestalt, und Reinheit ist es, welche für die Liebe alle Wege ebnet.«

Die Schulung der beiden Mütter ist sehr intensiv. Neben den Regeln für die Erziehung ihrer Kinder werden sie in die allumfassenden Zusammenhänge der Menschheitsgeschichte und -entwicklung, der Einheit aller großen Religionen und in das Prinzip des Schöpfers eingeführt. Die Aspekte Geist, Seele und Körper werden analysiert. Fremde Kulturen und Religionen, deren Ursprung, Zusammenhang und Einheit mit dem Gedankengut der Väter Israels werden aufgezeigt. So werden die Weisheiten Buddhas und Brahmas, die Lehren Zarathustras geschildert und in Verbindung mit dem Werk und Leben Abrahams (A-Brahm – Abram – Abraham) gebracht, das *Ur-Wissen* vermittelt.

Den Müttern werden die schweren, dornenreichen Wege und die Prüfungen ihrer Söhne nicht verheimlicht, vielmehr sagt man ihnen: *»... grundlos wird man sie verhöhnen, peinigen und in den Kerker werfen.«*

Alles in allem wird ein Welt- und Gottesbild vermittelt, wie wir es bei den Essenern vorfinden. Der Schluß liegt nahe, daß die Heilige Familie Zuflucht bei den

Therapeutae, dem ägyptischen Zweig der Essener gefunden hat. Die gezielt geplante Reise oder Flucht nach Ägypten durch die Essener erscheint nur logisch. Die Erkenntnis von Historikern, daß exakt zu diesem Zeitpunkt auch Therapeutae in Qumran weilten, verstärkt diese These noch. Es ist sowohl religiös als auch historisch unbedeutend, ob beide Elternteile Jesu Zuflucht bei den Essenern in Ägypten fanden oder ob Joseph bei den Essenern in Qumran Unterschlupf fand.

Die Belehrungen dauern insgesamt drei Jahre. Über das Tote Meer (Qumran) kehren die Familien zurück. Johannes der Täufer und Elisabeth verbleiben im Hügelland von Engedi, während die Familie Jesu nach Nazareth zurückkehrt. Nebenbei wird erwähnt, daß die Familien Jerusalem meiden, da dort König Archelaus herrscht. Archelaus, Sohn Herodes d. Gr. und der Samariterin Malthabe, trat nach dem Tod seines Vaters 4 v. Chr. die Thronfolge an. Er war weder bei der Elite des Staates noch beim Volk beliebt. Eigentlich war seinem Bruder Antipas die Thronfolge zugesprochen worden, doch unmittelbar vor seinem Tode änderte Herodes seinen Plan. Antipas forderte jedoch die Königswürde und fand starke Strömungen im Lande, die seinen Anspruch unterstützten. So war die Regentschaft von Archelaus, der nur den Titel Ethnarch erhielt, geprägt von ständigen Zerwürfnissen, Auseinandersetzungen und Aufruhr. Auf Betreiben einflußreicher jüdischer Gruppen wurde Archelaus im Jahre 6 n. Chr. von den Römern abgesetzt und ins Exil nach Vienne in Südfrankreich verbannt. Josephus Flavius hat die vorgenannten wesentlichen Daten über Archelaus festgehalten (Antiquitates XVII). Er erwähnt in XVII, 346-347 interessanterweise einen Essener namens Simon, der für seine Prophezeiungen in dieser Zeit berühmt war. So deutete er einen Traum des Archelaus dahingehend, daß dessen Herrschaft über Judäa nur zehn Jahre währen sollte - eine Prophezeiung, die sich erfüllte. Simon der Essener war eine führende Gestalt in der Bruderschaft und verfügte über ausgeprägte, spirituelle Kenntnisse. Er ist identisch mit dem im Lukas-Evangelium genannten Simeon.

Das *Wassermann-Evangelium* schildert, wie das Kind Johannes in einer Höhle (der ehemaligen Höhle Davids) einen Eremiten findet. Dieser Eremit wird mit dem Namen Matheno bezeichnet und ist Oberpriester des Tempels Sakara. Nach Vollendung des siebten Lebensjahres bleibt Johannes der Täufer schließlich bei dem Eremiten Matheno um von ihm zu lernen. Der junge Johannes liebt das wilde, öde Land und das anspruchslose Leben. Er ernährt sich nur von Früchten, Nüssen, wildem Honig und Johannisbrot. Der Eremit Matheno lehrt ihn die heiligen Bücher Israels, die Avesta und Veden sowie das Buch Tao-te-King. Dem jungen Johannes werden die Begriffe Unrecht, Sünde, Schuld, Vergebung und Freier Wille des Menschen vor Gott eingehend erläutert. Der Eremit sagt ferner, daß sich die Menschheit von Gott und dessen Wahrheit entfernt hat und die Welt ein neues

Licht erwarten darf, denn die Schöpfung wird immer, so die Menschheit neues Licht benötigt, eine Meisterseele auf Erden senden. Im Kapitel 14, 21-27 heißt es:
»Jahre sind vergangen, und der Mensch von heute braucht erneut vermehrtes Licht. Und jetzt beginnt der Tagesstern des Herrn zu leuchten. Jesus ist der inkarnierte Bote Gottes, welcher dieses Licht den Menschen bringen soll. Und du mein Schüler, du bist auserwählt, die Wege ihm zu ebnen. Wichtig hierfür ist, daß du die Reinheit deines Herzens, die du jetzt noch hast, bewahren kannst. So mußt du deine Lampe denn am Feuer des Altars der heil'gen Schöpfergeister selbst entzünden. Deine Lampe wird dann umgewandelt in ein grenzenloses Feuer, und du selber wirst zur Fackel, deren Licht weit in die Runde scheint, wo immer Menschen wohnen. In den Tagen, die noch kommen werden, wird die Menschheit höher steigen, werden Lichter kommen, die noch heller leuchten. Dann, dann endlich wird die mächtigste der Meisterseelen auf die Erde kommen, um den Weg zu weisen, der zum Throne des vollkommenen, erwachten Menschen führt.«

Das Wassermann-Evangelium berichtet vom Tod der Elisabeth, als Johannes der Täufer zwölf Jahre alt ist. Während Johannes der Täufer trauert, ermahnt ihn Matheno:
»Es ist nicht gut, die Toten zu beweinen, denn der Tod ist nicht des Menschen Feind. Er ist sein Freund, und wenn das Lebenswerk getan ist, schneidet er die Silberschnur entzwei, damit des Menschen Boot sich von der Erde lösen kann, um dann in sanften Meeren angenehm zu segeln. Keine Sprache kann den Wert der Mutter nennen. Deiner Mutter Wert ist wahrhaft groß. Sie wurde nicht hinweggeworfen, eh ihr Werk vollendet war. Der Ruf zum Tod erfolgt zum Besten aller, denn wir können unsere Probleme gleichermaßen lösen, hier wie dort. Man weiß es selbst, wo dies am besten zu geschehen hat. Reine Selbstsucht ist es, wenn man sich die heimgekehrte Seele wiederum zurück zur Erde wünscht. So lasse deine Mutter denn in Frieden ziehen, und ihr edles Wesen sei dir Kraft und Intuition und Mut. Die Krise deines Lebens naht. Die Weisen aller Zeiten nennen dich den Wegbereiter. Die Propheten kündeten von dir: Er ist Elias, welcher wiederkehrt.«(15, 3-9)

Mit dem Tod seiner Mutter Elisabeth ist die Kindheit Johannes des Täufers zumindest äußerlich abgeschlossen. Aber man muß erkennen, daß Johannes der Täufer aufgrund der Umstände seiner Geburt, seiner Zeit, seiner Mission und extrem frühen geistigen Reife eine Kindheit im Sinne der heutigen Wertigkeit des Begriffs nicht hatte. Dies gilt im gleichen Maße auch für Jesus.

DIE JUGEND

Über die Jugend Johannnes des Täufers gibt es weder biblische noch historische Aussagen. Dies gilt analog für die Jugend Jesu. Möglicherweise enthalten die essenischen Schriften hierzu verschlüsselte Informationen, die als solche noch nicht erkennbar sind. Als wahre Meister von Geheimlehren verwendeten die Essener Codes und Pseudonyme, um bestimmte Personen und Gruppen nicht unnütz Verleumdungen und Verfolgungen auszusetzen. Vielleicht gibt es Unterlagen, die zumindest teilweise unveröffentlicht sind. Teile der äußeren Essenerlehre sind in aramäischen Schriften im Vatikan verwahrt. Andere Texte wiederum sind in slawischer Sprache abgefaßt und befanden sich im Besitz der österreichischen Habsburger. Sie kamen im 13. Jahrhundert durch nestorianische Priester von Asien nach Europa, um vor den Horden Dschingis Khans bewahrt zu werden. In einem persönlichen Gespräch bestätigte mir Otto von Habsburg diesen Sachverhalt. Mit der Absetzung der Habsburger-Monarchie am Ende des 1. Weltkrieges wurden diese wertvollen Dokumente vom österreichischen Staat beschlagnahmt und teilweise verkauft.

Die erwähnten Geschichten und Legenden über die Kindheit und frühe Jugend Jesu und Johannes des Täufers sind, kritisch betrachtet, eher naiv und suggerieren das Bild einer heilen Welt. Sie werden daher der Realität sicher nicht gerecht. Wie bei der Kindheit, so müssen wir auch bei der Jugend unterstellen, daß sie im Sinne heutiger Wertigkeit nicht gegeben war. Dies gilt jedoch in der Regel für alle Gottgesandten, Meister und Menschen, die einen hohen Einweihungsgrad erreichen.

Bei Johannes dem Täufer und Jesus haben die Essener die Ausbildung unmittelbar nach der Geburt übernommen. Entsprechend ihren Altersstufen wurden ihnen die besten Lehrer und Meister zugeteilt. Das Ziel war die Erringung der Meisterschaft und des höchsten Einweihungsgrades.

Die Hinführung zur Meisterschaft begann sicher bereits in der frühen Jugend. Die Leser, die mit der Ausbildung und dem Weg eines Meisters nur annähernd durch Lektüre vertraut sind, wissen, was dies bedeutet. Natürlich sind für den Auszubildenden außergewöhnliche Fähigkeiten im Erfassen und Erkennen Voraussetzung. Ebenfalls außergewöhnlich müssen das Allgemeinwissen und in vielerlei Hinsicht die Detailkenntnisse sein. Das Erkennen aller Zusammenhänge, Ursachen und deren Wirkungen wird angestrebt.

Der Weg zur Meisterschaft schließt jedoch unabdingbar die totale und grenzenlose Überwindung des eigenen Ichs mit ein, also des menschlichen Egos, und bedeutet oftmals eine fast endlose Kette von menschlichen Leiderfahrungen, Verzweiflungen, Enttäuschungen, Entbehrungen und Prüfungen. Die oft zitierte göttliche Hilfe und Führung ist auf dem Wege meist nicht erkennbar. Aus den wenigen Berichten, die es über Meister gibt, habe ich entnommen, daß oftmals der Eindruck entsteht, als würde sich Gott sogar gegen den Auserwählten wenden. Dies ist die Ursache für Enttäuschungen. Nachdem die Enttäuschung durch die Welt und die Menschen überwunden und in reine Liebe verwandelt wurde, wird der Prozeß auf der Ebene göttlicher Prinzipien fortgesetzt. Wer von den Berufenen den Weg begeht und das Ziel erreicht, ist dann wahrhaft ein Auserwählter, eine Lichtgestalt oder vielmehr ein göttliches Prinzip in menschlicher Gestalt. Zumeist drückt sich dieses göttliche Prinzip in Liebe aus, die freilich mit menschlicher Liebe nichts mehr gemein hat, da sie nicht fordert, begehrt und gänzlich frei vom eigenen Ich ist. Auf diesem Hintergrund wirkt der Auserwählte, der Meister, Wunder, da er die Herrschaft des Geistes über die Gesetze der Materie erkennt. Ein göttliches Prinzip kann sich aber auch verstärkt in der umfassenden Lehr- und Aufklärungstätigkeit eines Meisters zeigen, doch schließt es die Liebe mit ein, was vordergründig nicht sofort erkennbar ist.

Ich habe versucht, den Weg und Hintergrund der Meisterschaft in wenigen Worten aufzuzeigen. Sicherlich ist mir dies nur bedingt gelungen. Meine Ausführungen sollen auch nur dazu dienen, den Leser von der Vorstellung zu lösen, daß die Auserwählten Johannes der Täufer und Jesus geboren wurden und ihnen von Gott bereits alles Wissen in den Schoß gelegt war, so daß sie nur noch den Zeitpunkt ihres Auftretens und Wirkens von Gott abfragen mußten.

In Teil IV dieses Buches sind mediale Botschaften wiedergegeben. Vereinzelt geben sie einen Hinweis zu den Wegen, die Johannes der Täufer und Jesus gehen mußten. Wir müssen davon ausgehen, daß beide einen extrem schweren und leidvollen Weg der Meisterschaft gehen mußten. Leider vermittelt uns die christliche Kirche, daß Johannes der Täufer und Jesus mehr oder weniger von Außen durch Gott erfaßt und dann durchdrungen wurden. In Wahrheit mußten sich beide, wie alle Meister, Gott von innen her erarbeiten. Beide haben einen hohen Einweihungsgrad erreicht. Bei Jesus zumindest müssen wir den höchst erreichbaren Einweihungsgrad annehmen.

Als Johannes der Täufer von Herodes Antipas gefangengesetzt und nach langer Kerkerhaft schließlich enthauptet wurde, hatte er die Welt, sein Menschsein, bereits lange überwunden. Er ging seinem körperlichen Tode ohne Angst entgegen. Auf dem Wege zur Meisterschaft, zur Ausübung und Erfüllung seiner Mission, ist er sprichwörtlich bereits tausend Tode gestorben. Dies gilt analog für Jesus und den Kreuzestod.

Doch zurück zur Jugend Johannes des Täufers.

Es gibt nur wenige Annahmen zu diesem Thema. Ich will sie komprimiert wiedergeben:

Einige Historiker und Religionswissenschaftler behaupten, Johannes der Täufer sei fast ausschließlich bei den Essenern in Qumran ausgebildet worden und war Mitglied der Bruderschaft. Nach den Regeln der Essener konnte die Mitgliedschaft erst nach einjähriger Probezeit, dreijähriger Vorbereitungszeit und weiteren sieben Lehrjahren erreicht werden. Erst nach dem erfolgreichen Abschluß dieser 11 Jahre begann die Unterweisung in die gesamte Geheimlehre. Das Eintrittsalter in die Schule der Essener war dabei auf 18 Jahre festgelegt. Außerdem mußten für die Aufnahme einige Voraussetzungen an Wissen und Kenntnissen sowie persönlicher, geistiger Lebensziele erfüllt sein.

Gerald Messaldie schildert in seinem Roman *Ein Mensch namens Jesus,* wie der 18jährige Johannes der Täufer die Eltern Jesu aufsucht, um sich von ihnen zu verabschieden, da er von nun an der Bruderschaft in Qumran beitreten wird. Nach dem Tode seiner Eltern war er bei Verwandten in Ptolemais. Während des Besuchs klärt Johannes der Täufer Jesus über die Essener und deren Philosophie auf. Für Jesus ist Johannes der Täufer zunächst völlig unbekannt. Erst Joseph klärt Jesus über die verwandtschaftlichen Beziehungen auf.

Nach dem Tode Josephs erinnert sich Jesus an den Besuch Johannes des Täufers und geht ebenfalls nach Qumran, um diesen wiederzufinden. Kurioserweise betrauen die Essener den jungen Johannes mit der Ausbildung Jesu. Nach Aussage des Buches ist den Essenern weder Jesus, geschweige denn seine Abstammung aus dem Geschlecht Davids bekannt. In Qumran ist Johannes der Täufer offenbar der einzig Wissende. Er ist nun bemüht, die Essener auf die Messias-Prophezeiungen und die Mission Jesu einfühlsam vorzubereiten. Da Jesus offenbar Schwierigkeiten hatte, sich in die allzustrenge Ordnung der Essener einzufügen, hatte Johannes der Täufer vielerlei Probleme, seinen Schützling vor mehreren Befragungen und Verhören der Oberen zu bewahren. Speziell im Zusammenhang mit einem Verhör Jesu durch den Rat der Essener wegen Nichteinhaltung von bestimmten Regeln, soll Johannes der Täufer Gewißheit über die messianische Sendung Jesu erhalten haben.

Der Autor schildert in seinem Roman Johannes den Täufer als einen überzeugten Essener, der von der Messiaserwartung und dem unmittelbar bevorstehenden Gottesgericht erfüllt war. Jesus wird dargestellt, als höre er zum erstenmal durch Johannes den Täufer, wer und was die Essener sind und daß überhaupt ein Messias erwartet wird.

Obwohl dem Werk Recherchen in den Apokryphen, die Qumran-Rollen und das Thomas-Evangelium zugrundeliegen, verfällt es speziell in der Darstellung der Beziehung Johannes des Täufers und Jesu in skurrile Denkmodelle und Schubladen-Klischees. Hier wird Johannes der Täufer als wissend dargestellt, der einem unwissenden und naiven Jesus die göttliche Wahrheit und die Mission vergeblich vermittelt. Wenn dieses Buch auch sehr populär wurde, so hat es zumindest diesbezüglich wenig Aussagewert und unterschlägt historische Erkenntnisse zugunsten publikumswirksamer Klischees.

Es gibt jedoch, wenn auch nur am Rande, Aufzeichnungen zum Thema Jugend und Ausbildung Johannes des Täufers aus einer Zeit, wo die Publikumswirksamkeit sicher keine Rolle für eine Veröffentlichung gespielt hat.

Im Jahre 1894 brachen elf Forscher aus Amerika zu einer Expedition in große Teile Indiens, Tibets, Chinas und Persiens auf. Die Forschungsreise dauerte dreieinhalb Jahre, der Forschungsauftrag lag im Bereich der Metaphysik. Einer der Forscher, Baird Spalding schreibt:

»Wir kamen dort an als vollkommene Skeptiker und kehrten zurück als vollkommene Belehrte und Überzeugte, und dies so sehr, daß drei von uns sich dorthin zurückbegaben mit der entschiedenen Absicht, solange dort zu bleiben, bis sie imstande wären, die Werke selber zu vollbringen, die diese Meister tun, und ein ebensolches Leben wie diese zu führen.«

Baird Spalding erzählt in seinen Aufzeichnungen über Begegnungen mit Menschen, die über außergewöhnliche Fähigkeiten und Geisteskräfte verfügen. Über Johannes den Täufer hält er in seinen Aufzeichnungen wörtlich fest:

»Wir fanden am Ufer des Flusses einen schattigen Platz, aßen zu Mittag und ruhten eine Stunde. Dann gingen wir in das Dorf zurück. Dieses Dorf erwies sich als besonders interessant, da sich dort gewisse guterhaltene Dokumente fanden, die uns, nachdem sie übersetzt worden waren, den endgültigen Beweis zu liefern schienen, daß Johannes der Täufer etwa fünf Jahre lang in diesem Dorf gelebt haben muß. Wir sollten später Aufzeichnungen zu sehen bekommen, deren Übersetzung uns den sicheren Beweis von einem etwa zwölfjährigen Aufenthalt vermitteln würde. Später zeigte man uns Aufzeichnungen, die ebenso sicher bewiesen, daß Johannes der Täufer mit diesen Leuten mindestens zwanzig Jahre lang durch Indien, Tibet, China und Persien gereist ist. Tatsächlich sahen wir, daß wir beinahe denselben Weg einschlagen konnten, den er diesen wohlerhaltenen Dokumenten nach genommen haben muß. Diese waren dermaßen interessant, daß wir zu verschiedenen Dörfern zurückkehrten, um ausgedehnte Nachforschungen anzustellen, und wir fanden heraus, daß wir eine genaue Karte von seinen Reisen mit diesen anlegen konnten, wir brauchten nur die Daten in diesen Aufzeichnungen alle zu sammeln. Zeitweise konnten wir uns eine so klare Vorstellung von all den Geschehnissen machen, daß es uns fast vorkam, als wanderten wir dieselben Wege und nähmen die gleiche Route, wie Johannes vor so langer Zeit es getan hatte. Wir verließen die Ortschaft am folgenden Morgen, begleitet von zwei Dorfbewohnern, die das Werk offenbar aufgenommen hatten. Am Abend des dritten Tages langten wir in einem etwa zwölf Meilen entfernten Dorfe an, wo ich mich aufgehalten hatte,

um nach den Aufzeichnungen in bezug auf Johannes den Täuf er auszuschauen. Es lag mir sehr daran, daß meine Gefährten diese Dokumente sehen sollten; wir beschlossen daher, dort einen Aufenthalt zu machen, und Jast begleitete uns dahin. Nachdem sie einen Einblick in die Papiere erhalten hatten, waren auch meine beiden Gefährten tief beeindruckt von ihrem Inhalt, und wir machten einen Plan, um die in den Schriften angedeuteten Reisen zu verfolgen und eine Karte von ihnen anzufertigen. An jenem Abend kam der Meister, der bei unserer vierten Gruppe war und verbrachte die Nacht bei uns. Er überbrachte uns Botschaften von der ersten und der dritten Gruppe. Er war in dieser Ortschaft geboren und aufgezogen worden, seine Vorväter hatten die Aufzeichnungen geschrieben und seit der Zeit waren sie in der Familie aufbewahrt worden. Es wurde behauptet, daß er der fünften Generation nach dem Schreiber angehörte und daß niemand von der ganzen Familie seither durch den Tod gegangen sei. Sie hatten alle ihren Körper mit sich genommen und konnten zu jeder Zeit wieder kommen. Wir fragten, ob es dem Schreiber der Dokumente zu viel Mühe verursachen würde, wenn wir ihn ersuchten, zu kommen und zu uns zu sprechen. Er antwortete, das sei gut zu machen, und so verabredeten wir die Zusammenkunft für denselben Abend. Dann setzten wir uns alle und der so plötzlich bei uns Erschienene begann zu reden: Ihr habt um diese Unterredung gebeten, um die Dokumente, die euch vorgelesen und ausgelegt worden sind, besser verstehen zu lernen. Ich will euch sagen, daß die Aufzeichnungen von mir geschrieben und aufbewahrt worden sind, und diejenigen, die sich auf die große Seele Johannes des Täufers beziehen und die euch so sehr überraschen, behandeln tatsächliche Ereignisse aus der Zeit, da er hier bei uns weilte. Wie diese Aufzeichnungen zeigen, war er ein Mann von umfassendem Wissen und höchster Intelligenz.

Wir verbrachten den Tag mit Emil, Jast und dem Schreiber der Aufzeichnungen und wanderten mit ihnen durch das Dorf und das angrenzende Land, und unser neuer Freund erzählte uns manche Einzelheiten, die sich während des zwölf Jahre dauernden Aufenthaltes von Johannes dem Täufer in dem Dorfe ereignet hatten. Alle diese Ereignisse wurden uns so lebendig vor Augen geführt, daß es uns vorkam, wir seien in die früheste Vergangenheit zurückversetzt und imstande, plaudernd an der Seite der großen Seele zu gehen, die uns vordem beinahe als legendenhafte Gestalt vorgekommen war, heraufbeschworen von solchen, die ihn mystifizieren wollten. Seit jenem Tage ist Johannes der Täufer für mich ein lebendiger, wirklicher Charakter, so wirklich, daß es mir scheint, ich könnte sehen, wie er durch die Straßen dieses Dorfes ging und von den großen Seelen um ihn herum in gleicher Weise belehrt wurde, wie wir jetzt durch dieselben Straßen gehend, belehrt wurden. Wir waren ja leider nicht imstande, völlig die fundamentale Wahrheit von all dem zu erfassen. Man sagte uns, Johannes der Täufer habe in diesem Dorfe gelebt und im Tempel Belehrungen erhalten, und der Tempel sei genau gleich erhalten geblieben, wie zu jener Zeit, da dies geschah. Die Stelle wurde uns gezeigt, wo das Haus, in dem er wohnte, gestanden hatte, aber das Haus selbst war niedergerissen worden. Als wir am Nachmittag zu dem Tempel zurückkehrten, hatte sich das Wetter so aufgehellt, daß wir einen weiten Ausblick über das Land hatten und man uns den Weg zeigen konnte, den Johannes zu seinen Gängen in den Tempel und zurück benutzt hatte, und in die verschiedenen Dörfer, in denen er sich aufhielt. Man nimmt an, daß der Tempel und das Dorf schon mehr als sechstausend Jahre vor dem Besuche des Johannes erbaut worden sind. Der Weg, den wir selber bei unserem Weggehen benützen konnten, wurde uns gezeigt, und man sagte uns, er sei schon seit dem Bau des Tempels in Gebrauch. Um fünf Uhr jenes Abends erklärte uns der Schreiber der Aufzeichnungen, der uns ein lieber Freund geworden war, er werde uns nun für einige Zeit verlassen, schüttelte allen die Hand, sagte, er werde uns bald wiedersehen, und verschwand.«

Ich darf an dieser Stelle anmerken, daß die Expeditionsteilnehmer mit hohen Meisterseelen in Berührung kamen, die offenbar die Fähigkeit der Materialisierung und Dematerialisierung besaßen. Die in diesen kurzen Aussagen genannten Personen Emil und Jast sind Pseudonyme für diese Meister. Die Aufzeichnungen von Baird Spalding sind unter dem Titel *Leben und Lehren der Meister im Fernen Osten* erschienen.

Interessant ist bei den Aufzeichnungen der Forscher die Übereinstimmung mit der Aussage des Wassermann-Evangeliums. In diesem spricht der Weise Elihu zu den Müttern von Johannes und Jesu am Ende ihrer Schulung im ägyptischen Zoan: *»Viele Länder sehen sie und vielen Meistern sitzen sie zu Füßen. Lernen müssen sie wie alle Menschen.«* (12,20). Weiterhin ist jedoch nur vom Leben und Wirken Jesu in Indien, Tibet, Persien, Assyrien, Griechenland und Ägypten die Rede. Interessant ist dabei, daß Jesus in Ägypten ebenfalls mit Matheno, dem Lehrer des Täufers zusammentrifft.

Über die Jugend Johannes des Täufers hingegen berichtet das Wassermann-Evangelium lediglich, daß Matheno mit dem jugendlichen Johannes die Hügel von Engedi verläßt und ihn in den Tempel von Sakara im Niltal führt. In diesem Tempel war Matheno der Meister in der Bruderschaft. Die Bruderschaft nimmt Johannes den Täufer freudig auf, sie wissen um seine Mission. Johannes der Täufer erhält den Namen *Bruder Nazarit.* Angeblich hat Johannes der Täufer in seiner Kindheit ein Gelöbnis abgelegt, das ihn zum Nazariten machte. Dieses Gelöbnis schloß mit ein, daß er sich weder Haupthaar noch Bart schneiden durfte und *»weder Wein noch feuerige Getränke seine Lippen kosten.«*

In 15,31 wird berichtet, daß Johannes der Täufer 18 Jahre in Ägypten lebte und wirkte, sein *Erdenselbst* bezwang und die Meisterschaft erreichte. Interessant sind die Hinweise und Schilderungen von den Aufenthalten Johannes des Täufers bei indischen Meistern und dem Wirken Jesu in Indien. Die oft vertretene These, daß Jesus die Kreuzigung überlebte und nach seiner Genesung in Indien lebte und wirkte[(19)], könnte demnach dahingehend korrigiert werden, daß sowohl Jesus als auch Johannes der Täufer vor ihrem öffentlichen Auftreten in Israel bereits in Indien verweilt und gewirkt haben. Dennoch müssen wir erkennen, daß bei allen logisch erscheinenden Berichten und Indizien bisher noch keine historische und neutestamentaische Basis besteht, um die Kindheit, die Jugend und die Zeit des

Aufenthaltes bis zum öffentlichen Auftreten beider Lichtgestalten nachweislich zu erhellen. Selbst wenn man die spärlichen Hinweise der kanonischen und apokryphen Überlieferungen entsprechend auslegt, muß es dennoch ein fragliches Stückwerk bleiben. Offen bleiben wird auch bis auf weiteres die Frage, ob Johannes der Täufer und Jesus bei den Qumran-Essenern ausgebildet wurden. Wenn auch eine sehr enge Verbindung mit den Essenern offensichtlich ist, so möchte ich doch den normalen Ausbildungszyklus, der einer Aufnahme in die Bruderschaft der Qumran-Essener vorausging, für beide ausschließen. Ein zeitweiliger Aufenthalt in Qumran für Studien und Unterredungen ist aber wahrscheinlich. Die detaillierten Kenntnisse des Alten Testamentes und der Prophetenworte, weisen auf gezielte Studien in Qumran hin, war die Siedlung doch Aufbewahrungsort aller wesentlichen Schriften und Texte der jüdischen Religion und Traditionen.

Selbst wenn der negative Kritiker all das als Legende oder Spekulation abtut, so bleibt doch unbestritten:

Johannes der Täufer und Jesus waren charismatische Persönlichkeiten mit umfassendem Wissen, großer Sprachgewandtheit und Entschlossenheit. Diese Eigenschaften erwirbt man nicht in wohlbehüteter Obhut und Umgebung. Selbst eine umfangreiche, rein theoretische Wissensvermittlung befähigt nicht zu großem Wirken. Ein langer, entbehrungsreicher Weg zu vielerlei Weisen und Lehrern, die Überwindung des eigenen Ichs und das Erkennen der göttlichen Prinzipien führte sie schließlich zur Meisterschaft. Auch für höchste göttliche Boten gilt, daß kein Meister vom Himmel fällt.

DER AUFTRAG UND DAS WERK

Johannes der Täufer bleibt von seiner Geburt an bis zu seinem Tode eine rätselhafte und fesselnde Erscheinung. Sein Auftreten und sein Wirken waren bedeutender und umfassender als es die Evangelien erkennen lassen.

Einen deutlichen Hinweis auf die Ausstrahlung des Predigers gibt uns der Historiker Josephus Flavius. In seinen Aufzeichnungen, den *Jüdischen Altertümern* (Antiquitates) berichtet er unter XVIII 5,2 ausführlich über Johannes den Täufer. Josephus wurde noch in der Regierungszeit des Herodes Antipas in Jerusalem geboren. Als Zeitzeuge des Geschehens berichtet er wörtlich:
»Er (Johannes der Täufer) war ein trefflicher Mann und mahnte die Juden, sich der Tugend zu befleißigen und Gerechtigkeit gegeneinander und Frömmigkeit gegen Gott zu üben und zur Taufe zu kommen. Die Taufe werde Gott dann angenehm sein, wenn sie sie nicht zur Beseitigung gewisser Verfehlungen, sondern zur Heilung des Leibes anwendeten, da die Seele schon durch ein gerechtes Leben gereinigt sei. Da man nun von allen Seiten ihm zuströmte, weil jeder sich durch solche Reden gehoben fühlte, fing Herodes an zu fürchten, der Einfluß eines solchen Mannes, von dessen Rat sich alles leiten ließ, könne einen Aufruhr herbeiführen, und hielt es daher für geratener, ihn vor Ausbruch einer solchen Gefahr, unschädlich zu machen, als später bei einer Wendung der Dinge, seine Unschlüssigkeit bereuen zu müssen. Auf diesen Verdacht hin wurde Johannes in Ketten geworfen, nach der Feste Machaerus geschickt und dort getötet. Sein Tod aber war, wie gesagt, nach der Überzeugung der Juden die Ursache, weshalb das Heer des Herodes vernichtet worden war(20)*, da Gott in seinem Zorn diese Strafe über den Tetrarchen verhängt habe.«*

Heutige Kenner der jüdischen Geschichte gehen davon aus, daß Josephus in seiner kodierten Diplomatensprache mehr aussagt, als der unvorbereitete Leser vermutet. Der Erneuerer und Prediger Johannes, der eine enorme Öffentlichkeitswirkung und religiös-gesellschaftliche Ausstrahlung hat, wird in der Berichterstattung lediglich als *»trefflicher Mann«* dargestellt. Kultisch-sakramentale Erörterungen in Verbindung mit der Taufe werden nicht erwähnt. Ebenfalls verschwiegen wird der messianische Bezug, der mit der Gestalt Johannes des Täufers in der öffentlichen Meinung verbunden war. Das politisch kritische Faktum, die große Volksbewegung, die der Prediger auslöste, ist von Josephus verklausuliert wiedergegeben worden. Daß das Volk *»von allen Seiten ihm zuströmte«*, störte neben Herodes Antipas ganz sicher auch die römische Besatzungsmacht, die auf derartige Vorkommnisse überreizt reagierte. Deshalb müssen wir annehmen, daß Josephus das Bild des Johannes aus politischen Gründen schönte.

Josef Ernst schreibt hierzu in seinem Buch *Johannes der Täufer - Der Lehrer Jesu?* wörtlich:

»Diese kurze Notiz in den Altertümern zeigt deutlich, wie unangenehm dem ehemaligen Widerstandskämpfer auch nach Jahrzehnten noch die Erinnerung an derartige verdächtige Bewegungen im Judenland gewesen sein müssen. Um jeden neuen Skandal zu vermeiden, spielt er in seinem Geschichtsbericht die Angelegenheit um den Volkshelden Johannes kurzerhand herunter.«

Einen weiteren Hinweis auf die Gewichtigkeit Johannes des Täufers finden wir im Matthäus-Evangelium 14,1-2:

»In der Zeit kam die Kunde über Jesus vor den Vierfürst Herodes. Und er sprach zu seinen Leuten: Das ist Johannes der Täufer; der ist von den Toten auferstanden, deshalb wirken in ihm solche Kräfte.«

und in 16,13-14 heißt es ferner:

»Da kam Jesus in die Gegend von Cäsarea Philippi und fragte seine Jünger und sprach: Wer sagen die Leute, daß der Menschen Sohn sei? Sie sagten: Etliche sagen, du seiest Johannes der Täufer; andere, du seiest Elija; wieder andere, du seiest Jeremia oder der Propheten einer.«

Legt man zur Bildgestaltung Johannes des Täufers die Logienquelle (21) und die Evangelien zugrunde, bemerkt man einen Widerspruch. Auf der einen Seite wird Johannes der Täufer zu einer alles überragenden Gestalt hochstilisiert; auf der anderen Seite wird er sofort wieder zurückgenommen, reduziert und klein gemacht. Dies geschieht oftmals von Satzaussage zu Satzaussage und wird am deutlichsten bei Mt 11,11 und Lk 7,28, wo die Hochschätzung Johannes des Täufers in nicht zu überbietender Weise ausgedrückt wird: Johannes ist der Größte der von einer Frau Geborenen, d. h. der größte Mensch. Hier ist weder sein Wort, sein Wirken oder eschatologischer Rang, sondern vielmehr die Einschätzung der Person gemeint. In der synoptischen Tradition gibt es keine vergleichbare Äußerung von Jesus. Der Fortgang der Rede ist überraschend, denn sie wertet wieder ab: Der Kleinste im Himmelreich ist größer als er.

Weiterhin fällt auf, daß von den großen Reden und Predigten Johannes des Täufers gesprochen wird, ohne jedoch näher auf deren Inhalte und Themen einzugehen. Lediglich wenige Sätze und Verse haben die Evangelisten aufgezeichnet. Dieses Wenige kann aber nicht Auslöser dafür gewesen sein, daß das Volk in Scharen zu ihm strömte und die Kunde seiner Worte landauf, landab die Massen bewegte, zumal er jemand war, *»von dessen Rat sich alles leiten ließ«*, wie Josephus berichtet. Dies gilt auch für die Bezeichnung Prophet. Der Täufer wird als Prophet bezeichnet, obwohl nirgends erkennbar ist, worin seine Prophetie nun eigentlich besteht. Nimmt man den Beginn des Markus-Evangeliums, so erkennt man zunächst eine Aneinanderreihung von Erzählmotiven. Der eigentliche Sinn läßt sich entschlüsseln, nimmt man die an den Anfang des Johannesberichts gesetzten Sprüche der Propheten Maleachi (3,1; 23,20) und Jesaja (40,3) hinzu. Die Aussagen der Evangelisten über den Täufer und Prediger in der Wüste werden sozusagen zu einer rückwärtsgerichteten Prophetie umfunktioniert. In seinem Wirken erfüllt Johannes der Täufer die Erwartungen und Prophezeiungen des Alten Testaments. Dies stellt ihn über die Propheten Israels. Johannes der Täufer wird typisiert als einer, der im Schnittpunkt von Verheißung und Erfüllung steht (Mt 11,12f, Lk 16,16). Aus Sicht der Evangelisten wird er zur Funktion des Wegbereiters und zum Hinweis auf einen anderen reduziert. In dieser Rolle als Vorläufer wird ihm im Sinne des Wortes nur Vorläufigkeit eingeräumt. Möglicherweise besteht im Verständnis der Evangelisten die Prophezeiung Johannes des Täufers im Erkennen des Messias. Letztendlich wird aus der reduzierten Berichterstattung der Evangelisten jedoch nicht deutlich, worauf sich die Prophetie bezieht. Im weiteren Verlauf der Evangelien erkennt man schließlich zwischen den Zeilen: Johannes der Täufer und Jesus von Nazareth stehen in ihrer Gesinnung und Mission Seite an Seite, sogar in ihrem Martyrium. Johannes der Täufer ist das erste Opfer. Diese verdeckte Aussage hat letztendlich einen hohen Verkündigungswert.

Warum sind Wort und Wirken Johannes des Täufers in den Evangelien und Apokryphen(22) gekürzt und wertend wiedergegeben? Die Exegeten sind sich weitgehend einig: Die Entstehung der Evangelien fällt in das 1. und 2. Jh. n. Chr. und ist bereits geprägt und ausgerichtet nach dem Verständnis der Urkirche. Das älteste aller vier Evangelien ist das Markus-Evangelium. Die Urfassung ist um 70 n. Chr. entstanden. In dieser Zeit gab es jedoch noch bedeutende Strömungen und Anhänger der Täuferbewegung. Diese Bewegung umfaßte jüdische, später auch judenchristliche Gemeinden und Gruppen speziell im Ostjordanland. Einige dieser Gruppen wurden unter verschiedenen Namen (Täufer, Sabäer) von frühchristlichen Autoren beschrieben. Hauptritus war das Bad im Jordan. In Johannes dem Täufer sahen sie den verheißenen Messias. Sie waren sozusagen Vorfahren der Mandäer und hatten viele Berührungspunkte mit den Christen. Auch von den Juden wurden sie für Christen gehalten.

Die messianische Heilsbotschaft hatten Urchristen und Täufergruppen verinnerlicht. Differenzen gab es jedoch in der Darstellung der Wertigkeit und Bedeutung der beiden Gottessöhne Jesus und Johannes. Zudem waren viele Zeitgenossen - wie auch heute noch manche Interpreten der frühchristlichen Texte - der Auffassung, Jesus war ein direkter Schüler und Jünger von Johannes dem Täufer.

Indem der Bericht über Johannes an den Anfang der Evangelien gestellt wurde, mit der Kernaussage, daß schließlich der Täufer Jesus als Messias *aus der Taufe gehoben* hat, wurde ein mehr oder weniger versöhnender Kompromiß für die Täuferanhänger gefunden. Es wird angenommen, daß mit dem allmählichen Rückgang der Täuferbewegung auch die Darstellung Johannes des Täufers aus Sicht der Urchristen wesentlich reduziert wurde. Möglicherweise gehen diese Bemühungen bereits auf Jakobus [(23)], den eigentlichen Begründer der Urkirche, und Paulus zurück. Die Bestrebungen der Urchristen können jedoch nicht als Manipulation gewertet werden, galt es doch, die Heilsbotschaft des Messias zu verbreiten. Eine Streuung dieser Botschaft auf zwei Personen und die fortwährende Diskussion über deren Stellung in der Eschatologie war ein schier unüberwindliches Hindernis.

Die Evangelienschreiber gaben auf ihre Weise wieder, daß Johannes der Täufer in Jesus seine Ergänzung und Erfüllung fand, Jesus hingegen nur auf dem Podium des Vorläufers seine Wirkungskraft entfalten konnte. Letztendlich haben sie dadurch bewußt oder unbewußt im Sinne der Heilsbotschaft gehandelt.

Wie verstand Johannes der Täufer seinen Auftrag und wo wirkte er? Taufte Johannes gemäß der Übernahme und Fortführung essenischer Riten? Die Bedeutung der rituellen Taufbäder ist durch die Qumran-Funde deutlich geworden. Bereits Josephus Flavius schildert dies deutlich (Bellum 2, 129; 137-138; 149-150; 161). Stand die Taufe des Johannes in Beziehung zur Lehre des Hillel[(24)]?

Dieser gemäßigte Pharisäer lehrte die persönliche und ethische Erneuerung, die in einer Wassertaufe ihren Ausdruck fand. Wer sich dieser Reinigungszeremonie unterwarf, wurde zu einem reinen Juden. Hillel führte diese rituellen Waschungen zur Reinigung von Sünde in Jerusalem durch. Seine Aussage bestand unter anderem darin, daß die jüdische Geburt allein nicht genügt, um dem Gottesvolke anzugehören, sondern auch ein Akt der Umkehr dazu notwendig sei. Hillel war der erste, der die Goldene Regel (vgl. Mt 7,12) lehrte. Darüber hinaus stand er dem essenischen Gedankengut sehr nahe.

Hochinteressant ist in diesem Zusammenhang der Hinweis auf Hillel im bereits mehrfach erwähnten Wassermann-Evangelium. In Teil V, Kapitel 18 wird ausführlich geschildert, wie sich der zehnjährige Jesus gegen die Tieropfer in Jerusalem ausspricht und von Priestern dafür scharf gerügt wird. In Hillel, dem Ältesten des Sanhedrin, findet er jedoch Hilfe. Jesus bleibt schließlich ein Jahr bei Hillel, um die Regeln des Gesetzes und den Tempeldienst der Priester zu erlernen. In Teil IV, Kapitel 13 findet sich die Parallele: Johannes der Täufer empfindet als Neunjähriger angesichts der Tieropfer in Jerusalem die gleiche Abscheu. Er hat in Matheno einen Lehrer, der ihn bestätigt.

Ich erwähne dies deshalb, weil ich sicher bin, daß die Lehren Hillels einen starken Einfluß auf Johannes den Täufer und Jesus ausübten. Schließlich war die Taufe als ritueller Akt Priestern und religiös eingeweihten Juden bereits vor dem Auftreten Johannes des Täufers bekannt. Die Frage, ob speziell die Taufe des

Johannes mit den vorgenannten Taufriten in Verbindung gebracht werden kann, beschäftigt die seriöse Forschung seit Jahrhunderten. Eine zuverlässige Antwort bekamen wir erst durch die Qumran-Funde einerseits und durch die Ortsbestimmung der historischen Taufstelle des Johannes andererseits. Die Evangelien berichten nur ungenau: Markus erzählt lediglich, daß Johannes der Täufer in der Wüste war und die Taufe der Buße und Vergebung der Sünden predigte. Ferner sagt er, daß sich das ganze jüdische Land und alle Leute von Jerusalem von Johannes im Jordan taufen ließen (sh. Mk 1,3-4).

Matthäus verändert zwar die Satzfolge, hält sich aber in der gerafften Berichterstattung vom Auftreten Johannes des Täufers an Markus. Geographisch fixiert wird die Wüste mit dem Hinweis auf *Wüste Judäa* (sh. Mt 3,1-5).

Dies gilt auch für Lukas, der zwar die Wüste nicht näher benennt, aber interessanterweise schildert, daß Johannes der Täufer in das ganze Land um den Jordan kam und taufte und predigte - also zu den Menschen ging (sh. Lk 3,2-5).

Im Gegensatz zu den Synoptikern (25) lokalisiert der Evangelist Johannes die Taufstellen genauer. In 1,28 nennt er Betanien und gibt den entscheidenden Hinweis *jenseits des Jordans*. In 10,40 wird berichtet, wie sich Jesus »... *jenseits des Jordans an den Ort, da Johannes zuvor getauft hatte*«, zurückzog und so dem Ergreifen durch die Juden entkam.

Wie wir im Verlauf dieses Kapitels sehen werden, hat gerade die Ortsbestimmung *jenseits des Jordans* eine entscheidende Bedeutung. Der Evangelist Johannes nennt in 3,23 zudem *Änon, nahe bei Salim* als weitere Taufstelle. Das *Betanien jenseits des Jordans* ist keinesfalls identisch mit dem von allen Evangelisten geschilderten Betanien nahe Jerusalem am östlichen Abhang des Ölbergs (Auferweckung des Lazarus), sondern bezieht sich auf die Taufstelle Johannes des Täufers kurz vor der Mündung des Jordans in das Tote Meer.

In Betanien befand sich ein Fährbetrieb über den Jordan. Um jedoch eine Verwechslung mit dem Dorf am Ölberg auszuschließen, wird die Taufstelle in zeitgemäßen Handschriften auch Betabara oder Bet-Abara genannt. Dieser Ort liegt jedoch ungefähr sieben Kilometer südlich von der eigentlichen Taufstelle. Spätere Textzeugen wiederum haben Betanien in Bet-Araba umbenannt, einem judäisch-benjamitischen Grenzort, fünf Kilometer westlich der Taufstelle und nahe bei Jericho. Beide Ortsangaben sind jedoch falsch.

Daß Bet-Araba gerne von Textzeugen als die Taufstelle Johannes des Täufers bezeichnet wurde, mag die Ursache darin haben, daß bereits im Buch Josua (15,6;61) Beth-Araba als Teil der Nordgrenze des Stammes Juda zum Stamme Benjamin beschrieben wird.

Doch die Verwirrung um die historische Taufstelle hat noch zugenommen. Ende des 4. Jh. n. Chr. setzten starke Pilgerströme zur Taufstelle ein. Da die Pilgerreisen jenseits, also östlich des Jordans durch die Überfälle der Beduinen sehr gefährlich waren, entstanden alsbald Kultstätten zur Verehrung des Täufers auf der gegenüberliegenden Westseite des Jordans. Ein 565 n. Chr. angefertigtes Fußbodenmosaik einer Kirche im ostjordanischen Madaba gilt als die älteste Landkarte Palästinas und weist die Taufstelle fälschlicherweise auf der Westseite aus.

Was besagt nun die zweite Ortsangabe »*Änon, nahe bei Salim*«? Ohne inhaltlich zu hinterfragen, stößt man zunächst auf den Ort im westjordanischen Bereich der Dekapolis in der damaligen Provinz Samarien. Dieses Änon liegt zwar nahe am oberen Drittel des Jordanverlaufs zwischen dem See Gennesaret und dem Toten Meer, wird aber aus Sicht der Forschung als weitere Taufstelle Johannes des Täufers ausgeschlossen, denn tatsächlich hat der Täufer niemals am Westufer des Jordans getauft.

Es gibt jedoch zwei Deutungen, die das Rätsel aufhellen. Die erste: Die historische Taufstelle jenseits des Jordans wurde wegen ihres Quellenreichtums auch Änon (Quellengebiet) genannt. Weil später ortsunkundige Textzeugen dieses Änon nicht mit Betanien verbinden konnten, wurde es irrtümlich auf den Ort gleichen Namens bei Salim bezogen. Die zweite: Sie führt zurück auf den bereits erwähnten Hillel. Im Hebräischen bedeutet dieser Name soviel wie Lobpreis, das griechische Äquivalent dazu ist äinon. Nach Joh 3,23 taufte Johannes in Änon (aino) nahe (engys) bei Salim. Damit kann das Essenertor im Süden von Jerusalem (Salim) gemeint sein, wo in jüngster Zeit essenische Reinigungsbecken freigelegt wurden. Es besteht somit die Möglichkeit, daß der Evangelist eine Verbindung Johannes des Täufers mit Hillel unterstellt hat. Vielleicht lag es aus Sicht des Evangelisten Johannes auch nahe, daß der Täufer in Jerusalem gewirkt hat, oder aber der ganze Zusammenhang ergab sich aus Fehlern in der Überlieferung, basierend auf Unkenntnis der wahren Taufstelle.

Das Fehlen konkreter Kenntnisse ist erklärbar, da erst viele Jahrzehnte nach dem Tod Jesu die Evangelien geschrieben wurden. Die Aufzeichnungen erfolgten zudem in Syrien, Kleinasien und Rom, so daß der Rückgriff auf Zeitzeugen oft ausgeschlossen war. Jedenfalls lag die Taufstelle Johannes des Täufers auf der Ostseite des Jordans, nahe der Mündung in das Tote Meer. Der Jordan war Grenzfluß zwischen dem Herrschaftsgebiet der römischen Besatzungsmacht und Peräa, das Herrschaftsgebiet des Herodes Antipas war. Nur deshalb konnte im übrigen Johannes der Täufer ohne Rücksprache mit den Römern verhaftet und getötet werden. Und nur deshalb konnte sich Jesus an die Stelle, wo Johannes getauft hatte, zurückziehen, um von den Juden Jerusalems nicht gefaßt zu werden (sh. Joh 10, 39-40). Diese geographische Gegebenheit ist historisch gesichert, und zugleich der wichtigste Ausgangspunkt, um den Auftrag Johannes des Täufers und sein Werk zu verstehen.

Die Wahl des Täufers, Betanien als Taufstelle zu bestimmen, lag nicht in erster Linie an der hohen Verkehrsfrequenz, die diese Stelle zur damaligen Zeit aufwies.

Dort, wo Johannes taufte, verlief nämlich eine alte Handelsstraße von Jerusalem über Jericho nach Osten. Auf Fähren bzw. Furten überquerten bei Niedrigwasser stetiger Personen- und Handelsverkehr den Jordan. Diese Region ist auch heute noch sehr verkehrsreich. Anstelle der Fähren und Furten ist die unmittelbar nördlich gelegene Allenby-Brücke getreten, die einzige Verbindung zwischen Jordanien und der West Bank.

An dieser Grenzstation am Unterlauf des Jordan hielten sich Zöllner und Soldaten auf, die ihre Machenschaften ausübten, Dirnen und Bettler aber auch Juden, die am Sabbat Handelsgeschäfte abwickelten. Hier war also der Ort, an dem sich das pulsierende, alltägliche Leben der Juden abspielte, wo die Geschäfte mit den ansonsten ungeachteten Heiden florierten, wo Soldaten und Zöllner sich ungerechtfertigt bereicherten, die Dirnen willkommen und die Mittellosen mißachtet waren. Anständig, gesetzestreu und sittsam war man in Jerusalem unter den Augen der Priester und Römer. Doch im fernen Betanien gaben sich die Menschen habgierig und ungeniert, wie sie in ihrem Inneren ausgerichtet waren. Nur hier konnte Johannes der Täufer die Menschen in ihrer Wirklichkeit erreichen.

Die bestimmte Ortswahl, die Johannes der Täufer getroffen hatte, war freilich nicht primär durch die hohe Verkehrsfrequenz bestimmt. Diese hätte er übrigens auch auf der Westseite des Jordans vorgefunden. Zudem hätte er sich hier dem Zugriff Herodes Antipas' entziehen können. Entsprechendes Wasser für seine Taufen gab es selbst in Israel genug, etwa am See Gennesaret, am Mittelmeer, am Toten Meer oder in den Bädern und Wasserbecken der Städte. Worin lag demnach der Grund, daß er ausgerechnet am Ostufer des Jordans taufte, in einer Gegend, die Wüste ist?

Um den wahren Grund zu finden, müssen wir weit in die jüdische Geschichte, zu deren Lenkern und Propheten zurückgehen. Wir finden diesen Grund in der biblischen Tradition und dem sich daraus ableitenden Auftrag im Verständnis eines wissenden und erkennenden Johannes des Täufers. Der Ort Betanien, jenseits des Jordans, ist exakt die Stelle gegenüber Jericho, an der einst Josua das Volk Israel durch den Jordan in das Heilige Land geführt hat. Im Buch Josua heißt es:
»Und Josua machte sich früh auf, und sie zogen aus Schittim und kamen an den Jordan, er und alle Kinder Israel, und sie blieben dort über Nacht, ehe sie hinüberzogen.« (3,1) »Als nun das Volk aus seinen Zelten auszog, um durch den Jordan zu gehen ..., da stand das Wasser, das von oben herniederkam, aufgerichtet wie ein einziger Wall ...; aber das Wasser, das zum Meer hinunterlief, zum Salzmeer, das nahm ab und floß weg. So ging das Volk hinunter gegenüber von Jericho.« (3, 14;16) »Es war aber der zehnte Tag des ersten Monats, als das Volk aus dem Jordan heraufstieg. Und sie lagerten sich in Gilgal, östlich der Stadt Jericho.« (4,19)

Gilgal liegt an der Westseite des Jordans gegenüber von Betanien und gilt in der jüdischen Tradition als Heiligtum. Der Ort war Zentrum sakraler Amphiktyonien (Stämmebund) und in der Zeit Josuas und der Könige auch Sammelplatz des Heeres. Während der Prophet Elija Gilgal als Jahwe-Heiligtum preist, verurteilen die Propheten Hosea und Amos Gilgal als Ort des Götzendienstes. Betanien, die Tauf- und Predigtstelle Johannes des Täufers, war also aus dessen Sicht völlig identisch mit der damaligen Situation Israels vor dem Durchschreiten des Flusses. Mit seinem Auftreten an genau diesem Ort verband der Täufer die Existens des Volkes Israel mit der Situation nach dem Auszug aus Ägypten, dem Verweilen in der Wüste vor dem Einzug in das Gelobte Land. In diesem Gelobten Land würde jedoch erst in naher Zukunft das geschehen, was der Herr seinem auserwählten Volk verheißen hatte.

Johannes der Täufer stellte somit das Volk Israel zu seiner Zeit an die moralische und geographische Stelle, an der sich das Volk Israel befand, als es aus Ägypten kommend den Jordan überquerte. Er führte es gleichnishaft zurück an die Stelle vor dem Eintritt in das Gelobte Land, vor dem Beginn der Heilszeit. Dies war eine ungeheuere Symbolik. Er setzte die Juden im frühen 1. Jh. n. Chr. mit jenen gleich, die zwar die Kunde vom Heil durch Moses erfuhren, jedoch erst den Prozeß der moralischen Erneuerung, das Sterben des gierigen, selbstsüchtigen Egos erfahren müssen, um das Heil zu erlangen. Die Abstammung von Abraham und die Zugehörigkeit zum Volk Israel alleine garantieren nach den Worten des Täufers noch nicht die Erlangung des Heils. Unter diesem Aspekt müssen wir auch die Predigt Johannes des Täufers laut Lk 3,8 verstehen:

»Sehet zu, tut rechtschaffene Früchte der Buße; und nehmet euch nicht vor, zu sagen: Wir haben Abraham zum Vater. Denn ich sage euch: Gott kann dem Abraham aus diesen Steinen Kinder erwecken.«

Johannes der Täufer forderte vom Volk Israel die umgehende Einkehr und daraus folgend die Umkehr. Er verlangte die Ausrichtung des Denkens und Handelns nach dem einst auf dem Berg Sinai geoffenbarten Willen des Herrn. Deshalb prangerte er den Lebenswandel, die fehlende Moral seiner Zeit und die Scheinheiligkeit an, mit der Gebote und Gesetze gehalten wurden, während man Gott und die Mitmenschen gleichzeitig mißachtete. So war der Inhalt seiner Predigten ein Auf- und Wachrütteln, aber auch ein ständiger Hinweis auf die Liebe zu Gott, zu den Nächsten und auf die Fürsorgepflicht gegenüber Hilflosen und Bedürftigen. (sh. Mk 2,18; Mt 9,14; Lk 3,11; 5,33; 11,1). Hier finden wir bereits eine frühe Parallele zur Bergpredigt Jesu.

Spürte Johannes der Täufer den Geist des Elija in sich? War er durchdrungen von der Gewißheit, der Gesandte zu sein, von dem Maleachi 3,23-24 berichtet:

»Siehe ich will euch senden den Propheten Elija, ehe der große und schreckliche Tag des Herrn kommt. Der soll das Herz der Väter bekehren zu den Söhnen und das Herz der Söhne zu den Vätern, auf daß ich nicht komme und das Erdreich mit dem Bann schlage.«

Die Wahl der Taufstelle spricht jedenfalls dafür. Elija, der große Prophet und Beschützer der Bedürftigen, hatte genau jene Stelle des Jordans durchschritten, durch die einst das Volk Israel unter Josua in das Gelobte Land eingezogen war.

Erst auf der Ostseite, also jenseits des Jordans, *»erschien ein feuriger Wagen mit feurigen Pferden, der Elija in den Himmel hob«* (sh. 2 Kön 2).

Elija fuhr im Wirbelsturm zum Himmel empor und kehrt nach dem Wort des Propheten Maleachi wieder. (sh. Mal 3,23) Im Verständnis der Juden war seine Wiederkehr am Ort seiner Himmelfahrt, also am Ostufer des Jordans zu erwarten.

Das Auftreten Johannes des Täufers in der Wüste, speziell in Betanien, wurde allgemein als die Wiederkehr des Elija gedeutet. Auf diesem Hintergrund wird verständlich, warum die Priester und Leviten ihn fragten: *»Bist du Elija?«* Wenn Johannes der Täufer auch mit *»Nein«* antwortet, so nimmt er doch unmittelbar Bezug auf seine Sendung, seinen Auftrag, wenn er sagt:
»Ich bin eine Stimme eines Predigers in der Wüste: Richtet den Weg des Herrn, wie der Prophet Jesaja gesagt hat« (Joh 1,21-23).

Damit gab er deutlich zu erkennen, daß er nicht nur ein Prediger und Mahner ist, wie sie vielfach zu jener Zeit in Israel auftraten, sondern gesandt ist, um das Wort der Propheten zu erfüllen.

Das Johannes-Evangelium vermittelt zunächst den Eindruck, als wäre Johannes der Täufer aus dem Nichts erschienen und den Priestern und Leviten ein Unbekannter. Allein schon sein Name *Jochanan ben Sacharja* weist auf seinen Vater, den Priester Zacharias hin. Die Herkunft des Täufers war wohl bekannt, und ein Großteil der Priester und Schriftgelehrten erkannte auch, daß ein Bezug zwischem seinem Wirken und den Prophezeiungen bestand. Deshalb befragten sie ihn, um von ihm selbst zu erfahren, wer er denn wirklich sei.

All die prophetischen Hinweise und Zeichen, die gewaltige Symbolik, die sich hinter seinem Auftreten verbarg, und die wahre Bedeutung seiner Predigten konnten sicher nicht von allen erfaßt werden. In seiner Gänze wurde Johannes der Täufer vielleicht nur von Jesus erkannt. Allein daraus erklärt sich sein Ausspruch laut Lk 1,26; Mt 11,9:
»Oder was seid ihr hinausgegangen zu sehen? Wolltet ihr einen Propheten sehen? Ja, ich sage euch: Er ist mehr als ein Prophet.«

Um Auftrag und Werk des Täufers zu verstehen, muß auch die Analogie seiner Zeichen und Handlungen im Detail erfaßt werden. Mit seiner exakten Ortsbestimmung der Taufstelle und seinen Predigten verglich er die Gegenwart Israels mit der Generation Josuas, welche zwar das Gelobte Land betreten durfte, das erwartete Heil Gottes jedoch wegen ihrer Sündhaftigkeit nicht erlangen konnte. Gleichnishaft zeigte Johannes der Täufer auf, wo das Volk Israel gewissermaßen moralisch und geistig stand; nämlich auf der Ostseite des Jordans, vor dem Eintritt in das verheißene Land und Heil.

Durch sein äußeres Erscheinungsbild und seine Lebensweise setzte der Täufer ein weiteres Zeichen: Gleich den Wüstenbewohnern kleidete er sich mit Kamelhaarmantel und Ledergürtel und ernährte sich ausschließlich von dem, was an Ort

und Stelle vorkam. Laut Mk 1,6; Mt 3, 4 waren dies hauptsächlich Heuschrecken und wilder Honig. Der Religionswissenschaftler und Qumranforscher Hartmut Stegemann (26) bemerkt hierzu in seinem Buch *Die Essener, Qumran, Johannes der Täufer und Jesus* wörtlich:
»Mit einem asketischen Habitus, der ihn von dem vergleichsweise fast sinnesfrohen Prasser und Weinsäufer Jesus unterschied (Mt 11,18 -19; Lk 7,33-34), hatte diese Lebensweise freilich gar nichts zu tun. In Olivenöl gesottene Heuschrecken schmecken ähnlich wie Pommes frites, ebenso wie Wildbienenhonig sind sie eine Leckerei. Während Kulturlandbewohner für gewöhnlich Kleidung aus Leinen und Wollstoffen trugen, symbolisierte Johannes die Wüstenwanderungssituation Israels durch einen nicht minder feinen Kamelhaarmantel, dessen Ledergürtel ebenso viel wert war, wie die Tuchschärpen anderer.«

Mit diesem außergewöhnlichen Auftreten beabsichtigte der Täufer, weder einen Hinweis auf eine alternative Lebensart zu geben noch eine solche zu kritisieren. Er verdeutlichte dem gegenwärtigen Judentum, wo es moralisch und heilsgeschichtlich stand; nämlich unmittelbar vor Eintritt in eine neue Epoche der göttlichen Geschichtsschreibung für das Volk Israel.

Zur überlieferten Weise der Ernährung und Kleidung Johannes des Täufers muß erklärend hinzugefügt werden, daß Heuschrecken stets die gelegentliche Speise der Nomaden waren. Wilder Honig, so man ihn fand, galt seit jeher als Delikatesse. Er schützte vor Infektionen und erhöhte die Widerstandskraft des Körpers. Die Hauptspeise des Täufers war vermutlich jedoch die großschotige Frucht der Ceratonia siliqua, das Johannisbrot. Dieses war in einigen Mittelmeerländern wichtigstes Nahrungsmittel. Die Frucht war über Jahrhunderte so populär, daß die getrockneten Johannisbrotkerne als Gewichtseinheit (0,2 g das Karat) galten. Das Bewußtsein, daß sich der Täufer von dieser Frucht ernährte, war außerbiblisch offenbar stets vorhanden, denn Baum und Frucht sind nach ihm benannt.

Das Fellkleid, nur selten aus Kamelhaar, war kennzeichnend für Nomaden und Eremiten. Bei letzteren war es Ausdruck für ihr Festhalten am Alten Bund mit dem Sinai-Gott der nomadisierenden Stämme des Volkes Israel. Mit der Wahl seiner Kleidung gab Johannes der Täufer zudem einen deutlichen Hinweis auf den großen Propheten Elija, wie dieser in 2 Kön 1,7-8 seinem Äußeren nach geschildert wird:
»Er sprach zu ihnen: Von welcher Art war denn der Mann, der euch begegnete und das zu euch sagte? Sie sprachen zu ihm: Er hatte langes Haar und einen Ledergurt um seine Lenden. Er aber sprach: Es ist Elija, der Thisbiter.«

In der jüdischen Gesellschaft war die Erwartung der Wiederkehr des Elija weit verbreitet. Schließlich erhoffte man sich von ihm, daß er das drohende Unheil vom nahen Gottesgericht abwenden und Israel mit Gott versöhnen würde. Darauf nimmt selbst Jesus bezug. Unmittelbar nach der Verklärung auf dem Berg (Mk 9,2-8) antwortet er seinen Begleitern Petrus, Jakobus und Johannes:

»Ja, zuvor kommt Elija und bringt alles wieder zurecht.« (Mk 9,12)

In Johannes dem Täufer sah das ganze jüdische Volk die Reinkarnation des Propheten Elija. Durch seine Predigten legte er die Heilsmöglichkeit in ihre Hände. Er forderte sie auf, das göttliche Heil von Innen her zu erwirken durch Reue und Umkehr. Dies stand im Gegensatz zur vorherrschenden Meinung, wonach man glaubte, Gott selbst führe sein Volk durch äußere Handlungen und Geschehnisse ins Heil.

Dies zeichnete die Sichtweise des Täufers im besonderen aus: Er verkündete dem sündigen, schuldbeladenen, politisch und wirtschaftlich verelendeten Volk Israel die Heilsmöglichkeit und wies ihm zugleich den Weg. Johannes der Täufer war also kein Prediger der Apokalypse, wenngleich das Alte Testament und die jüdische Apokalypse das entsprechende Bildmaterial geliefert haben. In der jüdischen Tradition bezogen sich Zorn und Verdammnis der Welt stets auf die Feinde Israels. Der entscheidende Hinweis für das Verständnis der Täuferpredigten ist jedoch die Umkehrung. Er sprach vom drohenden Gottesgericht über Israel und nicht über dessen Feinde. Diese Aussage muß man auch unter dem zeitgeschichtlichen Aspekt sehen. War doch Israel von Rom unterworfen und gedemütigt, unterwandert vom hellenistischen Gedankengut aus seleukidischer Unterdrükkung. Eine Zeit also, in der man das Gericht Gottes über die Feinde erwartete.

Ein entscheidender Hinweis und ein ungeheurer Frevel in den Augen der Pharisäer und Schriftgelehrten war, daß der Sohn des geachteten Priesters Zacharias predigte und lehrte, daß göttliches Heil nur jene erlangen werden, die Gott durch eigenes Zutun wie Einkehr, Umkehr und Ausrichten nach seinen wahren Gesetzten erfahren. Ein Auserwählter des Herrn wird man also nicht kraft Geburt und Zugehörigkeit zum Volke Israel, sondern allein durch rechtes Handeln. Mit anderen Worten heißt das: Nichtjuden und Heiden ist der Zugang zum Gelobten Land und zum Heil genauso gegeben wie den Juden. Jedermann konnte also die Taufe und das Wort durch Johannes den Täufer empfangen und somit selbst den Grundstein für sein eigenes Heil legen.

Worin liegt nun die Einzigartigkeit der Taufe durch Johannes? Von jeher gab es Strömungen und Vereinigungen im religiösen Bereich, speziell im Vorderen Orient, die kultische Handlungen wie Waschungen, Reinigungs- und Tauchbäder vorgenommen haben. In den jüdischen Traditionen hat zudem der Fluß Jordan eine mythologische Bedeutung, wenn dies auch nicht direkt zum Ausdruck kommt wie z. B. beim Ganges-Fluß in der hinduistischen Tradition. All diese kultischen Handlungen und Rituale verschiedenster Herkunft und Einfärbung bis hin zu den essenischen Reinigungsbädern, hatten sicher eine Vorbildfunktion für die Taufe des Johannes. Die Symbolik der inneren und äußeren Reinigung ist auch bei Johannes dem Täufer deutlich erkennbar. Dennoch ist seine Taufe im Jordan eine einmalige Neuerung. Es genügt schon das oberflächliche Hinsehen und Vergleichen, um klar zu erkennen, daß die Johannestaufe mehr Unterschiede als Gemeinsamkeiten gegenüber den rituellen Waschungen und Taufbädern aufweist. Dies gilt selbst für das jüdische Proselytentaufbad, wie es Hillel als Aufnahmeritual in die jüdische Gemeinde einführte, sowie auch für die von den Essenern vollzogenen Tauch- und Reinigungsriten. Anhand einiger Beispiele lassen sich diese Behauptungen verdeutlichen:

Johannes erhält den Beinamen Täufer bzw. der Taufende nicht nur von den Evangelisten und anderen frühchristlichen Autoren, sondern bereits von Zeitzeugen wie Josephus Flavius.

Die Evangelisten Markus (1,4) und Lukas (3,3) schreiben von einer Verkündigung der Taufe, die direkt mit der Predigt des Täufers verbunden ist. Beides zeigt, daß sowohl Taufhandlung als auch Worte und Lehren etwas Neues und Einmaliges waren.

Die Tauchbäder der Essener dienten ausschließlich der kultischen Reinheit. Die Reinigungsbäder wurden wiederkehrend, zuweilen mehrmals täglich durchgeführt. Anhand der Qumran-Funde können wir nachweisen, daß es eine Anzahl von Reinigungs- und Tauchbecken gab, die je nach Situation und hierarchischer Einordnung des Badenden benutzt wurden. Nicht jedes Bad oder Tauchbecken war allen gleichermaßen zugänglich. So wurden Unreine und Heiden von vielen Tauchbecken ausgeschlossen. Ein großteil der Qumranforscher ist sogar überzeugt, daß nur Mitglieder der Bruderschaft und Auserwählte zu den Tauchbädern zugelassen waren. Die Zulassung zu den Tauchbädern der Essener setzte im übrigen eine Wartezeit von einem Jahr voraus. Bestimmte Vorschriften und Rituale mußten genauestens erfüllt werden. Aus heutiger Sicht wurde im negativen Sinne des Wortes ein Kult betrieben. Die Reinigungsriten vollzog jeder Essener alleine, also ohne Mitwirkung eines aktiv oder passiv Taufenden. Der von Hillel geprägte Tauf- bzw. Reinigungsritus bezog sich ausschließlich auf Juden, wobei entsprechende Kenntnisse der Schrift und Tradition vorausgesetzt waren. Der Ritus diente der Aufnahme in die jüdische Gemeinde, bedingte aber die Bereitschaft des Getauften, sich um eine höhere Moral und Ethik zu bemühen. Den Taufvorgang vollzog jedes Mitglied ohne aktive Mitwirkung eines Taufenden, also eigenständig. Im Ansatz kommt jedoch dieses Taufritual der Johannestaufe bereits nahe.

Oftmals wird unterstellt, die Heilung des aramäischen Feldherrn Naeman durch Eintauchen in den Jordan habe eine gewisse Vorbildfunktion für Johannes den Täufer gehabt. Wie in 2 Kön 5,1-19 geschildert wird, empfiehlt Elischa (Schüler und Nachfolger des Propheten Elija) dem Aramäer ein siebenmaliges Eintauchen in den Jordan, um vom Aussatz befreit zu werden. Naeman war zunächst ungehalten, da er die Empfehlung Elischas nur indirekt über einen Boten erhielt. Zudem war er verletzt in seinem Nationalstolz, da er die Wasser seines Landes für heilkräftiger hielt als den Jordan. Schließlich tat er doch, was ihm Elischa empfohlen hatte, *»und sein Fleisch wurde wieder heil wie das Fleisch eines jungen Knaben, und er wurde rein«*. Doch besteht hier beim besten Willen keine Analogie zur Johannestaufe, ebensowenig zu den oftmals zitierten täglichen Waschungen des Anachoreten Banus, wie sie Philo in Vita 2 schildert.

Studium und Analyse aller bekannten Tauch- und Reinigungsbäder des Judentums und jüdischen Umfelds zeigen: Die Charakteristik der Johannestaufe ist einmalig und übertrifft an Form und Inhalt alle bis dahin praktizierten Reinigungszeremonien um ein Vielfaches. Formal und äußerlich betrachtet, ist Johannes der Täufer der erste, der aktiv die Taufe als einmaliges Sakrament vollzieht. DieTaufe, und die damit verbundene Heilsmöglichkeit ist dabei jedermann zugänglich. Es gibt keinerlei äußerliche Zulassungsbedingungen wie Bildung, Stand, Zugehörigkeit zum Judentum, Sündhaftigkeit oder Gerechtigkeit. Der Täufer vollzieht den Ritus der Taufe an jedem, der bereit ist zur Umkehr und Neufindung der wahren, gottgegebenen Lebenswerte. Seine Taufe ist ein einmaliger Vorgang, also nicht wiederholbar wie andere Reinigungsriten. Sie ist zudem Vorstufe und Voraussetzung zugleich, um dem nahen Gottesgericht zu entgehen. Dies wird deutlich durch die Worte Johannes des Täufers:

»Es kommt einer nach mir, der ist stärker als ich... Ich taufe euch mit Wasser; er aber wird euch mit dem heiligen Geist (und Feuer) taufen.« (Mk 1,7-8).

An dieser Stelle wird zwar wiederum die Vorläuferschaft Johannes des Täufers ausgedrückt; doch weist Johannes zugleich über diese hinaus, indem er eine direkte Mittler-Rolle zwischen Gott und den Menschen einnimmt. Es wird bekräftigt, daß mit dem Empfang seiner Taufe auch die Vergebung der Sünden verbunden ist. Dies war natürlich eine Herausforderung für die Priester und Schriftgelehrten. Nach dem Verständnis und Zeugnis des Alten Testaments konnte kein Mensch Sündenvergebung gewähren, weder ein Priester noch ein Prophet. Selbst der erwartete Messias konnte es nicht, nur Gott selbst (sh. Mk 2,6-7).

Johannes der Täufer hat die Sünden jedoch nicht kraft seiner Person, sondern kraft seiner von Gott gewährten Mittlerrolle vergeben. Er sah sich als den von Gott gesandten Bewahrer (aramäisch: nazrén) all derer, die bereuen und umkehren und dadurch Vergebung der Sünden erlangen. In seinen Predigten wurde deutlich: Die Umkehr und ein gottgefälliges Leben genügten noch nicht, um das Heil Gottes zu erlangen. Zudem mußten noch die Sünden der Vergangenheit durch Reue getilgt werden. Die Taufe, die er als von Gott eingesetzter Mittler spendete, war die Zeichenhandlung zur Vergebung der angehäuften Sündenlast. Somit war aus der Sichtweise des Johannes die Taufe ein Zeichen der Reue und Neuausrichtung. Dies wird deutlich in Mk 1,4:

»Johannes der Täufer war in der Wüste und predigte die Taufe der Buße zur Vergebung der Sünden.«

Im Verständnis des Täufers war die Taufe zugleich die Erneuerung des Bundes, die neugewährte Chance, in das Gelobte Land, in die Heilszeit einzutreten. Das vollständige Untertauchen in den Jordan symbolisiert den Tod des bisher sündigen und verlorenen Menschen. Das Emporziehen symbolisiert die Geburt des neuen, erwählten und vor dem Gottesgericht bewahrten Menschen. Johannes der Täufer hat also selbst keine Vergebung der Sünden gewährt. Dies hat er selbst deutlich gemacht, wie Josephus Flavius in Antiquitates 18,117 würdigend hervorhebt.

Die gesamte Symbolik, Zeichenhandlung und Bedeutung des Wirkens Johannes des Täufers faßt Hartmut Stegemann in seinem Buch *Die Essener, Qumran, Johannes der Täufer und Jesus* treffsicher zusammen:

»Von diesen Vorgaben her wird auch deutlich, welchen weiterreichenden Symbolgehalt für Johannes die Taufe ausgerechnet in den Jordan hinein (Mk 1,5.9; Mt 3,6.16) gehabt hat. Johannes führte nicht, wie einst Josua, das Volk Israel durch den Jordan hindurch in das Heilige Land (Jos 3-4), sondern genau bis zur Grenze dieses Überganges. Der künftige Heilsbereich lag, symbolisch betrachtet, jenseits davon auf dem anderen Ufer. Der Jordan symbolisierte für Johannes die Barriere des bevorstehenden Endgerichts, die ansonsten unüberwindbar war und erst künftig durchschritten werden konnte (vgl. den sogenannten eschatologischen Vorbehalt im Taufverständnis des Paulus Röm 6,4). Doch die Taufe ›in den Jordan hinein‹ war zugleich in symbolischer Vorwegnahme der Endgerichtssituation auch deren Bewältigung für die Getauften, der Täufer selbst Garant des künftigen Übergangs. Die konkrete priesterlich-sakramentale Vermittlung des Übergangs von einem ansonsten unentrinnbaren Todesschicksal Israels in den Bereich künftigen Heils war das Zentrum der Wirksamkeit des Täufers, seine prophetische Gegenwartsinterpretation und Zukunftsansage deren Sinngebung. Wie Jesus es selbst gesagt hat, ging es bei Johannes um mehr als nur um Prophetie, nämlich im Kern um wirksame Heilsvermittlung. Deren einziger Garant war für die Gesamtheit des gegenwärtigen Israel Johannes der Täufer.«

Die Taufe durch Johannes den Täufer ist etwas Einmaliges und Außerordentliches. Verbunden mit seinen Predigten ist sie heilsgeschichtlich für die gesamte Welt von größter Bedeutung. Seine Lehre und Taufe befaßt sich mit dem Verhältnis zu Gott, zu seiner Schöpfung und den Menschen. Sein Werk ist ein Gnadenakt der Heilserwartung. Sein Wort ist unsere Hoffnung auf die Stunde der endgültigen Vereinigung mit dem göttlichen Heil. Seine Botschaft zeigt uns den Weg, Früchte zu bringen und gerettet zu werden. Doch müssen wir die Zeichen seines Handelns und Wirkens erkennen:

Umkehr und Neubesinnung - damals und heute.

Weitere Wirkungsstätten Johannes des Täufers

Die historische und biblische Taufstelle *Betanien jenseits des Jordans* war sicher die letzte und entscheidende Wirkungsstätte des Täufers. Seinen Ruf als Prediger, beredte Zunge und Prophet hatte er sich bereits lange vorher erworben. So müssen wir auch Mk 1,3 (»*Es ist eine Stimme eines Predigers in der Wüste* ...«) und 1,4 (»*Johannes der Täufer war in der Wüste und predigte die Taufe und Buße zur Vergebung der Sünden.*«) verstehen. Hier wird in reduzierter Erzählform eine Zeitspanne von mehreren Jahren, eine Vielzahl von Inhalten in zwei Sätzen ausgedrückt. Diese Wüste, bei Mt 3,1 genauer Jüdische Wüste genannt, bezieht sich auf das heutige Chirbet Mird oder Hyrkania, am Wadi Sechacha, das neun Kilometer westlich von Qumran in Richtung Jerusalem liegt. Dieser Ort befindet sich mitten im Herzen der Judäischen Wüste. Auf der Anhöhe eines Hügels sind Plattform und Reste von Gebäuden heute noch sehr gut erkennbar. Nach Osten hin öffnet sich ein herrlicher Ausblick auf das Tote Meer. Unter der Plattform von Chirbet Mird befinden sich mehrere unterirdische Zellen. In unmittelbarer Nähe, am Nordhang des Wadi Sechacha, wurden Höhlen gefunden und freigelegt. Möglicherweise dienten diese unterirdischen Zellen und Höhlen den Eremiten zur Einkehr. Diese Eremiten (eremos = Wüste, Einöde) lebten sehr asketisch und widmeten sich überwiegend Gebeten, Studien und Meditationen. Durch Philo von Alexendria[27] erfahren wir ferner, daß sie weder nach persönlichem Eigentum strebten, noch gemeinschaftlichen Besitz hatten. Ihre Kleidung war zudem äußerst bescheiden; ein Tierfell schützte sie im Winter vor Kälte, im Sommer trugen sie lediglich ein Leinenhemd (Philo, De Vita Contemplativa).

Einsam und menschenleer war Chirbet Mird allerdings nicht. Es lag auf der Reiseroute von Jerusalem nach Qumran und Ain Feschcha, drei Kilometer südlich von Qumran, und direkt am Ufer des Toten Meeres. Wegen seiner Süßwasserbecken diente Ain Feschcha den Qumran-Essenern als Obst und Gemüsegarten. Heute ist die Oase ein beliebter Badeort. Die Reiseroute, die überwiegend von Priestern, Zölibatären und Pilgern benutzt wurde, umfaßte etwa 25 Kilometer oder eineinhalb Tage. Sie führte von Jerusalem über den Ölberg nach Betanien, über den Dschebel el Muntar und dann entlang den Wadi Sechacha über Chirbet Mird nach Qumran. In Chirbet Mird waren exakt zwei Drittel des Weges zurückgelegt. Es diente als Rast- und Verpflegungsstätte. Eine alternative Reiseroute war der Wadi Kidron. Das meist trockene Flußbett des Wadi Kidron bildete einen begehbaren Weg. Die Wanderung von Jerusalem nach Marsaba[28] konnte in etwa zwölf Stunden zurückgelegt werden. Von Marsaba nach Chirbet Mird waren es etwa vier Kilometer mühsamer Weg, für den man vier Stunden benötigte. Ab Chirbet Mird war der Weg mit der ersten Route identisch.

Es liegt nahe, daß Chirbet Mird und die unmittelbare Umgebung, einschließlich Marsaba, der Ortsbezeichnung Wüste oder Judäische Wüste der Evangelisten Markus und Matthäus entsprechen. Hier wirkte Johannes der Täufer als Prediger und Lehrer. Bereits an diesem geographischen Punkt versammelte er nicht nur Reisende auf dem Weg nach Qumran; es strömten bereits Scharen aus Jerusalem, Bethlehem, Hebron, Jericho und dem judäischen Hügelland nach Chirbet Mird, um seine Reden und Lehren zu hören. Johannes der Täufer bezog sich dabei auf die alttestamentaischen Überlieferungen und Propheten. Er gab den Menschen seine Erkenntnis und Deutung wieder. Er lehrte, das Gesagte und Geschriebene im Hier und Heute zu erkennen und umzusetzen. Dies war natürlich verbunden mit deutlichen Rügen an die Pharisäer und Schriftgelehrten, die das Wort Gottes mehr oder weniger wie Beamte verwalteten und verordneten.

Es versteht sich, daß er selbst die Essener im nahegelegenen Qumran und aus Jerusalem nicht von seiner Kritik ausschloß, denn auch sie waren in ihren Riten und festen Ansichten großteils erstarrt und der Sichtweite des Täufers nicht mehr gewachsen. Einige Religionswissenschaftler gehen davon aus, daß Johannes der Täufer sich in Teilen seiner Predigten auf die Henoch-Prophezeiungen(29) bezog, die bereits starke apokalyptische Grundzüge und Bildreden aufwiesen.

Das Auftreten und Wirken Johannes des Täufers in Chirbet Mird fiel mit großer Wahrscheinlichkeit in das Jahr 26 n. Chr. und fällt somit auch in das Jahr, in dem Pontius Pilatus(30) zum römischen Statthalter für die Provinz Judäa eingesetzt wurde. In der gleichen Zeit tritt auch Herodes Agrippa auf, der 37 n. Chr. von Kaiser Gaius Caligula als Agrippa I(31) den Titel König der Juden erhielt. Agrippa I wird in der Apostelgeschichte Herodes genannt und ließ laut Apg 12,1-23 Jakobus töten und Petrus verhaften. Von Agrippa I, der ein sehr bewegtes Leben führte, wird ernsthaft angenommen, daß er nach einem Selbstmordversuch zu einem Verehrer und Bewunderer Johannes des Täufers wurde. Nach dem Tod des Täufers wandte er sich dem Gedankengut Jesu zu.

Bedeutender für das Werk war jedoch, daß sich in dieser Zeit und an diesem Ort die Jüngerschar um Johannes den Täufer herauskristallisierte und die entscheidende Wiederbegegnung mit Jesus stattfand. Wiederbegegnung deshalb, weil ich überzeugt bin, daß beide von früher Kindheit an voneinander gewußt haben und bis zu ihrem Tode miteinander verbunden waren. Die Schnitt- und Berührungspunkte ergaben sich schon allein durch die einheitliche Lenkung ihrer Ausbildung und die gemeinsamen Lehrer und Meister, denen sie zugeführt wurden. Sieht man von der göttlichen Fügung und Bestimmung ab, verband sie jedenfalls ein gemeinsames Welt- und Gottesbild.

Viele Historiker gehen davon aus, daß Jesus etwa um diese Zeit in der Wüste, also in Chirbet Mird, in den Bannkreis des Täufers geriet und sich den Johannesjüngern anschloß. Wenn dies nüchtern und logisch betrachtet naheliegt, trifft es dennoch nicht den Kern des wahren Sachverhalts. Ein anderer Hinweis ist an dieser Stelle jedoch wichtig: Nach dem Markusevangelium 1,12-13 wird Jesus in der Wüste versucht. Diese Versuchung fand vermutlich ebenfalls im engeren Raum um Chirbet Mird statt. Der Evangelist setzt dabei die Wüste in den Mittelpunkt. Von dorther kommt Johannes der Täufer, dorthin wird Jesus vom Geist getrieben. Satan macht den Versuch, den Geist, der über Jesus gekommen war, in den Dienst weltlicher Macht zu stellen. Bezüglich Chirbet Mird ist auffallend, daß das südliche Ufer des Wadi Sechacha bei vielen Juden symbolisch als der Ort galt, an dem sich das Volk Israel in der Wüste befand, also zwischen dem Berg Sinai und dem Überschreiten des Jordan.

Es ist also kein Zufall, daß Johannes der Täufer an diesem Ort predigte, war er doch Vorstufe und Vorbereitung der Menschen für sein entscheidendes Auftreten und Wirken am Jordan. Bei genauerem Hinsehen und Hinterfragen werden also Zusammenhänge und Sinnhaftigkeit erkennbar. Es zeigt sich, daß der Reihenfolge seines Auftretens eine deutliche Systematik zugrunde lag. Diese Systematik wird allerdings von Anfang bis Ende nicht vollends erkennbar, da uns einfach zuwenig über das gesamte Spektrum seiner Worte, Predigten und Lehren sowie der Orte seines Auftretens überliefert ist.

Einen Teil seiner Predigten hielt Johannes der Täufer bereits in der Judäischen Wüste, genauer in Chirbet Mird. Sein gesamtes Erscheinungsbild muß beeindrukkend gewesen sein. Neben seiner kräftigen und gefälligen Stimme fiel sicher die Weisheit seiner Worte ins Gewicht. In der Direktheit seiner Sprache ging die tiefe Liebe zu seinen Mitmenschen nicht verloren. In seinen Predigten entlarvte er die Zuhörer, zeigte ihnen ihre Schwächen und Verfehlungen und entließ sie dennoch voller Hoffnung und Kraft. Er gab ihnen den Mut, den Weg zu Gott zu erkennen und zu gehen. Durch seine Lehren und Aussagen erfuhren die Menschen Aufklärungen, Zusammenhänge, Deutungen sowie Sinnhaftigkeit des göttlichen Wortes. Er gab ihnen neues Selbstbewußtsein und neue Erkenntnis, verbunden mit Vertrauen und Hoffnung. In dieser Phase seines Wirkens war Johannes der Täufer mehr ein Mittler zwischen Gott und den Menschen, als der Vorläufer. Im gesamten Israel entstand eine regelrechte Johannesbewegung. Er war der Hoffnungsträger schlechthin, aus religiöser Sicht gesehen ein Lichtbringer. Unter diesem Aspekt müssen wir die Verse Joh 1,6-8 verstehen:

»Es war ein Mensch, von Gott gesandt, der hieß Johannes. Der kam zum Zeugnis , daß er von dem Licht zeugte, auf daß sie alle durch ihn glaubten. Er war nicht das Licht, sondern er sollte zeugen von dem Licht.«

Für die Hüter der jüdischen Religion mit ihren starren Auslegungen der Schrift war dieser Prediger und Erneuerer natürlich ein grundsätzliches Problem. Zudem amtierte der rigorose Hohepriester Kajaphas (Kaiphas) (32), ein betonter Fundamentalist. Natürlich wußte die Priesterschaft, wer dieser Prediger Jochanan ben Sacharija war, eben der Sohn des Zadokiden-Priesters Zacharias. Und genauso wußte sie, daß die Zadokiden ein angestammtes Recht auf das höchste priesterliche Amt in Israel hatten. Doch wer war dieser Prediger wirklich? Wie war er einzuordnen? Wie und wo lebte er? Die besondere Weise seiner asketischen Lebensführung, die messianische Botschaft, die charismatische Erscheinung und nicht zuletzt sein prophetisches Phatos ließ sie aufhorchen und aufschrecken. Er war den Priestern mehr als ein Dorn im Auge, denn was würde geschehen, wenn er plötzlich das Amt des Hohenpriesters für sich beanspruchte? Nicht nur die breite Partei der Essener würde hinter ihm stehen, sondern auch die Volksmassen. Wie konnten sie ihn mundtot machen, ehe für sie und ihre Ämter Gefahr bestand?

Sicherlich wurde Johannes der Täufer lange beobachtet und beschattet. Man hoffte, Fehler an ihm zu finden oder daß er sich politisch gegen Rom äußere. Der einfachste Weg wäre gewesen, wenn sie den Prediger der römischen Besatzungsmacht als Aufwiegler oder gar Wiederstandskämpfer hätten überstellen können, um ihre Hände in Unschuld zu waschen. Doch Johannes der Täufer war in seinen Predigten völlig unpolitisch. Zum Problem der Besatzungsmacht äußerte er sich bestenfalls insoweit, daß die Niederwerfung der Römer dem Himmel anheimzustellen sei(33). Nun versuchten die Hüter der Ordnung, den Prediger als Unkundigen der Schriften und Traditionen bloßzustellen. Doch Johannes der Täufer war in der Schrift nicht nur intensiv geschult, sondern er hatte auch ein besonderes Gespür für das Auffinden der tieferen Wahrheit in Schriften und Tora(34) (auch: Thora). Er war ihnen weit überlegen. Priestern, Schriftgelehrten und Magistraten warf er vor, Freund und Feind gleichermaßen zu betrügen, Gott nur noch mit den Lippen zu achten und bequem und selbstsüchtig zu lasten des gegängelten Volkes zu leben. Er brüskierte sie, indem er ihnen das bloße Buchstabenwissen der Schriften und Propheten vorhielt.

Zuletzt versuchten die Schriftgelehrten, Johannes den Täufer der Anmaßung zu entlarven. Dies wird deutlich durch die Fragestellung der Priester und Leviten, die von den Juden Jerusalems ausgesandt wurden, die wahre Identität Johannes des Täufers zu erfahren (sh. Joh 1,19-28). Auf ihre Frage: »*Wer bist du*?«, läßt das Evangelium Johannes antworten: »*Ich bin nicht der Christus*«.

So dargestellt, stimmen Frage und Antwort nicht überein. Entweder war die Frage: Bist du Christus?, oder die Antwort war: Ich bin nicht Christus (der Messias), für den man mich hält.

Die nächste Frage der Abgesandten lautete: »*Was denn*? *Bist du Elija*?« Johannes verneinte. Es folgte die Frage: »*Bist du der Prophet*?« Johannes verneinte.

Genaugenommen gibt es einen entscheidenden Hinweis auf den Hintergrund der Fragenden, ob es wirklich lautete: »*Bist du der Prophet*« oder »*Bist du ein Prophet?*« Im ersten Fall muß man positiv unterstellen, daß die Fragenden gezielt einen Propheten erwartet hatten und in Johannes dem Täufer die Voraussetzungen dafür erfüllt sahen. Dies würde einerseits eine einmalig gute Kenntnis und Auslegung der Schrift bedeuten, andererseits kann es darauf hinweisen, daß Johannes der Täufer in seinen Predigten auf den von Jesaja (sh. Jes 40,3) und Maleachi (sh. Mal 3,1; 23) Angekündigten Bezug nimmt und die Fragenden lediglich wissen wollen, ob er sich dafür hält.

Im zweiten Fall ist die Frage nicht gezielt gestellt. Das Spektrum für eine Interpretation reicht daher von der Fangfrage bis hin zur Eingangsfrage, der dann noch präzisere Fragen folgen müßten. Johannes verneint diese Frage ebenfalls.

Auf die letzte Frage: »*Was bist du denn? Was sagst du von dir selbst?*« verweist Johannes jedoch auf die Ankündigung durch Jesaja, indem er antwortet: »*Ich bin eine Stimme eines Predigers in der Wüste: Richtet den Weg des Herrn, wie der Prophet Jesaja gesagt hat.*« Mit dieser Antwort bietet Johannes der Täufer keinerlei Angriffsfläche, obwohl er deutlich über sich und seinen Auftrag aussagt.

Das Modell von Fragestellung und Antwort erinnert dabei an das Verhör Jesu durch Pilatus. Die Anmaßung oder gar Gotteslästerung, mit der man Johannes den Täufer zu Fall bringen wollte, wird später bei seinem Auftreten an der Jordanfurt wiederum deutlich. Diesmal waren es Gesandte der Pharisäer. Sie fragten und wiesen bereits zurecht: »*Warum taufst du denn, wenn du nicht der Christus bist noch Elija noch der Prophet?*« (Joh 1,24; 25). Die Antwort des Täufers laut Joh 1,26 »*Ich taufe mit Wasser...*« ist eine empfindliche und unvollkommene Darstellung im Johannes-Evangelium, da eine andere Art der Taufe nicht bekannt war und selbst diese erst durch Johannes den Täufer eingesetzt wurde. Im Taufen selbst sahen die Pharisäer wohl kaum eine Gotteslästerung, sicher aber in Verbindung mit der Sündenvergebung. Diesem Vorwurf entzieht sich Johannes der Täufer jedoch mit dem Hinweis, daß er sich nicht anmaßt, kraft seiner Person zu handeln, sondern vorbereitend und im Auftrag eines Höheren (sh. Joh 1,26f), der mit dem heiligen Geist und dem Feuer die Taufe vollenden wird (sh. Lk 3,16).

Mit der unterschiedlichen Wertigkeit der Elemente Wasser und Geist/Feuer ordnete der Täufer seine Sendung und sein Handeln entsprechend ein: Er ist gesandt, um das Volk Israel wiederum dem göttlichen Willen, dem Licht und Logos zuzuführen. Seine Taufe mit Wasser war Symbol für Reue, Umkehr und Neuausrichtung und zugleich Siegel für den unverbrüchlichen inneren Entschluß, die Harmonie mit dem Schöpfer zu erreichen, durch die Taufe mit dem Geist (Feuer) Gottes. Im Verständnis Johannes des Täufers hatte die Wassertaufe bereits sakramentalen Charakter.

Priesterschaft und Gelehrte bis hin zu Kajaphas erkannten sicher die Außergewöhnlichkeit seines äußeren Habitus sowie seiner Predigten und Lehren. Daß Johannes der Täufer ein Berufener war und sich selbst auch als solcher empfand, konnte jedermann aus den vielen Zeichenhandlungen ableiten. So ist auch sein Aufenthalt in der Wüste eine zusätzliche Symbolik. In der jüdischen Tradition hatte die Wüste als Lebensraum und Wirkungsstätte starken Bezug zur Heilsgeschichte Israels.

Johannes der Täufer war weder politischen noch religiösen Gruppierungen zuzuordnen, nicht einmal den nahen Qumran-Essenern (den *Umkehrenden in der*

Wüste). Obwohl er über längere Zeit asketisch und zurückgezogen lebte, war er kein Einzelgänger, doch Johannes hat mit dem Kultbetrieb in Jerusalem und dem öffentlichen Leben gebrochen und in der Wüste den Raum für Gottesnähe und Wahrheitsfindung gesehen. Eigennutz war Johannes dem Täufer weder von den Anhängern noch den Gegnern zu unterstellen. Neben Mißtrauen und Argwohn empfanden Priesterschaft und Magistratur zugleich Achtung vor dem Prediger in der Wüste.

Nach Darstellung des Evangelisten Lukas erreichte Johannes in der Wüste der Ruf Gottes (sh. Lk 3,2). Wir dürfen jedoch nicht annehmen, daß dieser Ruf plötzlich erfolgte. Neben der Ausbildung durch viele Meister und Lehrer ging seinem öffentlichen Wirken eine lange Zeit der inneren Einkehr, Besinnung und Vorbereitung in der Abgeschiedenheit der Judäischen Wüste voraus. Die Einsamkeit dieser kargen Berglandschaft, ohne Ordnungen und Grenzen, ohne Konventionen und Ablenkungen, war der von Johannes erwählte Raum, um Zwiesprache mit sich selbst und Gott zu halten. Einsamkeit und Stille sind zudem Voraussetzung für eine Offenbarung. In dieser Steinwüste war Johannes dem Firmament, der Erde, dem Tag und der Nacht erbarmungslos ausgeliefert.

Im Verständnis der jüdischen Tradition ist die Wüste der Ort größter Ausgesetztheit für den Menschen. Es werden ihm Mut und Vertrauen abverlangt. In dieser Weise muß sich auch das Vertrauen zu Gott bewähren. Es gibt weder Sicherheit noch Garantie, nur die Verheißung Gottes. Die Wüste ist gleichsam Symbol für das Leben: Der Glaubende ist auf den Weg geschickt. Er durchwandert Dunkelheit, Angst, Verzweiflung, Gottesferne und durchlebt Durststrecken. Es bleibt allein die Hoffnung, von Gott geführt zu werden.

So ist die Wüste im Alten Testament einerseits das *Land des Schreckens* (Dt 1,19), *das niemand durchzieht* (Jer 2,6) *voller Gefahr* (Klgl 5,9) *Trübsal und Angst* (Jes 30,6), *ein Ort der Dämonen* (Jes 13,21). Andererseits sehen die Propheten Hosea(35) und Jeremia(36) die Wüstenzeit als Epoche größter Harmonie zwischen Gott und seinem Volk. Diese Schilderungen beziehen sich jedoch auf die Wüstenwanderung vom Auszug aus Ägypten bis zur Einwanderung in Kanaan etwa 1250 bis 1200 v. Chr.

Im Laufe der Zeit galt die Einsamkeit der Wüste jedoch mehr und mehr als Ort der Gottesnähe. In der jüdischen Vorstellung war der Heilscharakter der Wüste so sehr gesteigert, daß sie zum Heilsort schlechthin wird, aus dem auch der Messias kommen muß (sh. Mt 24,26). Ähnlich erwartete die Qumran-Gemeinde das eschatologische Heil in der jüdischen Wüste. Auch Offb 12,6; 14 schildert, wie das *Weib*, d. h. die Kirche, in die Wüste entrückt wird, um vor Satan geschützt der Wiederkunft Christi entgegenzusehen. In die Wüste zogen sich aber auch allerlei schillernde Gestalten wie selbsternannte Meister, Retter und Befreier zurück, wie wir Josephus Flavius (Antiquitates XX 8,6) entnehmen können. Auch von Judas

Makkabäus wird uns in 2 Makk 5,27 überliefert, welche Bedeutung die Wüste im jüdischen Aufstand 166 bis 160 v. Chr. spielte.

Im Neuen Testament wird die Wüste hauptsächlich im Zusammenhang mit Johannes dem Täufer und Jesus erwähnt. Sie ziehen sich in die Wüste zurück, um sich auf ihre Sendung vorzubereiten, und mit Gott allein zu sein. Hier ist jeweils die Judäische Wüste gemeint, während sich Paulus nach seiner Bekehrung in die Wüste Arabia zurückzieht.

Als Johannes der Täufer in die Wüste ging, war er etwa 31-33 Jahre alt. Bevor er den Beinamen *der Täufer* erhielt, nannten ihn die Menschen den *Eremiten von Engedi.* Dies ist ein Hinweis auf seinen langen Aufenthaltsort in der Wüste in unmittelbarer Nähe von Engedi. Dieser Ort ist eine biblische Oase und war einst Wüstensitz des Stammes Judah. Im Jahre 1001 Chr. floh David hierher und verbarg sich in einer Höhle. Er entzog sich so dem Zorn König Sauls. Johannes der Täufer hat sich Überlieferungen zufolge in die Höhle Davids zurückgezogen. Nach dem Wassermann-Evangelium (IV, 13; 5) war er bereits als siebenjähriger Knabe in dieser Höhle, um den Lehren des Meisters Matheno zu lauschen.

Engedi heißt heute Ein Gedi und liegt auf mittlerer Höhe am Westufer des Toten Meeres, etwa vierzig Kilometer östlich von Jerusalem. Heute ist Ein Gedi ein Urlaubs- und Studienzentrum, das durch seine Quellen und Wasserfälle, die einen Streifen üppiger, tropischer Vegetation begünstigen, berühmt geworden ist. Von Chirbet Mird, der späteren Predigtstelle Johannes des Täufers, liegt Ein Gedi 25 Kilometer südlich.

Form und Ausdruck des jüdischen Kults sowie das Gezeter der religiösen Parteien und Schriftgelehrten um die Wahrheit sind für Johannes wertlos geworden. Die Wahrheit sucht er nicht im lauten Tempel, sondern in der Einsamkeit. Fehlgeleitet durch die Priesterschaft hat das Volk Israel seine Berufung und Auserwähltheit verloren. Wie konnte er es wieder zurückführen? Im Verständnis Johannes des Täufers hatte sein Volk das Heil verloren, es befand sich gleichsam im Exodus aus dem selbsterwählten Joch von Gier, Heuchelei und Selbstsucht. Doch wie beim echten Exodus aus der Knechtschaft in Ägypten, wo Gott seinem Volke durch Wunder und äußere Zeichen (Wolke, Feuersäule) den Weg wies, sollten jetzt *die Stimme in der Wüste* und der wiederkehrende Elija den Weg aufzeigen. So war das Wort der Propheten Jesaja und Maleachi: »*Es ruft eine Stimme: In der Wüste bereitet dem Herrn den Weg, macht in der Steppe eine ebene Bahn unserem Gott*« (Jes 40,3), »*Siehe, ich will meinen Boten senden, der vor mir her den Weg bereiten soll*« (Mal 3,1).

Johannes der Täufer trug eine schwere Bürde. Galt das Prophetenwort ihm? Die Berufung, ja der Drang, sein Volk wieder mit Gott zu verbinden, waren bereits deutlich in ihm. Sicher deutete der gesamte Verlauf seines bisherigen Lebens und der Hinweis seiner Lehrer auf das Erwähltsein hin - doch war die Berufung wirklich so groß? Die Antwort konnte er nur finden, indem er die menschlichen Wünsche und Ziele ablegte, sich von allen Bindungen befreite und jeglicher Versuchung entsagte.

Diese Phase ist die schwierigste im Leben eines jeden Meisters oder Mystikers, rüttelt sie doch an den Grundfesten des irdischen Menschseins. Das Ziel ist, alle Materie, selbst die Materie des eigenen Körpers, zu überwinden und die sogenannte geistige Schau zu erlangen. Jegliche Vorstellung, Einordnung und Bewertung aller Dinge, selbst von Gott, muß abgelegt werden. Einige Mystiker haben diesen Vorgang gleichnishaft geschildert: Der Mensch ist ein geistiges Gefäß, durch ständiges Werten, Vergleichen, Urteilen sowie begrenztes und fixiertes Vorstellen verunreinigt und getrübt. Erst wenn es gelingt, dieses Gefäß ganz leer und rein zu machen, kann es durch neue und größere Erkenntnis gefüllt werden. Das Jesus-Wort »*Legt alles Alte von euch und werdet neu in meinem Geiste*« verweist auf diesen Vorgang.

In langen Perioden des Fastens und Meditierens ist Johannes der Täufer diesen Weg gegangen, geplagt von Fragen und Zweifeln. In der Askese sah er weder Selbstzweck noch Ausdrucksform, vielmehr war sie die Folge seiner Disziplin sowie der fundamentalen Ausrichtung auf die Wahrheitsfindung. Johannes der Täufer harrte so der Erkenntnis aller Dinge, an deren Ende die göttliche Offenbarung stand. Weg und Auftrag lagen nun klar und deutlich vor ihm. Jetzt erkannte er, mit welchen Worten, Handlungen und Zeichen, ja selbst an welchen Orten er die Menschen erreichen und zur Umkehr bewegen konnte. Der Geist Gottes selbst führte ihn, gab ihm die beredte Zunge und offenbarte ihm die Taufe und deren Heilsbedeutung für das Volk Israel. Jetzt erkannte Johannes der Täufer, daß die Worte der Propheten Jesaja und Maleachi ein persönlicher Berufungsauftrag an ihn waren. Nun begann er kraftvoll zu predigen.

Der Evangelist Lukas drückt das so aus:

»In dem fünfzehnten Jahr der Regierung des Kaisers Tiberius, da Pontius Pilatus Landpfleger in Judäa war und Herodes Vierfürst von Galiäa und sein Bruder Philippus Vierfürst in Ituräa und in der Landschaft Trachonitis und Lysanias Vierfürst zu Abilene, da Hannas und Kaiphas Hohepriester waren, da geschah der Befehl Gottes an Johannes, des Zacharias Sohn, in der Wüste. Und er kam in das ganze Land um den Jordan und predigte die Taufe der Buße zur Vergebung der Sünden, wie geschrieben steht in dem Buch der Reden Jesajas« (Lk 3,1-4).

Die Frage stellt sich, ob Johannes der Täufer in der Einsamkeit der Wüste, dem Firmament, der Erde, den Tagen und den Nächten erbarmungslos ausgeliefert, Ängste bis hin zur Todesangst empfunden hat. Dies gilt auch für Jesus und seinen vierzigtägigen Aufenthalt in der Wüste. In dieser Phase ihres Lebens wurde eine menschliche Angst vor Schmerz und körperlichem Leid bis hin zur Todesangst nicht mehr empfunden. Die Überwindung des eigenen Selbst erfolgte sicher früher. Auch müssen wir unterstellen, daß sie keinerlei feste Nahrung während der Fastenperioden zu sich nahmen.

So wissen wir von der Fasten-Medizin, daß keinerlei Nahrungsaufnahme das Hungergefühl bereits am dritten Tage erlöschen läßt, während geringe Nahrungsaufnahme stets Hungergefühle erzeugt. Mit Ausnahme von wenigen Krisentagen nimmt das geistige und körperliche Wohlbefinden bis zum vierzigsten Fastentag kontinuierlich zu. Die sonst üblichen Wertigkeiten des Lebens verlieren zusehends an Bedeutung. Etwa ab dem zwanzigsten Tag vermag der Fastende tatsächlich feinstoffliche, ätherische Vorgänge wahrzunehmen. Der Geist wird freier, da er nicht mehr so intensiv an den Körper und dessen Bedürfnisse gebunden ist.

Bei Johannes dem Täufer und Jesus waren sicher Ängste und Zweifel (Dämonen, Satan), die sie versuchten, ihren Bestimmungen nicht nachzugehen; die ihnen suggerierten, ihrer Aufgabe nicht gewachsen zu sein und anstelle des Selbstverzichtes ein sattes und angenehmes irdisches Leben zu führen. Die von den Evangelisten Matthäus (sh. 4,1-11), Markus (sh. 1,12-13) und Lukas (sh. 4,1-13) geschilderte Versuchung Jesu hat einen weit höheren Realitätsgehalt als selbst gläubige Christen vermuten. Dieser Versuchung war auch Johannes der Täufer ausgesetzt, auch wenn dies nicht ausdrücklich erwähnt wird. Der Hintergrund: Jesus und Johannes der Täufer waren absolute Meisterseelen. Durch intensivste Schulung und Eigendisziplin erlangten sie unbeschreibliche Kräfte des Geistes über die Materie. Diese Kräfte können aber auch in den Dienst egoistischer Ziele und weltlicher Macht gestellt werden. Dies gilt analog in mehr oder weniger abgeschwächter Form für alle Menschen, die einen hohen Grad der Meisterschaft erfahren. Ein Mißbrauch dieser Kräfte ist jedoch äußerst selten, da ein hoher Einweihungsgrad in der Regel einer irdischen, materiellen Macht keinerlei Bedeutung mehr beimißt.

Es gibt viele offene und versteckte Hinweise, daß Jesus und Johannes der Täufer ihren Körper auflösen konnten. So schildert das Wassermann-Evangelium von Johannes:

»Um der Menge, die ihm folgen möchte, zu entgehen, tarnt Johannes magisch seinen Körper und wird unsichtbar für Menschenblicke« (XIII 61; 18).

Zweifelnde und ungläubige Menschen setzen dem stets entgegen, daß der Kreuzestod Jesu und die Enthauptung Johannes des Täufers ein Gegenbeweis zu dieser These sind. In Wirklichkeit haben die so Argumentierenden das Prinzip nicht verstanden, da sie aus einer normalen menschlichen Sicht urteilen, die eben gerade der körperlichen Form des Seins höchste Priorität beimißt. Für Johannes den Täufer und Jesus waren jedoch Geist und Auftrag allein von Bedeutung. Der Körper diente ausschließlich als Medium und verlor seine Bedeutung mit dem Erreichen des geistigen Zieles.

Wie bereits ausführlich geschildert, nennt uns das Neue Testament neben Änon bei Salim nur die Wüste und den Jordan als Wirkungsstätten Johannes des Täufers. Die großen Standes-, Buß- und Erneuerungspredigten begannen sicher erst in der Judäischen Wüste und fanden ihren entscheidenden Höhepunkt an der Jordanfurt bei Betanien. Bevor sich Johannes der Täufer jedoch in die Wüste zurückzog und sich auf seinen großen Auftrag vorbereitete, ist er bereits mit kritischen Reden und Zeichenhandlungen in Jerusalem aufgetreten. Hier erfolgten bereits Auseinandersetzungen mit den Pharisäern, Sadduzäern und Schriftgelehrten, aber auch mit den Magistraten der Stadt. In diese Zeit fällt auch die öffentliche und lautstarke Kritik am Kultbetrieb im Tempel, dem Heiligtum der Juden.

Das Wassermann-Evangelium schildert in XIII, 61; 62 ausführlich sein Auftreten in Jerusalem. Es beginnt damit, daß Johannes der Täufer nach langer Zeit der Studien und Lehren in sein Heimatland zurückkehrt. Er verweilte kurze Zeit in Hebron. Diese Stadt hatte große Bedeutung für den Täufer, ist sie doch eine der ältesten und heiligsten Städte des Landes. David regierte hier einst, bevor er Jerusalem zur Hauptstadt machte. Mehr noch, der Patriarch Abraham kaufte hier einst die Höhle von Efron dem Hittiter und begrub seine Frau Sarah an dieser Stelle. Als er starb, wurde auch er in ihrer Nähe beigesetzt. Isaak und Rebecca, Jakob und Lea wurden ebenfalls hier bestattet. Die Höhle von Machpelah gilt als die zweitheiligste Stätte des Judentums. Beschwor hier Johannes der Täufer den Geist Abrahams und der Väter Israels?

Johannes der Täufer zieht sich zurück in diese Höhle, in der einst schon David Unterschlupf fand. Die Menschen nennen ihn den Eremiten von Engedi(37). Im Alter von dreißig Jahren begibt er sich nach Jerusalem und sitzt sieben Tage schweigend und fastend auf dem Marktplatz. Priesterschaft, Gelehrte und Volk versammeln sich um den stummen Eremiten und harren seiner Botschaft. Nach Ablauf der stummen Fastenzeit verweist er die Umstehenden auf das Wort der Propheten und Weisen und kündigt den Messias an: *»Bereite dich, o Israel, bereite dich, den König zu empfangen.«*

Er entschwindet und niemand weiß, wohin er sich gewendet hat. Die Stadt ist nun voller Gerüchte um den Eremiten und den kommenden König. Priesterschaft und Magistrat senden Boten aus, um den Eremiten und dessen Botschaft näher kennenzulernen. Johannes der Täufer ist jedoch nicht aufzufinden. Nach geraumer Zeit erscheint er wieder. Die ganze Stadt kommt, um ihn zu hören. Über den kommenden König sagt er nun aus: *»Prinz des Friedens, König der Gerechtigkeit und Liebe ist er. Im Bereich der Seele ist sein Königreich. Doch unsichtbar ist es dem Menschenauge. Nur wer reinen Herzens ist, gelangt dorthin.«*

Als Johannes der Täufer geht, folgt ihm eine große Menschenmenge. Er löst seinen Körper jedoch auf, um sich so der Menge zu entziehen. Wenige Tage später feiert Israel ein Fest und Jerusalem ist voll von Juden und Andersgläubigen. Plötzlich steht Johannes der Täufer mitten unter ihnen und ruft:

»Gott verehrst du nur noch mit den Lippen, nicht mehr mit dem Herzen. Nur nach Geld und Gut steht dir der Sinn. Deine Priester haben viel zu schwere Bürden auf das Volk geladen. Selber leben sie bequem und leicht auf Kosten des von ihnen unterdrückten Volkes. Deine Rechtsgelehrten und Doktoren wuchern mit dem Land, wie Krebsgeschwür am Leib des Staates. Sie spinnen nicht, sie weben nicht, und dennoch schöpfen sie den Hauptgewinn

für sich bei jedem Handel. Deine Magistraten sind Erpresser, Ehebrecher, Diebe, die das Recht der anderen mißachten. Räuber sind sie, die in heil'gen Hallen ihr Geschäft betreiben. Dieben habt ihr euren Tempel überlassen, und die Wechselstuben stören den, der beten möchte. Hört, ihr Männer, ändert euren Sinn, verlaßt die üblen Wege, sonst wird Gott sich von euch wenden. Fremde Völker könnten kommen und in einer kurzen Stunde wären Ruhm und Ehren euch geraubt.«

Nachdem seine Rede beendet ist, entschwindet er wiederum urplötzlich den Augen der Umstehenden. Priesterschaft und Magistrat sind ob der Vorwürfe zornig und sinnen auf den Fall Johannes des Täufers. Sie lassen intensiv nach ihm suchen, doch keiner findet ihn. Als das Volk von dem Vorhaben erfährt, verteidigt es den Prediger und bedroht die Oberen der Stadt, so daß sie um ihr Leben bangen und sich verbergen müssen. Wenige Tage später erscheint Johannes der Täufer erneut und spricht im Tempelhof. Nun wird er befragt, was seine Botschaft bedeutet und in wessen Auftrag er spricht. Er verweist auf die Worte der Propheten Jesaja und Maleachi und auf den kommenden Prinzen des Friedens. In Kapitel 62,6-9 heißt es weiter:

»Der Prophet Maleachi kündet Gottes Wort, in dem er schreibt: Ich will Elias zu euch senden, eh die Tage der Vergeltung kommen, um die Herzen Israels erneut Jehovah zuzuwenden. Will das Volk nicht hören, spürt es Meinen Fluch. Ihr Männer Israels, ihr wißt um eure Sündenlast. Als ich vorüberging in eueren Straßen, sah ich einen Vogel mit geknickten Flügeln ängstlich flattern. Menschen aller Stände schlugen auf ihn ein. Ich blickte wieder hin - und da erst sah ich, daß Gerechtigkeit sein Name war. Ich schaute noch einmal - und sah, daß sein Gefährte tot im Staub der Straße lag. Es war die Redlichkeit, und ihre reinen, weißen Schwingen waren schmutzbedeckt.«

Wir müssen annehmen, daß Johannes der Täufer eine Vielzahl von Reden dieser Art und Form geführt hat. Seine Worte waren voller Poesie, wiesen aber dennoch sehr kurz und bündig auf den tieferen Sinn und die Kritik hin. Er hat sicher kein Wort nur um des Wortes willen gesprochen. Frühchristliche Quellen verweisen daher auf das Gleichmaß seiner edlen Worte. Ohne Umschweife und Erklärungen nimmt er sofort bezug auf das Wesentliche. Die Wortwahl und präzise Sprache in Bildern zeugen von hoher Redekunst. Rhetorik und Inhalt sind ganz aufeinander abgestimmt, zielorientiert und daher äußerst effektvoll. Die Möglichkeit, seine Reden mehrdeutig auszulegen, bestand damals wie heute nicht. Legendenhaft wird überliefert, wie ihm Scharen und Mengen nachliefen, um seine Predigten zu hören. Der Täufer soll sich jedoch oftmals in beredtes Schweigen gehüllt haben. Dies führte natürlich zu einem erhöhten Erwartungs- und Spannungseffekt. In seinen Reden spricht er kaum in Gleichnissen, wie später Jesus, sondern nennt die Vorgänge, Verfehlungen und Auswirkungen unvermittelt und direkt beim Namen. Er setzt das Verstehen oder zumindest die ernsthafte Bemühung darum bei seinen Zuhörern voraus. In den wenigen erhaltenen Sätzen und Versen, die uns seine Botschaft vermitteln, findet sich auch keine Diskussion um seine Worte. Seine Reden stehen offenbar auch unter dem Motto: Wer Ohren hat, der höre!

Seine Kritik richtet sich übrigens nicht allein an Priesterschaft, Gelehrte und Magistrat oder Reiche. Er nimmt die Armen und Einfachen nicht von seinen Zurechtweisungen aus. In seinem Verständnis liegt die Verfehlung Israels nicht allein bei den Herrschenden und Reichen, denn Armut und einfaches Gemüt sind noch keine Garantie für Reinheit und Güte. In diesem Zusammenhang gibt Johannes der Täufer den Hinweis auf die *»ruhelosen Vagabunden dieser Welt, die meistens arm sind und um ihr Brot betteln«* (Wassermann-Evangelium XIII, 62; 19).

Johannes der Täufer war keineswegs auf persönliche Verehrung und Zulauf bedacht. Seine Kritik galt auch denen, die ihm folgten und zujubelten oder gar zum Messias erhoben. Dies wird deutlich in den Versen 62,20-22 des Wassermann-Evangeliums:

»Ich hörte, wie die Menge jubelte, als ich den Priestern ihre Ungerechtigkeiten vorhielt und war Zeuge, wie dieselbe Menge Steine warf, bis die Gerechtigkeit verwundet in der Gosse lag. Ich sah, wie sie die Redlichkeit zertrampelte. Auch ihr, die ihr mir auf den Fersen folgt, seid keines Haares Breite besser als die Priester und die Schriftgelehrten.«

Seine Predigten in Jerusalem, seine Kritik und Abkehr vom Tempelkult waren geradezu ein Affront gegen die Menschen aller Stände und Jerusalem selbst. War Jerusalem doch religiöser Mittelpunkt und zugleich heilige Stadt, in der einst Jahwe residieren und alle Völker der Erde versammeln würde. Ein Blick in die Geschichte und Heilsbedeutung dieser Stadt verdeutlicht dies[38].

Nach dem Wassermann-Evangelium verläßt Johannes der Täufer Jerusalem und begibt sich auf den Weg nach Jericho. Diese Stadt hatte für den Täufer eine besondere Bedeutung, ist sie doch die älteste bekannte Stadt der Welt und weist eine wechselvolle Geschichte mit Zeiten der Blüte und des Verfalls auf. Als die Wüstengeneration um 1200 v. Chr. den Jordan überschritt, war Jericho nach etwa fünfzigjähriger Wanderschaft die erste menschliche Siedlung, die sie vorfand. Die Mauern Jerichos waren zum Zeitpunkt der Landnahme jedoch schon mehrere Jahrhunderte zerstört. Ob die Stadt für den Täufer wegen des Buches Josua und der in Kapitel 6 geschilderten Einnahme oder nur zeitgeschichtlich als geistiges Zentrum von Bedeutung war, läßt sich heute nur noch spekulativ erklären. Es gibt Hinweise, wonach Johannes der Täufer in Jericho sowohl Freunde (genannt wird ein Alphäus) und Förderer, aber auch eine starke Gegnerschaft innerhalb religiöser Parteien und Gruppierungen vorfand. Diese Gegnerschaft ist dabei nur zu verständlich. Die Johannesbewegung erreichte um diese Zeit ihren Höhepunkt. Der Täufer hatte sowohl den konservativen und buchstabengetreuen als auch den modernen, griechisch orientierten Priestern die Legitimation abgesprochen. Seine Predigten waren ein einziger Aufruf zu Erneuerung und Umkehr. Im Prinzip waren alle Würdenträger des Religions- und Tempeldienstes sowie der staatlichen Verwaltung zu Gegnern geworden.

Im Lukas-Evangelium sagt Jesus zu einem Schriftgelehrten:
»Es war ein Mensch, der ging von Jerusalem hinab nach Jericho und fiel unter die Räuber; die zogen ihn aus und schlugen ihn und gingen davon und ließen ihn halbtot liegen. Es begab sich aber, daß ein Priester dieselbe Straße hinabzog; und da er ihn sah, ging er vorüber. Desgleichen auch ein Levit; da er kam zu der Stätte und sah ihn, ging er vorüber« (10,30-32).

Ich sehe hierin einen direkten Bezug zu einer Begebenheit im Leben Johannes des Täufers. Der Prediger stellte sich bewußt seinen Gegnern um für seine Philosophie der Neubesinnung und Umkehr überzeugend zu argumentieren. Er wählte dazu Jericho aus und bestellte Abgesandte der Jerusalemer Priesterschaft in die Stadt am Jordangraben. In Jerusalem wäre er seinen Gegnern erbarmungslos ausgeliefert gewesen, in Jericho hingegen konnte er sich in der Phase seines Wirkens, des Geleites und der Unterstützung der nahegelegenen Qumran-Essener sicher sein.

Bei den Vertretern der religiösen und weltlichen Macht Israels fand die Lehre Johannes des Täufers weder in Jericho noch anderswo Gehör. Im Gegenteil, Priesterschaft und Gelehrte bezichtigten ihn der religiösen Revolte und Gotteslästerung. Sie versuchten, ihn mundtot oder *halbtot* zu machen. Möglicherweise war dies für den Täufer der äußere Anlaß, sein Werk mit größerer Kraft und Intensität fortzusetzen. Von Jericho aus zog er sich zur Einkehr und Sammlung in die nahegelegene Judäische Wüste zurück.

Die Frage, ob Johannes der Täufer bei seinem Versuch, die Repräsentanten Israels für seine These zu gewinnen, in Jesus bereits einen Mitstreiter hatte, muß leider historisch gesehen offen bleiben. Es spricht jedoch vieles dafür. Läßt man religiösen Hintergrund und Pathos beiseite, waren geradezu diese Handlungen und Worte des Täufers für das Gedankengut Jesu wegbereitend. Das kraftvolle, unerschrockene Auftreten des Predigers übte auf Jesus eine Sogwirkung aus. Durch sein Aufrütteln Israels, verbunden mit der Selbstlosigkeit, wirkte Johannes der Täufer gewissermaßen als Pflug, der den Weg begehbar machte. Für Jesus übte Johannes der Täufer bereits in dieser Phase eine Vorbild-Funktion aus. Kraftvoll und unerschrocken ging jemand voraus, dem das gleiche Heils- und Gottesverständnis inne war. Vielleicht erkannte Jesus vor Johannes dem Täufer, daß dieser die Ankündigung der Propheten Jesaja und Maleachi erfüllte. Jedenfalls weisen seine frühzeitigen Worte der Anerkennung darauf hin. Umgekehrt war es wiederum der Täufer, der in Jesus den Messias erkannte und diesen in seinem Verständnis und Bewußtsein stärken mußte. So gesehen ist es nur natürlich, daß Jesus ein Verfechter und Anhänger der Ideen und Lehren des Täufers war. Es darf somit auch nicht überraschen, wenn Jesus aus Sicht der Zeitgenossen und nüchtern betrachtet, in die Jüngerschaft des Täufers eingereiht wurde und wird.

Das Wassermann-Evangelium schildert noch eine interessante Nebensache. *»Auf seinem Weg von Jerusalem nach Jericho sucht er (Johannes der Täufer) Lazarus aus seiner*

Sippschaft in Betanien auf« (XIII, 62,14). Gemeint ist hier das Betanien am östlichen Abhang des Ölbergs, das drei Kilometer von Jerusalem entfernt liegt. Dieses Betanien, das heutige El-Azarije, ist auch der Ort, an dem Lazarus von den Toten auferstanden ist. Ort und Person des auferweckten Lazarus sind also identisch mit dem Gastgeber Johannes des Täufers. Interessant ist die Formulierung *»seiner Sippschaft«*, was auf eine Verwandtschaft zwischen dem Täufer und Lazarus hinweist. Da aber Johannes der Täufer und Jesus über ihre Mütter verwandt waren, bedeutet dies auch einen mehr oder weniger engen Verwandtschaftsgrad zwischen Jesus und Lazarus.

Weiter wird berichtet, daß Johannes für kurze Zeit bei Lazarus und seinen Schwestern Maria und Martha verweilt. Bei seiner Ankunft drängen sich bereits viele Menschen um das Haus des Lazarus und weichen erst, als er zu ihnen redete. Jetzt wird zu Ehren des Täufers ein Fest gegeben. Nach altem Brauch füllt der Bürgermeister den Wein in einen Becher und überreicht ihn dem Ehrengast. Nach XIII, 62; 27-30 hält Johannes der Täufer den Becher empor und sagt:

»Der Wein erfreut des Menschen Herz, doch traurig stimmt er seine Seele. Er drängt des Menschen Geist in Bitternis und Galle. Nazars Eid schwur ich als Knabe. Seither floß kein Tropfen Weines über meine Lippen. Wer den König liebt, der meide jeden Tropfen Wein wie Gift.«

Nach diesen Worten schüttet er den vollen Becher auf die Straße.

Im weiteren Verlauf des Wassermann-Evangeliums geht Johannes der Täufer über Jericho, wo er ungewisse Zeit verbleibt, an die Jordanfurt, um zu predigen und zu taufen. Nach vielen Monaten kehrt er nach Betanien zurück, um auch dort zu lehren. Nach geraumer Zeit geht er wiederum an die Jordanfurt und setzt seine Tauftätigkeit fort. Erst bei seiner zweiten Tauftätigkeit kommt Jesus, um die Taufe des Johannes zu empfangen.

Die erwähnte Rückkehr nach Betanien ist chronologisch und inhaltlich allerdings falsch wiedergegeben, da Betanien am Jordan und Jordanfurt geographisch identisch sind; eine Rückkehr in das Betanien bei Jerusalem kann historisch jedoch ausgeschlossen werden. Daß Johannes der Täufer hingegen seine Tauftätigkeit am Jordan unterbrochen hat, um in Jericho, Chirbet Mird oder Qumran zu predigen und zu lehren, ist wahrscheinlich und entspricht seiner gesamten Strategie. Ähnliches ist uns auch von Jesus überliefert, der häufig die Orte seines Wirkens wechselte, die Anzahl der Stätten jedoch begrenzt hielt.

Wenn man nach den geographischen Orten des Wirkens von Johannes dem Täufer fragt, muß man unterscheiden in Orte, in denen er taufte und predigte; in Orte, an denen er lehrte; in Orte, an denen er sich aus anderem Anlaß aufhielt.

Die Taufe, verbunden mit den Tauf- und Bußpredigten, fand jedoch ausschließlich in Betanien, jenseits des Jordans, statt. Die Predigten, in denen Johannes der Täufer zu Erneuerung und Umkehr anhält sowie die Standespredigten hielt er hauptsächlich in Jerusalem und in der Wüste Judäa. Einzelne Predigten waren natürlich an allen Stationen, die auf seinen Reiserouten lagen, möglich. Zumeist folgten ihm Menschen nach oder strömten herbei, sobald sie von seiner Ankunft erfuhren. Vorfälle wie im Hause Lazarus zu Betanien (bei Jerusalem) waren sicher häufig. Als Lehrer wirkte der Täufer auch in Jericho, Qumran und Chirbet Mazin, unweit der Stelle, an welcher der Wadi Kidron in das Tote Meer mündet. Hier, sechs Kilometer südlich von Qumran, befanden sich Gebäude, die von Menschen mit niedrigem Status und externen Essenern frequentiert wurden. Zur Einkehr und Besinnung unmittelbar vor seinem großen Wirken, zog sich Johannes der Täufer ausschließlich in die Wüste Judäa (Engedi) zurück. Neben Hebron hielt er sich zeitweilig vermutlich in allen weltlichen, geistigen und religiösen Zentren des Landes auf.

Ob die chronologische Reihenfolge Hebron - Jerusalem - Jericho - Engedi - Wüste Judäa - Jordan - Jericho - Qumran - Chirbet Mazin - Jordan (Taufe Jesu) für seine wesentlichen Wirkungsstätten exakt stimmt, ist historisch betrachtet interessant, aber nicht entscheidend.

DIE TAUFE JESU

Die herausragende Aufgabe Johannes des Täufers sehen die Evangelisten in der Taufe Jesu und im Erkennen des Messias. Dies gilt wohl auch für die gesamte Christenheit. Daß Jesus vor Beginn seines öffentlichen Wirkens von Johannes im Jordan getauft wurde, ist ein reich bezeugtes und historisch unangezweifeltes Datum in der frühchristlichen und urkirchlichen Überlieferung.

Aus Sicht der Religionswissenschaft muß man jedoch unterscheiden, was und wie die Evangelisten berichten und dem tieferen, wahren Sinn der Taufe Jesu. Die in den Evangelien vielfach erkennbare antitäuferische Polemik läßt uns vermuten, daß den Johannesjüngern, die den Täufer als messianische Gestalt verehrten, die Taufe Jesu gegen die Jünger Jesu als Argument für die Höherstellung Johannes' diente. Die urkirchliche Mission legte daher größten Wert darauf, die Überlegenheit Jesu gegenüber dem Täufer auf mannigfache Weise darzustellen. So scheint z. B. der Hinweis des Täufers auf den *Stärkeren* (sh. Mk 1,7 f) sowie die abstufende Wertung der Wasser- gegenüber der Geisttaufe (sh. Apg 19,1-7) einer antitäuferischen Jesusverehrung zu entspringen. Solcher Herkunft entspricht auch die Taufperikope Mk 1,9-11, die nachdrücklich betont, daß Jesus nicht durch die Wassertaufe des Johannes, sondern durch den Geist Gottes ausgerüstet wird.

Wir müssen daher unterstellen, daß die wesentliche Thematik der Taufe Jesu sowie deren auslösendes Moment von den Evangelisten auf dem Hintergrund der Querelen mit den Johannes-Anhängern kurzsichtig und einseitig wiedergegeben ist. So erfährt man leider nichts über die Berührungspunke, die gegenseitigen Beziehungen und religiösen Abhängigkeiten der beiden Gottesmänner. Betrachten wir es anders: Johannes hat ganze Volksscharen angezogen. Aus Jerusalem, Judäa und der ganzen Jordangegend kamen sie nach Betanien, um sich taufen zu lassen. In den Schriften und der geschichtlichen Erinnerung ist jedoch nur ein Name festgehalten: Jesus von Nazareth. Ohne diese Taufe wäre Johannes von den Evangelisten womöglich vergessen worden. Es bliebe lediglich ein Hinweis über sein Leben und Wirken im Rahmen der Geschichtsschreibung, wie etwa bei Josephus. Nach Mk 1,7 nennt der Täufer Jesus den Stärkeren, dessen Schuhriemen zu lösen er nicht würdig ist. Für Jesus hingegen ist Johannes der Größte unter den von einer Frau Geborenen, d. h. der größte Mensch (sh. Mt 11,11).

Für die Urkirche waren diese gegenseitigen Ehrerbietungen bereits ein großes Problem für die Darstellung, Wiedergabe und Einordnung. Dieses Problem steigerte sich durch die Taufe Jesu und den Taufspender Johannes zur provozierenden und entscheidenden Frage. Die Urkirche sah darin offenbar einen Widerspruch. Die Angst, diesen Widerspruch an die nachfolgenden Gläubigen weiterzugeben, kam hinzu. Übergangslos, kurz und Stück für Stück wird beiden Gesandten ihre jeweilige Wertigkeit zugeteilt, gleich einer unbeweisbaren Tatsache. Dem steht gegenüber, daß ansonsten belanglosen Themen Vers um Vers gewidmet wird. Durch die unbeholfene Art der Gegenüberstellung von Johannes dem Täufer und Jesus in den Evangelien, ist im Grunde genommen dieser Widerspruch erst entstanden. Er gründet weder in den Personen, noch in deren Worten, Handlungen, Gedanken und Zielen - sondern allein in der Holprigkeit und Unbeholfenheit der Evangelisten. Ein tragischer Fehler, der gottlob ohne größere und schwerwiegende Folgen blieb, hätte er doch bereits im Entstehen der Kirche eine Spaltung provozieren können.

Während das Markusevangelium noch sachlich vom Erscheinen Jesu am Jordan und dem Empfang der Taufe berichtet (sh. Mk 1,9), nehmen die später verfaßten Evangelien das Geschehen Schritt für Schritt zurück. Die Taufe wird nun christologisch umgearbeitet, der Täufer auf eine untere Stufe verwiesen (sh. Mt 3,13 -17; Lk 3,21-22). Bei Joh 1,32 wird der Täufer zum Christuszeugen, die Taufe bleibt unerwähnt. Die Rede ist allein von der Geistsalbung Jesu. Eine Rekonstruktion des wahren Zusammenhangs und Inhalts der Taufe Jesu ist selbst dem gläubigen aber fragenden Christen nicht möglich, zumal die Taufe mit Feuer und Geist ebenfalls holprig erklärt wird. Auffallend ist, daß zugleich mit der Taufe Jesus die Vollmacht erhielt, den Taufritus andernorts zu vollziehen. Grundlage dieser These ist dabei Joh 3,22-29. Hier wird geschildert, wie Johannes die Nachricht überbracht wird, daß Jesus nun im Land Judäa tauft. Die Jünger des Täufers und ein Jude streiten sich über die Rechtmäßigkeit der Taufe durch Jesus und erwarten von Johannes eine klärende Antwort. Dieser verleiht seiner Freude über die Tauftätigkeit Jesu jedoch Ausdruck.

Die Übereinstimmung beider in der Verkündigung der Heilsbotschaft verleitet natürlich zu der These, in Jesus den gelehrigsten Schüler des Täufers zu sehen. Der dunkle Tunnel von dreißig Jahren vor dem öffentlichen Wirken sowie das historisch belegte Johannesfieber, das der Täufer mit seinen Predigten und Zeichenhandlungen auslöste, tun ein übriges. Ebenso wird die in Mt 3,11 und Joh 1,15 gebrauchte Sprachwendung *»der nach mir Kommende«* als Ausdruck des rabbinischen Lehrer-Schüler-Verhältnisses interpretiert. Die Frage nach dem wahren Hintergrund der Taufe Jesu durch Johannes hat die frühchristlichen Autoren, Kirchenväter und Theologen, ja selbst Mystiker seit jeher beschäftigt. Doch weder die Evangelisten, noch Origenes, Augustinus, Cyrill von Jerusalem, Hilarius und schon gar nicht die heutigen Vertreter der christlichen Kirchen fanden eine befriedigende

Erklärung. Alle Aussagen hierzu müssen wir als Versuch einer hohen Christologie von oben werten. Zugleich leiden alle Aussagen hierzu unter der Nebenfrage, ob die Taufe des Johannes mit einer Sündenvergebung verbunden war oder nur das Versiegeln der Sünder vor dem kommenden Richter und Retter symbolisierte.

Aus Sicht der Evangelisten wird die Taufe Jesu wahrscheinlich zum Zweck der Zeugnislegung geschildert. Dabei ist entweder der Taufvorgang selbst Berufungszeugnis, in dem Jesus den Geist Gottes in Form einer Taube über sich wahrnimmt oder Johannes wird zum Berufungszeugen:

»Ich sah, daß der Geist herabfuhr wie eine Taube vom Himmel und blieb auf ihm, und ich kannte ihn nicht. Aber der mich sandte zu taufen mit Wasser, der sprach zu mir: Über welchem du sehen wirst den Geist herabfahren und auf ihm bleiben, der ist's, der mit dem heiligen Geist tauft.« (Joh 1,32-33)

All diese Berufungszeugnisse stehen im Zwang der alttestamentaischen Tradition. So wurde die Berufung der Propheten des Alten Testaments meist mit dem Hinweis »... *erging der Ruf Gottes an ihn«* belegt. Bezeichnenderweise überliefern die Evangelisten für Johannes den Täufer keinen Berufungsbericht, sieht man vom Benedictus (sh. Lk 1,68-79) ab, das aber vermutlich der Feder von Verehrern des Täufers entstammt.

Wenn wir heute den Hintergrund der Jesustaufe durch Johannes erfragen wollen, müssen wir uns von den überlieferten historischen und christologischen Klischees lösen. Auch dürfen wir, wie viele Theologen, das Eine vom Anderen nicht ausschließen. Meine Überzeugung: Der charismatische Prediger Johannes der Täufer entsprach wie kein anderer dem Gedankengut und dem Ideal Jesu. Er zählte sicher zur Anhängerschaft des Täufers. Wie ich bereits früher erwähnte, war Jesus wohl auch der einzige, der ihn gänzlich verstehen konnte, in all seinen Botschaften, Lehren und Handlungen. Dieses Verständnis führt schließlich zu einer engen Vertrautheit und gegenseitigen Stütze. In gewissem Sinne galt Jesus deshalb auch für Dritte als Jünger des Täufers. Wir müssen annehmen, daß Johannes in vielerlei Fragen für Jesus eine gewisse Lehrer-Funktion ausübte. Der Taufe durch Johannes unterzogen sich alle Anhänger und Jünger des Täufers. Dies war jedoch Vorbild-Handlung für andere und weniger ein Akt der Reinigung von Sünden.

Die Jesus-Taufe als solche hat keine besondere Bedeutung im Hinblick auf das Erkennen der außergewöhnlichen geistigen- und mentalen Größe Jesu. Diese Berufung erkannte der Täufer sicher bereits früher. Die Taufe Jesu verband Johannes jedoch mit einem besonderen Hinweis auf dessen Kraft. Vor aller Augen und Ohren erhob er Jesus zu selbständigem und eigenem Wirken. Er entließ ihn somit offiziell aus seinem Kreis und bekundete vor den Menschen, daß Jesus von nun an, gleich ihm, den Auftrag Gottes erfülle. Zugleich übertrug er ihm die Autorität, den Akt der Taufe zur Vergebung der Sünden zu vollziehen. Tatsache ist, daß Jesus nach dem Empfang der Taufe durch Johannes seine eigene Mission begann und in Judäa den Taufritus vollzog.

Der Täufer hat diese Handlungsvollmacht seinen Jüngern nicht übertragen, zumindest findet sich kein biblischer oder historischer Hinweis. Die Übertragung dieser Vollmacht ist ausschließlich auf Jesus belegt. Allein daraus wird ersichtlich, daß Jesus nicht im üblichen Sinne als Johannesjünger bezeichnet werden kann. Der Anlaß, der den Täufer zu dieser Handlung drängte, mag vielschichtig sein. Vielleicht wußte er, daß seine Zeit bald vorbei war und nur Jesus die Fortführung seines Werkes garantieren konnte. Vielleicht wollte er die Bürde des Auftrages auf mehrere Schultern verteilen. Naheliegend ist jedoch, daß beide auf ihre Mission durch Meister und Lehrer vorbereitet waren. Jedenfalls war dem Täufer die Sendung und Auserwählung Jesu bewußt; sein öffentliches Zeugnis ist dafür ein deutlicher Hinweis. Bei all diesen Betrachtungsweisen dürfen wir jedoch nicht außer acht lassen, daß Johannes und Jesus Mystiker waren und in der Meditation und Zwiesprache mit Gott zu Erkenntnissen gelangten, die sich dem stolzen, logischen Menschen entziehen.

Der Täufer war zweifelsfrei ein aktiv und zielorientiert Handelnder. Sein Auftreten und Zurückziehen, sein Reden und Schweigen, seine Zeichen und Handlungen waren detailliert geplant und vorbereitet. Er führte und bestimmte sich selbst und sein Werk und ließ sich nicht von außen führen oder bestimmen. Die Überzeugung, daß all sein Tun von göttlicher Eingebung geleitet war, tut dem keinerlei Abbruch. Im Gegenteil, die Führung durch Gott und ein Höchstmaß an Selbstdisziplin und Eigeninitiative sind ein unverbrüchlicher Bund, wie das Studium der Propheten, Mystiker und Kirchenheiligen bestätigt.

So mag die Überlieferung, daß Johannes der Täufer Jesus in seine Mission förmlich drängte, mehr als eine Legende sein. Den Zeitpunkt und das öffentliche Zeugnis für den Sendungsauftrag Jesu bestimmte der Täufer womöglich ohne Rücksprache mit ihm und dessen Einwilligung. Durch den Akt der Taufe und den öffentlichen Aufruf Jesu setzte er diesen de facto unter Handlungszwang. Unmittelbar nach der Taufe zog sich Jesus in die Wüste zurück und fastete vierzig Tage (sh. Mt 4,1-2; Mk 1,12-13; Lk 4,1-2).

Mit Wüste ist hier wiederum die Judäische Wüste gemeint. Eine exakte geographische Fixierung läßt sich nicht herleiten. Naheliegend ist ein Aufenthalt in der Höhle Davids, nahe Engedi, wo auch schon Johannes der Täufer verweilte. Die Topographie in der Schilderung über die *Versuchung Jesu* kann aber auch auf Chirbet Mird hinweisen. In dieser Versuchung durch den Satan müssen wir jedoch mehr die Beschreibung für einen rein geistigen und mentalen Prozeß sehen, so daß abgeleitete Ortsbestimmungen oft hypothetisch sind. Der Rückzug in die Wüste diente wie bei Johannes der absoluten Konzentration und Vorbereitung auf die bevorstehende Mission. Die jeweils genannten vierzig Tage des Fastens entsprechen dem essenischen Wissen, daß die mediale Erkenntniskraft am vierzigsten Tag ihren Höhepunkt erreicht.

Die Taufe Jesu fand im Jahre 29 n. Chr. statt. Anhand der Pescher-Methode leitet sich die Tagundnachtgleiche des Monats März (8.3.,12 Uhr) ab. Jesus war demnach genau 36 Jahre alt (Geburt: 1.3. 7. v. Chr.). Der Evangelist Lukas hingegen nennt in 3,23 ein Alter von ungefähr dreißig Jahren. Historisch ist jedoch 29 n. Chr. und somit ein Alter von 36 Jahren gesichert. Wenn die Taufe tatsächlich in der März-Tagundnachtgleiche stattfand, war das Datum sicher nicht zufällig gewählt, sondern drückte eine tiefe Symbolik aus. Ganz deutlich müssen wir jedoch davon Abstand nehmen, daß die Taufe Jesu ein Initiationsritus zur Eingliederung in die Jüngerschaft des Täufers war. Wenn dies auch oft und ernsthaft so interpretiert wird, es gibt nicht die geringsten Hinweise zu dieser Annahme. Vielmehr gab die Taufe Jesu den Anstoß zu eigenständigem Handeln und Wirken.

Die Taufe Jesu ist mit vielen Legenden umwoben. Eine solche Legende besagt, daß Adam mit Satan einen Pakt geschlossen hat, nachdem diesem die Erde übergeben wird. Das Siegel dieses Paktes, ein Handabdruck Adams in einer Tonplatte, die dann gebrannt wurde (die Handschuld), warf Adam in den Jordan. Jesus stand bei der Taufe durch Johannes auf dieser Tonplatte und machte diesen Pakt damit ungültig.

Überlieferungen zufolge trafen sich die Juden in der Frühzeit der Diaspora zu privaten Zusammenkünften und erhielten nur Einlaß, wenn sie als Erkennungszeichen einen weißen Stein aus dem Jordan bei sich trugen. Den Jordanstein erhielten sie bei der Taufe durch Missionare.

Auch die Offenbarung 2,17 sagt: *»Wer überwindet, dem will ich geben von dem verborgenen Manna und will ihm geben einen weißen Stein; und auf dem Stein ist ein neuer Name geschrieben, den niemand kennt als der, der ihn empfängt.«*

Eine Legende schildert, wie der Jordan bei der Taufe stehen blieb und aufwallte und Jesus wie eine Welle umhüllte. In der Kunst vom 1. Jh. bis ins Mittelalter war die Taufe Jesu eines der beliebtesten Motive. Speziell in mittelalterlichen Buchmalereien sind phantastische Bilder zu finden. Viele Bilder stellen Jesus mit einer Schriftrolle dar, die den Schuldbrief Adams (Chirographie) verdeutlicht. Diese und alle Schuldschriften Adams verlieren mit der Taufe Jesu durch Johannes ihre Gültigkeit. Die symbolische Darstellung der Taufe Jesu deutet damit auf den Beginn eines neuen, durch Jesus geschenkten Lebens hin.

Die älteste bekannte Taufdarstellung findet sich in der Callist-Katakombe in Rom, die auf das Jahr 220 n. Chr. datiert wird. Steinreliefs aus römischen Sarkophagen der Via Lungera sowie S. Maria Antiqua in Rom stellen Taufhandlungen aus dem 3. Jh. n. Chr. dar.

Das Thema *Taufe Jesu*, verbunden mit der Vollmachtsfrage, darf hier nicht abgeschlossen werden, ohne auf das Kapitel 21 des Matthäus-Evangeliums einzugehen. Die Verse 12 und 13 schildern zunächst, wie Jesus die Händler und Taubenkrämer aus dem Tempel verjagt. Er bezieht sich dabei auf das Prophetenwort Jesajas (sh. 56,7), wonach der Tempel ein Bethaus sein soll. Diese Szene weist auf ein entschlossenes, ja sogar aggressives Handeln hin. Vielfach wird dabei unterstellt, daß Jesus dieses Zeichen erst nach mehrmaligen Aufforderungen des Täufers setzte. Unmittelbar zuvor war Jesus nämlich in Jericho, wie Mt 20,29 bestätigt. Es liegt nahe, daß Johannes der Täufer und Jesus hier eine grundlegende Unterredung über das weitere Vorgehen führten. Die Verse 21,23-27 mögen dies bestätigen, geben aber im Hinblick auf die Vollmachtsfrage eine entscheidende Deutung und Klärung. Es wird geschildert, wie Jesus im Tempel lehrt. Die Hohenpriester kommen hinzu und fragen Jesus, aus welcher Vollmacht er handelt und wer ihm die Vollmacht gegeben hat. Dieser antwortet mit einer Gegenfrage: »*Ich will euch auch ein Wort fragen; wenn ihr mir das sagt, will ich euch auch sagen, aus was für Vollmacht ich das tue. Woher war die Taufe des Johannes? War sie vom Himmel oder war sie vom Menschen?*«

Die Hohenpriester und Ältesten berieten, denn sie erkannten die Fangfrage. Würden sie antworten *vom Himmel*, warum waren sie dann gegen die Lehre des Täufers? Antworten sie jedoch *vom Menschen*, so stellten sie sich gegen die allgemeine Ansicht und fürchteten den Zorn, »*denn sie hielten alle Johannes für einen Propheten*«. Also sagten sie: »*Wir wissen's nicht*«. Daraufhin sprach Jesus zu ihnen: »*So sage ich euch auch nicht, aus was für Vollmacht ich das tue.*«

Bei genauer Interpretation der typischen Wort- und Redewendungen der Evangelisten muß man hier den unmittelbaren Zusammenhang zwischen der Vollmacht Jesu und dessen Taufe durch Johannes erkennen. Der Bezug in Frage und Antwort auf die Johannestaufe ist also keineswegs nur beispielhaft gewählt. In dem Hinweis auf diese Taufe, die scheinbar nur gleichnishaft angeführt wird, müssen wir also die Bestätigung sehen, daß Jesus seine Taufe als äußere, sichtbare Zeichenhandlung für seine Vollmacht wertete. Das Erkennen des äußeren Zeichens setzt freilich das tiefe innere Wissen um Vollmacht und Mission voraus. Letztes wird dabei von den Evangelisten durch Erkennen des Geistes Gottes in Form einer Taube bildhaft dargestellt. Die Wahrnehmung der Stimme »*Du bist mein lieber Sohn, an dir habe ich Wohlgefallen*« (Mk 1,11; vgl. Mt 3,17; Lk 3,22; Joh 1,32), soll dies noch verstärken.

Jesus selbst gibt an anderer Stelle jedoch ein klares Wort zur Vollmachtsfrage: »*Wenn ich von mir selbst zeuge, so ist mein Zeugnis nicht wahr (d. h., nichts wert vor den Augen anderer). Ein anderer ist's, der von mir zeugt; und ich weiß, daß das Zeugnis wahr ist, das er von mir zeugt. Ihr schicktet zu Johannes, und er zeugt von der Wahrheit« (Joh 5,31-33).*

Der letzte Satz ist dabei äußerst interessant, sagt er doch aus, daß die Menschen der positiven Bestätigung durch Johannes den Täufer bedurften, um an Jesus zu glauben.

Im folgenden Vers macht Jesus jedoch deutlich, daß für ihn selbst das innere Wissen um die Vollmacht der entscheidende Impuls für sein Handeln ist. Das äußere Zeugnis durch Johannes nennt er, »*damit ihr selig werdet*«. Hier drückt er aus, daß wohl niemand an seine Sendung glauben würde, hätte sie nicht die Autorität des Täufers bezeugt.

DIE PREDIGTEN

Dem Wirken und dem Wesen Johannes des Täufers können wir uns nur nähern, wenn wir versuchen, Inhalt und Aussage seiner Predigten zu erarbeiten. Dies ist bei der knappen Wiedergabe seiner Worte durch die Evangelisten freilich schwer. Die Einengung auf Buß- und apokalyptische Gerichtspredigten stellen ein zusätzliches Hindernis dar. Selbst das für Johannes den Täufer entscheidende Thema Umkehr, wird nur als Stichwort erwähnt und *»nimmt den imperativischen Mentoia-Ruf im Predigtsummarium Jesu vorweg«* (Josef Ernst).

Bei aller Sympathie für die Evangelisten und in Anerkennung ihrer schweren Aufgabe, bleibt die Erkenntnis, daß bei der knappen Würdigung des Johannes-Werkes sein Bild verzerrt wurde. Dies wird besonders deutlich, wenn man die vielzitierten Messiaserwartungen und -identifizierungen, die mit der Person des Täufers einhergingen, seinen wenig überlieferten Predigten gegenüberstellt. War in der jüdischen Tradition und Vorstellung der Messias ein Gesandter, der dem Volk Israel Verdammnis und Heimsuchung in apokalyptischer Szenerie verkündet? Sicher nicht! Eine Messias-Identifikation mit der Gestalt Johannes des Täufers konnte wohl nur deshalb entstehen, weil seine Lehre und seine Predigten die Heilsbotschaft als wesentliches Element in den Vordergrund stellten. Gerade dieses Element bleibt in der Wiedergabe der Täuferworte durch die Evangelisten unbeachtet. So wirkt selbst deren Zitat der Johannesworte *»der nach mir Kommende«* eigentlich nur bedrohlich, hat dieser doch bereits die Axt an die Wurzel gelegt, hält die Worfschaufel in der Hand und wird die Spreu verbrennen (sh. Mt 3,10-12; Lk 3,9;17).

Die Evangelisten zeichnen nur ein halbes und daher einseitiges Bild von Johannes. Sie unterschlagen seine Heilsverkündigung, um diese ausschließlich Jesus vorzubehalten. Ganz sicher hat der Täufer in seinen Predigten harte und direkte Worte gebraucht, die einem Teil des erwählten Volkes Israel galt, doch zeigte die Gesamtheit seiner Worte stets den Weg zum Heil auf. Nicht der Unheilsverkünder sondern der Überbringer der messianischen Botschaft stand in der Gestalt Johannes des Täufers eindeutig im Vordergrund. Nach jüdischem Verständnis gingen dem Erscheinen des Messias die sogenannten Messiaswehen voraus, die Kriege unter den Völkern, Zwietracht in den Familien und Naturkatastrophen bedeuteten. Aus Sicht der Zeitgenossen Johannes des Täufers war dies jedoch bereits erlebte, erlittene Geschichte und Gegenwart zugleich.

Welche Voraussetzungen hatte der Messias im jüdischen Gedankengut zu erfüllen? Messias (Gesalbter, im engeren Sinne: Gesalbter des Herrn) ist seit Saul, dem ersten König (1012-1004 v. Chr.), der Würdename aller Könige Israels, die nicht den semitischen Titel melek (= König) führen. Zur Zeit der Könige war Messias also mehr ein politischer Terminus. Im Gegensatz hierzu nannten die Propheten den Gottgesandten und Heilsbringer *Friedensfürst* oder *Menschensohn*, um einen politischen Bezug auszuschließen. Erst im 2. Jh. v. Chr. wird, unter dem Einfluß der Hasmonäerdynastie und des Gedankengutes der Qumran-Essener, die Bezeichnung Messias auf die geistige und priesterliche Ebene (Priesterkönig) übertragen. Im Vordergrund stand somit das geistige, seelische Heil, ein irdisches Leben im Einklang mit Gott. Die politische Messiasidee ist im Judentum übrigens nur vereinzelt und erfolglos bis heute lebendig geblieben. In den jüdischen Enderwartungen, die stets theozentrisch ausgerichtet waren, ist der Messias nie als selbstständige Heilsperson, sondern immer nur als Repräsentant des Heilswirkens Gottes an seinem Volk verstanden worden.

In seiner Lehre und in seinen Predigten hat Johannes der Täufer also der Vorstellung des geistig und priesterlichen Messias entsprochen. Dies zeigt deutlich, daß die Evangelisten die Strafgerichts- und Endzeitpredigten zu ungunsten der Heilsthematik des Täufers überstrapazierten. Weltbild und Gottesverständnis Johannnes des Täufers lassen sich nicht in das apokalyptische Deuteschema einordnen. Seine prophetische Rede trennt geradezu Welten von der apokalyptischen Katastrophendrohung. Speziell seine offene, unmittelbare und überzeugende Anrede sowie seine Autorität, zeigen den deutlichen Unterschied zur charakteristischen Apokalyptik. Der Täufer spricht nicht vom Weltenbrand und der allumfassenden kosmischen Erdzerstörung, es mahnt die Menschen vielmehr, sich für Gott zu entscheiden. Die Definition *»Verkündigung einer religiösen Heilswahrheit kraft persönlicher Offenbarung«* (Max Weber) charakterisiert Werk und Auftrag Johannes des Täufers treffsicher. Um das Johannesfieber, das der Täufer mit seinen Zeichenhandlungen und Predigten auslöste, zu verstehen, müssen wir wissen, daß das Prophetentum in Israel seit geraumer Zeit verstummt war. Die Worte eines Sehers und Mahners wie Maleachi, Sacharja oder Haggai[(39)] lagen bereits mehr als ein halbes Jahrtausend zurück und waren lediglich schriftliche Überlieferungen.

Nach langer Zeit des Wartens auf die Offenbarung Gottes erscheint der langersehnte, charismatische Prophet mit lauter Stimme und klarem Wort. Johannes der Täufer ist das Zeichen: Gott spricht nun wieder mit seinem auserwählten Volk. Alle Erwartungen scheinen sich mit seinem Kommen zu erfüllen. In den Augen Israels ist er der Gesandte Gottes. Durch ihn spricht Gott seine letzte Mahnung und seine letzte Bedingung für das Heil. An einem neuralgischen Punkt der politischen, kulturellen und moralischen Zeitgeschichte erhält das Volk Israel seine letzte Unterwei-

sung. Ist diese letzte Chance vertan, wird Jahwe nicht über die Feinde Israels zu Gericht sitzen, sondern über sein auserwähltes Volk selbst. Sein Zorn wird die selbstgerechten und selbsternannten Führer Israels treffen, denen die Rechtmäßigkeit des Heils, kraft Geburt und Amt, ein angestammtes Privileg scheint. Nur in diesem Zusammenhang kann die Predigt des Täufers nach Mt 3,7-12 verstanden werden:
»Als er nun viele Pharisäer und Sadduzäer sah zur Taufe kommen, sprach er zu ihnen: Ihr Otterngezüchte, wer hat denn euch gewiesen, daß ihr dem künftigen Zorn entrinnen werdet? Sehet zu, tuet rechtschaffene Frucht der Buße! Denket nur nicht, daß ihr bei euch wollt sagen: Wir haben Abraham zum Vater. Ich sage euch: Gott vermag dem Abraham aus diesen Steinen Kinder zu erwecken. Es ist schon die Axt den Bäumen an die Wurzel gelegt. Darum, welcher Baum nicht gute Frucht bringt, wird abgehauen und ins Feuer geworfen. Ich taufe euch mit Wasser zur Buße; der aber nach mir kommt, ist stärker als ich und ich bin nicht genug, ihm die Schuhe abzunehmen; der wird euch mit dem heiligen Geist und mit Feuer taufen. Und er hat seine Worfschaufel in der Hand; er wird seine Tenne fegen und den Weizen in seiner Scheune sammeln; aber die Spreu wird er verbrennen mit unauslöschlichem Feuer« (vgl.: Lk 3,7-9;16-17).

Leichte Einflüsse aus den Strafgerichtsdrohungen des Alten Testaments und der jüdischen Apokalyptik dürfen wir nicht ausschließen. Beachten müssen wir jedoch, daß Johannes der Täufer in seinen Predigten einen Bezug zur jüdischen Tradition bewußt wählte. So konnten seine Worte schnell und eindeutig verstanden werden. Die Bilder von der Axt an der Wurzel des Baumes, dem Drescher auf der Tenne sowie das Feuermotiv müssen wir als dramatische Aktualisierung verstehen, galt es doch, die drohende, endgültige Abkehr des Volkes Israel von Gott abzuwenden und in eine Hinwendung umzuwandeln.

Wenn wir das Lukas-Evangelium diesbezüglich vergleichen, findet sich eine auffällige Übereinstimmung des Textes - bis auf einen wesentlichen Unterschied. Nach Lk 3,7 spricht Johannes zu den Volksscharen und nicht wie bei Mt 3,7 zu den Pharisäern und Sadduzäern. Dies führte natürlich zu langen Streitfragen bei Fachkundigen; ist es doch erheblich, ob das Gericht nur den führenden Vertretern des Volkes oder allen sündigen Angehörigen Israels angedroht wird. Diese Frage ist von größter Brisanz, kann aber lediglich ein Hinweis auf den Antijudäismus der Frühkirche im innerjudäischen Bereich (Jürgen Ernst) oder schlichtweg ein Übertragungsfehler sein.

Im Gerechtigkeits-Verständnis Johannes des Täufers waren derart harte Worte an die einfachen Sünder des Volkes wohl kaum angemessen. Zudem fand bei ihnen sein Wort großen Beifall. Dies wird später bei Mt 21,32 deutlich, wenn Jesus zu den Hohenpriestern und Ältesten sagt:
»Johannes kam zu euch und lehrte euch den rechten Weg, und ihr glaubtet ihm nicht; aber die Zöllner und Huren glaubten ihm. Und ob ihr's wohl sahet, tatet ihr dennoch nicht Buße, daß ihr danach auch geglaubt hättet.«

In diesem Ausspruch sehe ich jedoch noch einen anderen und wesentlichen Bezug: Jesus weist die Hohenpriester und Ältesten auf Jericho hin. Hier hatte sich Johannes der Täufer diesen gestellt, um für seine Lehre zu argumentieren (sh. *Weitere Wirkungsstätten Johannes des Täufers*). Deutlich wird in der Rede Jesu, daß der Täufer *zu* den Hohenpriestern und Ältesten geht, während bei allen anderen Begegnungen diese den Täufer aufsuchen. Den Worten Jesu ist ferner zu entnehmen, daß er Zeuge dieser Argumentation war und höchstwahrscheinlich Mitstreiter des Täufers. Ferner müssen wir unterstellen, daß diese Lehre auf einem breiten Fundament beruhte und sich nicht allein mit dem Hinweis auf *»Tuet Buße«* und *»Otterngezüchte«* erschöpfte. Unabhängig davon, ob die harten Predigtworte des Täufers den Pharisäern und Sadduzäern oder dem gesamten Volke galten, ist der Kern seiner Aussage, daß Israel alle Vorzugsrechte und Heilsprärogativen entzogen sind. Weder Volkszugehörigkeit, noch Rasse, noch Mitgliedschaft zur jüdischen Kirche haben einen Wert vor Gott, wenn es an den Früchten der Umkehr mangelt. Was nützen jetzt Heilstitel und Sicherheit, die Abraham seinen Nachkommen garantiert hat. Die Erben Abrahams, Mitglieder eines mit höchsten Verheißungen bedachten Volkes, sind urplötzlich den heidnischen Völkern und Scharen gleichgestellt und wie Otterngezücht zurückgestoßen in den Unheilszustand.

In Bezug auf das Judentum waren diese Worte natürlich der größte Bruch mit ihrer Jahwe-Tradition und ihrem Verständnis des Auserwähltseins. Von jetzt an galt es, kraft freier Entscheidung und persönlicher Ethik das Heil zu erlangen. In dem Satz *»Gott vermag dem Abraham aus diesen Steinen Kinder zu erwecken«*, weist Johannes der Täufer zwar deutlich auf die heilsgeschichtliche Bedeutung des Stammvaters hin, zugleich öffnet er damit jedoch allen Menschen den Zutritt zum Heil. Im Verständnis des Täufers sind all jene Nachkommen Abrahams, die im Einklang mit den göttlichen Gesetzen leben und somit auch in der Tradition von Verheißung, Glaube und Erlösung stehen.

Ernst Lohmeyer (*Das Urchristentum*, Göttingen 1932) kommt in einer breitgefächerten Analyse auf die Erlösertheorie zurück und sieht in der Verwerfung alles Institutionellen des Judentums, in der Absage an den Tempel und an die Kult- und Zeremonialgesetze mit dem priesterlichen Beamtentum den freien und ungebundenen Geist Johannes des Täufers. Der Autor schreibt wörtlich:

»Nun versteht man, warum der Täufer die Gestalt Abrahams festhält und doch die natürliche Geburt aus Abraham verwirft. Dieses Nein und jenes Ja ergänzen sich und enthüllen in solchem Verein, was Johannes bewegt. Vor dem nahen Licht des eschatologischen Tages vergeht alles geschichtlich Feste und wird zu einem leichten Gespinnst; das einzig Feste aber ist Gottes Tun, wie es einst an Abraham beispielhaft geschah und wie es jetzt in Bälde wieder geschehen wird.«

Johannes der Täufer setzt völlig neue Akzente. Während bisher vielfach der Umkehrgedanke der Entscheidung des sündigen Volkes entzogen und der freien Gnadenwahl Jahwes unterstellt war (sh. Klgl 5,21), gibt der Täufer jedem Einzelnen die reale Möglichkeit, durch Neubesinnung und -ausrichtung auf Gott das Heil zu erlangen. Trotz aller Schwere und Bürde der Verfehlungen zeigt er die Möglichkeit der Rettung und Erlösung auf. In seinen Predigten und Lehren befreit der Täufer die Menschen von ihren irdischen und geistigen Fesseln. Er löst sie aus dem Dickicht religiöser und ritueller Verstrickung und Sinnlosigkeit. Er bricht mit einem wesentlichen Baustein der jüdischen Tradition: Die Unterscheidung, Wertung und Einstufung zwischen Juden und Heiden, Reinen und Unreinen, Männern und Frauen hebt er mit einem Wort, einer Handlung auf.

Sein Wort, seine Lehre und seine Taufe rüttelten an den Grundfesten der jüdischen Tradition. So drückt die Taufe des Johannes viel mehr aus, als die biblische Überlieferung uns wiedergibt. Sie war geradezu eine Aufforderung und Einladung an die nach jüdischem Verständnis Unterprivilegierten, Diskriminierten und Unreinen. Seine Liebe, sein Wort und seine Handlungen galten den Verzweifelten, Entwurzelten und Suchenden. Erst wenn man sich vergegenwärtigt, wer und was nach jüdischem Bewußtsein unrein war, kann man das Wirken Johannes des Täufers in seiner Gesamtheit erntsprechend erkennen und würdigen.

Im 3. Buch Mose, Kapitel 11-12 ist alles Unreine über viele Bibelseiten ausführlich wiedergegeben. Während das Kapitel 11 in seiner Unterscheidung über die Verzehrbarkeit von Tieren realistisch und nachvollziehbar ist, befaßt sich Kapitel 12 ausschließlich mit der Unreinheit einer Frau, wenn sie empfängt und gebiert. In 12,4-5 heißt es: *»Und sie soll daheim bleiben dreiunddreißig Tage im Blut ihrer Reinigung. Kein Heiliges soll sie anrühren, und zum Heiligtum soll sie nicht kommen, bis die Tage ihrer Reinigung um sind. Gebiert sie aber ein Mädchen, so soll sie zwei Wochen unrein sein, wie wenn sie ihre Tage hat, und soll sechsundsechzig Tage daheim bleiben in dem Blut ihrer Reinigung.«*

Die darauffolgenden Verse 6-8 schildern dann ausführlich die Rituale von Brand- und Sündopfer, die eine Entbundene vollziehen mußte, um durch einen Priester entsühnt und rein gesprochen zu werden. Speziell über den Blutfluß der Frau und der damit verbundenen Unreinheit beschäftigt sich 15,19-30 geradezu penetrant ausführlich. Wer eine Frau während des Blutflusses berührte war unrein. Darüberhinaus galt alles, worauf eine Frau während der Periode lag oder saß als unrein. Wer nur ihr Lager berührte war unrein und mußte seine Kleider und seinen Körper noch am selben Tage waschen. Zusätzlich werden noch Verhaltensregeln vorgeschrieben, wenn eine Frau den Blutfluß eine lange Zeit, zu ungewöhnlicher Zeit oder über die gewohnte Zeit hinaus hatte. War die Blutung zu Ende, mußte die Frau sieben Tage zählen, ehe sie wieder rein war. In 15,29-30 heißt es wörtlich: *»Und am achten Tage soll sie zwei Turteltauben oder zwei andere Tauben nehmen und zum Priester bringen vor die Tür der Stiftshütte. Und der Priester soll die eine zum Sündopfer bereiten und die andere zum Brandopfer und die Frau entsühnen vor dem Herrn wegen ihres Blutflusses, der sie unrein macht.«* Ähnliche Rituale und Regelungen gelten auch bei Ausfluß und für Männer, *»denen der Same im Schlaf abgeht.«*

Die Kapitel 13 und 14 befassen sich mit Aussätzigen und solchen, die ähnliche Krankheitszeichen vorweisen. Ein Priester hatte jeweils über die Krankheit zu befinden und die Unreinheit auszusprechen. Die Reinwerdung war jeweils mit Brand- und Sühneopfern verbunden. In 15,31 wird schließlich zusammengefaßt, daß alle Unreinen abgesondert werden sollen, *»damit sie nicht sterben in ihrer Unreinheit, wenn sie die Wohnung des Herrn unrein machen.«*

Meist werden für diese mosaischen Reinheitsgebote kulturhistorische Sachverhalte unterlegt. Nach meiner Ansicht waren jedoch ganz praktische Gründe für die strengen Reinheitsvorschriften ausschlaggebend. Moses befand sich mit dem Volk Israel in einer jahrzehntelangen Wüstenwanderung. Eine strenge Disziplin und straffe Führung waren erforderlich, um die große Anzahl von Menschen in das Gelobte Land zu führen. Der Ausbruch von Epidemien war angesichts der extremen Hitze und Wasserknappheit permanent gegeben. Es mußte also auf äußerste Hygiene und Reinlichkeit geachtet werden. Zudem war die Gefahr latent vorhanden, daß Einzelne oder gar Gruppen in Hysterie und Depressionen verfielen. In dieser großen Ausnahme- und Notsituation, in der sich das Volk Israel befand, waren strenge Regeln und Riten unabdingbar. Nur ein Mensch mit außergewöhnlichem Charisma und Führungsqualitäten konnte ein gesamtes Volk durch diese Trübsal führen. Nach Beendigung der Wüstenwanderung waren viele der mosaischen Vorschriften im Prinzip nicht mehr notwendig, dennoch waren sie weiterhin fester Bestandteil der jüdischen Tradition – selbst noch zur Zeit Johannes des Täufers.

Nach jüdischem Verständnis gehörten Frauen, wenn überhaupt, nur nachrangig zu Gottes Plan. Frauen galten als wankelmütig, selbstsüchtig, launisch und unzuverlässig, zudem waren sie oft unrein. Johannes der Täufer war wohl der erste, der die mosaischen Reinheitsvorschriften nicht buchstabengetreu auslegte, die Brand- und Sündopfer verwarf und zudem die schier unüberwindliche Hürde der Geringschätzung von Frauen übersprang. Er lud sie kurzerhand zur Taufe ein und fragte nicht, ob sie nach den mosaischen Gesetzen rein oder unrein waren oder ihre Sühneopfer geleistet hatten. Mit einer einzigen Weisung hob er all diese Schranken und Vorschriften auf. Es war eine Leistung, der man nicht genug Achtung zollen kann, stieß sie doch auf enormen Widerstand in den Reihen der Priester und Schriftgelehrten. So ist es nicht verwunderlich, daß Johannes der Täufer mit seinen Predigten und Handlungen das historisch belegte Johannesfieber auslöste, denn plötzlich waren alle Menschen frei und gleich vor Gott. Es ist ein Kuriosum, daß gerade Johannes der Täufer, dem klischeehaft keinerlei Bindung zu Frauen unterstellt wird, die Befreiung der Frauen bewirkte. Fehlt es auch an biblischen Hinweisen, so gilt als gesichert, daß Maria und Martha, die Schwestern des Lazarus, sowie Salome, die Schwester Marias, zu den ersten getauften Frauen zählten. Diese drei waren zu Beginn seiner Mission im weiteren Jüngerkreis des Täufers. Die Gleichstellung aller Menschen vor Gott war für Johannes den Täufer tiefste innere Erkenntnis. Die Grundlage, daß Frauen ebenso zu Gottes Plan gehören wie Männer, mag dabei der Prophet Joel[40] gegeben haben. Im Buch dieses Propheten heißt es in 3,1-2:

»Und nach diesem will ich meinen Geist ausgießen über alles Fleisch, und eure Söhne und Töchter sollen weissagen, eure Alten sollen Träume haben, und eure Jünglinge sollen Gesichte sehen. Auch will ich zur selben Zeit über Knechte und Mägde meinen Geist ausgießen.«

Johannes der Täufer hatte tiefes Wissen über alle Prophetenworte und deren Deutung, so auch über Joel. Dieser hat bereits im 5. Jh v. Chr. *Töchter* und *Mägde* den *Söhnen* und *Knechten* Israels gleichgestellt.

Johannes der Täufer ging hier noch einen weiteren Schritt. Er hat nicht unterschieden zwischen Menschen mit unheilbarem Aussatz oder einfachen Hautkrankheiten. Er predigte zu ihnen und taufte sie so wie sie zu ihm gekommen waren. Seine Taufe war neben dem geistig-seelischen Akt zugleich ein Symbol der körperlichen Reinigung von Krankheit. Leider haben uns die Evangelisten unterschlagen, ob im Zusammenhang mit der Taufe des Johannes Heilungen von körperlichen Gebrechen erfolgten. Da der Täufer bereits zu Lebzeiten als Prophet, Wiederkehr des Elija und Gottgesandter, gar als Messias angesehen wurde, sind Spontanheilungen bei kranken Täuflingen wahrscheinlich. Im Verständnis von Aufgabe und Werk war dies für den Täufer vermutlich jedoch sekundär und basierte auf einem Teil der essenischen Lehre und Tradition.

Neben den Regeln von Reinheit und Unreinheit gab es zudem noch eine Vielzahl von Gesetzen und Vorschriften, die das israelische Volk zumindest teilweise entmündigten und zur Sünde zwangen. Erwähnt sei beispielhaft nur der Sabbatkult. So durfte man u. a. nach jüdischer Bestimmung höchstens 2000 Ellen (= 880 m) zurücklegen (sh. Ex 16,29; Apg 1,12). Selbst die Verrichtung der Notdurft unterlag am Sabbat komplizierten Regelungen oder war in bestimmten religiösen Parteien sogar ganz untersagt. Von größter Brisanz ist die Frage, ob Johannes am Sabbat predigte und taufte. Wir müssen annehmen, daß er die Vorschriften über den Sabbat zu einem Großteil verwarf. In dieser Handlungsweise war er bereits Vorbild für Jesus, der auch am Sabbat heilte.

Darüberhinaus galt es noch, die Gesetze und Vorschriften der weltlichen Verwaltung und der römischen Besatzungsmacht zu befolgen. Letztere waren vergleichsweise liberal und human für die israelische Bevölkerung.

Die Einhaltung der religiösen Gesetze und das *Reinsein* waren nicht nur beschwerlich, sondern auch teuer. Die Reinsprechung durch einen Priester setzte nicht nur den Kauf von Opfertieren voraus; der Priester verlangte auch ein entsprechendes Honorar für seine Tätigkeit. Auf diesem Hintergrund wird verständlich, daß die Händler für Opfertiere (Tauben, Ziegen, Lämmer usw.) ihren Geschäftssitz unmittelbar im Tempel hatten. Die Kundschaft der Unreinen und Sünder war ja nach religiösem Gesetz automatisch sehr groß, war sie doch mit den Naturgesetzen des menschlichen Lebens (Blutfluß, Entbindungen) verbunden. Neben dem Honorar, das die Priesterschaft für ihre Zeremonien den Unheilen und Sündern abverlangte, erhielt sie noch regelrecht Standgelder und Umsatzprovisionen von den Händlern. Gott, Sünde und Geld waren also in idealer Weise im Tempel vereint. Während jedes einzelne religiöse und weltliche Gesetz, jede Regelung und Handlung für sich allein noch berechtigt und sinnvoll erschien, war die Summe von allem nicht mehr lebbar. Sich selbst oder gar Gott als die Wahrheit zu finden, erschien unmöglich.

Johannes der Täufer muß diese Unterjochung von Leib, Geist und Seele seiner Mitmenschen schmerzhaft erkannt und empfunden haben. Entschlossen, kompromißlos und sicher nicht ohne Zorn prangerte er die Nutznießer und Verwalter dieses unmenschlichen und gottlosen Systems an. Er erkannte, daß von Priesterschaft und Magistratur unendlich viel Leid, Gängelung und Unterjochung für das jüdische Volk ausging. In seinen öffentlichen Predigten hat sich der Täufer deshalb im besonderen mit den Pharisäern und Schriftgelehrten auseinandergesetzt und eine Änderung und Erneuerung der Strukturen gelehrt und gefordert. Johannes der Täufer hatte erkannt, Joch und Unfreiheit ging nicht von der römischen Besatzungsmacht aus, es waren vielmehr Gesetze, Rituale und Machenschaften der eigenen Priester und Magistraten, die das Volk preßten und würgten. In diesem Zusammenhang ist auch die Standespredigt Johannes des Täufers an die Volksmenge, Zöllner und Soldaten (sh. Lk 3,10-14) zu verstehen. Die Größe seines Handels liegt darin, daß er sich nicht begnügte mit Predigten und Lehren. Johannes der Täufer zeigte die Alternative, indem er alle zu sich einlud, Juden und Nichtjuden, Beschnittene und Unbeschnittene, Sünder und Gerechte, Männer und Frauen, Reine und Unreine, die Reinheit durch seine Taufe zu erhalten. Wer durch ihn getauft wurde, bedurfte von nun an nicht mehr der Rituale und Gängelung durch die Priesterschaft. Jeder Getaufte konnte jetzt rein und frei vor Gott stehen, für immer.

Johannes der Täufer ist also nicht gekommen, um die Gesetze der Priester zu erfüllen, sondern um sie aufzuheben. Er ist gekommen, um die Menschen hinzuführen zur Wahrheit und zu Gott. Er ist gekommen, um wider den Zeitgeist zu handeln; mit Wort und Tat. Er hat Normen und Formen mißachtet und bekämpft und an ihre Stelle allein den Inhalt als Ideal, Weg und Ziel gestellt. Er erkannte und lehrte, daß ein Übergewicht an Normen und Regelungen die wahren und hohen Werte der Menschen erdrückt. So könnte folgende Erkenntnis ein Lehrsatz Johannes des Täufers sein: *»Wo Formen überwiegen, mangelt es an Inhalt. Inhalt ist allein in Geist und Seele und bedarf keiner Form.«*

Die charismatische Ausstrahlung seiner Person, die religiöse Kraft und Erneuerung, sprengte jeden Vergleich. Gesellschaftlich setzte er sich von der bestehenden Norm ab, mehr noch, er stand ganz im Kontrast zu ihr. Daß er die Massen bewegte und eine große Erneuerung auslöste, ist nur eine psychologisch eindeutige Folgerung.

Wie sehr bedarf unsere Zeit mit ihren großen seelischen Nöten, ihrer geistigen Halt- und Orientierungslosigkeit, mit ihren vielen Gesetzen, Normen, Regeln, steuerlichen Abgaben und ihrer Lieblosigkeit wieder einer Gestalt wie Johannes der Täufer.

Ein Teil der Lehre des Johannes war geprägt von »Fasten und Beten«, wie dies ausdrücklich bei Mk 2,18 und Lk 5,33 (vgl. Mt 9,14) dokumentiert wird. Diese Lehre galt aber ausschließlich dem Jünger- und Schülerkreis des Täufers und kann nur als eine für Johannes den Täufer typische religiöse Praxis gesehen werden, wenngleich auch Ähnliches von Pharisäern und Essenern überliefert ist. Auffallend ist, daß die Taufe des Johannes nirgends direkt mit dem Auftrag des Fastens und Betens als religiöse Aufgabe verbunden ist, wohl aber mit der Forderung nach gesellschaftlicher Gerechtigkeit. Der spirituelle Wert und Hintergrund des Fastens wurde bereits an anderer Stelle geschildert. Die Bezeichnung Fasten und Beten müssen wir jedoch auch als Umschreibung für lange und tiefe Meditationen des Täufers und dessen Jünger verstehen, die der Selbst- und Gottfindung dienten. Die größte Kraft des Täufers liegt darin, seiner Aufgabe kraft innerer Berufung nachzugehen, ohne daß ein äußeres weltliches Zeichen oder Geschehen auf die Notwendigkeit seines Auftretens hinweist. Es herrschten weder Hungersnöte, weltliche Katastrophen, Kriege oder Epedemien, so daß seine Predigten und Aufrufe nicht unbedingt notwendig erschienen. Groß war daher die Gefahr, sich der Lächerlichkeit und dem Spott der Gelehrten, Priester und der gesamten Öffentlichkeit preiszugeben.

Gehen Sie bei diesem Sachverhalt einmal ganz tief in Ihre eigenen Gedanken und Vorstellungen! Geben Sie sich der Vorstellung hin, daß Johannes der Täufer in irgendeiner menschlichen Gestalt wiederkehrt, und an einem beliebigen Ort in der heutigen westlichen Welt lehrt und predigt. Selbst wenn Sie persönlich von seiner Wiederkehr und seinem Werk überzeugt wären, würden Sie den weltlichen Argumenten aus Wissenschaft, Politik und Kirche, die gegen ihn sprechen, standhalten können? Sie dürfen sicher sein, daß alles, was Rang und Namen hat in dieser Welt, ihn des Irrtums bezichtigen und rastlos der Lächerlichkeit preisgeben würde. Zudem dürfen Sie annehmen, daß der Vatikan ihn, gleich den Pharisäern, zum Schweigen bringen würde. Wenn Sie dieses Szenario noch mehr vertiefen, müssen Sie zudem annehmen, daß alle irdischen Bestrebungen gegen ihn noch zusätzlich Unterstützung durch Abkehr oder gar Verrat der engsten Mitstreiter finden könnten.

Bei aller Verehrung, die wir den Lichtgestalten Jesus und Johannes dem Täufer entgegenbringen, bei aller (vorgegebenen) Gläubigkeit, gibt es viele Gründe in der Welt der Materie und im Streben des einzelnen persönlichen Egos, die gegen eine höhere Wahrheit von Geist und Seele sprechen. Die wenigen Argumente hingegen, die dafür sprechen, sind leicht zerstörbar, weil das menschliche Denken und

Empfinden auf den Moment und eine Hoffnung auf die kurzfristige irdische Zukunft beschränkt bleiben.

Ich habe mich bewußt etwas in diesem Nebenthema verloren, um zu verdeutlichen, welch großer Kraft ein Mensch namens Johannes der Täufer bedurfte, um ohne große innere Not und ohne erkennbare äußere Nöte und Zeichen, plötzlich zu einer festen Zeit an einem bestimmten Ort aufzutreten und zu predigen.

Johannes der Täufer hat uns noch etwas gegeben, dessen wir uns kaum bewußt sind: Das Gebet; die unmittelbare und individuelle Zwiesprache mit Gott. Dies wird deutlich bei Lk 11,1-13: Jesus betet (meditiert?) an einem nicht näher genannten Ort. Nach Ende des Gebetes bzw. der Meditation bitten seine Jünger: *»Herr, lehre uns beten, wie schon Johannes seine Jünger beten gelehrt hat.«* Daraufhin lehrt sie Jesus das *»Vater unser.«*

Ist diese Passage bei Lukas wörtlich richtig wiedergegeben, so weist sie auf die Inhalte des Täufergebetes hin. Demnach lehrte Jesus seine Jünger beten im Sinne des Gebetsmusters des Täufers. Wie mag dieses Gebet ausgerichtet und strukturiert gewesen sein? Es muß sich jedenfalls von der jüdischen Gebetspraxis und den essenischen Riten entscheidend abgehoben haben. Die knappe Wiedergabe durch Lukas wirft natürlich Probleme auf: Weshalb erbitten die Jesusjünger ein Gebet nach dem Schema des nicht weiter beschriebenen Täufergebetes? Jedenfalls mußten sie das Gebet des Täufers gekannt haben. Mehr noch, das Täufergebet war sicher bis zum Ende des 2. Jh. n. Chr. Allgemeingut in der Ur- und Frühkirche. Es fand jedoch offiziell keine Erwähnung bei den frühchristlichen Autoren. Die Vermutung liegt daher nahe, daß das *Vater unser* womöglich nur leicht abgewandelt das Gebet des Täufers ist. Das *Vater unser* steht in seiner Gesamtheit gewissermaßen unter einem eschatologischen Vorzeichen. Die Beschränkung auf das Wesentliche und die stilistische Knappheit weisen auf Johannes den Täufer hin. Letztendlich muß man jedoch auch bei der Niederschrift des Lukas die Begründung der Bitte um ein Gebet nach Maßgabe des Täufers als beziehungslos erkennen. Wahrscheinlich wird auch hier die Berührung zwischen Täuferjüngern und Jesusjüngern im Kontrast und ihrer Überbietung entsprechend verarbeitet. Vermutlich wird hier wiederholt versucht, die Emanzipation der Jesusjünger aus dem Täuferkreis, aus dem sie kommen, zu dokumentieren.

Die gesamte Botschaft Johannes des Täufers ist in ihrem Kern eine Doppelaussage von Gerichts- und Heilszeit. Im Neuen Testament wird dies lediglich deutlich bei Mt 3,11; Lk 3,16, wo Gott zugleich als Geist- und Feuertäufer geschildert ist. Beim Geschichtsschreiber Josephus überwiegt bei der Würdigung des Täufers hingegen der Aspekt des Heilsbringers. Daß im Neuen Testament fast nur die Gerichtsseite der Täuferverkündigung wiedergegeben ist, hat ihre Bedeutung darin, daß hier die Heilsseite des Johannes-Werkes in Verbindung oder Hindeutung zu Jesus dargestellt ist. Jesus soll demnach nicht nur Erfüller der von Johannes prophezeiten Heilszustände sein; vielmehr wird Jesus bewußt dem Täufer gegenübergestellt (sh. Mt 11,2-6; Lk 18-23) und die Heilszeit beginnt mit der Taufe Jesu durch Johannes.

Aufgrund dieser Darstellungsinteressen der frühchristlichen Autoren entsteht im Neuen Testament ein leider sehr einseitiges und stark reduziertes Bild Johannes des Täufers. Die wenigen verbliebenen Elemente lassen die zentralen Themen des Täufers jedoch noch in Grundzügen erkennen.

Die Familie Herodes d. Gr.

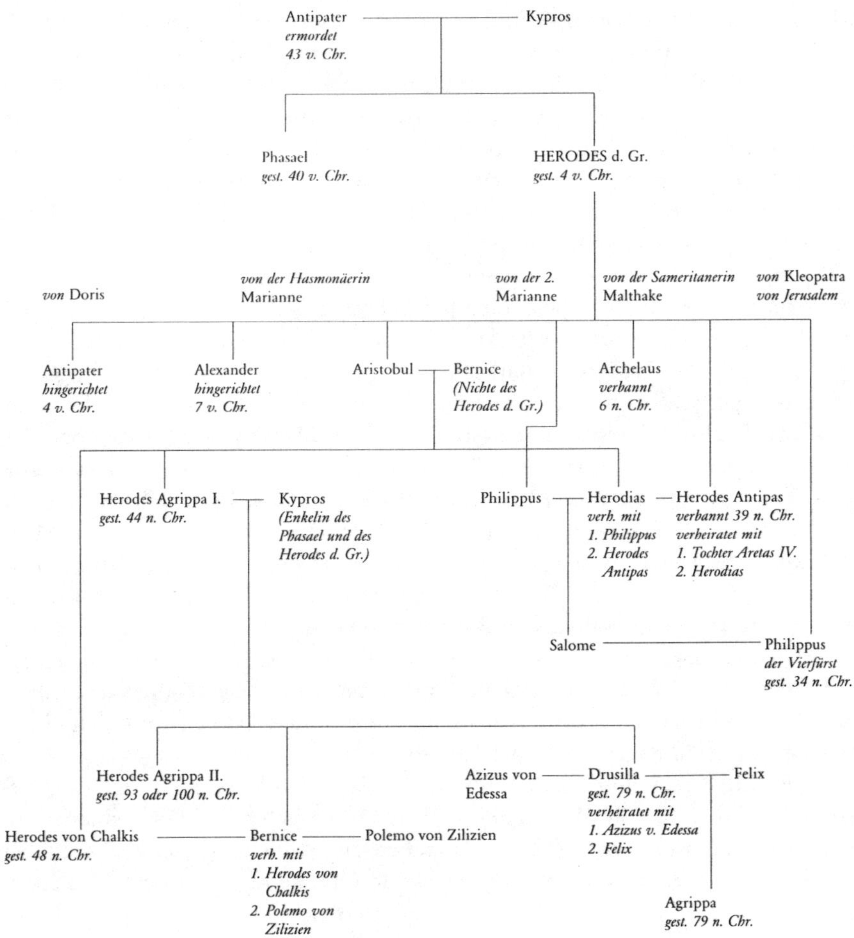

DIE JOHANNES-JÜNGER

Das öffentliche Auftreten Johannes des Täufers beginnt in Jerusalem, vermutlich im Jahre 28 n. Chr. und endet mit seiner Gefangennahme durch Herodes Antipas im Jahre 31 n. Chr. Er predigte und wirkte etwa drei Jahre, die er durch Aufenthalte in der Wüste und Zeiten des Schweigens unterbrach. Über Inhalte und Aussagen seiner Predigten und Lehren geben uns die Evangelisten nur wenig preis. Im Vergleich zu seiner Botschaft erscheint uns heute die Jüngerschaft des Täufers weniger wichtig. Speziell zu den Johannesjüngern finden wir jedoch im Neuen Testament viele Hinweise. Auf der einen Seite deutet dies wiederum auf die Konfliktsituation der frühchristlichen Autoren mit den Johannesjüngern hin, andererseits leuchtet es das Wesen und Werk des Täufers entscheidend aus.

Die Jüngerschaft Johannes des Täufers war sehr umfangreich und setzte sich aus allen sozialen und religiösen Schichten des jüdischen Volkes zusammen. Während seiner Gefangennahme und verstärkt nach seinem Tode, geriet die Jünger- und Anhängerschaft des Täufers in starke innere und äußere Bedrängnis. Einige der Johannesjünger schlossen sich Jesus an, andere ließen sich später unter dem Druck von Paulus auf Jesus taufen (sh. Apg 19,5). Die weit größere Gruppe der Jüngerschaft sah in Johannes dem Täufer weiterhin den Messias und existierte nachweisbar als religiöse Partei bzw. Sekte noch bis ins 2. Jh. n. Chr. In diesem Zusammenhang muß hier wiederum auf die Existenz der bereits erwähnten Mandäer-Sekte hingewiesen werden, die in den Johannesjüngern ihr Fundament hat. Ein Teil der Jüngerschar des Täufers rekrutierte sich aus der essenischen Bruderschaft. Im Kreis um Johannes den Täufer gab es nach Lk 7,29f Sympathie und Unterstützung für das Werk des Täufers im ganzen Volk, sogar seitens der gerügten Zöllner. Mt 21,32 erwähnt zusätzlich noch die Dirnen. Sympathisanten gab es sicher auch in den Reihen von Priesterschaft und Politik. So bekannte sich Herodes Agrippa I offen zu der Sache des Täufers.

Die unmittelbare Schüler- und Jüngerschaft darf man keineswegs zu gering bemessen. Eine Anzahl von über hundert Personen ist realistisch. Die Johannesjünger hatten nicht nur mental-geistige Aufgaben zu erfüllen, sie mußten auch bei den Taufen assistieren und eine entsprechende Organisation bei dem Massenandrang von Taufwilligen gewährleisten. Die Täuferbewegung blieb bis ins 2. Jh. n.

Chr. aktiv, was auf eine sehr große und überzeugte Jüngerschar schließen läßt. Auch die Apostelgeschichte 19,1-7 berichtet allein schon von zwölf Johannesjüngern, die sich durch Paulus auf Jesus taufen ließen. Interessant in diesem Zusammenhang ist auch Apg 18,24-28. Hier wird berichtet, wie ein Jude namens Apollos[(41)] nach Ephesus kam und beredt, mächtig und brennend die Lehre Jesu vortrug. Apollos kannte jedoch nur die Taufe des Johannes. Er wird auch im Zusammenhang mit Paulus genannt (sh. 1 Kor 1,12).

Das Neue Testament erwähnt zwar die Jünger des Täufers unverhältnismäßig oft, gibt jedoch keine Hinweise und Hilfen für deren Identifikation wie vergleichsweise beim Jüngerkreis Jesu. Die Jünger Johannes des Täufers bleiben im wesentlichen anonym - mit einer entscheidenden Ausnahme:

Das Evangelium Joh 1,35-41 schildert, wie zwei Jünger Johannes des Täufers Jesus nachgingen, um seine Herberge zu sehen. Namentlich genannt wird Andreas, der Bruder des Simon Petrus, während der zweite Johannesjünger ungenannt bleibt. Andreas wiederum weist seinen Bruder Simon Petrus auf Jesus hin. Aus diesem Text ist ersichtlich, daß Andreas und Simon Petrus ursprünglich zum engsten Jüngerkreis des Täufers zählten. In den Versen 43-45 werden als weitere Erstjünger von Jesus die Namen Philippus und Nathanael genannt. Diese Textstelle läßt vermuten, daß beide ebenfalls aus dem Täuferkreis kommen, da Philippus wie Andreas und Simon Petrus aus der Stadt Bethsaida stammen und eng befreundet waren. Philippus wiederum spricht Nathanael auf Jesus hin an. Alle vier genannten Jünger, einschließlich des fünften, unbekannten Jüngers, muß mehr als eine persönliche Freundschaft verbunden haben, nämlich ein gemeinsames Wirken und Ziel, sicherlich hervorgegangen aus den Lehren und Predigten des Täufers.

Die gesamte Textstelle ist allerdings ohnehin naiv bis kurios in ihrer Aussage: Da verlassen offenbar engste Jünger und Mitstreiter wortlos ihren Meister, um einem bis dato Unbekannten zu folgen. Lediglich der Hinweis des Täufers auf Jesus als das Lamm Gottes, gibt den Anstoß. Die Realität war sicher anders. Zum einen war Jesus den Johannesjüngern bereits lange und eng vertraut, waren Jesus und der Täufer doch über vielerlei Berührungspunkte und -zeiten verbunden. Daß schließlich Jesus selbst dem Täuferkreis entstammte, läßt die Bezeichnung der *Nazarener* vermuten. Zeitgenossen haben Johannes den Täufer und seine Anhänger *die Bewahrer* genannt, (aramäisch nazrèn oder mit Artikel nazräjja, griechisch nazarenoi bzw. nazoraioi).

Zur Unterscheidung von einer großen Zahl Gleichnamiger wurde deshalb Jesus *der Nazarener* (sh. Mk, Lk) bzw. *der Nazoräer* (sh. Mt, Lk, Joh, Apg) genannt. Diese Bezeichnung bezieht sich jedoch nicht auf seine Herkunft aus Nazareth, sondern auf die Zugehörigkeit zum Täuferkreis. Das *Bewahren* bezog sich dabei auf ein *Bewahren vor dem Umkommen im künftigen Endgericht.* Dies war die heilsmäßige Symbolik des Täufers und der Taufritus das äußere Zeichen dafür. Studiert man die Exegeten in der Frage nach einer direkten Zugehörigkeit Jesu zum Täuferkreis, reicht das Spektrum der Antworten allerdings von *vielleicht* über *wahrscheinlich* bis *sicher*. Eine konkrete und historisch begründete Aussage ist derzeit nicht möglich.

Zum anderen müssen wir die symbolträchtige Taufe Jesu durch Johannes auch dahingehend verstehen, daß der Täufer Jesus zu selbständigem Handeln und Wirken drängte. Die Jüngerschaft Jesu konnte sich prinzipiell zunächst nur aus dem Täuferkreis herausbilden, da ausschließlich in diesem das Fundament und Wissen sowie die Bereitschaft für das Kommende vorhanden waren.

Später kam es wahrscheinlich sogar gewollt zu permanenten Fluktuationen innerhalb der Jüngerkreise Jesu und des Täufers. Die Gemeinsamkeiten und Ergänzungen waren offensichtlich und fördernd. Auf diesem Hintergrund ist auch das Hinweisen und Hinführen Johannes des Täufers auf Jesus zu verstehen. Differenzen gab es offensichtlich nur hinsichtlich der Fastenfrage. Die Querverbindungen zwischen dem Täufer und Jesus sowie den jeweiligen Jüngerschaften waren wesentlich enger, als es sich dem groben Berichtsmuster der Evangelien entnehmen läßt.

Die Gefangennahme und der gewaltsame Tod Johannes des Täufers hatten die Jüngerschaft in eine tiefe Krise gestürzt. Eine kraftvolle, dynamische und erfolgreiche Bewegung schien urplötzlich und traumatisch zu enden. Sicher war auch Jesus durch diese unerwartete Wende in eine innere Krise und äußere Bedrängnis durch die nun halt- und hilflosen Johannesjünger geraten. So war der Tod Johannes des Täufers mehr als ein Warnsignal für das Werk beider und die religiös-eschatologische Bewegung insgesamt. Die Johannesjünger drängten zu Entscheidungen und Handlungen, zumindest jedoch zu deutlichen und zukunftsweisenden Aussagen. Diesbezüglich sind die Textstellen in den Evangelien nur Andeutungen, lassen aber die Not- und Krisensituation erkennen. In Mt 14,12-13 heißt es:

»Da kamen seine Jünger (Anm.: Jünger des Johannes) *und nahmen seinen Leib und begruben ihn und kamen und verkündeten das Jesus.*
Da das Jesus hörte, wich er von dannen auf einem Schiff in eine einsame Gegend allein« (vgl. Mk 6,29-30).

Diese Flucht Jesu in die Einsamkeit war sicher nicht nur in der Angst vor einer Verfolgung durch Herodes oder andere Machthaber begründet, sie diente vielmehr der Verarbeitung dieser traumatischen Situation und zur Sammlung neuer Energien und Kräfte, denn von nun an lastete die gesamte Aufgabe allein auf seinen Schultern. Welchen Trost, welche Erklärung konnte Jesus den Täuferjüngern geben? Auf die Frage der Johannesjünger an Jesus, weshalb Gott das schwere Los des Täufers zuläßt, antwortet dieser laut Wassermann-Evangelium XV; 85,14-18:

»Seht den Strohhalm. Wenn die Ähre reif ist, hat er ausgedient. Er fällt und wird der Scholle gleich, von der er kam. Johannes ist wie dieser Strohhalm. Reichste Ernte brachte er hervor, doch seine Arbeit ist getan. Hätte er nur ein Wort mehr gesagt, das Gleichmaß seines edlen Wirkens wäre unterbrochen. Ist meine Arbeit einst getan, dann werden Israels Regen-

ten mir dasselbe tun - und mehr. All dies ist Teil von Gottes Plan. Die Unschuld leidet, wo die Bosheit herrscht. Doch wehe denen, die der Unschuld Leid heraufbeschwören.«

Nach einer langen Zeit der Trauer, des Zweifelns und ohnmächtigen Zorns sowie der Neuorientierung hat sich ein Teil der Johannesjünger in den Jüngerkreis Jesu integriert, um Werk und Ziel ihres Meisters weiterzuverfolgen. Der andere, wahrscheinlich größte Teil der Jüngerschaft verehrte ihn weiter als Messias und Gottgesandten und suchte dieses Gut aufrechtzuerhalten und auszubauen. In einer ähnlichen Situation befanden sich auch die Jesusjünger nach dessen Kreuzestod. Sie fanden jedoch Antwort und Orientierung in der Auferstehung Jesu und in der sich formierenden Kirche. Muß oder darf man in den Erzählungen über den von den Toten erstandenen Johannes, der in Jesus weiterwirkte (sh. Mt 14; Lk 9,7), eine ähnliche Mytologie der heilsgeschichtlichen Deutung im Ansatz erkennen?

Daß den Johannesjüngern nach dem Tod ihres Meisters und während des Entstehens der Christengemeinde und Urkirche eine hohe Bedeutung beigemessen wurde, läßt sich an der Vielzahl ihrer selbstverständlichen Erwähnung im Neuen Testament erkennen. Allein im Wechsel der Jünger Andreas und Simon Petrus zum Jüngerkreis Jesu vermutet die Religionswissenschaft eine religionssoziologische Abhängigkeit der Jesusbewegung von Johannes, zählte doch Andreas zu den vertrautesten Aposteln und Petrus zum *Ersten unter Gleichen.* Bei den Schilderungen der Evangelisten über die Johannesjünger müssen wir freilich erkennen, daß sich in mancher Hinsicht bereits das Interesse der frühchristlichen Apologetik, Polemik und Mission ausdrückt.

Im Zusammenhang mit dem Thema Johannesjünger gibt es noch einen interessanten Hinweis im Rahmen der Qumran-Forschung, der sich auf den Apostel Thomas bezieht: Thomas (hebr. Zwilling) ist demnach identisch mit dem Sohn Herodes d. Gr. aus dessen Verbindung mit Mariamne II, der Tochter des Hohenpriesters Boethus (23-5 v. Chr.). Wegen einer Mittäterschaft seiner Mutter an einem Giftanschlag auf Herodes d. Gr. wurde Herodes-*Thomas* im Jahre 5 n. Chr. enterbt. Thomas wurde deshalb auch Esau, der Zwilling genannt, in Anlehnung an Esau[(42)], der ebenfalls sein Erstgeburtsrecht verlor. Seine Frau Herodias verließ ihn, um seinen Halbbruder Antipas zu ehelichen. In Johannes dem Täufer fand Thomas sein religiöses Ideal und zugleich eine Unterstützung im Streit um die rechtswidrige Ehe Antipas/Herodias. Der in Mk 6,17 genannte Philippus wäre demnach identisch mit dem späteren Apostel Thomas. Von Hintergrund und Geschichte her könnte Thomas tatsächlich ein Mitglied der herodianischen Familie, ein Sohn Herodes d. Gr. gewesen sein.

Neben dem Zwist um Herodias gab es eine weitere Differenz im Leben dieser beiden Halbbrüder. Herodes d. Gr. hatte Antipas ein Jahr vor seinem Tode die Thronfolge zugesagt, zuletzt aber dessen Bruder Archelaus begünstigt. Daraufhin ging Antipas nach Rom und intrigierte gegen Archelaus, indem er eine zweite herodianische Partei gründete, die den Codenamen Feigenbaum bekam. In späterer Zeit sympathisierte Antipas mit einer militanten hellenistischen Partei und konspirierte mit den Parthern gegen Rom. Speziell das hellenistische Gedankengut fiel bei Antipas auf fruchtbaren Boden. Damit stand er jedoch im Gegensatz zur jüdischen Tradition und Religionsphilosophie und somit auch nicht im Einklang mit Ethik und Moral eines Johannes des Täufers oder Jesu. Auch von Thomas wissen wir, daß er eher essenisch und somit judäisch-traditionell geprägt die Erneuerungsbewegung von Johannes dem Täufer und später Jesus stützte. Ähnliches wissen wir in gemäßigter Form von Herodes Agrippa I, dem Neffen von Herodes-*Thomas*.

Ob tatsächlich eine Identität zwischen einem Sohn Herodes d. Gr. und dem späteren Apostel Thomas bestand, muß freilich bis auf Weiteres Spekulation bleiben.

Thomas hatte sicher die höchste Intelligenz von allen späteren Aposteln und galt als Zweifler und Denker. Er war offenbar eingeweiht in die politischen, gesellschaftlichen und religiösen Strömungen und Gegensätze seiner Zeit, was wiederum auf eine intensive Ausbildung als herodianisches Familienmitglied hinweisen könnte.

Im Jahre 1947 wurde die koptische Übersetzung der Thomas-Evangelien(43) gefunden. Zusätzlich sind uns die Thomas-Akten(44) überliefert.

DIE GEFANGENNAHME UND DER TOD

Die Geburt Johannes des Täufers, die Taufe Jesu und die Enthauptung sind die am meisten wiedergegebenen Stationen im Leben und Wirken dieser Lichtgestalt.

Neben der Taufe Jesu hat vor allem der gewaltsame Tod des Täufers die Kunst zu vielerlei Darstellungen und Ausdrucksformen angeregt. So ist der Tanz der Salome bereits früh zum Gegenstand erzählender Bilder geworden, wie etwa auf der Bernwardssäule im Hildesheimer Dom. Die Enthauptung selbst ist ein sehr häufiges Bildmotiv und wird meist drastisch, umrahmt von einem großen Publikum, dargestellt. Bekannte Kunstwerke sind: der Blaubeurener Johannes-Altar (1493/94) von Bartholomäus Zeitblom/Bernhard Strigel in der Klosterkirche Blaubeuren, Salome mit dem Haupt des Johannes (1477) von Tizian (Galeria Doria Pamphili, Rom), Salome mit dem Haupt des Täufers (1530) von Lukas Cranach d. Ä. (Museum für Bildende Künste, Budapest) und L'Apparition (Salome tanzt vor Herodes) von Gustave Moreau im Jahre 1876 gemalt (Museé Gustave Moreau, Paris). Einen hohen Grad an Bekanntheit und Beliebtheit erreichte die Richard-Strauß-Oper *Salome* nach einer Vorlage von Oscar Wilde. Gerade zu Ende des zweiten Jahrtausends erfreut sich dieses Musikwerk einer Wiederentdeckung.

Johannes der Täufer wurde im Jahre 31 n. Chr. von Herodes Antipas gefangengenommen. Der Evangelist Markus liefert in 6,17-20 eine Begründung aus seiner Sichtweise:

»Denn er, Herodes, hatte ausgesandt und Johannes gegriffen und ins Gefängnis gelegt um der Herodias willen, der Frau seines Bruders Philippus, denn er hatte sie zum Weib genommen. Denn Johannes hatte zu Herodes gesagt: Es ist nicht recht, daß du deines Bruders Frau hast. Herodias aber stellte ihm nach und wollte ihn töten und konnte nicht. Denn Herodes fürchtete den Johannes, weil er wußte, daß er ein frommer und heiliger Mann war, und verwahrte ihn; und wenn er ihn gehört hatte, ward er sehr unruhig; und doch hörte er ihn gerne.«

Ähnliches schildert in verkürzter Wiedergabe auch der Evangelist Lukas in 3,19-20. Beide Textstellen sind mehrfach verändert (gefiltert) und verraten nur vage historische Kenntnisse der Evangelisten. So ist die Namensangabe Philippus wahrscheinlich falsch. Herodias, die Enkelin Herodes d. Gr., entstammte aus der

Verbindung Aristobulus und Berenike. Neben Herodes von Chalkis(45), Agrippa I und Aristobulus war sie das vierte Kind aus dieser Verbindung. Die Historie kennt zwar einen Tetrarchen Philippus (gestorben 34 n. Chr.), der aus der Ehe Herodes' d. Gr. mit Kleopatra von Jerusalem hervorging und mit Lk 3,1 (»Vierfürst in Huräa und in der Landschaft Trachonitis und Lysanias zu Abilene«) identisch ist, jedoch nicht mit Herodias verehelicht war.

Naturgemäß war die Übersicht der herodianischen Familie für die Evangelisten schwierig, da Herodes d. Gr. nachweislich neun verschiedene Ehen einging. Die Evangelisten legten sicher auch mehr Wert auf die Fortführung der traditionellen Propheten-Kritik an den Königen und Regenten Israels hinsichtlich moralischer Verfehlungen. So finden sich ähnliche Motive im Alten Testament häufig (sh. 1 Sam 13,11-14; 2 Sam 12,1-14; 1 Kön 14,6-16; Jer 3,6-13; 21,1-10; 22,13-19). Ein naheliegender Traditionsstoff ist zudem 1 Kön 21,1-29, wo der Prophet Elija den König Ahab und dessen Frau Jesebel rügt, da diese aus unmoralischen Gründen einen gewissen Naboth hatte steinigen und töten lassen. Johannes der Täufer galt schließlich als die Wiederkehr Elijas. So gesehen reduzierten die Evangelisten den Tadel Johannes des Täufers an den sozialen, gesellschaftlichen, ethischen und gesetzlichen Mißständen auf eine persönliche Differenz zwischen Herodes Antipas und dem Täufer. In der historischen Rückerinnerung an die Propheten des Alten Testaments war eine Rüge und Drohung an das jeweilige Herrscherhaus geradezu zwanghaft. Für Johannes den Täufer hat es aber einen ernsten Punkt der Kritik an Herodes Antipas und Herodias gegeben: Während Scheidung und Neuvermählung oder die offen gelebte Beziehung zu einer weiteren Frau nichts Außergewöhnliches waren, lag hier der Fall anders. Herodias war nicht nur die Frau des Halbbruders von Antipas, sondern zugleich dessen Nichte; die Tochter seines weiteren Halbbruders Aristobul. Wie bereits geschildert, war Aristobul Sohn Herodes d. Gr. aus der Ehe mit Mariamne I. Etwa 7 v. Chr. ließ er Aristobul und seinen weiteren Sohn Alexander erdrosseln. Herodias, Tochter des Aristobul, war mit ihrem Halbonkel Herodes (Thomas?) bereits als Kind verlobt worden. Diese Verbindung erzwang Herodes d. Gr., so daß sie beiden nicht zum Vorwurf gemacht werden konnte. Aus der späteren Ehe ging Salome als gemeinsame Tochter hervor. Die jetzige Ehe mit Herodes Antipas, ebenfalls ein Halbonkel von Herodias, war jedoch freiwillig und diente der Machtgier und Eitelkeit Herodias'.

Das mosaische Gesetz verbot jedoch einem Mann, die Schwester seines Vaters zu heiraten (sh. 3 Mose 18,12). Nicht ausdrücklich untersagt war es, wenn eine Frau ihren Onkel heiratete. Der Schluß liegt jedoch nahe, daß für Frauen dasselbe Gebot galt wie für Männer. Ein weiterer, aber vermutlich unbedeutender Punkt war, daß Herodes Antipas sich mit Herodias verehelichte, ohne sich zuvor von seiner Frau, einer Tochter des Nabatäer(46)-Königs Aretas zu trennen. Er hatte sie zwar wegen Herodias verstoßen, einer offiziellen Trennung wich sie jedoch durch eine Flucht zu ihrem Vater aus. Wie wir wissen, hatte die Verbindung mit Herodias und das

Verstoßen der Nabatäer-Prinzessin für Herodes Antipas fatale Folgen. Zum einen ging Antipas als der Übeltäter an Johannes dem Täufer in die Geschichte ein. Zum anderen rächte Aretas die Schmach an seiner Tochter durch einen verheerenden Feldzug (37 n. Chr.) gegen den Tetrarchen, der dessen Schicksal entscheidend beeinflußte. Im Jahre 39 n. Chr. schließlich wurde Antipas abgesetzt und mit Herodias nach Gallien ins Exil geschickt. Wie bereits in einem früheren Kapitel geschildert, berichtet der Geschichtsschreiber Josephus Flavius von diesem Vorfall. Ergänzend hält er fest, daß das jüdische Volk darin die Strafe Gottes für die Übeltat an dem Propheten und Gottgesandten Johannes dem Täufer sah.

Die im Neuen Testament genannten Gründe für die offenbar erheblichen Differenzen zwischen Herodes Antipas und Johannes dem Täufer können den ernsthaft Hinterfragenden jedoch keinesfalls befriedigen. Es war allerdings sicher nicht Aufgabe und Ziel der Evangelisten, ein Geschichtswerk zu erstellen oder gar die chronologischen Abläufe mit all ihren verzweigten und vernetzten Zusammenhängen festzuhalten, so daß ein diesbezüglicher Vorwurf ungerechtfertigt ist.

In der nachträglichen Beurteilung des Sachverhalts muß jedoch erlaubt sein, daran zu zweifeln, daß Johannes der Täufer seine Mission und sein Leben wegen einer nach mosaischen Gesetzen fragwürdigen oder ungültigen Ehe aufs Spiel setzte. Auch die hypothetische Identität zwischen dem Apostel Thomas und dem ersten Ehemann der Herodias ist logisch nicht tragfähig für das Geschehen. Wäre hier doch die persönliche Freundschaft zwischen Johannes dem Täufer und Thomas der Mitauslöser für das Ende von Aufgabe und Leben des Täufers. Es muß also eine tiefere und grundsätzliche Differenz zwischen Johannes dem Täufer und Herodes Antipas bestanden haben. Exakt dieselbe Differenz bestand später auch zwischen dem Tetrarchen und Jesus. Ferner muß die Frage erlaubt sein, warum sich Johannes der Täufer der Verfolgung, Verhaftung und Ermordung durch Antipas nicht einfach entzog, indem er vom Ostufer zum Westufer des Jordans wechselte, eine kleine aber wesentliche Differenz von nur etwa hundert Metern. Das Westufer jedenfalls war nicht mehr Herrschaftsgebiet und Einflußbereich des Tetrarchen; es gehörte vielmehr zum Hoheitsgebiet des römischen Statthalters Pontius Pilatus.

Ein Lösungsansatz findet sich in den Wirkungsbereichen von Johannes dem Täufer und Jesus. Ersterer wirkte überwiegend in Peräa, während sich das Auftreten von Jesus verstärkt auf Galiläa konzentrierte. Auf beiden Provinzen basierte das Tetrarchentum von Herodes Antipas.

Warum wirkten sie nicht in Judäa, dem Kernstück Israels? Womöglich fürchteten sie, daß die Bewegung von den Römern zu sehr beschattet worden wäre und Priesterschaft sowie Magistratur sie im Keim erstickt hätten - immer unter dem Vorwand, den Interessen der Römer zu schaden. Daß beide nicht in der Provinz Samarien wirkten und predigten, läßt sich auf dem Hintergrund der politischen und religiösen Geschichte dieser Region erklären: Samaria (heute Sebastiye) ist ursprünglich der Name der Hauptstadt des Nordreiches Israel und erst später auch Name des umliegenden Gebietes, der Provinz Samarien. Die Stadt wurde 880 v. Chr. von König Omri erbaut, sein Sohn Achab errichtete einen Baalstempel (sh. 1 Kön 16,24ff), der später von König Jehn als Sinnbild der Götzenverehrung zerstört wurde. Samaria blieb für die Propheten Israels dennoch der Inbegriff von Sünde und Unreinheit. Im Jahre 722 v. Chr. wurde Samaria von den Assyrern erobert. In den folgenden Jahrhunderten wechselten Aufbau und Zerstörung. Herodes d. Gr. erst baute die Stadt zu Ehren des Kaisers Augustus prunkvoll aus und benannte sie in Sebaste um. Erst die Apostel Petrus, Philippus und Johannes begannen im Land der Sünde und Unreinheit zu wirken (sh. Apg 8,5ff).

So verblieb also nur das Herrschaftsgebiet des Herodes Antipas. Zwar war dieser nur ein Vasall des römischen Statthalters, galt aber als relativ gemäßigt und liberal gegenüber der jüdischen Religion und Tradition. Antipas selbst war, wie die meisten Mitglieder der herodianischen Familie, vom hellenistischen Weltbild geprägt und innerlich nicht mit der jüdischen Religion verbunden. Von seinem Gebiet aus konnten also Johannes der Täufer und Jesus relativ lange Zeit ungestört auch auf das Herzstück Israels, Judäa, einwirken. Antipas, im Grunde völlig unreligiös, verfolgte jedoch hohe politische Ziele und zog auf der damaligen Weltbühne, unbemerkt von Rom, vielerlei erfolgversprechende Fäden. Um nicht unnötig in Verdacht gegenüber Rom zu geraten, mußte er daher Johannes den Täufer von dem Schauplatz Jordan entfernen. Die Gefahr, daß die Römer den Tetrarchen deswegen beschatteten und unnötig der Unterhöhlung der römischen Interessen verdächtigten, war zu groß. War Rom erst einmal mißtrauisch, würden die Geheimdienste zu einer späteren Zeit auch die insgeheim gesponnenen Fäden des Antipas entlarven. Um Rom zu besänftigen und jegliches Mißtrauen im Keim zu ersticken, lag eine Verhaftung Johannes des Täufers nahe. Die große Bewegung, die der Täufer auslöste, störte die persönliche Einstellung des Tetrarchen nicht. Sie barg jedoch die Gefahr, daß dadurch andere strategische Maßnahmen der Geheimpolitik aufflogen. Rein persönlich hatte der Tetrarch sogar große Sympathie und Achtung vor Johannes dem Täufer, was die sogenannten Kamingespräche bekunden, die Antipas mit dem Täufer während dessen Inhaftierung führte. Mk 6,20 gibt dies wieder:

»Denn Herodes fürchtete den Johannes, weil er wußte, daß er ein frommer und heiliger Mann war, und verwahrte ihn; und wenn er ihn gehört hatte, ward er sehr unruhig; und doch hörte er ihn gerne.«

Um die offenbar unüberwindlichen Differenzen zwischen Johannes dem Täufer und Herodes Antipas zu erklären, bietet sich ein weiterer, tiefergehender Lösungsansatz an, den ich wie folgt konkretisieren möchte:

In der Bibel, verstärkt im Neuen Testament, ist vielfach die gleichnishafte Rede vom *Feigenbaum* (z. B. Mk 11,12ff, 20ff; Mt 21,20-22; Lk 13,6-9) und *Weinberg* bzw.

Weinbergbesitzer (z. B. Mt 20,1-16; 21,33-41; Mk 12,1-9). Nach jüdischer Auffassung stellen Feigenbaum, Ölbaum und Weinberg bzw. Weinstock den Reichtum des Gelobten Landes dar. In Verbindung mit dem Weinberg erscheint der Feigenbaum bei den Propheten auch als Symbol für Israel. Jahwe selbst hat ihn gepflanzt und erwartet die Frucht der Gerechtigkeit, wird aber zur Erntezeit enttäuscht (sh. Mich 7,1f; Jer 8,13).

In die Wirkenszeit von Johannes dem Täufer und Jesus fiel interessanterweise auch die Gründung der gegenläufigen Parteien mit den Namen *Feigenbaum* und *Weinberg*. Obwohl beide Gruppierungen auf einer mehr westlich orientierten Auffassung basierten - im Gegensatz zur östlichen Einstellung der Hebräer, Qumran-Essener und Pharisäer - war die Weinberg-Partei religiös ausgerichtet und auf Frieden mit Rom bedacht. Die Feigenbaum-Partei hingegen war überwiegend politisch und nationalistisch geprägt und suchte die Lösung ihrer Probleme über Aufstand und Waffengewalt. Die Basis dieser Partei stellten die Zeloten[(47)] von Menasse Efraim unter Führung von Simon dem Zeloten. Der Apostel Judas Iskariot (= Mann von Karist oder Dolchmann) war ebenfalls Mitglied der Zeloten. Im Stillen unterstützt wurde diese Gruppe von Herodes Antipas. In Rom gab es entsprechende Verbindungsleute in der jüdischen Diaspora, die für die erforderliche Finanzierung und Planung des Vorhabens sorgten. Hinzu kamen einflußreiche Römer, die aus vielerlei Motiven in Geheimbünden gegen Rom arbeiteten. Die Aufzeichnung des Josephus Flavius in Antiquitates XVIII, 82-83 verdeutlicht dies. Der Geschichtsschreiber berichtet von einem Finanzskandal in Rom im Jahre 19 n. Chr., in den offenbar Gefolgsleute des Herodes Antipas verwickelt waren. Ein nicht näher genannter Mann jüdischer Abstammung wirkte dabei mit Gesinnungsgenossen auf hochgestellte römische Frauen ein, um Geld und Wertgegenstände für den Jerusalemer Tempel zu erhalten. Doch das Geld kam nie in Jerusalem an. Eine der betrogenen Frauen namens Fulvia wandte sich über ihren einflußreichen Gatten direkt an den Kaiser Tiberius. Nach Aufdeckung des Skandals verfügte Tiberius, daß alle Juden aus Rom vertrieben werden sollten.

Die Gruppe Weinberg hingegen, bestehend aus Hebräern, palästinischen Essenern und friedlich orientierten Hellenisten, sah in Johannes dem Täufer ihr Ideal. In dieser Friedenspartei und Erneuerungsbewegung wurde dem Täufer sozusagen die priesterliche Führung übertragen. Nach seiner Inhaftierung und Enthauptung ging diese Führung auf Jesus über. Aus der Weinberg-Partei sind letztendlich die christliche Bewegung und Mission entstanden. Die Machenschaften des Herodes Antipas und seines im römischen Reich weitverzweigten Gefolges schadeten natürlich auch der religiösen, friedlichen Bewegung des Weinbergs, denn in Rom suchte man nicht lange nach Unterschieden innerhalb der jüdischen Bewegungen. So suchten und fanden auch die Anhänger des Weinbergs für die Bewegung Adressaten und Förderer in Rom. Es ist deshalb nicht verwunderlich, daß nach dem Tod Jesu ein Großteil der Apostel und Jünger sofort nach Rom bzw. in den Westen des Römischen Reiches ging.

Eine zusätzliche negative Rolle gegen die Interessen des Weinbergs mag auch Herodias gespielt haben. Vorausgesetzt, die Annahme stimmt, daß Herodias in erster Ehe mit Thomas, dem Jünger von Johannes, verheiratet war, so hatte sie aus dieser Zeit genügend Detailkenntnisse von den Plänen und Zielen der Weinberg-Mission. Herodes Antipas und seine Partei Feigenbaum bekam nun von Herodias Informationen über die Gegenpartei aus erster Hand.

Würde die religiös und friedlich ausgerichtete Erneuerungsbewegung des Täufers mehr und mehr Fuß fassen und selbst in Rom Beachtung und Förderung erfahren, wären die politisch-nationalistischen Machtinteressen von Antipas/Herodias gefährdet. Auf diesem Hintergrund ist eine Gegnerschaft zwischen Johannes dem Täufer, dem Tetrarchen und Herodias verständlich.

Die Verwünschung des Feigenbaums durch Jesus nach Mk 11,13-14; 20-22; Mt 18-22 (vgl. Lk 13,6-9), bekommt in diesem Zusammenhang erst einen direkt erkennbaren Sinn. Jesu Wort bedeutet, daß er eine egoistische und machtgierige Gruppe verwünschte und nicht einen Baum verdammte. Die in Joh 1,48 genannte Textstelle, in der Jesus den Nathanael *»unter einem Feigenbaum«* gesehen hatte, ergänzt diese Annahme und weist auf die ursprüngliche Zugehörigkeit dieses Jüngers zur Partei des Antipas hin.

Mit der Gefangennahme des Täufers hatte Antipas der Gegenpartei Weinberg die Führung genommen. Die daraus resultierende Ruhe war für den Tetrarchen jedoch nur von kurzer Dauer, denn Jesus führte die Partei fast nahtlos und entschlossen weiter. Um die Bewegung in ihren Fundamenten zu erschüttern, enthauptete Antipas schließlich Johannes den Täufer. Jesus zeigte sich gegenüber dem Tetrarchen unbeeindruckt und setzte die Mission fort. Seine Predigten und Wundertätigkeiten hatten in der Öffentlichkeit große Aufmerksamkeit und Verehrung hervorgerufen. Antipas sandte seine Kundschafter aus, um Detailliertes über das Wirken Jesu zu erfahren. In Mk 6,14-17 heißt es:

»Und es kam vor den König Herodes; denn der Name Jesu war nun bekannt. Und die Leute sprachen: Johannes der Täufer ist von den Toten auferstanden; darum tut er solche Taten. Etliche aber sprachen: Er ist Elia; etliche aber: Er ist ein Prophet wie einer der Propheten. Da aber Herodes hörte, sagte er: Johannes, den ich enthauptet habe, der ist auferstanden.«

Diese Stelle verdeutlicht, daß Jesus das Werk des Täufers nahtlos fortführte. Nach Lk 13,31 wird Jesus von Pharisäern vor Antipas und dessen Absicht, ihn töten zu lassen, gewarnt. Jesus befand sich gegenüber dem Tetrarchen nun in der gleichen Situation wie kurz vordem Johannes der Täufer. In Lk 13,32-33 spricht Jesus zu den Pharisäern:

»Gehet hin und saget diesem Fuchs: Siehe, ich treibe böse Geister aus und mache gesund heut und morgen, und am dritten Tage werde ich am Ziel sein. Doch muß ich heute und mor-

gen und am Tage danach noch wandern; denn es geht nicht an, daß ein Prophet umkomme außerhalb von Jerusalem.«

Die abschließende Redewendung »... *denn es geht nicht an, daß ein Prophet umkomme außerhalb von Jerusalem*« ist eine verschlüsselte Aussage, die lediglich verdeutlicht, daß Jesus nicht durch die Hand des Antipas sterben wird und auch nicht in seine Gefangenschaft gerät. Allein die Tatsache, daß Antipas auch Jesus festsetzen und töten wollte, weil dieser die Mission des Täufers fortführte, beweist, daß die Enthauptung des Johannes nicht mit dessen Rüge an der gesetzeswidrigen Ehe des Antipas mit Herodias begründet werden kann. Die Evangelisten haben einen nebensächlichen Tatbestand in der Auseinandersetzung des Täufers mit dem Tetrarchen zu einem hauptsächlichen Tatbestand hochstilisiert. Dennoch dürfen wir nicht ausschließen, daß Politik und Moral, was die Enthauptung des Johannes angeht, ineinander übergegriffen haben und die gekränkte Herodias den letzten Anstoß hierzu gegeben hat. Ob jedoch Verletzung von Stolz und Eitelkeit, oder aber Behinderung der machtgierigen politischen Pläne das größere Gewicht in der Waagschale hatten, muß offenbleiben. Jedenfalls müssen wir festhalten, daß die Bewegung, die Johannes der Täufer auslöste, die persönlichen machtpolitischen Pläne von Herodias und ihrem Mann entscheidend störte. Der Prediger am Jordan war für die vermessenen Ziele der herodianischen Partei ein Hindernis.

Vorgenannte These mag diejenigen überraschen, die in Johannes dem Täufer lediglich den von allen weltlichen Vorgängen entrückten Propheten und Gottgesandten sehen. Doch welchen Wert hat ein Prophet, der in eine bestimmte Zeit und Welt gesandt ist und diesen keine Beachtung schenkt? Trotz seines zeitübergreifenden Wirkens und seiner eschatologischen Verkündigung verlor Johannes der Täufer niemals den Blick für die Realität der Welt, die politische und soziale Gesellschaft. Dies gilt analog für Jesus und seine Mission. Ohne Wenn und Aber müssen wir uns dazu bekennen, daß ethische Implikationen mit der eschatologischen Verkündigung Johannes des Täufers und Jesu zu vereinbaren sind, ja, in der Kritik und Neuausrichtung des Zeitgeistes sogar untrennbar sein müssen.

Bei der Schilderung der Verhaftung des Täufers sind Zurückhaltung und Vorsicht geboten. So konnte bis heute noch nicht eruiert werden, wo und wie die Festsetzung durch Herodes Antipas erfolgte. Mit Sicherheit gab es detaillierte mündliche Überlieferungen bis Ende des 2. Jh. n. Chr. durch die Jünger des Täufers, wahrscheinlich sogar entsprechende Aufzeichnungen über den chronologischen Ablauf dieses aufsehenerregenden Vorgangs. Es scheint keineswegs glaubhaft, daß die Johannesjünger, Qumran-Essener oder Pharisäer den traumatischen Vorfall um das religiöse Ideal Johannes der Täufer nicht in irgendeiner Weise schriftlich festgehalten hätten. Zum Zeitpunkt der Entstehung der Evangelien wurden entsprechende Überlieferungen oder Textquellen mißachtet oder verworfen, da der Geschichte und Mission des Täufers nur sekundäre Bedeutung beigemessen wurden. So verbleibt der Johannes-Forschung die Hoffnung, daß entsprechende Texte noch gefunden werden.

Die allgemeine Vorstellung geht dahin, daß der Täufer an der Stätte seines Wirkens, also am Ostufer des Jordans, von den herodianischen Soldaten festgenommen wurde. Legendär wird berichtet, daß der Tetrarch mehrere Versuche unternahm, um den Täufer zu fassen. Durch magische Kräfte konnte dieser sich jedoch den Zugriffen entziehen, so z. B. durch das Erzeugen eines Sandsturms, der den Soldaten die Sicht nahm; ein andermal durch die magische Auflösung seines Körpers. Ob diesen Legenden ein wahrer Kern zugrundeliegt, wann und durch wen sie entstanden sind, läßt sich nicht mehr nachweisen. Sie gehören aber zum Mythos eines Propheten und Gottgesandten und finden sich in abgewandelter Form bei allen verehrten Heldengestalten aller Völker.

Daß Herodes Antipas über einen längeren Zeitraum mehrfach Chancen gesucht hat, den Täufer aus dem Verkehr zu ziehen, erscheint nur logisch. Die Verhaftung erfolgte sicher nicht spontan, sie war geplant und vorbereitet. Eine Festnahme an der Taufstelle halte ich jedoch für unwahrscheinlich, hätte sie doch zu viel Aufsehen und Widerstand verursacht. Die Annahme, daß Herodes Antipas mit Gefolge als Taufbewerber an den Jordan kam, so daß es zur entscheidenden Auseinandersetzung über dessen Ehe kam, erscheint ebenfalls mehr als fraglich. Es entsprach sicher nicht dem Wesen Johannes des Täufers, den Landesherren vor aller Augen und Ohren zu rügen und zu demütigen. So verbleiben nur zwei glaubhafte und logische Thesen:

Herodes Antipas hatte Johannes den Täufer zu sich gebeten. Er versuchte dabei, den Täufer zu einer Annäherung oder gar Abkehr von seiner Mission zu bewegen, indem er ihm die Zusammenhänge aus hoher politischer und diplomatischer Warte aufzeigte.

Oder aber, Johannes der Täufer suchte von sich aus die Begegnung mit dem Tetrarchen und redete diesem wegen seiner unlauteren Absichten und Machenschaften ins Gewissen. Im Vordergrund standen dabei die gegenläufigen Interessen der Parteien Weinberg und Feigenbaum. In der Begegnung des Täufers mit Antipas standen sich sozusagen die Köpfe beider Bewegungen gegenüber. Die Überlieferung, daß Person, religiöse Erneuerung und eschatologische Verkündigung des Täufers auf Sympathie und Achtung bei Antipas stießen, ist durchaus glaubhaft. Seine persönlichen Machtinteressen standen jedoch im Gegensatz zur Lehre des Täufers. Die Chancen einer Annäherung oder eines weiteren friedlichen Nebeneinanders waren nicht gegeben. Daß Johannes der Täufer im Rahmen dieser Begegnung dem Tetrarchen und seiner Frau die gesetzeswidrige und moralisch verwerfliche Ehe vorhielt, ist wahrscheinlich, war jedoch mit Sicherheit nicht der entscheidende Punkt in der Auseinandersetzung.

Ich wage, die Thematik dieser für beide so schicksalhaften Begegnung noch zu vertiefen: Das Treffen zwischen Herodes Antipas und Johannes dem Täufer war in jedem Falle nicht zufällig, sondern von beiden Seiten vorbereitet und geplant. Sie fand vermutlich in Livias, dem Regierungssitz des Tetrarchen, statt. Herodias war berechnend, kaltblütig und rigoros wie ihr Großvater. Von allen Nachkommen Herodes d. Gr. war sie wohl die einzige, die gezielt und taktierend ein Großreich Israel wie einst unter ihrem großväterlichen Vorbild anstrebte. Hierzu bot sich als erster Schritt die Ehe mit ihrem Halbonkel Herodes Antipas an, da dieser von allen Herodianern die am meisten gesicherte Machtfülle und Ausgangsposition besaß. Antipas selbst war kinderlos. Dieses Schicksal teilte er mit mehreren seiner Halbbrüder. Für Herodias lag es nahe, Salome, die Tochter aus ihrer ersten Ehe, zur Erbin des angestrebten Großreiches im Nahen Osten einzusetzen. Zum Zeitpunkt ihrer Eheschließung war Herodias etwa 30 bis 33 Jahre, ihre Tochter bestenfalls 15 Jahre alt. Die Verbindung der Herodias mit Antipas basierte auf politischem Kalkül und war keineswegs eine Liebesheirat, wobei Herodias die Fäden spann und der Tetrarch lediglich als Werkzeug und Mittel zum Zweck diente. Würde es der neuen Fürstin von Peräa und Galiläa gelingen, die religiöse Erneuerungsbewegung des Täufers für sich zu gewinnen, oder sie zumindest für ihre Zwecke zu gebrauchen, so wäre man sich auch der verschiedenen politischen und religiösen Gruppierungen, ja der gesamten Volksmasse, selbst in Judäa, Idumäa und Samarien gewiß. Natürlich wußte Herodias um die messianische Naherwartung der johanneischen Bewegung und der Essener sowie der Hoffnung auf die Wiedereinsetzung eines Hohenpriesters aus dem Geschlecht der Zadokiden und eines weltlichen Herrschers aus dem Hause David. Daß Johannes der Täufer einen legitimen Anspruch auf das Amt des Hohenpriesters hätte geltend machen können, war sicher auch im Hause des Tetrarchen bekannt. Es galt nun, dem Täufer ein vielversprechendes Angebot zu unterbreiten. Im Falle einer Machtausweitung des Tetrarchen und seiner Frau nach Judäa und Samarien im ersten Schritt, würde man Johannes den Täufer als Hohenpriester eingesetzt haben. Vom Volk bedingungslos akzeptiert, würde er seine religiösen Erneuerungen schnell durchsetzen können. Die wechselhafte und unkalkulierbare Priesterschaft hätte auf diese Weise in Jerusalem zugleich abgesetzt und vertrieben werden können. Vielleicht ging Herodias in ihren Gedanken sogar noch einen Schritt weiter und strebte für die Zukunft eine Personalunion von Hohenpriesteramt und Königswürde an. In der langen Geschichte Israels wäre dies keine Ausnahme gewesen. Bot sich hier als erster Schritt eine Verbindung zwischen Johannes dem Täufer und ihrer Tochter Salome nicht geradezu an?

Salome war im heiratsfähigen Alter, der Täufer eine imposante und charismatische Persönlichkeit, von einer Macht, die nur noch politisch umgesetzt werden müßte. Dieser Gedanke scheint zunächst befremdend, ja vielleicht sogar skurril. Bei Kenntnis der herodianischen Denkmuster, Praktiken und Machenschaften ist er jedoch eher normal als abwegig. Selbst Herodes d. Gr. ehelichte schon Mariamne II, eine Tochter des Hohenpriesters Simon Boethus aus politisch-taktischen Gründen. Sein Plan, sich die Priesterschaft willens zu machen, ging jedoch nicht auf. Lag es daher nicht nahe, daß er den Sohn (möglicherweise Thomas) aus dieser Verbindung kurzerhand enterbte?

Geht man das Wagnis solcher Überlegungen ein, muß auch eine zusätzliche Variante bedacht werden, nämlich eine von Herodias angedachte Verbindung zwischen Jesus und Salome. Auch der durchaus legitime Anspruch Jesu auf die jüdische Königswürde war in damaliger Zeit mehr verbreitet, als die heutige Sichtweise vermuten läßt. Jesus war immerhin Sohn des letzten nachweisbaren und bekannten Davididen Joseph. Die Qumran-Forscherin Barbara Thiering führt in ihrem bereits erwähnten Buch *Jesus von Qumran* den entsprechenden Nachweis aufgrund umfangreicher Recherchen. Innerhalb der religiösen und politischen Strömungen entwickelte sich zwar die Streitfrage, ob der unehelich geborene Jesus als legitimer Davidide anzuerkennen sei oder vielmehr sein jüngerer Bruder Jakobus, da dieser nach der Heirat von Maria und Joseph geboren wurde. Letztendlich neigte sich die Waagschale in diesem Streit zugunsten Jesu. Dieser hat offensichtlich von dem legitimen Anspruch auf die Königswürde nie gebrauchgemacht. Die Kreuzesinschrift I.N.R.I (= Jesus von Nazareth, König der Juden) weist jedoch auf den allgemein bekannten Anspruch Jesu auf das Erbe Davids hin.

Aus Sicht der Herodias wäre die Verbindung der herodianischen Dynastie mit dem anerkannten Davididen-Sproß Jesus sicher ein Traumpakt gewesen, der jüdische Tradition, Politik und Religion, aus weltlicher Sicht bestens vereint hätte. Daneben noch Johannes den Täufer im Amt des Hohenpriesters. Gäbe es ein idealeres und heileres Bild für das geschundene Israel? - und dies alles unter dem Banner des Hauses Herodes.

Für Herodias und ihren Gatten Antipas waren natürlich Einstellung und Weltbild des Johannes oder Jesu absolut nicht nachvollziehbar. Daß Menschen mit entsprechender Anerkennung und indirekter Machtfülle nicht aus egoistischen Motiven handelten und entsprechend paktierten, war unvorstellbar. So mußte das Herrscher-Ehepaar in der bereits geschilderten Verbindung des Täufers mit Herodes Agrippa I und Herodes-*Thomas* einen Pakt gegen sich vermuten und entsprechend dagegenwirken.

Ich bin sicher, daß Herodias und Antipas mit Johannes dem Täufer, dessen engsten Jüngern und Mitgliedern der Weinberg-Partei (auch Jesus und Thomas) einen Pakt schließen wollten, in dem für alle Beteiligten ein gemeinsames Ziel und entsprechende Machtpositionen zugeteilt und verbrieft werden sollten.

Es ist durchaus denkbar, daß die berechnende Herodias aus Anlaß dieses Zusammentreffens für den Täufer und dessen engste Vertraute ein Fest arrangierte, um dem Asketen und Weltentsager die Annehmlichkeiten der weltlichen Macht und sinnlichen Freude vorzuführen. Fand hier bereits der Tanz der Salome und nicht erst bei der Enthauptung, wie Mk 6,21ff berichtet, statt? Johannes der Täufer und sein Gefolge waren offenbar weder kompromißbereit noch käuflich. Jeder Versuch einer Annäherung oder gar Anbiederung wurde strikt abgelehnt. Die bereits bestehende Kluft verstärkte sich. Zudem kam es zu einer unerhörten Ehrverletzung von Herodias und Antipas, womöglich auch von Salome. Am Ende der Auseinandersetzung entließ Antipas seinen Gegner mit der Entschlossenheit, die Erneuerungsbewegung schnell und empfindlich zu stören. Nachdem er mit seinen Beratern mehrere Alternativen und Szenarien ausgearbeitet hatte, zeigte sich eine Inhaftierung des Täufers aufgrund seiner Kritik an der Ehe mit Herodias am geeignetsten. Diese Ehrverletzung war gegenüber dem einfachen Volke als Grund für die Gefangennahme vertretbar. In Rom bzw. bei Pontius Pilatus erzeugte diese Handlung keinerlei politisches Mißtrauen. Im Gegenteil, man konnte es gegenüber der römischen Besatzungsmacht als Vorsichtsmaßnahme auslegen.

Johannes der Täufer wurde sofort festgenommen. Es wurde ihm nicht mehr gestattet, seinen Rückweg zum Jordan anzutreten. Während dem Großteil seiner Gefolgschaft freies Geleit gewährt wurde, mußte er selbst den bitteren Weg der Inhaftierung auf der Feste Machaerus gehen. Machaerus liegt inmitten einer rauhen Landschaft, unweit vom Ostufer des Toten Meeres. Vom Jordangraben führen nur Pfade südwärts in das trostlose und kahle Gebirge Moab. Daß ein Teil der Jüngerschaft ebenfalls mitinhaftiert wurde, ist fraglich. Biblisch gesichert ist jedoch, daß Jünger des Täufers selbst während der Festsetzung bei ihm waren, zumindest aber freien Zugang zu ihm hatten, was die Gefängnisanfrage des Johannes an Jesus (sh. Mt 11,2-3) verdeutlicht. Über die sonstigen Haftbedingungen ist uns nichts übermittelt. In den Darstellungen der Kunst und Literatur wird die Haft meist als sehr hart (dunkles Verließ; Schacht mit verwesenden Ratten; naßkalte, unterirdische Zelle) dargestellt, wobei der Täufer stets mit Ketten an Händen und Füßen gefesselt ist. Ein Urteil über den Wahrheitsgehalt dieses Bildes ist schwer.

Einerseits spricht vieles dafür, daß sich Herodias und Antipas an ihrem Gegner rächen wollten und deshalb nicht gerade zimperlich mit dem Gefangenen umgingen. Andererseits lassen die Kontakte zu seinen Jüngern sowie die vom Evangelisten Markus zitierten Kamingespräche auf Hafterleichterung schließen. Von den Jüngern, die Johannes den Täufer während seiner Inhaftierung besuchten, wird angenommen, daß sie ihn entsprechend betreuen konnten, speziell was seine vegetarische Ernährung betraf. Ein weiteres Indiz, das für gewisse Hafterleichterungen spricht, ist die Gegenwart von heimlichen Anhängern innerhalb der Reihen des Tetrarchen. So zählten neben den Soldaten und Zöllnern auch Beamte zu den Bewunderern seiner Bewegung, hörten seine Predigten und ließen sich taufen. Besonders erwähnt sei hier ein am Hofe des Tetrarchen eingesetzter Verwalter mit dem Namen Chusa (auch Chuza). Dieser hatte sich mit Frau und Sohn am Jordan taufen lassen. Im Lukas-Evangelium 8,1-3 wird Johanna, die Frau des Chusa, im Zusammenhang mit einer Heilung durch Jesus und ihrer anschließenden Jüngerschaft erwähnt:

»Und es begab sich danach, daß er reiste durch Städte und Dörfer und predigte und verkündete das Evangelium vom Reich Gottes; und die Zwölf waren mit ihm, dazu etliche Frauen, die er gesund gemacht hatte von bösen Geistern und Krankheiten, nämlich Maria,

die da Magdalena heißt, von welcher waren sieben Geister ausgefahren, und Johanna, die Frau des Chusa, eines Verwalters des Herodes, und Susanna und viele andere, die ihnen Handreichung taten von ihrer Habe.«

Von dieser Johanna wird ebenfalls angenommen, daß sie alle Möglichkeiten ihrer Kontakte zum Wachpersonal und Gesinde am Hofe des Tetrarchen nutzte, um Johannes dem Täufer Hafterleichterungen zu verschaffen.

Interessant ist an dieser Stelle ein Hinweis auf die visionären Einsichten der Therese Neumann, den Katholiken besser bekannt als Therese von Konnersreuth. Diese Frau wurde bekannt durch die Wundmale Christi, die jahrzehntelang an ihrem Körper aufgetreten sind. In ihrer Beschreibung über die Gefangenschaft Johannes des Täufers schildert sie, daß sie diesen auf einer alten Burg stets *»frei umhergehen«* sah.

Vieles spricht dafür, daß der Täufer nur kurze Zeit in Machaerus inhaftiert war und dann nach Sebaste, im Herzen Samariens, einem Stammsitz der Herodianer, gebracht wurde. Vermutet wird dabei ein eigenmächtiges Handeln des Verwalters Chusa, der eine längere Abwesenheit von Herodias und Antipas (vermutlich Hochzeitsreise nach Griechenland) nutzte, um die schlechten Haftbedingungen in der alten Festung Machaerus gegen weit bessere in Sebaste zu tauschen. Als Begründung gegenüber Antipas soll Chusa den bereits drohenden Krieg mit Aretas, dem Vater der ersten Frau des Tetrarchen, genannt haben. Machaerus lag tatsächlich nur wenige Kilometer von der Grenze zu den Nabatäern entfernt. Eine Befreiung des Täufers zum Hohne von Herodias und Antipas war tatsächlich in Betracht zu ziehen. Gegen eine Verlegung des inhaftierten Täufers nach Sebaste, in den ehemaligen und luxuriösen Palast Herodes d. Gr. spricht allerdings, daß Samarien im Hoheitsgebiet des römischen Statthalters Pontius Pilatus lag, und der Tetrarch bzw. dessen Beamte sich kaum in Sebaste aufhielten.

Historisch wahrscheinlicher ist hingegen eine Verlegung des Täufers nach Livias, der Residenz des Tetrarchen. Dafür sprechen die vielen Unterhaltungen zwischen Antipas und Johannes dem Täufer sowie das von Mk 6,21 erwähnte festliche Geburtstagsgelage, das eher am Hofe als in einer alten, schwer zugänglichen Bergfestung vorstellbar ist. Auch archäologische Ausgrabungen und Untersuchungen haben die Machaerusthese nicht als zwingend erwiesen. Dennoch stehen in der Aussage über den Ort der Inhaftierung des Täufers Annahme gegen Annahme. Letztendlich darf aber die von Josephus Flavius ausdrücklich genannte Ortsbezeichnung Machaerus nicht abgetan werden.

Ebenfalls umstritten ist die Dauer der Inhaftierung. Aufgrund verschiedener Annäherungstheorien wird eine Haftzeit von mindestens sechs Monaten und höchstens zehn Monaten angenommen. Wegen der bei Mt 11,2-3 genannten Anfrage an Jesus aus dem Gefängnis und der bei Mt 6,14-16; Lk 9,7-9 erwähnten Volksmeinung über Jesus als der wiederkehrende, also bereits enthauptete Johannes, wird die Zeitdauer der Inhaftierung fortwährend kontrovers diskutiert. Über seine Jünger stand der Täufer in Kontakt mit Jesus. Der Auftrag an diese, Jesus aufzusuchen und zu befragen: »*Bist du, der da kommen soll, oder sollen wir eines anderen warten?*«, steht sicher nur als wesentliches Beispiel für die regelmäßigen indirekten Kontakte zwischen Johannes dem Täufer und Jesus. Es drängt sich die Frage auf, ob der Täufer selbst im Gefängnis ein steuerndes Element für die Bewegung blieb. Mit seiner Gefangennahme waren Werk und Mission erheblich gefährdet. Forderte er Jesus nun nochmals verstärkt auf, die Erneuerungsbewegung vehement fortzuführen? Gab er aufgrund der veränderten Situation entsprechende Instruktionen und Verhaltensmaßregeln?

Interessant ist, daß Jesus, ab dem Zeitpunkt der Inhaftierung des Täufers, ständig die Orte seines Auftretens wechselte. Hatte Johannes dem Tetrarchen während der häufigen Kamingespräche geschickt entsprechende Informationen entlockt und diese über die Jünger an Jesus weitergeleitet? Kamen vom Täufer Bitte und Auftrag, für die erste Zeit der Gefahr im Stillen zu wirken und die Jüngerschaft im Lande zu verteilen, oder gab es bereits im Vorfeld der Gefangennahme entsprechende Alternativpläne und Regelungen zwischen Johannes und Jesus? Vieles spricht dafür, so auch weite Passagen der Kapitel 9 und 10 des Lukas-Evangeliums. Der über die Johannesjünger ermöglichte Informationsaustausch war in wesentlichen Punkten, entsprechend der essenischen Schule, verschlüsselt. Darauf weist die Antwort Jesu nach Mt 11,4-6 hin:

»*Gehet hin und saget Johannes wieder, was ihr höret und sehet: Blinde sehen und Lahme gehen, Aussätzige werden rein und Taube hören, Tote stehen auf und Armen wird das Evangelium gepredigt; und selig ist, der nicht Ärgernis nimmt an mir.*«

Auf der einen Seite war dies eine Bestätigung für Johannes, daß seine gesamte Mission trotz der Inhaftierung fortgeführt wird. Andererseits ist die Antwort auf die gezielte Frage, ob er der Messias sei, nicht befriedigend. Die Heilung von Kranken und die Verkündigung von Heilsbotschaften war im Umfeld von Johannes und Jesus, wie z. B. bei den Essenern, nichts Außergewöhnliches. Wenn die Antwort Jesu wirklich so war, dann stieß sie nicht auf einen zweifelnden, sondern erkennenden Johannes, der die Chiffre, hinter der sich die Aussage verbarg, kannte. Die Antwort Jesu muß demnach für den Täufer noch eine Botschaft enthalten haben. So könnte sie ein verschlüsselter Hinweis darauf gewesen sein, daß Jesus Hilfe und Unterstützung für die Interessen der Weinberg-Partei gefunden hat, aus Reihen, die der Bewegung bisher *blind, lahm* oder *taub* gegenüberstanden. Der Hinweis auf geheilte Aussätzige und erweckte Tote könnte sich auf ehemalige Eiferer der Gegenpartei bezogen haben, die sich inzwischen zur messianischen Bewegung bekehrt hatten.

Ich gehe jedenfalls davon aus, daß die Antwort Jesu in ihrer Einfachheit eine doppelte Bedeutung hatte, wie auch die meisten Gleichnisse Jesu einen direkten Bezug und eine übertragene Bedeutung aufzeigen.

Interessant ist die Textstelle Mt 11,7-14, in der Jesus unmittelbar nach der Antwort an die Johannesjünger das Volk auf die Größe und Bedeutung des Täufers und dessen Werk hinweist:

»Da sie hingingen, fing Jesus an, zu reden zu dem Volk von Johannes: Was seid ihr hinausgegangen in die Wüste zu sehen? Wolltet ihr ein Rohr sehen, das der Wind hin und her weht? Oder was seid ihr hinausgegangen zu sehen? Wolltet ihr einen Menschen in weichen Kleidern sehen? Siehe, die da weiche Kleider tragen, sind in der Könige Häuser. Oder was seid ihr hinausgegangen? Wolltet ihr einen Propheten sehen? Ja, ich sage euch: er ist mehr als ein Prophet. Dieser ist's, von dem geschrieben steht: Siehe, ich sende meinen Boten vor dir her, der deinen Weg vor dir bereiten soll. Wahrlich ich sage euch: Unter allen, die vom Weibe geboren sind, ist keiner aufgestanden, der größer sei als Johannes der Täufer; der aber der Kleinste ist im Himmelreich, ist größer als er. Aber von den Tagen Johannes des Täufers bis hierher leidet das Himmelreich Gewalt, und die Gewalt tun, reißen es weg. Denn alle Propheten und das Gesetz haben geweissagt bis zur Zeit des Johannes; und so ihr's wollt annehmen; er ist der Elija, der da kommen soll.«

Mit dieser Rede legte Jesus ein umfassendes und unverbrüchliches Bekenntnis zu Johannes dem Täufer ab. Zugleich vermittelte er indirekt der gesamten Jüngerschaft und der Öffentlichkeit, daß er die Interessen und Ziele des Inhaftierten entschlossen weiterführen und vollenden wird. Es gab also keinerlei Grund für Hoffnungslosigkeit, Lethargie und Zerfall der gesamten Bewegung. Speziell diese Phase war die entscheidende Nagelprobe für Jesus, nicht nur aus der Sicht des Täufers, sondern auch im alttestamentaischen Rückblick. Daß Jesus den Zeitpunkt größter Risiken und Gefahren für die messianische Bewegung zugleich zur Festigung und Neuorientierung wandeln konnte, spricht für innere Stärke und Sendungsbewußtsein – zugleich aber auch für die gänzliche Übereinstimmung mit Johannes dem Täufer.

Ob Johannes der Täufer und Jesus zu diesem Zeitpunkt der Geschichte noch Unterstützung durch die Essener fanden, ist eine hochbrisante Frage, die vorerst nur spekulative Antwort finden kann. Es ist anzunehmen, daß Auffassung, Wirken und Mission beider über das Kernthema der Essener hinausgewachsen sind. Dies gilt zumindest für die breite Masse des Essenertums, die in der Fortführung, Ausweitung und Umsetzung ihres ursprünglichen Gedankenguts eher eine Abkehr sahen. Die Ursache lag in einer zu starren Fixierung bei der Auslegung von Prophetenworten und Schriften. Im Prinzip warteten die Essener ja auch passiv auf ein äußerlich von Gott eingesetztes Messiastum. Johannes der Täufer und Jesus hingegen lehrten eine teilweise abweichende und mittelbarere Auslegung der Schriften und Propheten; zudem gestalteten sie aktiv das erwartete Messiastum und verlangten, daß sich die Menschen den göttlichen Prinzipien nähern und diese schließlich verinnerlichen sollten.

Natürlich gab es führende Persönlichkeiten bei den Essenern, die *sahen und erkannten* und die Mission beider stützten. Aber zu sehen, daß sich bereits jetzt zutrug, was in naher Zukunft in anderer Form erwartet wurde, war der Basis der Bruderschaft kaum vermittelbar. Jedenfalls gibt es keinerlei Hinweise, daß die

Essener zur Rettung des Täufers oder späterhin Jesu etwas unternommen haben. Dies ist jedoch noch kein Beweis für deren Inaktivität. So sind sie auch im Gegensatz zu den Pharisäern, Sadduzäern und Zeloten im Neuen Testament nicht namentlich erwähnt, obwohl ihr Gedankengut die Grundlage für das spätere Christentum war.

Ungewiß bleibt, wie Johannes der Täufer seinen Gefängnisaufenthalt verstanden und gestaltet hat. Gerald Messadié schildert in seinem Buch *Ein Mensch namens Jesus* romanhaft, wie sich der Täufer mehrfach in tiefer Meditation befand und sein Körper dabei in der Luft schwebte. Dies löste beim Wachpersonal Angstzustände aus und flößte Ehrfurcht vor dem Inhaftierten ein.

In dieser Notsituation wird Johannes den Täufer tiefe Sorge um die Zukunft und den Bestand seiner Mission begleitet haben. Sicher nutzte er jede Möglichkeit der passiven und aktiven Mithilfe und Weitergestaltung an seinem Werk konsequent. Ich bin sicher, daß der Täufer während seiner Inhaftierung Texte und Psalmen niedergeschrieben hat. Leider sind sie uns nicht überliefert. Wir können jedoch nicht ausschließen, daß im Rahmen der Qumran-Funde auch Texte von ihm bzw. über ihn vorliegen, die als solche noch nicht identifiziert sind.

Daß über eine derart bedeutende und charismatische Persönlichkeit des Christentums weder persönliche Textdokumente noch Aufzeichnungen von Zeitzeugen existieren, mag ich nicht so recht glauben. Hat hier der Zufall oder die Frühkirche Regie geführt? Dürfen wir auf entsprechende Dokumente noch hoffen – womöglich außerhalb der christlichen Kirchen und Qumran-Forschung, wie etwa im indischen Raum oder dem Islam?

Die Frage, wie Johannes der Täufer seine Inhaftierung persönlich empfand, findet objektiv betrachtet nur spekulative Antworten. Ebenso muß offen bleiben, ob er mit seiner Hinrichtung durch die weltliche Macht gerechnet hat. Ich bin überzeugt, daß der Täufer nicht mit seinem Schicksal gehadert hat. Zu sehr war er durchdrungen von seiner göttlichen Mission, die die Widerstände der weltlichen Mächte mit einschloß.

Auch die Evangelien drücken eine Parallele zum Leiden und Sterben Jesu aus. Sind Todesverständnis des Täufers und Jesu identisch? Eine gewisse passionstheologische Analogie ist zumindest im Grundsatz erkennbar. Speziell auf Johannes und Jesus bezieht sich der vielzitierte Bibelsatz »*Und das Licht scheint in der Finsternis, und die Finsternis hat's nicht ergriffen*« (Joh 1,5).

So müssen wir in der Tat davon ausgehen, daß sowohl der Täufer als auch Jesus ihre ganze Kraft für Gott und die Menschen mit dem Bewußtsein des eigenen Martyriums gaben. Das essenische Bild von einem leidenden, priesterlichen Messias war beiden bekannt. Johannes der Täufer ging als erster den Leidensweg. Er ist das erste Opfer der Finsternis, sprich, der weltlichen Macht. So beschreibt auch der Evangelist Markus in 9,12 das Martyrium des Täufers als Vorzeichen für den Leidensweg des Menschensohnes. Johannes wird hierbei mit Elija redivivus gleichgesetzt.

Um sich der Frage des persönlichen Verstehens und Bestehens seines Martyriums zu nähern, müssen wir uns fragen, ob sich Johannes der Täufer selbst in der Funktion des Elija gesehen hat oder sich sogar mit dem wiedergekehrten Elija identifiziert hat. Der Prophet Johannes und der Prophet Elija gleichen sich tatsächlich wie ein Spiegelbild. Die Übereinstimmung findet sich sowohl im äußeren Auftreten, in Werk und Predigt, als auch in dem für beide angewandten Titel *Vorläufer Gottes* oder *Bote des Messias* zu sein. Tatsächlich sind beide von der Aura des Messianischen umgeben. Im Neuen Testament gibt es viele Hinweise und direkte Reden, die eine Identität zwischen Johannes dem Täufer und dem wiedergekehrten Elija bezeugen. So spricht Lukas in 1,17 bereits bei der Verkündigung der Geburt des Johannes vom Geist und der Kraft des Elija, die dem Neugeborenen inne sind. Am deutlichsten sind die Jesusworte über den Täufer und dessen Identität mit dem wiederkehrenden Elija (sh. Mt 11,10;14 und 17,10-13).

Johannes der Täufer selbst gab sich mit eigenen Worten nicht als Elija redivivus aus. Nach Joh 1,21 antwortete er auf Fragen der Priester und Leviten, ob er Elija sei, mit den Worten »*Ich bin's nicht.*« Dies besagt freilich noch nichts. Analog hierzu hat sich auch Jesus selbst nicht als Messias bezeichnet. So wertet die neutestamentaische Exegese dieses »*Ich bin's nicht*« auch als indirekte Bestätigung.

Im äußeren Habitus (Kamelhaarmantel und Ledergürtel) und den Zeichenhandlungen (Identität der Taufstelle mit dem Platz der Himmelfahrt und erwarteten Wiederkehr des Elija) sowie den Inhalten seiner Predigten, drückt Johannes der Täufer mehr Bezug zu Elija aus, als dies durch Worte möglich wäre. Nach meiner Überzeugung wohnten dem Täufer der Geist und die Kraft des Elija tatsächlich inne. Darüberhinaus wirkte ein zusätzliches, neues Element in ihm, das den Anstoß zur Askese und insbesondere der Taufe, Neuausrichtung und Heilschance des Volkes Israel gab. Deshalb wohl auch das Jesuswort: »*Ja, ich sage euch: er ist mehr als ein Prophet*« (Mt 11,9).

In der Summe aller Jesusworte über den Täufer erfährt der Fein-Hörende, daß Johannes einerseits der wiederkehrende Elija, andererseits aber noch mehr als dieser ist, d. h., eine zusätzliche Funktion und Mission erfüllt. Dieses Bewußtsein von Mission und Sendung war Johannes dem Täufer inne. Daraus erklärt sich auch, warum er sein Auftreten nicht mit der meist üblichen Propheten-Floskel »*Der Herr redete zu mir*« oder ähnlich begann. Er zeigte sich den Menschen nicht als passives Medium oder Werkzeug, das Visionen oder *Innere Stimme* in Worte ausdrückt, vielmehr wirkte er aktiv gestaltend, mit eigenen Worten, Taten und kraft eigener Autorität. Was immer er sagte und tat, geschah aus eigenem Antrieb und Gottesverständnis. Er versteckte sich nicht hinter Gott, indem er etwa versuchte seinen Worten mit dem Hinweis auf göttliche Eingebung Nachdruck zu verleihen. So stand er selbst für Gott vor den Menschen. Als der Gesandte Gottes opfert er schließlich sein Leben für seine Botschaft.

Somit fällt es eigentlich nicht mehr schwer, nach dem Selbstverständnis Johannes des Täufers, über Inhaftierung und Hinrichtung zu fragen. Werk, Mission und Person waren zu einer untrennbaren Einheit verschmolzen. Selbstverständlich verleitet eine normale, irdische Denkweise zu der Frage, ob der Täufer am Ende mit seinem Schicksal und mit Gott gehadert hat. Wesen wie Johannes der Täufer und Jesus dürfen wir jedoch nicht unter normal-menschlichem Blickwinkel betrachten. Viele vermeintlich Kluge tun dies dennoch und gelangen zu einem stark reduzierten, verzerrten Bild. So kann dieses Bild auch nur Zeugnis von Unkenntnis und mangelnder Vorstellung jenseits des Greif- und Sichtbaren abgeben. In diese Rubrik fallen auch leider viele publikumswirksame Veröffentlichungen über Jesus, die Essener und in geringerem Ausmaß auch über Johannes den Täufer. So werden einige Indizien gleich geringer Mosaiksteine zur Konstruktion eines Gesamtbildes herangezogen. Das Falschbild, wissenschaftlich entsprechend untermauert, fällt meist auf fruchtbaren und finanziell ergiebigen Boden, werden doch hohe Ziele von Gott-Geist-Seele auf naiv-menschliche und materielle, politische Ziele heruntergefahren. Entsprechende Hinweise und Hiebe auf Geheimhaltungs- bzw. Verdunkelungsinteressen des Vatikans erhöhen die Publikumswirksamkeit um Vielfaches. Auf der anderen Seite gibt es neuzeitliche Schriften bis hin zu Romanen über vorgenannte Themen, die zwar mit Hingabe und Liebe, aber naiv gestaltet sind. Meist halten sich die Autoren an die Eckdaten des Neuen Testaments oder legen die Qumran-Funde nach eigenem Ermessen laienhaft aus. So wird auch Johannes der Täufer oft als abgemagerter Asket und weltfremder Dauerfaster, als permanenter Weltuntergangs- und Gerichtsprediger oder lediglich als Vorläufer und Wegbereiter Jesu geschildert. All diese Darstellungen befriedigen und verstärken lediglich die Klischees und wirken der Wahrheitsfindung entgegen.

Johannes der Täufer und Jesus haben der Welt hinterlassen, daß Wirken und Handeln für das Heil der Mitmenschen, die Sorge um ihr eigenes Heil auslöschte bzw. erst gar nicht entstehen ließ. Die eigene irdische, persönliche Glücksfindung und Selbstverwirklichung in Familie oder gesellschaftlich-politischem Umfeld war sicher nicht einmal im Keim vorhanden. Die eigene Person, die Familie und das eigene Leben waren dem Auftrag und der Sendung untergeordnet.

So wird die Annahme von Dorothy R. Pape in ihrem Buch *Der Vorläufer*, daß Johannes der Täufer eine göttliche Errettung seines Menschen analog der Himmelfahrt des Elija erhoffte, seinem Wesen nicht gerecht. Die Frage, was der Täufer angesichts seines Martyriums empfand, muß natürlich grundsätzlich erlaubt sein. Der Neugier eines Autors müssen jedoch aufgrund mangelnder Quellen Grenzen gesetzt sein.

Das Jesuswort laut Mk 10,38 »*Ihr wisset nicht, was ihr bittet. Könnt ihr den Kelch trinken, den ich trinke, oder euch taufen lassen mit der Taufe, mit der ich getauft wurde?*«, wird von vielen Experten im Zusammenhang mit dem Leidens- und Todesverständnis Jesu gesehen. Welche Taufe meint hier Jesus? Gibt es im weiteren oder engeren Sinne einen Bezug zur Taufe des Johannes? Ist eine Verbindung gegeben, gilt dann auch für Johannes den Täufer das gleiche Schicksal wie für Jesus? Joseph Ernst *(Johannes der Täufer, Der Lehrer Jesu?)* sagt hierzu wörtlich:
»*Wenn dem so wäre, könnte man vermuten, daß der Täufer Johannes bei der Verkündigung und Spendung seiner Taufe den Martyriumsgedanken bereits im Blick hatte: Er aber wird euch mit dem heiligen Geist und dem Feuer, d. h. im Martyrium, taufen. Persönliche Vollendung im Martyrium ist neutestamentlich kein völlig abwegiger Gedanke, wie Paulus im Philipperbrief (1,23) als Möglichkeit und die Geheime Offenbarung in farbigen Bildern (Offb 7,9-17) zeigen. Martyrium und Vollendung erscheinen hier auf einer Ebene nebeneinander.*«

Damit möchte ich die Fragen über Verstehen und Bestehen Johannes des Täufers von Inhaftierung und Hinrichtung beschließen. Mir verbleibt lediglich ein letzter Hinweis auf die mediale Durchgabe vom 16.11.1991 in Teil IV dieses Buches. Hier wird ein *Imanos von Kaneas* erwähnt, der als Mensch den Leib überwunden hat. Dieser Imanos lehrte Johannes und Jesus die göttlichen Gesetze. Speziell zu Johannes dem Täufer wird berichtet, daß Imanos den Täufer lehrte, die Angst vor dem Leid zu überwinden.

Von der Enthauptung Johannes des Täufers berichtet Markus in 6,21-28:
»*Da kam ein gelegener Tag, als an seinem Geburtstag Herodes seinen Würdenträgern und Offizieren sowie den Vornehmen von Galiläa ein Festmahl gab. Als die Tochter jener Herodias eintrat und mit ihrem Tanzen den Beifall des Herodes und der Gäste fand, sprach der König zum Mädchen: Erbitte von mir, was du willst, und ich will es dir geben. Und er schwor ihr: Was auch immer du erbittest von mir, ich werde es dir geben, bis zur Hälfte meines Reiches. Da ging sie hinaus und sagte zu ihrer Mutter: Was soll ich erbitten? Die aber sagte: Das Haupt des Johannes des Täufers! Sogleich ging sie eilends zum König hinein und bat: Ich möchte, daß du mir sofort auf einer Schüssel das Haupt des Johannes des Täufers gibst. Da wurde der König sehr bedrückt; jedoch um der Schwüre und der Tischgenossen willen wollte er sie nicht abweisen. Und so schickte der König gleich darauf einen Henker weg und befahl, sein Haupt zu bringen. Der ging hin, enthauptete ihn im Gefängnis und brachte sein Haupt auf einer Schüssel, gab es dem Mädchen, und das Mädchen gab es seiner Mutter.*«

Der Anlaß des Festes bzw. Gastmahls ist umstritten. Der Evangelist unterlegt eine Geburtstagsfeier. Die einleitende Rede »*Und als ein gelegener Tag kam ...*« verleitet zur Annahme, daß dieses Fest nicht am Geburtstag des Tetrarchen stattfand. Viele Historiker vermuten, daß es sich vielmehr um den Jahrestag der Thronbesteigung handelte. Dagegen spricht jedoch das Fehlen von internationalen Staatsgästen: Der Evangelist berichtet nur von noblen Gästen aus dem Fürstentum des Herodes Antipas und hier nur speziell aus der Provinz Galiläa. Während der eigentliche Anlaß des Festes überhaupt unwichtig ist, weist die Nennung von Galiläa womöglich auf einen Ort des Festes innerhalb Galiläas, z. B. Tiberias, hin. Tiberias wurde von Herodes Antipas im Jahre 20 n. Chr. am Westufer des Sees Gennesaret erbaut und zur Hauptstadt der Provinz Galiläa ernannt. Die Namensgebung erfolgte zu Ehren des römischen Kaisers Tiberius.

Nimmt man den Hinweis laut Lukas ernst, erscheint die von Josephus Flavius genannte Feier in der von Galiläa weit entfernten Feste Machaerus fraglich. Eine 150 bis 200 Kilometer lange Anreise von Festgästen durch unwirtliches Gelände zu der schwer zugänglichen Festung ist unglaubhaft. Selbst Livias, die Hauptstadt der Provinz Peräa, im Nordosten vom Toten Meer und unweit von Machaerus, erscheint als Festort für Gäste aus Galiläa unwahrscheinlich. Neben Tiberias kommt aus logischer Sicht somit nur noch Sebaste, die Hauptstadt der Provinz Samaria, als Festort in frage. Es darf jedoch nicht ausgeschlossen werden, daß Johannes der Täufer tatsächlich in Machaerus inhaftiert war und zur Verurteilung und Enthauptung in eine Residenz des Herodes Antipas verlegt wurde.

Die im Markus-Text genannte Tochter der Herodias ist Salome. Diese wird namentlich in der Bibel nicht genannt. Historisch gesichert ist der Name Salome u. a. durch eine kleine Münze, die ihr späterer Gemahl Aristobul mit der Inschrift *des Königs Aristobul der Königin Salome* prägen ließ. Dieser Aristobul war ein Sohn des Herodes von Chalkis und somit Vetter und zugleich Halbneffe von Salome. Interessant ist auch die Redewendung »... *bis zur Hälfte meines (Königs-) Reiches.*« Diese Formel ist nach biblischem Terminus eine Redewendung für Freigiebigkeit und hat ihren Ursprung im Versprechen des Ahasverus (Xerxes) an Esther (sh. Esth 5,3). Ein Versprechen dieser Art war also nicht wörtlich zu nehmen und galt auch im damaligen Sprachgebrauch als unausführbare Redensart, weshalb der Evangelist ausdrücklich die Zusicherung unter Eid betont. Daß die Tochter eines Würdenträgers aus Anlaß eines Festes selbst vor rangniedrigeren Gästen tanzt, wird uns aus orientalischen Geschichten und Überlieferungen bestätigt. So ist auch der erotische Charakter des Tanzes (Schleiertanz) durchaus glaubhaft. Auch die Bitte um das Haupt - für uns heute unverständlich - entspricht dem damaligen Gebaren des Orients, ebenso die sofortige Hinrichtung und die Überreichung des Hauptes auf einem Teller.

Der Markus-Text unterlegt eine scheinbar zufällige Enthauptung des Täufers. Lediglich eine Verkettung von unglücklichen Umständen führt zu dessen Tod: der Tanz der Salome; die Begeisterung des Tetrarchen und der geladenen Gäste für den Tanz des erotisch-lasziven Mädchens; das weit über Gebühr und beeidete Geschenk als Dank für die offenbar erotische Darbietung; die Unentschlossenheit der Salome, was sie als Geschenk von ihrem Stiefvater verlangen soll; die Bitte an Herodias um Rat; die Abhängigkeit des Tetrarchen von den Reizen seiner Stieftochter und dem Willen seiner Frau; die Weinseligkeit oder gar Trunkenheit des Tetrarchen und der Gäste; das Festhalten an einer unangemessenen und unausführbaren Zusage, um vor seiner eigenen Frau und Stieftochter sowie den geladenen Gästen das Gesicht zu wahren.

Der bei Mk 6,18 genannte Grund für das sofortige Drängen der Herodias auf die Enthauptung Johannes des Täufers ist hinlänglich bekannt: dessen Kritik an der unrechtmäßigen Ehe Herodias mit dem Tetrarchen.

Außerbiblisch und ohne Quellennachweis wird oftmals ein anderer Grund für die Enthauptung des Täufers genannt und unterstellt: die unerwiderte Liebe der Salome zu Johannes. Wenn diese Annahme oder Vermutung auch im spekulativen Bereich liegt, so darf sie dennoch nicht als bloße Phantasie abgetan werden. Hier zeigt sich vielmehr eine Verbindung zu der These, daß Herodias aus taktisch-politischen Erwägungen eine Verbindung ihrer Tochter mit Johannes dem Täufer anstrebte. Dieser hat ein solches Ansinnen jedoch entschieden abgewiesen. Der Zorn und die Verletzung von Herodias und Salome müssen abgrundtief gewesen sein. Darauf weist auch eine weitere Überlieferung hin:

Im Jahre 1204 n. Chr. fand ein gewisser Walo von Sarton das Haupt des Johannes nahe des Kaiserpalastes in Byzanz in einer Mauer. Als exakte Ortsangabe wird bei *St. Georg der Mangana* genannt. Walo von Sarton brachte die in Silber gefaßte Reliquie nach Amiens. Der Kopf des Täufers zog bis zum Beginn des 1. Weltkriegs große Pilgerscharen an, bis er aus unerklärlichen Gründen im Verlaufe des Krieges verlorenging. Der Schädel wies eine Besonderheit auf: Im Stirnknochen über dem rechten Auge fand sich eine Messerstichwunde. Dies gab Anlaß zu der Legende, daß Herodias oder Salome in ihrem abgrundtiefen Zorn mit einem Messer auf das abgeschlagene Haupt Johannes des Täufers eingestochen hätten.

Überlieferungen oder Legenden dieser Art werden nicht so einfach aus dem Boden gestampft. Sie verweisen - auch ohne genauen Quellennachweis - auf andere Zusammenhänge und Hintergründe. Bei den möglichen Gründen für die Inhaftierung und Enthauptung Johannes des Täufers dürfen wir den bereits mehrmals zitierten Hinweis des Geschichtsschreibers Josephus Flavius nicht vergessen: Herodes Antipas befürchtete, der Prophet und Charismatiker Johannes könnte mit seinen Predigten und Aufrufen einen Volksaufstand gegen die weltlichen Machthaber entfachen. Allen vorgenannten Argumenten für die Inhaftierung und Enthauptung Johannes des Täufers liegt ein Teil Wahrheit zugrunde. Der wahre Grund für das Martyrium des Täufers liegt nach meiner Überzeugung jedoch viel tiefer.

Herodias und der Tetrarch drängten wegen der zugespitzten Lage zu einer Versammlung der Vereinigung Feigenbaum, der auch die hohe Priesterschaft (Würdenträger), die militärischen Führer (Kriegsoberhaupt), viele Kaufleute, Magistraten (Vornehmste Galiläas) und Verbindungsleute in Jerusalem und Rom angehörten. Nach außen hin wurde dieses Treffen als verspätete Geburtstagsfeier des Tetrarchen dargestellt, um jegliches Aufsehen zu vermeiden. Ziel dieser Versammlung war, sofortige und einschneidende Maßnahmen für die eigenen Interessen und somit gegen die Bewegung Johannes des Täufers, sprich der Partei Weinberg, zu treffen. Mit der Inhaftierung des Täufers wurde das Johannesfieber, die Erneuerungsbewegung offensichtlich nicht besiegt. Zwar herrschte jetzt in Peräa Ruhe, doch Jesus setzte in Galiläa das Werk des Johannes verstärkt fort (sh. Mk 6,14). Der Bewegung des Täufers, ab diesem Zeitpunkt bereits von Jesus geleitet, mußte ein deutliches Warnsignal gegeben werden, da alle bisherigen Maßnahmen erfolglos blieben. Offenbar wurde nach der Gefangennahme des Täufers ein Schauprozeß inszeniert. Im Wassermann-Evangelium wird in XV; 85,8-12 geschildert:

»Ein Gerichtsbeschluß verwehrt den Jüngern des Johannes, das Verhör und die Gefangennahme ihres Meisters zu erwähnen. Außerdem wird ihnen untersagt zu lehren, und verboten ist es ihnen, ihren Glauben zu bekennen, den Herodes Ketzerei des Täufers nennt. Als sich die Nachricht jedoch herumspricht, daß Johannes eingekerkert wurde, meinen die Jünger Jesu, daß es besser wäre, Galiläa zu verlassen. Jesus sagt aber zu ihnen: Es besteht kein Grund zur Sorge. Noch ist meine Stunde nicht gekommen. Niemand kann mich hindern, bis mein Werk vollendet ist.«

Nachdem die sechs- bis zehnmonatige Inhaftierung des Täufers und das über seine Jünger verhängte Wirkungsverbot ergebnislos geblieben waren, drängte die herodianische Partei Feigenbaum auf eine sofortige Hinrichtung des Täufers. Sollte Jesus nun diesen ernsten Hinweis mißachten und unbeeindruckt weiterwirken, lag es auf der Hand, daß auch seine Gefangennahme und Tötung geplant war. Offenbar waren Mitglieder der Partei Feigenbaum aus den Reihen der Priesterschaft unsicher über die Rechtmäßigkeit der Vorgehens, denn Jesus wurde schnell von Pharisäern über die Absicht des Tetrarchen informiert (sh. Lk 12,31).

Die Enthauptung des Täufers wurde vermutlich noch am Tage der Versammlung der herodianischen Interessenpartei vollstreckt. Das Urteil kam überraschend und führte zu dramatischen Reaktionen bei den anwesenden Jüngern und Verehrern des Täufers innerhalb des Wach- und Dienstpersonals. Legendenhaft wird berichtet, wie der Verwalter Chusa rettend eingreifen wollte. Am Ort des Geschehens fand er jedoch den bereits enthaupteten Täufer vor. Chusa geriet in Panik, rutschte in der Blutlache aus und stürzte selbst zu Tode.

Den Jüngern Johannes des Täufers wurde der Leichnam ihres Meisters übergeben (sh. Mk 6,29; Mt 14,12). Es ist bis dato nicht definitiv geklärt, ob den Jüngern auch das Haupt übergeben wurde. Während die Evangelisten Markus und Matthäus kurz und bündig von der Übergabe des Leibes und der Grablegung berichten, schildert das Wassermann-Evangelium in XVI; 117,12-19, wie Herodias, wohlgeübt in mancherlei Verbrechen, das Haupt des Täufers vor aller Augen hochhebt und warnt, daß es so jedem ergehen würde, der die Handlungsweise des Tetrarchen mißachtet. Später wird das Haupt zum Kerker des Täufers zurückgebracht. Der Körper war jedoch zuvor von den Jüngern des Täufers eingesargt und weggetragen worden. Diese tragen den Sarg erst an die Jordanfurt, wo Johannes einst taufte und predigte, dann weiter ins Hügelland Judäa. In der Nähe Hebrons schließlich wird Johannes der Täufer im Grabe seiner Eltern beigesetzt.

Ausdrücklich wird noch erwähnt, daß die Nachricht vom Tode des Täufers schnell im ganzen Land bekannt wird. Daraufhin versammeln sich die Juden allerorts, um Totenlieder anzustimmen. Nimmt man diesen Text wörtlich, so muß man annehmen, daß die Beerdigung des Leibes ohne Haupt stattfand.

Der Autor des Wassermann-Evangeliums nennt als letzte Ruhestätte des Täufers wörtlich die »*Nähe Hebrons*«, wohl auch deswegen, weil er hier fälschlicherweise den Geburtsort des Johannes sieht.

Über den Ort der Grablegung haben wir jedoch bis dato keinerlei dokumentarische Hinweise. In der Diskussion stehen die Orte Tiberias, Livias, Sebaste, Machaerus sowie Bethanien und Jericho. Über ein Begräbnis in Qumran wurde offensichtlich nicht nachgedacht, obwohl dies naheliegend ist. Während eine Gruppe der Johannesjünger mit der traurigen Aufgabe der Grablegung betraut war, wird eine weitere Gruppe umgehend Jesus von dem Ereignis benachrichtigt haben. Die Übermittlung der Schreckensnachricht wird von Mt 14,12; Lk 6,29 festgehalten.

Jesus war sich der Tragweite dieses Geschehens für sich und die Jüngerschar bewußt. Die Bedrängnis für ihn war groß. Urplötzlich lagen Bürde und Last allein auf seinen Schultern. Zuerst galt es, die drohende Gefahr der Verfolgung und Zerschlagung der Jüngerschaft und gesamten Bewegung zu bestehen. Nicht nur der Jüngerkreis um den Täufer, sondern auch viele Juden erwarteten oder forderten sogar offene Maßnahmen von ihm. Doch Jesus zeigte sich entschlossen und besonnen. Es ging ihm nicht darum, in der ersten Ohnmacht der Verzweiflung und der Bitternis in die offene Konfrontation mit den Mördern und Feinden des Täufers zu treten, oder gar den gemeinen Tod zu rächen. Vielmehr galt es, das Werk des Johannes fortzuführen und die Mission auszuweiten und zu stärken. Bei der Verehrung und Achtung, die Johannes dem Täufer zuteil kamen und durch das Martyrium nur noch zusätzlich gesteigert wurden, war dies sicher ein schweres Erbe.

Jesus reagierte auf die Schreckensnachricht vom Tode des Täufers, indem er die Einsamkeit suchte. So berichtet es der Evangelist Matthäus in 14,13. Nach Markus 6,31 schickte Jesus die Apostel »*allein an eine einsame Stätte*«; nach Lukas 9,10 hingegen entwich Jesus mit den Aposteln »*abseits in eine Stadt, die da heißt Bethsaida*«. Dem weiteren Verlauf der Erzählungen entnehmen wir jedoch, daß eine große Volksschar Jesus und den Aposteln folgte (sh. Mt 14,13; Mk 6,33; Lk 9,11; vgl. Joh 6,2).

Mit Ausnahme des Evangelisten Johannes weisen alle anderen auf den Zusammenhang hin, der die Ereignisse *Nachricht von der Enthauptung*, dem *Sich-Zurück-*

ziehen Jesu und der Apostel sowie dem *Aufbruch vieler Anhänger* verbindet. Nach Lk 9,14 waren es bis zu 5000 Menschen, die Jesus folgten.

Mag die Zahl 5000 realistisch gesehen auch zu hoch geschätzt sein, so zeigt sie doch, welch große Panik die Schreckensnachricht vom Tode des Täufers in weiten Kreisen Galiläas ausgelöst hat. In Galiläa war Jesus der Beschattung und Verfolgung durch Herodes Antipas ausgesetzt. Ein Ausweichen nach Judäa war nicht möglich, denn laut Joh 7,1 wurde ihm auch dort nach dem Leben getrachtet. Bei seinem Versuch, sich in die Einsamkeit zurückzuziehen, um die schwierige Situation zu überdenken und Auswege zu finden, läuft ihm soviel Volk nach wie nie zuvor. Galt es für Jesus zunächst, Aufsehen zu vermeiden, so wurde er durch den Ansturm der Volksmassen zum gegenteiligen Handeln gezwungen.

Wenn es in diesen Passagen der Evangelien auch nicht zum Ausdruck kommt, so müssen wir doch annehmen, daß Jesus vor den Jüngern und Volksmassen Stellung zur Ermordung Johannes des Täufers bezog und ein umfassendes Bekenntnis zu dessen Person und Mission ablegte. Womöglich erfolgte die Lobrede auf Johannes den Täufer (sh. Mt 11,7-14) an dieser Stelle und nicht im Zusammenhang mit der Gefängnisanfrage des Täufers. Auch das Jesuswort über den Täufer: »*Aber ich sage euch: Elija ist schon gekommen, und sie haben an ihm getan was sie wollten, wie von ihm geschrieben steht*« (Mk 9,13; vgl. Mt 17,13) paßt in diesen Zusammenhang.

Zum Zeitpunkt scheinbarer Ausweglosigkeit und größter Gefahr für die Bewegung und Mission erwies sich Jesus als wahrhafter Meister. Hat er die Hinrichtung des Täufers auch befürchtet, so überraschte ihn doch die große Anzahl der nach Antwort, Hilfe und Führung suchenden Menschen. Seine Worte und Handlungen müssen ein Höchstmaß an Zuversicht und Hoffnung ausgestrahlt haben, denn die Volksmassen ließen nicht von ihm ab, selbst dann nicht, als sie ohne Nahrung waren. Durch die Evangelisten wissen wir, daß diese Notlage schließlich zur wundersamen Brot- und Fischvermehrung führte.

Mit der Hinrichtung des Täufers gab Herodes Antipas den unmißverständlichen Hinweis, daß er von nun an die Bewegung des Johannes bzw. Jesu zerschlagen werde.

Jesus wußte um die Gefahren, die ihm und der gesamten Jüngerschaft nicht nur vom Tetrarchen, sondern auch von der jüdischen Priesterschaft drohten und mußte entsprechend reagieren. Auf diesem Hintergrund müssen wir auch viele Textstellen der Kapitel 9 und 10 des Lukasevangeliums verstehen. In 9,18-21 befragt Jesus seine Jünger, für wen die Menschen ihn halten. Das Spektrum der Ansichten reicht dabei von Johannes dem Täufer über Elija bis hin zur Auferstehung eines alten Propheten. Auf die Frage, für wen die Jünger ihn halten, antwortete Petrus:»*für den Christus Gottes*«. Daraufhin »*bedrohte*« er sie und »*gebot, daß sie das niemand sagten*«.

Jesus informiert nun die gesamte Jüngerschaft über die Gefahren für Leib und Leben, die jetzt von vielen Seiten drohten. Zugleich schwor er sie ein letztes Mal auf sich und die Mission ein: »*Wer mir folgen will, der verleugne sich selbst und nehme sein Kreuz auf sich täglich und folge mir nach*« (Lk 9,23). Mit den Worten »... *wer aber sein Leben verliert um meinetwillen, der wird's erhalten. Denn welchen Nutzen hätte der Mensch, ob er die ganze Welt gewänne und verlöre sich selbst oder nähme Schaden an sich selbst?*« (Lk 9,24-25), wies er nochmals deutlich auf die Gefahr für jeden einzelnen hin und forderte von jedem den Verzicht auf weltliche Erfolge und irdische Eigeninteressen.

Das in Lk 9,58 zitierte Jesuswort »*Die Füchse haben Gruben, und die Vögel unter dem Himmel haben Nester; aber der Menschensohn hat nicht, wo er sein Haupt hinlege*« bezeugt, daß Jesus von jetzt an nirgends mehr sicher war. Daß höchste Eile geboten war, den jetzigen Standort unverzüglich zu verlassen, zeigt die Textstelle Lk 9, 59-62, in der Jesus einen nicht näher Genannten aufforderte, ihm zu folgen. Dieser will jedoch noch seinen toten Vater begraben, worauf Jesus sagt: »*Laß die Toten ihre Toten begraben ...*«. Eine weitere Person will noch Abschied nehmen von seiner Familie, worauf Jesus ihm sagt: »*Wer seine Hand an den Pflug legt und sieht zurück, der ist nicht geschickt zum Reich Gottes*«.

Um die Gefahr für die Jüngerschaft zu verringern, mußte Jesus diese aufteilen. In Lk 10,1 wird geschildert, wie er eine »*andere*«, *also* weitere Gruppe von 70 Jüngern in 35 Paare teilte und sie in verschiedene Orte und Städte schickte. Der in Lk 10,3 gesprochene Satz: »*Gehet hin; siehe, ich sende euch wie Lämmer mitten unter die Wölfe*«, deutet ebenfalls auf die Gefahren der Verfolgung hin.

Ich habe diese Passagen deshalb so ausführlich und detailliert dargestellt, um zu verdeutlichen, wie eng der Zusammenhang zwischen den Handlungen und Jesusworten mit der Inhaftierung und Enthauptung Johannes des Täufers ist. Zugleich ist mir daran gelegen, die außergewöhnliche Gefahr und Notsituation für Jesus, die Jüngerschaft sowie die gesamte Bewegung darzustellen, die unmittelbar nach der Enthauptung des Täufers entstand. Aus der Sicht Johannes des Täufers war Jesus mehr als ein Garant für die Fortführung seiner Mission. Und tatsächlich hat der ehemalige Weggefährte und Mitstreiter des Täufers dessen Werk in eigenständigem Handeln in neue Dimensionen geführt.

DIE RELIQUIEN

Das Leben Johannes des Täufers ist in seiner Gesamtheit nur schwer und mühsam rekonstruierbar. Gleich einer Symbolik gilt dies selbst noch für seinen Tod und den Verbleib seiner Gebeine.

Wir müssen tatsächlich davon ausgehen, daß Haupt und Leib des Täufers keine gemeinsame Ruhestätte fanden. Sicher haben die Johannesjünger alle nur denkbaren Möglichkeiten genutzt, um an das Haupt ihres Meisters zu gelangen. Ob und wie es ihnen gelungen ist, bleibt leider offen. Die Begräbnisstätte des Körpers blieb wohl ein festgehütetes Geheimnis der Johannesjünger, das jeweils nur an Eingeweihte überliefert wurde. Dennoch gelangten die Gebeine Johannes des Täufers an die Öffentlichkeit und machten eine wahre Odyssee durch.

Speziell um das Haupt des Täufers wurden vielerlei Geschichten und Legenden gewebt, deren Wahrheitsgehalt schwer erfaßbar ist. So berichtet eine Überlieferung, daß Herodias und Salome das Haupt in Jerusalem vergruben. Durch himmlische Weisung und Führung fanden zwei Mönche tatsächlich das Haupt in Jerusalem. In Begleitung der Mönche befand sich ein Töpfer, der das Haupt in seinem Haus in Emesa, dem jetzigen Homs (syrische Stadt am Orontes), aufbewahrte. Etwa 300 n. Chr. hatte jedoch Marcellus einen visionären Traum über den Verbleib des Hauptes. Nach dieser sogenannten *Zweiten Auffindung* kam das Haupt in die Kirche von Emesa, wo es größte Verehrung erlangte. Entsprechend der Vision des Marcellus erfolgte die Enthauptung Johannes des Täufers am 29. August. An diesem Tag wird daher auch der Hinrichtung gedacht. Marcellus ging in die Kirchengeschichte ein. Er starb im Januar 309 und wurde kurz vor seinem Tode zum Papst ernannt (nach der diokletianischen Verfolgung).

Das Haupt des Täufers wurde jedoch aus der Kirche in Emesa entwendet. Akteure und Motiv sind unbekannt. Möglicherweise waren Geltungs- und Gewinnsucht auslösende Momente. Gänzlich dürfen wir jedoch nicht ausschließen, daß die immer noch große Zahl der Verehrer Johannes des Täufers aus edlen Motiven gehandelt hat.

Das Haupt wurde nach Komana in Kappadozien gebracht und ein drittes Mal aufgefunden. Kappadozien (auch Kappadokien) war eine römische Provinz in

Kleinasien und ist heute noch die Bezeichnung für das Hochland nördlich des Taurus zwischen Armenien und Galatien. In der Apostelgeschichte 2,9 werden übrigens Juden aus Kappadozien erwähnt. Auch der 1. Petrusbrief 1,1 bezeugt Christen in Kappadozien.

Im Jahre 379 schließlich gelangte das Haupt Johannes des Täufers nach Damaskus. Initiator war Theodosius I. Er ließ eine Kirche zu Ehren des Täufers erbauen, in der das Haupt bis heute seinen Platz hat. Die Johanniskirche in Damaskus wurde später von Kaiser Justinian erneuert. Im Jahre 702 n. Chr. wurde die Kirche in eine große Omayadenmoschee umgebaut und gilt seitdem als ein Wunderwerk islamischer Baukunst. Die Moschee enthält als Hauptheiligtum einen prunkvollen Schrein mit dem Haupt Johannes des Täufers. Hier ist die Reliquie Ziel zahlreicher Muslim-Pilger, die Johannes den Täufer als großen Propheten verehren. Täglich pilgern Hunderte von Moslems zum Haupt, freitags sogar Tausende. Im übrigen wird auch der Vater Johannes des Täufers, Zacharias, von den Moslems verehrt. Das prunkvolle Grab des Zacharias ist Hauptheiligtum der Omayadenmoschee in Aleppo.

Im Jahre 1148 belagerten Kreuzritter Damaskus mit dem Ziel, das Haupt Johannes des Täufers in den Besitz des Christentums zurückzuführen. Alle militärischen Bemühungen blieben jedoch erfolglos. Damit ist jedoch die Odyssee des Hauptes noch nicht beendet. Theodosius I ließ vermutlich im Jahre 391 Teile der Schädelknochen nach Konstantinopel bringen. Zwischen 1157 und 1204 wurde die Reliquie offenbar weiter geteilt. So führte der 4. Kreuzzug mehrere Reliquien vom Haupt Johannes des Täufers in die Heimat der Kreuzfahrer. Knochenteile des Schädels gelangten nach Halberstadt, Soissons, Tournai, Paris (Ste. Chapelle), Venedig (San Marco) und Amiens (Kathedrale).

Über die Hintergründe der Reliquie in Amiens, gefunden von Walo von Sarton im Jahre 1204, habe ich bereits an anderer Stelle berichtet. Die Beziehung zu Amiens erklärt sich dadurch, daß Peter von Amiens der erste Kreuzzugsprediger und einer der Führer des 1. Kreuzzuges war. Erwähnenswert ist noch, daß die Kirchenleitung von San Silvestro in Rom ebenfalls vorgab, Teile der Schädelknochen Johannes des Täufers zu besitzen. Papst Clemens VIII verlangte im Jahre 1604 die Abgabe eines Knochensplitters von Amiens nach San Silvestro in Capite.

Von weiteren Geheimnissen umgeben ist der Verbleib der Gebeine Johannes des Täufers. Größte Aufmerksamkeit erlangte dabei der rechte Arm, eine in Silber gefaßte Reliquie. Er gehörte zur Kaiserinvestitur in Konstantinopel bzw. Byzanz. Die Reliquie gelangte jedoch in den Besitz der Türken. Als im Jahre 1480 Rhodos gegen die Türken verteidigt werden konnte, gelang den Johannitern die Herausgabe der Armreliquie nach Rhodos. Legendenhaft ist dabei von einer Unterstützung durch Engel die Rede. Der Überbringer war Prinz Dschem, ein Bruder des Sultans Bajazet II.

Besondere Bedeutung fand die Armreliquie bei Prozessionen auf Rhodos und späterhin Malta. Im Jahre 1799 wurde Malta besetzt. Ordensritter brachten die Reliquie deshalb nach St. Petersburg, wo sie mehr oder weniger als persönliches Eigentum der Zarenfamilie im Winterpalast aufbewahrt wurde. Um die Reliquie vor den Wirren der Oktoberrevolution zu schützen, brachten sie Graf Alexej Ignatiew und Pater Bogayawlenski im Jahre 1919 nach Dänemark und übergaben sie der Prinzessin Marie von Dänemark, einer Schwester der Königin Alexandra.

Im Jahre 1931 schließlich berichtete der griechische König Georg II, daß die Armreliquie unter großen Sicherheitsvorkehrungen nach Jugoslawien gelangte und in der Kapelle des jugoslawischen Königs aufbewahrt und bewacht wurde. Damit verliert sich bis heute die Spur dieser bedeutenden Armreliquie (sh. Sir Edwin King and Sir Harry Luke: The Knights of St. John in the British Realm, London, St. John's Gate 1967). Der Verdacht liegt nahe, daß das kommunistische Regime unter Tito die Spuren dieser Reliquie bewußt verwischt hat. Ich persönlich bin von einer Rettung jedoch überzeugt. So habe ich mehrere Hinweise, daß die Armreliquie Johannes des Täufers von den Johannitern oder dem Malteserorden vor Vernichtung oder einer weiteren Odyssee bewahrt wurde. Diese Hinweise führen in die im 3. Jh. v. Chr. gegründete Inselstadt Trogir, nahe Split. Dieser ehr- und denkwürdige Ort steht auch in Verbindung mit der Niederschrift der Johannes-Offenbarung und der sagenumwobenen Überlieferung vom Heiligen Gral. Zudem gibt es mehrere Indizien, die eine Beziehung Johannes des Täufers und Teile seiner Jüngerschaft zu Trogir vermuten lassen. So möchte ich zum Zeitpunkt meines heutigen Kenntnisstandes nicht ausschließen, daß die Gebeine Johannes des Täufers von dessen Jüngern bereits im 1. Jh. n. Chr. nach Trogir überführt und an geheimer Stelle aufbewahrt wurden. Diese Thematik um Trogir bedarf jedoch eigener und umfangreicher Recherchen.

Im Zusammenhang mit der Armreliquie soll noch erwähnt werden, daß im Topkapi Museum in Istanbul eine gleichartige Armreliquie liegt. Kunsthistoriker datieren die Anfertigung jedoch ins 15. Jh. Es wird daher vermutet, daß die Johanniter diese Kopie in Auftrag gaben, nachdem sie 1480 das Original aus türkischer Hand erhalten hatten.

Über den Verbleib der Gebeine wissen wir, daß Kaiser Julian der Abtrünnige anordnete, diese zu verbrennen und zu Pulver zu zerreiben. Überlieferungen zufolge hatten die Gebeine Johannes des Täufers eine Vielzahl von Wundern bewirkt. Selbst das Knochenpulver wurde noch als Wundermittel gegen chronische Kopfschmerzen verwendet. Verehrern Johannes des Täufers gelang es jedoch, Zähne und mehrere Knochenteile vor der Verbrennung zu retten. Sie bildeten später den Grundstock für weitere kunstvolle Reliquien. Knochenteile oder besser Knochensplitter wurden von sogenannten Johannes-Reliquiaren aufgenommen. Bekannt ist das Reliquiar von Fischbeck an der Weser, das eine Zahnreliquie verwahrte (Kestner Museum, Hannover); ferner das in Halle aufbewahrte Reliquiar mit 12 Knochensplittern oder das Cappenberger Staufer-Reliquiar. Johannes-Reliquien galten dabei als Kaiser-Reliquien. So ist das Reliquiar mit den 12 Knochensplittern eine Büste mit Kaiserkrone, die identisch ist mit der Krone Otto II. Besondere Beachtung findet das Reliquiar aus dem Jahre 1360. Es ist in der Johanneskirche in Aachen-Bretscheid aufbewahrt und enthält den Splitter eines Armknochens, der durch kleine Fenster anzusehen ist. Auch dieses Reliquiar ist mit einer Königskrone verziert. Die Gesichtszüge erinnern dabei mehr an einen Kaiser bzw. König als an Johannes den Täufer.

Zu erwähnen sind noch das sogenannte Maastrichter Reliquiar aus dem 14. Jh. und das Brüsseler Reliquiar, das in St. Baats, Gent, aufbewahrt wird.

Nicht verschwiegen werden darf an dieser Stelle, daß südlich von Alexandrien, im Kloster Makarios, ein Sarkophag steht, der ebenfalls die Gebeine Johannes des Täufers oder zumindest Teile enthalten soll.

Am Ende dieses Kapitels verbleibt noch der Hinweis auf die Kleider Johannes des Täufers. Auch um diese ranken sich vielerlei Legenden und wundersame Überlieferungen. Es heißt, daß bei Berührung der Kleidungsstücke schwerste Krankheiten geheilt werden konnten. Teile der Kleider sowie ein Becher befinden sich im Besitz der Kirche San Giovanni in Laterano, Rom.

Das Enthauptungstuch Johannes des Täufers gehörte zum Reliquienschatz Karls des Großen.

TEIL II

DIE ESSENER,

BRUDERSCHAFT DES JOHANNES?

DIE GESCHICHTE DER QUMRAN-FUNDE

Durch urchristliche Quellen und antike Berichte wissen wir, daß im frühen 1. Jh. n. Chr. neben den Römern auch die Parteien der Pharisäer, Sadduzäer und Zeloten eine bestimmende Größe in Judäa waren. Neben den bekannten religiösen und politisch mächtigen Gruppierungen muß jedoch eine weitere Strömung existiert haben. Wie sonst wäre die große Anhängerschaft und erneuernde Bewegung eines Johannes des Täufers und Jesu erklärbar?

In Berichten des Altertums, wie etwa bei Josephus Flavius, Philo von Alexandria und Plinius d. Ä., stieß man vereinzelt auf die *Chassidim* (griech. Bezeichnung: essèn), *die Frommen*. In der stets verknappten und vereinfachten Wiedergabe des Welt- und Gottesbildes dieser Essener sah man Ursprung und Zusammenhang zu der Mission Johannes des Täufers und Jesu. Doch gab es keinerlei konkrete Kenntnisse über die geheimnisvolle Bruderschaft. Dies änderte sich jedoch mit den Qumran-Funden. Die Geschichte dieser bedeutenden Entdeckung allein füllt Bände (z. B. John C. Trever, *Das Abenteuer von Qumran*), liest sich aber selbst in der kurzen Wiedergabe abenteuerlich:

In den Jahren 1947/48 kamen in Jerusalem insgesamt sieben Schriftrollen ans Tageslicht, deren Herkunft zunächst nicht bestimmt werden konnte. Die Geschichte vom Fund bis zur Erkenntnis der großen Bedeutung dieser Lederrollen ist seltsam.

Im Winter 1946/47 war der arabische Hütejunge Muhammad edh-Dhib aus dem Stamme Tàamireh auf der Suche nach einer in den Mergelfelsen verirrten Ziege. Dabei gelangte er in eine Felshöhle und stieß auf eine unbekannte Anzahl von Schriftrollen aus Leder und Tonkrügen. Den mündlichen Überlieferungen der Beduinen zufolge, nahmen diese einige guterhaltene und brauchbare Tonkrüge an sich, während einige Lederrollen als Brennmaterial für nächtliche Lagerfeuer genutzt wurden. Als Fundort nannten sie eine Höhle am Nordwestufer des Toten Meeres, die exakt 1300 Meter nördlich von Qumran liegt. Im Frühjahr 1947 verkauften die Beduinen die vier restlichen Schriftrollen an einen gewissen Khalil Iskander Schahin, einen in Bethlehem ansässigen Schuster, und erhielten für das alte, angemoderte Leder einen geringen Geldbetrag. Etwa zur Jahresmitte 1947 kamen die Lederrollen in den Besitz des syrischen Metropoliten Mar Athanasius Yeshue Samuel in Jerusalem. Der Chronik nach erhielt der Schuster dafür den Gegenwert von 97,20 Dollar.

Nur wenige Monate später, im Herbst 1947, berichtet Eliezer Lipa Sukenik, Professor für Archäologie an der Universität Jerusalem, über den Erwerb von drei weiteren Schriftrollen. Auch diese gingen einen kuriosen Weg durch vielerlei Hände, ehe sie schließlich in den Besitz eines Fachkundigen gelangten.

Im Jahre 1949 erst fand sich ein Forscher-Team an der von den Beduinen bezeichneten Fundhöhle ein und stieß auf Reste von Schriftrollen, einigen Handschriftfragmenten, verwitterten Schutzhüllen aus Leinen sowie Scherben von Tonkrügen. 1951 wurde im weiteren Umfeld nach historischen Dokumenten gesucht. Die Arbeiten waren jedoch nur wenig ergiebig. Die Forscher versuchten ihr Glück nun unmittelbar am Hügel der Ruinenstätte von Qumran, doch ohne Erfolg.

Nur kurze Zeit später, im Februar 1952 entdeckten Beduinen in unmittelbarer Nähe der ersten Fundstelle eine weitere Höhle mit verwitterten Handschriften. Wenngleich diese Funde auch nicht spektakulär waren, so lösten sie doch eine Welle von gezielten Nachforschungen aus. Höhle um Höhle der Umgebung wurde untersucht. Etwa dreihundert mögliche Fundstellen wurden überprüft. Fündig wurden die Forscher jedoch nur in einer Höhle, die etwa tausend Meter von der ersten Fundstätte entfernt lag. Zunächst stieß man nur auf eine Vielzahl zerbrochener Tonkrüge und einige Schriftrollenfragmente. Die folgenden Arbeiten brachten jedoch zwei Kupferrollen zutage. Vier Jahre später erkannte man den Wert dieses Fundes. In der Kupferrolle sind insgesamt 64 Verstecke, überwiegend in Jerusalem, der Wüste Judäa und im Ostjordanland beschrieben. Hier befanden sich einst erhebliche Gold- und Silberschätze sowie Gelddepots. Das Inventarverzeichnis wurde in das weiche Kupfermaterial eingraviert. Jeder Eintrag gab dabei Auskunft über die Lage des betreffenden Verstecks und den genauen Betrag von Silber- und Goldmünzen sowie anderen Wertgegenständen.

In der Fachwelt hat diese Vermögensaufstellung bis heute zu vielerlei Vermutungen und Spekulationen geführt. Woher stammten diese Schätze, wer war Besitzer bzw. konnte darüber verfügen, welchem Zweck schließlich diente dieses Vermögen, und was hatten die Essener damit zu tun?

Es zeigte sich bald, daß die Kupferrolle erst während der Kriegswirren 67-70 n. Chr. angefertigt wurde und eine reduzierte Wiedergabe des Urexemplares ist. Sie diente somit als Reserve, falls das eigentliche Verzeichnis verlorenging. Das Inventarverzeichnis galt den Schätzen des Jerusalemer Tempels, die vor den Römern aber auch aufständischen Juden in Sicherheit gebracht wurden. Der Tempel war somit mehr als ein Gotteshaus, er diente zudem als sichere Bank, in der internationale Kaufleute und Wohlhabende ihr Vermögen deponierten. Obwohl die Kupferrolle 100 Tonnen Schätze, überwiegend in Form von Gold- und Silberbarren sowie Münzen ausweist, gibt sie nur einen Teil des gesamten Vermögens wieder. Jedenfalls nahmen die Römer bei der Eroberung Jerusalems im Jahre 70 n. Chr. noch so viele Schätze als Kriegsbeute mit, daß sie Josephus Flavius erwähnenswert fand (Bellum 6,317).

Nach den Kriegswirren wurden die Schätze offenbar anhand der ursprünglichen Inventarliste wieder aus den Verstecken geholt, die Zweitschrift war somit wertlos. Nach Ansicht der Fachleute ist die Kupferrolle auch nicht den Essenern zuzuordnen, denn ein und dasselbe Versteck sowohl für die Vermögensaufstellung als auch für die Handschriftenrollen zu verwenden, erscheint als äußerst fragwürdig. Es darf jedoch keineswegs ausgeschlossen werden, daß die Essener Mitwisser und Mitverwalter der versteckten Schatzdepots waren. Dies spricht jedoch keineswegs gegen ihre ehrenwerten Absichten, war doch auch ihnen an der Erhaltung des Tempels und dessen Kultschätzen gelegen. Es ist daher naheliegend, daß sich auch in Qumran und der näheren Umgebung entsprechende Depots befanden. Daraus jedoch abzuleiten, die Schätze dienten den Essenern, um damit als Anhänger der Zeloten einen Krieg gegen die Römer unter ihrem Führer Jesus zu finanzieren, bleibt den wenigen Sensations-Autoren vorbehalten.

Der Großteil des angehäuften Geldes im Tempel kam sicher aus der jüdischen Mission, die ihren Schwerpunkt in Babylon, Alexandria, Kleinasien und Rom hatte. Etwa vier bis fünfeinhalb Millionen Juden lebten im Ausland und gründeten ein Netz von Diaspora-Gemeinden. Ihr spirituelles Zentrum blieb jedoch stets der Tempel zu Jerusalem. Diese Verbindung zeigten sie nach außen durch Wallfahrten (sh. Apg 2,9-11) und regelmäßige Geldspenden anstelle der traditionellen Tieropfer. Das jüdische Missionsziel umfaßte auch die Werbung von 600.000 Mitgliedern zur Bildung eines Neuen Israel und bedingte eine Beitrittsgebühr, sozusagen ein *Lösegeld für die Errettung am Jüngsten Tag.*

Ein bis zwei Generationen später betraten Johannes der Täufer und Jesus den Schauplatz in Judäa. Das System der jüdischen Mission war im Prinzip unverändert. Es ist nur zu verständlich, daß beide in der Vermischung von Religion und Geld sowie in der Doppelfunktion des Tempels als Kultstätte und jüdischer Zentralbank eine grobe Mißachtung des göttlichen Willens sahen und lautstark dagegen opponierten.

Zurück zu den Entdeckungen von Qumran:

Im August des Jahres 1952 waren es wiederum Beduinen, die in unmittelbarer Nähe der Qumran-Ruine die Reste von annähernd 600 Schriftrollen in einer Höhle fanden. Urplötzlich begann ein wahres Qumran-Fieber in den Reihen der Archäologen und Theologen. Noch im selben Jahr ging der französische Archäologe Pater Roland de Vaux nach Qumran und leitete bis 1958 die Ausgrabungen. Die Ruinen von Qumran wurden freigelegt und fünf weitere Höhlen mit Dokumenten entdeckt. Zusätzlich meldeten die Beduinen je eine Fundstelle in den Jahren 1952 und 1956. Insgesamt wurden an die 900 Schriftdokumente gefunden.

Der weitaus größte Teil ist jedoch nicht auszuwerten, da sie entweder total verwittert oder aber nur in zu geringen Bruchstücken vorhanden sind. Die Schriftrollen sind aus Leder oder Papyrus und in den Sprachen Aramäisch, Hebräisch oder Griechisch verfaßt. Alle Schriftdokumente sind entsprechend der verschiedenen Fundhöhlen in der Reihenfolge der Funde numeriert und verzeichnet. Die Auswertung aller Schriftdokumente zeigt bisher, daß nur zehn guterhalten sind und eine zusammenhängende Aussage ermöglichen. In Gänze erhalten ist die Kupferrolle mit einer Länge von 2,42 Metern. Ebenfalls gut erhalten ist die Schriftrolle des Jesaja-Buches mit einer Länge von 7,34 Metern. Die Tempelrolle, etwa 9 Meter lang, zeigt gut die Hälfte des ehemaligen Textes lesbar. In relativ gutem Zustand befinden sich auch die Schriftrollen, die die Themen *Kommentar zum Habakuk-Buch, Zwei-Geister-Lehre, Entscheidungskampf zwischen den Mächten des Lichtes und der Finsternis, Gemeindeordnung, Disziplinarordnung, Segensformeln, Hymnen, Psalter* und *Genesis-Buch* beinhalten.

Als die bedeutendsten Schriftrollen in den Jahren 1950-1960 der Öffentlichkeit vorgestellt wurden, brach eine Flut von Medienberichten hernieder. Die Themen Essener, Johannes der Täufer, Jesus und die Urchristen erlebten eine wahre Wiedergeburt.

Neben sachkundigen und seriösen Autoritäten nahm sich auch eine Vielzahl von Sensationsautoren dieser Thematik an. Publikumswirksam wurden die Qumran-Funde ausgeschlachtet. Bestseller auf Bestseller überflutete die kenntnisarme, aber neugierige Leserschaft bis heute. Besondere Beachtung fanden die Buchtitel *Ein Mensch namens Jesus, Verschlußsache Jesus, Jesus und die Urchristen* sowie *Jesus von Qumran*. Kurioserweise gelangen die jeweiligen Autoren zu völlig unterschiedlichen Aussagen und Beweisführungen, was die breite Öffentlichkeit jedoch nicht davon abhält, den momentanen Bestseller als den nun absoluten Nachweis der Ereignisse und Zusammenhänge anzuerkennen. Und dies alles auf dem Rücken der Qumran-Essener.

Natürlich erwiesen sich die Schriftrollen vom Toten Meer als höchst interessant, mehr noch, sie ließen Beziehungen zum später entstehenden Christentum vermuten. Vieles von dem, was gefunden und entziffert wurde, zeigte eine deutliche Beziehung zu den Worten und der Lehre Jesu. Ebenso sah man in der Lebensweise und im Werk Johannes des Täufers eine unmittelbare Linie zu dieser geheimnisumwitterten Bruderschaft, die vom 2. Jh. v. Chr. bis zum 1. Jh. n. Chr. als religiöse Organisation bzw. Gruppierung existierte.

So lagen und liegen weiterhin viele Fragen auf der Hand:
Ist das Christentum nur die weltweite Verbreitung des essenischen Weltbildes? Waren Johannes der Täufer und Jesus lediglich Elite-Essener? Und letztendlich, basiert das Christentum auf einem tragischen Mißverständnis des essenischen Welt- und Gottesbildes?

So ist es nicht verwunderlich, daß Romanschriftsteller und Religionswissenschaftler sowie Kritiker der Kirche und des Vatikans diese Gelegenheit nutzten, die Themen nach eigenem Ermessen zu gestalten. Manche Autoren gingen sogar davon aus, daß einige der entdeckten Schriften direkt oder auf Anweisung aus der Feder Johannes des Täufers oder Jesu stammten. Dies änderte sich etwas, als Handschriftspezialisten die Großzahl der Schriftrollen in die Zeit vom 3.-1. Jh. v. Chr. datierten. Die wissenschaftlich anerkannte Carbon-14-Methode bestätigte schließlich diese Datierung.

Wer nun waren die Essener, wann und wie lebten sie, was beinhaltete ihre Lehre, wie standen Johannes der Täufer und Jesus mit ihnen in Verbindung?

DIE ENTSTEHUNG DER ESSENER - DIE FOLGE EINER SCHWEREN KRISENZEIT

Bis zu den Qumran-Funden waren die Essener eine relativ unbedeutende Größe in unserer historischen und religionswissenschaftlichen Sicht. Nach der Entdeckung der Schriftrollen vom Toten Meer erinnerte man sich plötzlich, daß diese religiöse Gruppierung bereits bei Josephus Flavius, Philo von Alexandria und Plinius d. Ä. erwähnt wird. Während die Pharisäer und Sadduzäer im Neuen Testament vielfach genannt werden, findet sich keinerlei Hinweis auf die Essener.

Der Historiker Josephus berichtet in seinen Aufzeichnungen von 6000 Pharisäern, 4000 Essenern und jeweils nur einigen 100 Mitgliedern der Sadduzäer und Zeloten, bezogen auf das 1. Jh. n. Chr. Zu diesem Zeitpunkt haben in Palästina etwa eine Million Juden gelebt. Im zweiten Buch der Geschichte des Jüdischen Krieges widmet Josephus den Essenern 42 Paragraphen, den Pharisäern und Sadduzäern dagegen nur fünf. Wie Philo von Alexandria nennt auch Josephus die Essener die besten bzw. vorbildlichsten aller Juden. Das jüdische Volk schließlich nannte die Essener auch *die wahrhaft Frommen.*

Auch Plinius d. Ä. widmet den Essenern in seinem Werk *Naturgeschichte* seine Aufmerksamkeit. Im 5. Buch, Kapitel 14, bezieht er sich ausschließlich auf die Qumran-Essener und schildert sie als eine wundersame und einsame Bruderschaft, die ohne Frauen und Geld in Gesellschaft von Palmen lebt. »*Obwohl in dieser Bruderschaft niemand geboren wird, erneuert sich ihre Anzahl stets durch neue Mitglieder, die es zur Annahme der essenischen Sitten drängt*«, sagt er in seinen Aufzeichnungen.

Plinius d. Ä. nahm an der Belagerung und Zerstörung Jerusalems 70 n. Chr. teil. Geboren 23/24 n. Chr. ist er somit Zeitzeuge Johannes des Täufers und Jesu. Plinius starb 79 n. Chr. Er kam beim Ausbruch des Vesuvs ums Leben. Bei seinem militärischen Intermezzo in Jerusalem als hochrangiger Offizier und Stellvertreter des Präfekten 67/68, befaßte er sich naturwissenschaftlich mit dem Toten Meer und brachte dabei offenbar einige Klischees über die Qumran-Essener in Erfahrung. Während des Aufstandes gegen die Römer (66-70 n. Chr.) wurde Qumran 68 n. Chr. endgültig vernichtet. Möglicherweise stammen seine Kenntnisse über diese Bruderschaft direkt oder indirekt von diesem Feldzug.

Dem Entstehen der essenischen Bruderschaft ging eine der schwersten Krisen des Judentums voraus. Die Krisenzeit begann bereits mit der Eroberung Persiens durch Alexander d. Gr. in den Jahren 333 bis 331 v. Chr. Nach seinem Tode (323 v. Chr.) wurde das riesige Reich auf seine Erben, die sogenannten Diadochen, verteilt. So wurde Palästina umkämpftes Grenzland zwischen den Ptolemäern in Ägypten und den Seleukiden in Syrien. Das Volk Israel geriet in die berühmten und sprichwörtlichen Diadochenkämpfe. 320 v. Chr. kam Palästina zunächst in den Herrschaftsbereich von Ptolemäus I, Soter. Ptolemäus (griech. = Krieger) war der Name der mazedonischen Herrscher, die 323 bis 30 v. Chr. die letzte ägyptische Dynastie bildeten. Unter Soter, einem Feldherrn von Alexander d. Gr., entwickelte sich Ägypten zum wohlhabendsten hellenistischen Land. Israel erlebte eine friedliche Zeit, in die der Ursprung des hellenistischen Judentums fällt. Neun Jahre nach Soters Tod, 283 v. Chr., begann der erste von sechs Kriegen zwischen den Ptolemäern und Seleukiden in der Zeit 274 bis 168 v. Chr. um Palästina. Mehr als beeindruckend ist die visionäre Schau des Propheten Daniel. Seine Weissagungen über die Könige von Persien, Alexander d. Gr. sowie die Kriege zwischen Ptolemäern und Seleukiden um Palästina sind in Kapitel 11 des Buches Daniel festgehalten.

200 v. Chr. mußte Ptolemäus V Epiphanes Palästina an den Seleukidenherrscher Antiochus III d. Gr. (sh. Dan 10,10-20; 1 Makk 8, 6ff.) abtreten.

Die Seleukiden, benannt nach Seleukos I, herrschten als mazedonische Dynastie in der Nachfolge des Alexanderreiches über das Gebiet von Indien bis Syrien und Kleinasien von 312 bis 64 v. Chr. und führten ein strenges Regiment über das Volk Israel. Bereits im Jahre 198 v. Chr. begann eine schwere Zeit der religiösen Unterdrückung. Während mit der Eroberung durch Alexander d. Gr. nur eine stetig zunehmende Hellenisierung in Palästina einsetzte und die jüdischen Traditionen nach und nach verdrängte, sollte nun auch die jüdische Religion durch den griechischen Lebensstil, die Philosophie, das Erziehungswesen usw. ersetzt werden. Im Jahre 175 v. Chr. wurde Antiochus IV Epiphanes König des Seleukidenreiches. Er wollte die jüdische Religion verdrängen und das Judentum gänzlich ausrotten und die Juden hellenisieren. Viele von ihnen waren zu dieser Zeit bereits dem griechischen Kultureinfluß soweit verfallen, daß sie jüdische traditionelle Pflichten und Werte wie Reinheitsvorschriften, Opferungen, Sabbatregeln, Beschneidung, Speisengebote usw. ablehnten und durch griechische Werte ersetzten. Der neue Seleukidenherrscher fand also fruchtbaren Boden für seine Reformpläne.

Der traditionelle Hohepriester Onias III, ohnehin aus einer streitbaren und standhaften Hohepriesterdynastie (bereits sein Großvater verweigerte Ägypten die Steuer), widersetzte sich den Reformen und verhinderte die Plünderung des Tempelschatzes. Er wurde jedoch kurzerhand abgesetzt und fand Zuflucht im syrischen Asylheiligtum Daphne bei Antiochien. 170 v. Chr. wurde er im Auftrag seines Rivalen Menelaos ermordet. Darauf beziehen sich die Prophezeiungen Dan 9,26 sowie die Aufzeichnungen von 2 Makk 3-4.

Der Sohn von Onias III mußte Jerusalem verlassen. Ihm gelang die Flucht nach Ägypten, wo ihm die Ptolemäer den Bau eines jüdischen Tempels in Leontopolis gewährten. Onias III hatte jedoch einen Bruder namens Jesus, der den hellenistischen Reformen positiv gegenüberstand. Er übernahm das Amt und nannte sich Jason (griech. Bezeichnung für Jesus). Der Gunst des Königs Antiochus IV hatte er durch Bestechung nachgeholfen. Während seiner Amtsführung wurde ein Stadtviertel Jerusalems in Antiochia umbenannt und die Hellenisierung soweit vorangetrieben, daß die Priester ihren Dienst am Altar nicht mehr versahen, an griechischen Sportveranstaltungen teilnahmen und höchsten Wert auf griechische Prestigesymbole legten. Die Abscheu der aufrechten und gottestreuen Juden wurde bestenfalls belächelt und als provinziell rückständig abgetan.

In 1 Makk 1,11-15; 2 Makk 4,7-17 sind die Übeltaten des Hohenpriesters Jason besonders hervorgehoben. Seine Amtszeit währte jedoch nicht lange, denn bereits 172 v. Chr. verdrängte ihn Menelaos aus dem Amt. Der eigentliche, jüdische Name von Menelaos ist unbekannt, was die Hellenisierungswelle deutlich widerspiegelt. Überliefert ist jedoch, daß er ein einfaches Priesteramt bekleidete und einer unbedeutenden Familie entstammte.

Auch die Vorgehensweise des Menelaos zeigt die Machenschaften und Korruption dieser Zeit besonders: Jason sandte ihn mit Geldspenden zu König Antiochus IV, doch Menelaos nutzte die Gunst des Augenblicks und erlangte durch den König das Hohepriesteramt. Jason blieb nur noch die Flucht ins Exil. Doch die Position des Menelaos war aufgrund seiner niederen Herkunft unsicher. Er war weder aus dem Priestergeschlecht der Zadokiden, wie sein Vorgänger, noch entsprechend ausgebildet. 2 Makk schildert, wie er die Abwesenheit des König Antiochus IV wegen eines Aufstandes im Norden nutzte, um seine Position bei dem Vertreter des Königs, Andronikus, zu stärken. Dieser wurde mit geraubten Schätzen aus dem Jerusalemer Tempel bestochen. Andronikus gab daraufhin die Zustimmung, den noch legitimen Hohepriester Onias III zu ermorden. Dieser Mord, 170 v. Chr., wurde bei den Essenern zum Ausgangsdatum für die letzte hundertjährige Dauer der Weltgeschichte bis zum Eintritt des göttlichen Endgerichts.

Selbst König Antiochus IV war über den Mord entsetzt und ließ Andronikus dafür hinrichten. Menelaos allerdings blieb in Amt und Würden. Er mußte jedoch Geld und Tempelschätze an den König entrichten. So wurde bereits 169 v. Chr., also im Folgejahr des abscheulichen Mordes, der Tempel restlos geplündert. Selbst die Goldbeschläge der Außentüren blieben nicht verschont. Antiochus IV finanzierte mit diesen Mitteln offenbar seine Kriege, denn unmittelbar darauf zog er zum zweiten Mal gegen die Ptolemäer in Ägypten zu Felde. In Jerusalem verbreitete sich das Gerücht über seinen Tod. Diese Situation nutzte wiederum Jason, um seine verlorene Position als Hoherpriester zurückzuerlangen. Er hatte ein Heer um sich gesammelt und Jerusalem kurzerhand angegriffen. Dabei kamen Tausende von Juden ums Leben. Viele mußten fliehen und wurden vertrieben. Antiochus IV eilte mit seinen Truppen nach Jerusalem zurück, da er eine Revolte der Juden gegen ihn vermutete, und verursachte dort ein Blutbad. Es wird berichtet, daß Frauen und Kinder geschlachtet wurden und insgesamt 80000 Juden umkamen. Die gleiche Anzahl wurde in die Sklaverei getrieben. Jason flüchtete und fand schließlich Unterschlupf bei den Ptolemäern in Ägypten. Diese hatten seinen Angriff auf Jerusalem gestützt und finanziert, um ihren Gegner Antiochus IV im Krieg gegen sie zu stören. Jason starb schließlich als gejagter Mann im ägyptischen Exil.

Antiochus demütigte die Juden zuletzt, indem er als Heide den Tempel betrat und die letzten Habseligkeiten beschlagnahmte. Seine Verachtung gegenüber den Juden gipfelte schließlich darin, daß er das Heiligtum zu Jerusalem 167 v. Chr. unter Mithilfe von Menelaos in einen Tempel des Zeus umwandeln ließ. Für die getreuen Juden wurde der heilige Ort nun Schauplatz von Abscheulichkeit und Gotteslästerung (sh. Dan 9,27). Von Ausschweifungen im Tempel wie Prostitution und öffentlichem Geschlechtsverkehr im heiligen Bezirk berichtet 2 Makk 6,3-6.

Unmittelbar zuvor, 168 v. Chr., hatte Menelaos eine unerhörte Reform der jüdischen Religionsgesetze durchgeführt. So wurden z. B. der Opferkult, der Besitz von Tora-Rollen, die Einhaltung des Sabbats und die Beschneidung der Knaben unter Todesstrafe gestellt. Im Folgejahr wurde der 364-Tage-Sonnenkalender durch den heidnischen 354-Tage-Mondkalender aus Babylon ersetzt. Dieser Mondkalender besitzt übrigens bis heute Gültigkeit im Judentum. Im Reformkalender des Menelaos fand sich jedoch kein einziges jüdisches Fest wieder, während als höchstes Fest des Jahres der Geburtstag des Königs Antiochus IV festgelegt wurde. Epiphanes, der Beiname des Königs, bedeutet zudem noch *der auf Erden erschienene Gott.*

Nun war der jüdische Glaube praktisch verboten, die jüdischen Traditionen ausgerottet. Die neue Religionsordnung wurde nicht nur nach und nach, sondern sofort durchgesetzt. Die Juden wurden zur Teilnahme am hellenistischen Kult gezwungen, Priesterscharen überwachten die Einhaltung der neuen Religionsvorschriften (sh. 1 Makk 1,54-64; 2 Makk 6,2-4, 7-11).

Getreuen und gottesfürchtigen Juden blieb nur noch die Flucht in den Untergrund oder die Abwanderung. So fanden viele in der öden Berglandschaft der Wüste Judäa Zuflucht. Tausende wiederum gingen mit Kind und Kegel ins Exil. Besonders in den Nachbarländern suchten sie eine neue Heimat für sich und ihren Gott. Der weitaus größte Teil fand diese in der Gegend östlich des Jordans, in Peräa, Nabatäa und Gilead. Hier vereinten sie sich zur Pflege und Neubelebung des jüdischen Glaubens und der Traditionen.

Die Schriftrollenfunde vom Toten Meer belegen, daß es zumindest sieben Vereinigungen dieser Art gab. Die für die Nachwelt bedeutendste Strömung war dabei die Gruppe der Chassidäer, die sich in der religiösen Partei der Chassidim

(= die Frommen) organisierten. Diese Vereinigung der Frommen, u. a. auch als Asidäer bezeichnet, war zugleich Grundstock für das Essenertum, und vermutlich auch für die sich abspaltende Partei der Pharisäer.

Im Landesinneren nahm zugleich der Widerstand in der Person des Judas Makkabäus Gestalt an. Sein Vater, der Priester Mattathias verweigerte den heidnischen Opferkult und tötete sogar den ersten Juden seines Heimatortes, der den neuen Opferritus vollzog. Auch der königliche Offizier, der die Durchführung des heidnischen Opferkultes forderte, starb unmittelbar darauf durch die Hand von Mattathias. Er mußte fliehen und formierte mit seinen fünf Söhnen einen bewaffneten Widerstand, dem sich bald tausende Juden anschlossen. In den legendären Kämpfen, die Judas Makkabäus von 166 bis 160 v. Chr. für die Religionsfreiheit führte, drängte er die Besatzungsmacht mehr und mehr zurück. 164 v. Chr. gelang ihm sogar die Einnahme von Jerusalem und die Rückführung des Tempels zum traditionellen Kult der Juden. Kurioserweise beließ er den Hohenpriester Menelaos im Amt und sah seine Aufgabe mehr im weiteren militärischen Widerstand gegen die seleukidische Besatzungsmacht. Im gleichen Jahr starb Antiochus IV Epiphanes. Eine zwölfjährige Schreckensherrschaft über die Juden ging zu Ende. Die Weissagungen des Propheten Daniel (sh. Dan 11,21-45) über die Greueltaten des Tyrannen an den Juden und ihrem Glauben hatten sich bis aufs Jota erfüllt. Mit ohnmächtigem Zorn und schmerzhafter Abscheu berichten die Makkabäer-Bücher 1,1-6 und 2,3-9 über eine der schwersten Krisen des israelischen Volkes. Offenbar wurde dem seleukidischen König seine eigene Ruchlosigkeit zum Verhängnis, denn es ist überliefert, daß er ein unseliges Ende bei einer Tempelplünderung im Gebiet des heutigen Irak fand.

Für die Juden trat nun eine kurze Phase der Ruhe ein. Der Nachfolger und Sohn des verstorbenen Tyrannen, Antiochus V Eupator, gewährte dem Volk Israel wieder die Religionsfreiheit. Freilich war Eupator noch ein Kind, so daß die Liberalisierung mehr eine Anordnung seines Vormundes Lysias war. Letztlich war dieser Erlaß jedoch mehr ein Zugeständnis und Friedensangebot an den erfolgreichen Widerstandskämpfer Judas Makkabäus, der mutig und unbeirrt für die Freiheit seines Volkes stritt. Nicht wenige Juden sahen in ihm deshalb auch den langersehnten Messias.

Menelaos hingegen war immer noch in Amt und Würden. Trotz des Widerstandes der Juden konnte er durch geschicktes Taktieren seine Position wahren. Zwei Jahre später, 162 v. Chr., verschleppte ihn eine Gruppe aufgebrachter Juden in die uralte syrische Handelsstadt Aleppo, das heutige Haleb, und stürzte den frevelhaften Priester von einem hohen Turm. Im gleichen Jahr wurden das Kind Eupator und sein Vormund Lysias abgesetzt. Die Herrschaft über das Seleukidenreich übernahm Demetrius I Soter.

Doch die Folge der gottlosen Priester nahm kein Ende. Demetrius I berief Alkimus in das Amt des Hohenpriesters. Der hebräische Name ist nicht gesichert.

Er wird entweder mit Eljakim oder Joachim wiedergegeben. Der selbsternannte Seleukidenherrscher drängte die Makkabäer wieder mehr und mehr zurück. Alkimus trat aus taktischen Erwägungen kurzzeitig von seinem Amt zurück und wurde zum Berater des Regimes in der heiklen Judenfrage. Er distanzierte sich deutlich von den Chassidim und empfahl dem König die Tötung von Judas Makkabäus. Demetrius I ernannte daraufhin Alkimus wieder zum Hohenpriester und setzte den Kommandeur Nikanor zum Verwalter über Judäa ein, der den Auftrag erhielt, Judas Makkabäus zu töten. Nikanor jedoch suchte keine erneute militärische Auseinandersetzung, sondern schloß in Jerusalem einen Kompromiß mit dem Widerstandskämpfer. Tief enttäuscht verriet Alkimus diese Handlung des Nikanor dem König. Daraufhin erhielt Nikanor den abgeänderten Befehl, Judas Makkabäus gefangenzunehmen und nach Antiochien zu bringen. Mißtrauisch geworden, floh Judas Makkabäus jedoch aus Jerusalem und überfiel später das Heer von Nikanor, der als Besiegter die Schlacht nicht überlebte. Soweit die Inhaltswiedergabe des 2. Makkabäer-Buches.

Eine leicht abgewandelte Version gibt auch das 1. Makkabäer-Buch wieder. Der Autor berichtet, daß Demetrius I seinen Freund und Verwalter Bakchides mit einem Heer in Jerusalem einziehen ließ. In dessen Begleitung befand sich Alkimus, der zum Hohenpriester und Regierenden von Judäa ernannt werden sollte. Daraufhin formiert sich der Widerstand durch Judas Makkabäus erneut. Demetrius schickt Alkimus weitere Truppen unter Nikanor zu Hilfe. Dieser unterliegt jedoch der kleinen Heerschar der Makkabäer und wird erschlagen. Demetrius entsendet daraufhin eine ungeheure Truppenmacht nach Judäa und stellt diese unter die Befehlsgewalt von Bakchides und Alkimus. Obwohl viele aus den Reihen der Makkabäer angesichts der Übermacht des Gegners desertieren, nimmt Judas den ungleichen Kampf im Jahre 160 v. Chr. auf. Die Schlacht, die von Sonnenaufgang bis Sonnenuntergang tobte, endete für Judas tödlich. Etwa zur selben Zeit soll Mattathias, der Vater von Judas, eines natürlichen Todes gestorben sein. Die Makkabäer-Aufstände waren damit jedoch nicht gebrochen. Sie sollten noch etwa 25 Jahre unter den Brüdern des Judas, Jonatan (160-143 v. Chr.) und Simon (143-134 v. Chr.), anhalten.

Wesentlich für das Erstarken des Essenertums ist jedoch ein anderer Vorfall in diesem Zusammenhang. Unmittelbar nach der Wiedereinsetzung des Alkimus als Hoherpriester, sandten die Chassidim aus ihrem Exil eine Abordnung zu ihm, um über die Wiederbelebung der jüdischen Traditionen in Jerusalem und Gesamt-Judäa zu verhandeln. Doch hinterhältig ließ dieser alle, derer er habhaft werden konnte, gefangennehmen und töten. Insgesamt wurden sechzig der Frommen rücksichtslos ermordet. Nach rabbinischen Quellen befand sich auch der Onkel des Alkimus, Jose ben Joezer, ein herausragender Interpret der jüdischen Lehre, unter den Getöteten. Diese wähnten sich sicher, denn Alkimus *»sprach Worte des*

Friedens und schwor: Wir möchten weder euch noch eure Freunde verletzen.« In dem Massaker, das Alkimus unter den Frommen anrichtete, sah der Autor des 1. Makkabäer-Buches die Prophezeiung des Asaph-Psalmes 79,2-3 erfüllt, in der es heißt: *»Sie haben die Leichname deiner Knechte den Vögeln unter dem Himmel zu fressen gegeben, und das Fleisch deiner Heiligen den Tieren im Lande. Sie haben ihr Blut vergossen um Jerusalem her wie Wasser und da war niemand, der sie begrub.«* (1 Makk 7,12-17)

Der Tod des Judas Makkabäus beflügelte Alkimus, gnadenlose Rache an allen Juden zu nehmen, die ihn mißachteten und mit den Makkabäern sympathisierten. Alkimus war der schlimmste in der Serie der drei *Gottlosen Priester*. Unter ihm wurden Leid und Verfolgung der Frommen und Aufrechten ins Unerträgliche gesteigert. Er starb schließlich 159 v. Chr., während er veranlaßte, die Mauern des inneren Tempelhofes niederzureißen. Sein Tod wurde durch einen Schlaganfall ausgelöst. Das Land gelangte danach in eine kurze Ruhepause von zwei Jahren (sh. 1 Makk 9, 54-57).

Nur auf diesem Hintergrund des chronologischen Ablaufs von etwa 150 Jahren und den Detailkenntnissen über die Greueltaten der spirituellen Führer Israels als gesalbte Hohepriester Gottes, ist das Entstehen einer Erneuerungsbewegung nachvollziehbar; eine Bewegung der *Söhne des Lichts*, so der Name der Frommen, die sich schließlich im Essenertum formierten und organisierten.

Diese *Söhne des Lichts* bildeten die Basis für das Werk und die Lehre der Gottgesandten Johannes der Täufer und Jesus von Nazareth.

DIE GRÜNDUNG DER ESSENISCHEN UNION

Die Schriftrollen vom Toten Meer berichten von der Existenz eines bedeutenden Religionsführers aus der Zeit der großen Krise und Abkehr während der Seleukiden-Herrschaft und der gottlosen Priester. Dieser Religionsführer hat sich ausgezeichnet durch den hohen Inhalt und die große Kraft seiner spirituellen Lehre und Gesetzgebung. Ebenso waren ihm prophetische Visionen und poetische Ausdruckskraft verliehen. Dieser Weise wird von den Essenern als der *Wahre Lehrer* oder *Lehrer der Gerechtigkeit* verehrt. Auch finden sich die Titulierungen *Der Einzigartige Lehrer* und *Einzige Lehrer*. Aufgrund der Schriftrollenfunde wissen wir, daß er Priester aus dem Stamme Levi war und für sein gottgerechtes Handeln vom Hohenpriester und dem politischen Regime verfolgt wurde. Ferner, daß seine Tötung beabsichtigt war und er seine Heimat verlassen mußte. Wir kennen jedoch nicht seinen Namen, der offenbar von den Essenern bewußt nicht genannt wurde, um ihn gegen Nicht-Eingeweihte und Verfolger zu schützen. Ebenso nennen die Verfasser der Schriftrollen auch den Namen seines unmittelbaren Widersachers, des amtierenden Hohenpriesters, nicht. Dessen wahre Identität bleibt hinter den Titulierungen *Frevelpriester* und *Gottloser Priester* verborgen.

Da der Lehrer auch von den »*Letzten Dingen*« und den »*Letzten Tagen*« vor dem Eintreten des Endgerichts Gottes und der unmittelbar erwarteten messianischen Zeit spricht, lag es zunächst nahe, daß mit dem *Wahren Lehrer* niemand anderer gemeint sein könnte als Johannes der Täufer. Die Übereinstimmung war erstaunlich. Neben der inhaltlichen Nähe der Täuferworte verwies man auf die Verfolgung des Täufers durch den Hohenpriester Kajaphas und die Pharisäer sowie das Regime des Herodes Antipas. Ähnliche Parallelen zeigen sich aber auch bei dem *Wahren Lehrer* und Jesus.

Die Altersbestimmung der Schriftrollen verwies jedoch auf ein Entstehen der Aufzeichnungen, das etwa 150 Jahre vor dem Auftreten des Täufers liegt. Daraufhin aufkeimende Behauptungen, der *Wahre Lehrer* sei in Johannes dem Täufer oder Jesus reinkarniert, konnten von den Historikern und Religionswissenschaftlern naturgemäß nicht angenommen werden.

Schließlich wurde der chronologische Verlauf der jüdischen Geschichte im 2. Jh. v. Chr. exakt analysiert und den Texten der Schriftrollen gegenübergestellt. Im essenischen Habakuk-Kommentar fand man in der Passage »*Dies betrifft den Gottlosen Priester, der im Namen der Wahrheit berufen wurde. Aber als er Israel regierte, wurde sein Herz stolz, und er verschmähte Gott und verriet die Regeln um des Reichtums willen*« eine Verbindung zu dem Hohenpriester Alkimus, von dem 2 Makk sagt: »*der früher ein Hoherpriester gewesen war, doch sich bereitwillig in den Zeiten der Trennung beschmutzt hatte.*« Da aber Alkimus 159 v. Chr. verstarb, hätte es für den *Wahren Lehrer* keinen Grund gegeben, zu einem späteren Zeitpunkt noch im Exil zu verbleiben.

In der Analyse des weiteren Geschichtsverlaufs nach Alkimus fand sich jedoch eine logische Erklärung. Der Historiker Josephus Flavius berichtet, daß das Hohepriesteramt sieben Jahre (159-152) unbesetzt war (sh. Antiquitates 20,237). Seine Bezugsquelle war jedoch eindeutig das 1. Makkabäer-Buch, das aus naheliegenden Gründen lediglich Jonatan, den Bruder des Judas Makkabäus, als Amtsinhaber erwähnt. Der dunkle Tunnel der sieben Jahre wird jedoch erhellt durch die Aufzeichnungen der Qumran-Schriften. Aus ihnen geht hervor, daß der *Wahre Lehrer* das Amt des Hohenpriesters in Jerusalem ausübte, bevor er ins Exil ging und den Grundstein für das Essenertum legte. Alle Indizien sprechen dafür, daß der *Wahre Lehrer* in der Nachfolge von Alkimus das höchste Priesteramt innehatte und eine Wiedereinsetzung des jüdischen Kults sowie die Rückführung der Emigranten anstrebte. Der weitere Verlauf der Geschichte widersetzte sich jedoch seinen Bemühungen. Im Widerstand zeigte sich Jonatan als würdiger Nachfolger seines Bruders Judas Makkabäus. 157 v. Chr. siegte er gegen die Armee Bakchides. Nach 1 Makk 9,66 lag das Schlachtfeld in unmittelbarer Nachbarschaft zu Betlehem, wo zwei Beduinenstämme den Makkabäern zu Hilfe eilten. Daraufhin schloß das Seleukiden-Regime einen Friedensvertrag mit Jonatan, der sich mit seinen Truppen jedoch außerhalb Jerusalems niederlassen mußte. Vier Jahre später zeigte sich für Jonatan die Gunst der Stunde. Alexander Balas machte König Demetrius I Soter den Thron streitig. Nach Manier und Moral der Zeit suchte Demetrius I Beistand bei seinem Erzfeind Jonatan, um mit dessen militärischer Unterstützung den Rivalen abzuwehren. Jonatan forderte als Bedingung, seine Residenz fortan vom nördlich gelegenen Michmas nach Jerusalem zu verlegen. Demetrius I sagte zu, doch die strategischen Ziele von Jonatan lagen höher. Nachdem er mit seinen Truppen in Jerusalem eingezogen war und sich entsprechend etabliert hatte, schloß er einen geheimen Bund mit Alexander Balas gegen Demetrius I. Mit Unterstützung der Makkabäer übernahm Alexander Balas 150 v. Chr. den Seleukiden-Thron, und Jonatan wurde als Gunstbeweis des neuen Herrschers die weltliche und priesterliche Macht über Judäa eingeräumt. Doch Jonatan genoß nicht die Beliebtheit und Verehrung wie sein Bruder Judas. Im Gegenteil, er war im Volke gefürchtet, was die Flucht vieler Juden aus Jerusalem bei seinem Einzug bestätigt. So war er auch als Hoherpriester weder im Volk noch in den Reihen der Priesterschaft geachtet. Sein Streben nach Macht stand dem seiner Vorgänger Jason, Menelaos und Alkimus nicht nach.

Jonatan vertrieb kurzerhand den bisherigen Hohenpriester, den *Wahren Lehrer*. Dieser fand Zuflucht in Damaskus, wo sich bereits viele jüdische Religionsflüchtlinge befanden. Mit dem Lehrer kamen aber auch zahlreiche Priester und Tempelbedienstete nach Damaskus, die dem verstoßenen Hohenpriester die Treue hielten. Es spricht für die ehrenwerten Absichten des Exilanten, daß er nunmehr unter erschwerten Bedingungen die Festigung und Verbreitung der jüdischen Traditionen vorantrieb und nicht etwa alle Kraft für die Rückgewinnung des Amtes in Jerusalem einsetzte.

Beim Studium der Informationsquellen stößt man wiederholt auf den Propheten Jeremia, der den *Wahren Lehrer*, seine Anhänger und die gesamte Bewegung der Frommen inspirierte. Entsprechend der Weisung Jer 31,31-34 schlossen sie unter Führung des Lehrers einen *Neuen Bund* (sh. Damaskus-Dokument 8,1-10; 9,10-29) und verpflichteten sich, bestimmte Gesetze und Regeln einzuhalten.

Wenn die eigentliche Geschichte der Essener ihren Ursprung darin hat, daß die Gesetzestreuen ihr Land verließen, um den Glauben in Reinheit auszuüben, so wurde der Grundstock der Bruderschaft mit dem *Neuen Bund* gelegt.

Nach Überzeugung des *Wahren Lehrers* mußte er alle Frommen vereinen und in das Gelobte Land zurückführen, denn nur dort konnte die Heilszeit für sie beginnen. Dieser sollte jedoch das Endgericht vorausgehen, die entscheidende Schlacht zwischen Gut und Böse. Nach Auslegung der Schrift stand diese kurz bevor. So sammelte er fast alle bedeutenden Exilgruppen, die unter seiner spirituellen Führung wieder in die angestammte Heimat zurückkehren sollten. Er forderte deshalb Jonatan auf, sich auf die weltliche Macht zu beschränken. Doch war dies nur ein Teil in der *Weisung des Lehrers an Jonatan*. So wurde auch die korrekte Einhaltung der Tora-Vorschriften und die Wiedereinführung des Sonnenkalenders verlangt. Ein Anspruch des Lehrers auf das Hohepriesteramt wird allerdings nicht ausdrücklich erwähnt. Dieser bestand jedoch unausgesprochen, stammte doch der *Wahre Lehrer* aus dem Geschlecht der Zadok-Priester. Für Jonatan wurde der *Wahre Lehrer* mehr und mehr zur Gefahr. Er reagierte entschlossen. Um seine Machtposition zu halten, versuchte er sich des leidigen Kritikers durch Mord zu entledigen. Doch das Attentat mißlang (sh. Kom. zum Psalter 1-10, IV,8 und Buch des Habakuk XI, 2-8).

Unbeirrt trieb der *Wahre Lehrer* die Rückführung der Exilgruppen ins Gelobte Land voran. Dort stießen viele Gleichgesinnte hinzu, die sich den Regeln des Neuen Bundes unterwarfen. Mit großer Wahrscheinlichkeit agierte er dabei aus dem Exil in Damaskus.

So entstand um 150 v. Chr. die Essenische Union innerhalb der Grenzen Judäas. Diese Union, die sich als spirituelle Repräsentanz für Gesamt-Israel empfand, wurde von Beginn an geachtet und verehrt, war sie doch nach einer langen Phase der Gotteslästerung ein Garant für die Versöhnung mit Gott. In dieser Zeit bildeten die Essener die größte organisierte Religionspartei der Juden. Nicht alle jedoch, die dem Neuen Bund in Damaskus beitraten, blieben standhaft. So waren es die zu strengen Regeln, eine liberalere Auslegung der Tora oder die mangelnde Bereitschaft, nach Judäa zurückzukehren, die sie vom Neuen Bund trennte. Das Damaskusdokument berichtet darüber: »... *denn sie sprachen Falsches gegen die Verfassung der Gerechtigkeit und wiesen den Bund und das Glaubensbekenntnis ab, das sie im Lande Damaskus abgelegt hatten; und dies ist der Neue Bund*« (*9,36-37*).

Diese Passage ist deshalb erwähnenswert, weil sich aus den Reihen der Abtrünnigen die Schismatiker und die fortan starke Gruppe der Pharisäer formierten. Zugleich entstand eine weitere Religionspartei, die Sadduzäer. Diese rekrutierten sich aus der getreuen Priesterschaft Jonatans.

Unter der Führung des *Wahren Lehrers* verbreitete sich das Essenertum schnell in den Städten und Dörfern Judäas. Vermutlich steuerte dieser die Organisation noch über einige Jahre aus dem Exil. Ob er nach dem Tode seines Widersachers Jonatan nach Judäa zurückkehrte, ist ungewiß. Neben einem Netzwerk von weltlichen und religiösen Regeln vermittelte er der Bruderschaft ein hohes Maß an spiritueller Weisheit und Erkenntnis. Im Verständnis der Essener leitete er die Bruderschaft als Gesandter Gottes. Die starke Bindung an den Begründer und Lehrer bringt auch Josephus Flavius zum Ausdruck. Dessen Information stammt aus erster Hand. Er war Aspirant für die Mitgliedschaft, nahm nach geraumer Zeit jedoch wieder davon Abstand. Im Kapitel 8 des Jüdischen Krieges schreibt er: »*Nach Gott halten sie am meisten ihren Gesetzgeber in Ehren, und jeder, der ihn lästert, wird mit dem Tode bestraft.*«

Während die Religionsparteien der Sadduzäer und Pharisäer auch gesellschafts- und machtpolitisch aktiv waren, zogen sich die Essener gänzlich auf die religiöse und heilsgeschichtliche Ebene zurück. Die Schriftrollen erwähnen zwar noch häufig den Frevelpriester Jonatan und seine Missetaten gegen die jüdischen Traditionen, aber auch gegen die Bruderschaft selbst. So berichtet der Kommentar zum Buch Habakuk unter anderem, wie dieser Frevelpriester der Bruderschaft Land weggenommen hat. Die Nachfolger im Hohenpriesteramt des Jonatan finden zwar vereinzelt noch Erwähnung, bleiben jedoch von Kritik verschont. Generell ist jedoch nicht gesichert, ob die negativen Bezeichnungen wie *Frevelpriester, Gottloser Priester* oder der *verruchte Priester* ausschließlich auf den Makkabäer Jonatan bezogen sind. In manchen Fällen können auch Alkimus oder seine beiden Vorgänger gemeint sein.

Die bereits erwähnte Stelle von der Landnahme heißt wörtlich: »*Reichtum von den Armen* (= Frommen) *geraubt.*« Ich verstehe darunter die Beschlagnahme von Haus- und Grundbesitz der Chassidim durch Alkimus oder Jonatan, die so die Rückkehr der emigrierten Frommen zu erschweren suchten.

Etwa 110 v. Chr., also vierzig Jahre nach Gründung der Essenischen Union, verstarb der *Wahre Lehrer*. Die Qumran-Siedlung war zu diesem Zeitpunkt noch nicht erbaut. Der Beginn der Bruderschaft am Nord-Westufer des Toten Meeres wird auf 100 v. Chr. datiert. Wir müssen jedoch annehmen, daß die Initiative für die Entstehung Qumrans vom *Wahren Lehrer* ausging.

In den bisher gefundenen und entschlüsselten Texten ist kein Nachfolger des Gründers und Führers der Essener erkennbar. Ob es einen solchen gegeben hat, erscheint der heutigen Forschung fraglich. Im Zweifelsfall wird stets davon ausgegangen, daß es keinen Lehrer oder Lenker mehr gab, da im Bewußtsein der Essener das *Messianische Zeitalter* ohnehin unmittelbar bevorstand.

Ich persönlich kann mich dieser These nicht anschließen. In Kapitel IV dieses Buches nehme ich im Zusammenhang mit den medialen Botschaften der Essener und Johannes des Täufers dazu Stellung.

DIE LEHRE UND BOTSCHAFT DER ESSENER

Vor der Entdeckung der Schriftrollen vom Toten Meer gab es einige wenige Exegeten, die sich dem geheimen Wissen der Essener und deren Lehre annäherten. Neben den zeitgenössischen Berichten von Josephus, Philo und Plinius waren die wesentlichen Quellen in den Archiven des Vatikans, der Habsburger-Bibliothek (ab 1918 Österr. Staatsbibliothek in Wien) sowie im Britischen Museum einzusehen. Nach meinen Recherchen war es jedoch nur wenigen Außenstehenden möglich, die Manuskripte des Vatikans und der Habsburger zu studieren.

Die Berichte über die Essener und deren mystische Weisheiten sind nach meinem Dafürhalten zu glorifizierend. Die Mitglieder der Bruderschaft wurden gleichsam zu überirdischen, magischen Wesen hochstilisiert, die im Medium des menschlichen Körpers wahre Wunder vollbracht haben sollen. Nach den Qumran-Funden und deren teilweiser Entschlüsselung wiederum übten sich viele Fachautoren in betonter Sachlichkeit. Was man den Schriftrollen bis jetzt entnahm, war faszinierend aber nicht unbedingt im Bereich der mystischen Weisheiten. Bezieht man als dritte Informationsquelle noch die Gruppe der tendenziösen Sensationsautoren mit ein, bleibt dem wißbegierigen und interessierten Leser jede Möglichkeit der Deutung und Interpretation der essenischen Lehren und Motive offen.

Mit etwas Bescheidenheit müssen alle, auch ich, einsehen, daß uns noch ein großer Schritt fehlt, um die Essener allumfassend und präzise darzustellen. Daran ändern auch die Schriftrollen-Funde und deren Auswertung bis heute nichts. So müssen wir bedenken, daß nur ein geringer Teil dieser Funde bis dato gedeutet werden kann. Der Großteil der Papyrus- bzw. Lederrollen ist verklumpt oder vermodert. Wiederum ein anderer beträchtlicher Teil besitzt nicht einmal den Wert eines Fragments.

Wesentlich erscheint mir noch ein anderer Aspekt: Wie hoch mag der prozentuale Anteil aller entdeckten Schriftrollen am gesamten Schriftwerk der Qumran-Essener sein? In welchem Ausmaß repräsentiert speziell die Bruderschaft in Qumran das gesamte Essenertum? Wir wissen, daß es zur Zeit Johannes des Täufers und Jesu etwa 4000 Essener in Judäa gab. Eine weitere Gruppe dieser Bruderschaft, die Therapeutae oder Heiler, lebte zudem in Ägypten. Ebenfalls gesichert sind der syrische Raum und das Zweistromland für die ehemalige Existenz von Essener-Gruppen.

Berücksichtigt man nun die Baulichkeiten in Qumran, so war hier bestenfalls Raum für maximal 200 Menschen, inklusive der Landwirtschaft in Ain Feschcha. Wenn die Fachautoren und Historiker von den Essenern sprechen, meinen sie in der Regel die Qumran-Essener. In dieser Siedlung am Toten Meer befanden sich jedoch bestenfalls fünf Prozent der gesamten Bruderschaft. Somit erscheint es mehr als fragwürdig, daß die Qumran-Bewohner das Essenertum in seiner gesamten Tiefe und Breite repräsentierten.

Während die Schriftrollen vieles von den Regeln, Statuten und der exoterischen oder äußeren Lehre preisgeben, sagen sie relativ wenig über den esoterischen oder inneren Teil der Lehre aus. Die Suche nach Schriftdokumenten im Bereich der magischen Weisheiten und okkulten Mysterien wird freilich vergebens sein, denn dieses geheime Wissen wurde nur mündlich an Auserwählte, d. h. Eingeweihte, weitergegeben. Wenn der *Wahre Lehrer* um 150 v. Chr. die Essenische Union gegründet hat, so bedeutet dies keineswegs, daß Gedankengut und Handlungsweise nicht schon vorher existierten. Der eigentliche Ursprung der Bruderschaft ist daher unbekannt, wenngleich vermutet wird, daß sie unter anderem Namen in anderen Ländern lange vor ihrer offiziellen Datierung bestand. Ein Teil der essenischen Lehre beruht freilich auf uralten Weisheiten, wie sie etwa 6000 Jahre alte Werke der Sumerer[48] dokumentieren. Unverkennbar sind Einflüsse des altpersischen Propheten Zarathustra sowie der Geheimlehre der Upanischaden im Brahmanismus. Grundelemente dieser Weisheiten und Lehren finden sich vielfach, so in der Lehre der Tibeter, bei Buddha, der Joga-Lehre usw. In der klarsten und deutlichsten Form wurden diese Weisheiten jedoch von den Essenern praktiziert und vermittelt. Ihr eigentlicher Gesetzgeber freilich war Moses, der etwa zwölfhundert Jahre zuvor die Lehre und das Eine Gesetz vom Einzigen Gott auf dem Berge Sinai empfing. Moses, der damit den Monotheismus (= Glaube an einen Gott) begründete, übermittelte mehr als nur die Gesetzestafeln. So gab er sein intuitives Wissen über Anfang und Sinn der Dinge, über Kraft und Wirkung der Elemente (Grundkräfte des Lebens), positive und negative Kräfte sowie Ursache und Wirkung an Verstehende oder Eingeweihte weiter. Moses erkannte, daß alle Dinge nur Ausdruck Gottes und seines Gesetzes sind und jeder Abfall von diesem Gesetz sich negativ auswirkt. Erst wenn der Mensch die Meisterschaft über alle positiven und negativen Kräfte erreicht, hat er Gott und sein Gesetz verstanden und verinnerlicht.

Der größte Teil des jüdischen Volkes, das Moses aus der ägyptischen Knechtschaft führte, erkannte den Zusammenhang zwischen den universellen Gesetzen und dem weltlichen Verhalten nicht. Für die meisten Juden waren die Einsichten des Moses daher nur abstrakte Theorie, was zu einem fortwährenden Bruch und zur Abkehr vom Bund mit Gott führte. Ein Vorgang, der sich im Judentum –

aber auch in allen anderen Religionen – permanent wiederholte. Allein daraus erklärt sich das Auftreten der Propheten, Mahner und Erneuerer des Bundes – bis hin zu Elija, Johannes dem Täufer und Jesus, die einzig in der Abkehr von Gott die eigentliche Ursache aller weltlichen Nöte sahen.

Die Essener waren die ersten, die den Bund mit Gott und seinem Einen Gesetz auf breiter Basis erneuerten. Das von alten oder gar untergegangenen Kulturen überlieferte Wissen über Makrokosmos und Mikrokosmos wurde durch umfangreiche Studien vertieft. So erreichten sie viele Detailkenntnisse über den Anbau von Gemüse, Obst und Getreide. Ihre Einsichten in die geistigen und materiellen Gesetze von Kosmos und Erde ermöglichten ihnen die Züchtung und den Anbau von Gemüse und Früchten in kargen Regionen. So wußten sie beispielsweise, mit welcher spezifischen Zudosierung von Salzwasser aus dem Toten Meer zum Süßwasser die einzelnen Pflanzen- oder Baumsorten bewässert werden konnten. Zudem sahen sie hinter allen Gewächsen auch immaterielle, also geistige Wesen, deren Energiefelder sie positiv beeinflussen konnten. Allein daraus erklärt sich die Tatsache, daß die Essener in kargen Wüstenregionen reiche Gemüse- und Obsternten erwirtschafteten.

In der Bruderschaft der Essener gab es weder Reiche noch Arme. In beiden Extremen sahen sie eine Abweichung vom Einen Gesetz. Aus diesem Einen Gesetz leiteten sie ihre Regeln und Statuten ab und bewiesen, daß menschliche Bedürfnisse nach materiellen Gütern sowie Nahrung ohne Mühsal befriedigt werden konnten. In vielen materiellen Bedürfnissen, wie etwa Nahrung, Kleidung usw. erwirtschafteten sie stets Überschüsse, die sie an Bedürftige verteilten. Geradezu legendär waren ihre Erfolge und Kenntnisse in der Heilkunde sowie Astrologie. Die Treffsicherheit ihrer Weissagungen ist vielfach verbürgt.

Die Summe allen Seins im Universum bezeichneten die Essener als das *kosmische Meer des Lebens*, die Summe aller Gedanken im Weltall, also auch Hoffnungen, Wünsche, Ängste, Freuden, Gebete und Flüche nannten sie das *kosmische Gedankenmeer*. Beides war für die Essener real existent, der Mensch ein Teil von allem, der zu diesem Meer beitrug und von ihm beeinflußt wurde. Das Eine Gesetz, von Moses in Worten ausgedrückt, setzten die Essener bildhaft in das Symbol eines Baumes, des Lebensbaumes um. Darin drückten sie aus, wie der Mensch eine Einheit von Energien, Gedanken und Gefühlen ist. Die Steuerung und Herrschaft hierüber sollte jeden Menschen befähigen, seine Entwicklung von Geist, Seele und Leib voranzutreiben. Die Essener wußten nicht nur davon, sie waren auch im Besitz der magischen Weisheiten, um diese Kräfte entsprechend zu nutzen. Sie hatten sich ein umfassendes Wissen über Charakteristik, Macht und Bedeutung aller Engelswesen erarbeitet. Mit bestimmten magischen Methoden und Anrufungen erschlossen sie sich den Quell dieser unsichtbaren Wesen. Sie kannten aber auch die Wesen mit negativen Kräften, die Dämonen.

Ihrer Ansicht nach waren jedoch nur die positiven und aufbauenden Kräfte von entscheidender Bedeutung. Zugleich war ihnen bewußt, daß hinter allem Sichtbaren ein adäquates Unsichtbares ist. Kommt ein Mensch mit einer irdischen Kraft in Berührung, so gerät er zugleich mit der entsprechenden himmlischen Macht in Kontakt. Deshalb war es ihnen von größter Wichtigkeit, in absoluter Harmonie mit allen Kräften der Erde und des Himmels, den sichtbaren und unsichtbaren Kräften, zu leben. So zeigt auch der Lebensbaum der Essener, wie untrennbar der Mensch mit allen Elementen, kosmischen und irdischen Kräften verbunden ist, wie er diese Verbindung erkennen und die Kräfte positiv nutzen kann.

All das geheime Wissen über die magischen und mystischen Kräfte wurde nur in mündlicher Form an bewährte Mitglieder weitergegeben. Wer davon wußte, war Meister, ein Eingeweihter. Wer die Kräfte der Elemente, die irdischen und kosmischen Energien, zum Positiven nutzen konnte, der konnte dies ebenso zum Negativen. Das Wissen konnte somit nur einem Bruder übertragen werden, der nach Erhalt der Mitgliedschaft eine zusätzliche Prüfungszeit von sieben Jahren bestanden hatte. Im Anschluß mußte er einen siebenfältigen Eid leisten, die geheimen Dinge niemandem ohne Erlaubnis zu offenbaren, und niemals für materielle und eigennützige Dinge zu mißbrauchen.

Eine Besonderheit der essenischen Aussage soll im Zusammmenhang mit der Mission Johannes des Täufers und Jesu noch herausgestellt werden. Es betrifft die Datierung für die erwartete messianische Heilszeit, der nach prophetischen Aussagen jedoch das Endgericht Gottes vorausgeht. Der ältesten Gemeindeordnung der Essener und der Segensordnung ist zu entnehmen, daß nach Auffassung des *Wahren Lehrers* diese Zeit unmittelbar bevorstand. So erwarteten sie das Auftreten des Messias aus dem Hause David noch in ihrer, spätestens aber in der Folgegeneration. Die Weissagungen der Ereignisse, die dem Strafgericht Gottes vorausgehen sollten, sahen die Essener in ihrer Gegenwart als gegeben. Hierunter fallen die Abkehr von Gott unter der seleukidischen Fremdherrschaft und den eigenen Frevelpriestern sowie die schicksalshaften Erlebnisse des *Wahren Lehrers* und der gesamten Essenischen Union. Die Hymnen der Hodajot-Sammlung, verfaßt vom *Wahren Lehrer*, weisen deutlich darauf hin. Aufgrund ihrer Auslegung der prophetischen Schriften errechneten die Essener schließlich das Jahr 70 v. Chr. als Termin für das eintretende Endgericht. Wie das Damaskus-Dokument offenbart, dienten als Eckdaten hierzu die Prophezeiungen des Propheten Ezechiel (4;5), der Beginn des Exils (586 v. Chr.) und die Ermordnung Onias III (170 v. Chr.), des letzten legitimen Hohenpriesters, sowie die Worte des Propheten Daniel laut Kapitel 9.

Bestätigung fand die Terminierung des Endgerichts durch die alternative Formel, daß vom Todesjahr des *Wahren Lehrers* (110 v. Chr.) noch etwa 40 Jahre laut Weisung Deuteronomium 2,14 vergehen mußten, bevor das messianische Zeitalter einsetzen würde. Aus Sicht der Essener verblieb nur noch eine kurze Zeitspanne, um das Volk Israel vor dem Strafgericht Gottes zu bewahren und in das messianische Heil zu führen. Daraus erklärt sich, warum sie ihre Bemühungen um ein gottgefälliges Leben verstärkten und der politischen Szene keine Beachtung schenkten; im Gegensatz zu den Parteien der Pharisäer und Sadduzäer. Natürlich war es eine Grundeinstellung der Bruderschaft, sich weder an der Politik zu beteiligen, noch einer politischen Richtung anzuhängen. Sie wußten, daß weder politische noch kriegerische Aktivitäten den Elendszustand der Menschheit verbessern konnten. Wie ihre großen Erfolge in den Bereichen Soziales und Landwirtschaft bewiesen, waren sie prädestiniert, ihre hohe Spiritualität und Intelligenz praktisch umzusetzen. Diese Erfolge erreichten sie mit relativ geringem Aufwand, so daß genügend Zeit für Studien und spirituelle Übungen blieb. Als den Frommen und Auserwählten oblag ihnen jedoch die Hauptaufgabe, das Volk Israel mit Gott zu versöhnen. Dazu war notwendig, Wort und Gesetz Gottes vorbildlich zu leben und zu verbreiten. So fallen in diese Zeit auch die Entstehung der Qumran-Siedlung (etwa 100 v. Chr.) und die Wiedererstellung bzw. Vervielfältigung biblischer Texte, die während der Seleukiden-Herrschaft größtenteils vernichtet worden waren.

Weder im Jahr 70 v. Chr. noch in den Folgejahren, zeigten die Geschehnisse in Judäa starke Übereinstimmung mit den Erwartungen und Berechnungen der Essener. 63 v. Chr. brach eine neue Fremdherrschaft über das Volk Israel herein, die Römer. Neun Jahre später plünderten diese den Jerusalemer Tempel. Beide Ereignisse führten zu einer Neuorientierung der essenischen Prognose. Man hatte schmerzhaft erkennen müssen, daß sich die betreffenden Prophetenworte nicht auf die Seleukiden bezogen, sondern auf die neue heidnische Macht, das Imperium Romanum. Eine diesbezügliche Überprüfung der Weissagungen, speziell im Daniel-Buch, führte zu einer neuen Terminierung des Endgerichts und anschließenden Heilszeit auf 70 n. Chr.

Freilich war nach Überzeugung der Essener das erwartete Geschehen nicht Vorgang eines Tages. So gibt die als *Melchisedek-Midrasch* bezeichnete Schrift der Essener preis, daß mit dem *Tag des Endgerichts* ein Zeitraum von sieben Jahren gemeint war. Etwa eine Generation oder 40 Jahre sollte der gesamte Prozeß dauern, schließt man Übergang und Beginn der Heilszeit ein.

Wie ist nun die Weissagung oder besser Prognose der Essener aus heutiger Sicht zu beurteilen? Ist das Strafgericht Gottes in der Zeit 70 v. Chr. bis 70 n. Chr. in Form der römischen Fremdherrschaft eingetreten? Wenn ja, wie hat sich diese eigentlich von den anderen schweren Krisen des Judentums wie etwa Exil und Seleukidenherrschaft unterschieden? Historischer Tatbestand ist zweifelsfrei, daß mit dem Jahr 70 n. Chr. tatsächlich ein schweres Endgericht über Israel seinen Anfang nahm. Es begann mit der Eroberung und Zerstörung Jerusalems und des Tempels durch die Römer. Durch Aufhebung der Selbstverwaltung und Zerschlagung aller jüdischen Organisationen und Strukturen war die Nationalität der Israeliten zerbrochen. Spätere Versuche unter Bar Kochba und Rabbi Akiba, das römische Joch abzuschütteln, führten zur endgültigen Niederschlagung. Den

Juden wurde verboten, Jerusalem zu betreten. Auf den Ruinen des Tempels wurde ein Jupitertempel erbaut, auf Golgota ein Venustempel.

Haben sich nicht hier bereits die Prophezeiungen der Essener über das Schicksal des jüdischen Volkes bestätigt? Eine weitere Frage drängt sich auf: Hat sich Jesus in seiner Vorhersage über die Zerstörung Jerusalems auf die essenische Prophetie gestützt?

Schließlich eine letzte Frage: Erkannten die Essener in den Gestalten Johannes der Täufer und Jesus das Messianische, und war deren Werk und Mission identisch mit den Erwartungen der Bruderschaft? Dieser Frage werde ich im Kapitel *Johannes der Täufer und die Essener* ausführlich nachgehen. Soviel jedoch vorweg: Wenn die Mission Johannes des Täufers darin bestand, das unmittelbar erwartete Strafgericht Gottes abzuwenden, indem er das Volk Israel wieder mit Gott versöhnte und zugleich den verheißenen Messias in der Person Jesus erkannte, dann erwies sich die Prognose der Essener als ziemlich exakt.

Soviel zur Prophetie der Essener und zum Geschichtsverlauf des Volkes Israel bis zum Ende des 1. Jh. n. Chr.

Die Nation Israel war nach der Zerstörung Jerusalems für fast 2000 Jahre erloschen und wurde erst 1948 unter heftigem Protest der arabischen Völker wiederhergestellt. In der Zwischenzeit war Israel ein Volk ohne Land. Die Juden wurden zerstreut in alle Himmelsrichtungen und Regionen der Erde, sie wurden von vielen Völkern und Nationen verfolgt und mißachtet. In den Jahren 1933 bis 1945 erreichte der Haß auf die jüdischen Menschen im nationalsozialistischen Regime Deutschlands seinen unsagbar grausamen Höhepunkt. Unter der Bezeichnung Holocaust (ursprünglich: Brandopfer) ist die Massentötung der Juden in die Geschichte eingegangen, der nach offiziellen Quellen sechs Millionen europäische Juden zum Opfer fielen.

Liest man die Prophetenworte des Alten Testaments und schließt man die Prophezeiungen der Essener, Johannes des Täufers und Jesu mit ein, so läuft einem bei Kenntnis des schicksalhaften Geschichtsverlaufs des jüdischen Volkes ein Schauer über den Rücken.

Dem nichtjüdischen Betrachter drängt sich die Frage auf, ob die vielen biblischen Prophezeiungen sich ausschließlich auf das Volk Israel beziehen, oder aber die gesamte Menschheit betreffen, so sie die göttlichen Prinzipien mißachtet. Die Antwort darauf muß freilich jeder für sich selbst finden, doch ist es ratsam, nationale und religiöse Verbrämungen dabei zu mißachten.

Eines möchte ich an dieser Stelle jedoch deutlich hervorheben: Wer die Lehren und Botschaften der Essener, Johannes des Täufers und Jesu ausschließlich in Bezug auf die Juden sieht, hat ihre allumfassende Aussage nicht verstanden, die spätestens beim letzten Buch der Bibel, der *Offenbarung des Johannes*, hinsichtlich des Schicksals der gesamten Menschheit deutlich wird.

DIE REGELN UND RITEN DER ESSENER

Die Qumran-Funde belegen ein sehr umfangreiches und detailliertes Gesetzeswerk, das sich die Bruderschaft auferlegte. Verständlich wird dieses Netzwerk an Vorschriften nur auf dem zeitgeschichtlichen Hintergrund und der selbstgestellten Aufgabe der Essener. Im Verlauf der Seleukiden-Herrschaft wurden jüdische Religion und Tradition gänzlich ausgerottet und durch hellenistische Weltanschauung ersetzt. An Texten des Alten Testaments, der Tora und anderen religiösen Schriften war nur noch das Wenige erhalten, das Judas Makkabäus in seinem Kampf um die Religionsfreiheit vor der Vernichtung erretten konnte.

Als die Essenische Union im Exilland Syrien Gestalt annahm, erwiesen sich viele Mitglieder als nicht standhaft genug, nach den mosaischen Gesetzen zu leben. So ist es einerseits nur zu verständlich, daß nach Generationen der befohlenen religiösen Abstinenz alle Anweisungen, Offenbarungen und Traditionen der Väter-Religion wiederbelebt wurden, selbst jene, die mehr als 500 Jahre nicht mehr praktiziert worden waren. Andererseits galt es, jeden neuen Bruder zu prüfen, ob er auch bereit war, das Erbe der Väter entsprechend zu würdigen und zu wahren. Dies setzte natürlich die Erarbeitung und Einhaltung zahlreicher Regeln voraus.

Im Damaskus-Dokument sind diese Vorschriften in der sogenannten zweiten Schrift zusammengefaßt. Gleich einer Mischna (nachbibl.-hebr. Norm, die selbst kleinste Kleinigkeiten regelt, um ein Handeln nach dem Willen Gottes zu ermöglichen) enthält sie Vorschriften über den Sabbat, den Eid, die kultische Reinheit, über Regeln des gemeinsamen Lebens der Bruderschaft und über den Verzicht auf jeglichen Eigenbesitz. Das Damaskus-Dokument, etwa 100 v. Chr. niedergeschrieben, ist offensichtlich die letzte aller Ordnungen, die sich die Essener gegeben haben. Diese Schrift schließt nämlich mit dem Satz: »*Siehe, (dies ist) die Gesamtheit dessen, was gefunden worden ist als die letzte Ausforschung der Tora.*«

Zuvor wurden demnach die Gemeindeordnung, Gemeinschaftsordnung, Disziplinarordnung usw. erstellt, die allgemein als Sektenregel von Qumran bezeichnet werden. Ob sich diese Regelungen auf alle Essener oder nur auf die Qumran-Gemeinde bezogen, ist nicht gesichert. Die Sektenregel unterwies die Mitglieder, wie sie unter strenger Beachtung des mosaischen Gesetzes leben mußten. Sie umfaßte Belehrungen über die Lebensordnung, Struktur und Organisation der Bruderschaft sowie Aufnahmebedingungen, Strafbestimmungen und Verhaltensmaßregelungen gegenüber Nicht-Essenern. Die wesentlichen äußeren Regelungen und Riten werden nachfolgend beschrieben.

Erwerb der Mitgliedschaft, Disziplinarstrafen und Ausschluß

Das Beitrittsalter war in der Regel auf 18 Jahre festgesetzt und damit im Vergleich zu anderen religiösen Gruppierungen hoch. Der Aspirant mußte sich einem Probejahr mit abschließender Prüfung unterziehen. Bei positivem Verlauf mußte er der Gemeinschaft sein persönliches Vermögen (Haus und Grundstück, Äcker, Gärten, Plantagen, Werkstätten, Vieh, Geld) und die daraus resultierenden Erträge übertragen.

Dem Probejahr schloß sich eine dreijährige Vorbereitungszeit an. Bei entsprechender Eignung und Akzeptanz durch die Gemeinschaft wurde die Vollmitgliedschaft erreicht. Schied ein Bruder innerhalb der dreijährigen Vorbereitungszeit aus, etwa durch freiwilligen Rücktritt oder Nichtaufnahme, wurden ihm sein Vermögen nebst den spezifischen Erträgen zurückgegeben. Bei einem Austritt oder Ausschluß nach erreichter Vollmitgliedschaft hingegen blieb die Gemeinschaft für alle Zeit Eigentümer. Dies galt auch, wenn ein Mitglied ohne direkten Nachkommen verstarb. In die obere Hierarchie der Bruderschaft stieg man jedoch erst auf, wenn nach erfolgreicher Vollmitgliedschaft von sieben Jahren die Einweihung in die Geheimlehre der Essener erfolgte.

Bei der hohen Anzahl von Regeln und Vorschriften waren naturgemäß Verstöße, Mißachtungen und Zuwiderhandlungen nicht selten. Je nach Art und Ausmaß des Vergehens gab es unterschiedliche Verfahren. Für geringe oder unbewußte Vergehen wurde lediglich eine persönliche Zurechtweisung noch vor Sonnenuntergang des gleichen Tages ausgesprochen. Bei Vergehen der nächsthöheren Stufe erfolgte die Zurechtweisung bereits vor mehreren Augenzeugen und wurde schriftlich vermerkt. Absichtliche Mißachtung der Tora oder der Sektenregeln wurde vor örtlichen Instanzen abgehandelt und hatte entweder eine aktenkundige Zurechtweisung oder die entsprechende Bestrafung (zeitweiliger Ausschluß von gemeinsamen Mahlzeiten und kultischen Handlungen) zur Folge. Der Betroffene hatte jedoch das Recht, Einspruch zu erheben. In diesem Falle kam das Verfahren zur höchstrichterlichen Instanz, die aus drei Priestern und zwölf normalen Mitgliedern der Bruderschaft bestand. Das höchste Strafmaß war der Ausschluß oder vielmehr Verstoß aus der Bruderschaft. Dieser Verstoß galt im Verständnis der

Essener schwerwiegender als etwa die Todesstrafe, war er damit doch für ewig vom messianischen Heil ausgeschlossen. Jeder Umgang mit einem Verstoßenen, selbst die wortlose Gabe von Nahrung oder Kleidung, führte für jeden Essener wiederum zu dessen Ausschluß.

Das Verhalten der Bruderschaft ihren eigenen Mitgliedern gegenüber war demnach wenig brüderlich. Es entspricht jedoch der jüdischen Tradition, speziell aus der Zeit nach dem Exil und galt entsprechend auch bei den Pharisäern und Sadduzäern. Diese waren jedoch weniger streng in ihren Auslegungen, so wie sie auch Abstriche gegenüber der Tora und dem heiligen Erbe der Väter machten.

Ehe und Familie

Ehefähigkeit und Heiratsalter waren im antiken Judentum an die Religionsmündigkeit gekoppelt. Diese setzte in der Regel mit Beginn des 14ten Lebensjahres ein. Das durchschnittliche Heiratsalter bei Männern lag zwischen 15 und 17 Jahren, bei Frauen drei Jahre darunter. Die Essener hingegen setzten ein Mindestalter von 20 Jahren sowohl für die Religionsmündigkeit als auch Heiratsfähigkeit bei Männern voraus. Zudem verlangte ihre Satzung die *Einzigehe* und nicht nur die *Einehe*. Im antiken Judentum war hingegen die Einehe gebräuchlich. Zudem gab es in seltenen Fällen auch die *Mehrehe*, die gesetzlich legitimiert war. Die Frauen der Essener wurden durch ihre Heirat automatisch zu Mitgliedern der Gemeinde, auch wenn deren Eltern nicht der Essenischen Union angehörten. Solche Verbindungen bildeten jedoch eher die Ausnahme. Aufgrund der jüdischen Tradition, nicht zuletzt der mosaischen Gesetzgebung, galten Frauen generell als minderwertig und konnten daher niemals Vollmitglieder werden. Da die Essener größten Wert auf soziale Absicherung ihrer Mitglieder legten, muß man annehmen, daß der persönliche Besitz von Ehefrauen nicht in die Gemeinschaft einging und Witwen oder Waisen vom sozialen Netz der Gemeinschaft aufgefangen wurden.

Eine Essener-Ehe war natürlich aufgrund mannigfacher traditioneller Regelungen nicht einfach zu führen. Nur einige Beispiele mögen dies verdeutlichen: Es beginnt bereits mit der Eheschließung. Ein Essener durfte grundsätzlich nur eine Jungfrau heiraten, bei der mindestens dreimal die Periode in regelmäßigen Abständen ohne negative Begleiterscheinungen eingetreten war. Während der Tage der Blutung galt die Frau als unrein. Es waren nicht nur Geschlechtsverkehr, sondern auch jegliche Berührung untersagt. Erst sieben Tage nach Ende der Periode (einige Exegeten deuten auch: sieben Tage nach Beginn der Periode) wurde die Vereinigung gestattet. Kam es zu einer Schwangerschaft, blieb der Verkehr bis

33 Tage nach der Geburt untersagt. Wurde jedoch ein Mädchen geboren, verdoppelte sich die Enthaltsamkeit auf 66 Tage. Voraussetzung war in beiden Fällen der Eintritt der Monatsblutung.

Zum Geschlechtsverkehr hatten die Essener offenbar ein gestörtes Verhältnis, denn alle Regeln laufen darauf hin, daß dieser nur dem Zweck der Zeugung zu dienen hatte. Darüber hinaus war er offenbar ein Akt, der als unrein galt und vor Gott verborgen werden mußte. So deute ich wenigstens das Damaskus-Dokument, dem die Vorschrift zu entnehmen ist, daß Essenern der Geschlechtsverkehr in Jerusalem untersagt war, *»um nicht die Stadt des Heiligtums durch ihre Unreinheit zu verunreinigen«* (CD 12,1-2). Wer Geschlechtsverkehr hatte, war automatisch drei Tage vom Heiligtum ausgeschlossen. Erfolgte ein Samenerguß im Schlafe, so galt auch der Mann für gewisse Zeit als unrein.

Hartmut Stegemann hat sich im Rahmen seines Buches *Die Essener, Qumran, Johannes der Täufer und Jesus* mit dieser Thematik auseinandergesetzt. Er kam zu dem Ergebnis, daß während einer Essener-Ehe bestenfalls nur 20mal Geschlechtsverkehr stattfand - vorausgesetzt, die Bestimmungen wurden exakt beachtet. Wörtlich sagt er hierzu: *»Nur Kastraten hätten den besonderen Reinheits- und Heiligkeitsnormen entsprechen können, die hypothetisch für den inneren Kreis oder die Führungselite der Essener postuliert werden; aber Kastration schloß den Betroffenen zeitlebens vom Kultdienst aus (Lev 21,20; Dtn 23,2).«*

Einer hartnäckigen und weitverbreiteten Ansicht, nämlich der vermeintlichen Ehelosigkeit der Essener, möchte ich noch einige Sätze widmen. Die These von einem Leben ohne Frauen basiert wohl auf Schilderungen antiker Autoren wie Philo von Alexandria, Plinius d. Ä. und Josephus Flavius. Letzterer aber macht bereits Einschränkungen. In Bellum 2,120-121 sagt er, daß die Essener die Ehe nicht grundsätzlich ablehnten und in 2,160-161 kommt er der Realität mit der Anmerkung *»daß sie faktisch nur teilweise mit Ehefrauen lebten«* bereits sehr nahe. In Antiquitates 18,21 schließlich schildert er den wahren Sachverhalt, nämlich, daß die Essener ihre Frauen an kultischen Zeremonien nicht teilnehmen ließen.

Bei genauer Durchsicht aller Qumran-Funde findet sich nicht der geringste Hinweis, daß die Essener sich selbst Ehelosigkeit auferlegt hätten. In ihrem Verständnis muß die Ehelosigkeit sogar eine schwere Mißachtung der Tora gewesen sein, die laut Gen 1,28 die Pflicht der Ehe und Vermehrung für alle Juden vorsah. Warum den Essenern fälschlicherweise die Ehelosigkeit unterstellt wurde und wird, begründet Hartmut Stegemann sehr treffsicher. Seinen Studien zufolge, boten sie *»hinreichend Anlaß dafür, sie als ehelos zu betrachten.«* Er nennt dafür drei wesentliche Gründe:

Während die Juden am Sabbat mit der gesamten Familie in die Synagoge gingen (Frauen und Mädchen allerdings im Seitenschiff oder auf der Empore), gingen die Essener stets ohne Frauen in ihre Versammlungshäuser. Nachdem diese sogar dreimal pro Tag diesen Kult wahrnehmen mußten, fiel das Fehlen jeglicher Frauen besonders auf. Selbst die Zubereitung von Mahlzeiten erfolgte durch Männer.

Durch das festgesetzte hohe Heiratsalter bei essenischen Männern von zwanzig Jahren, lebten diese im Vergleich zu ihren nicht-essenischen Altersgenossen noch jahrelang ehelos.

Während essenische Männer in der Regel ein hohes Alter erreichten, führten die jährlichen Geburten bei Frauen mitunter zu frühzeitiger Schwächung, Krankheit oder gar Tod. War eine Frau unfruchtbar, führte dies zur Trennung von ihrem Mann. So waren es nur wenige Frauen, die gemeinsam mit ihrem Ehepartner bis ins hohe Alter zusammen waren. Da den Essenern strikt die Einehe verordnet war, blieben sie nach dem Tod ihrer Frauen Witwer.

Ob diese strenge Eheordnung speziell für die Qumran-Siedlung oder auch die Mehrheit der Essener in den Städten und Dörfern galt, ist ungewiß. Allgemein wird angenommen, daß innerhalb der Qumran-Gemeinde eine strengere Beachtung der Regeln erfolgte. So gingen die Qumran-Essener nur für ein bis drei Tage pro Monat zu ihren Familien, die außerhalb der Siedlung, z. B. in Ain Feschcha wohnten und arbeiteten.

In diesem Zusammenhang muß man auch die Ehe von Maria und Joseph sehen. Joseph war Mitglied der Essener. Er gehörte allerdings nicht der Qumran-Gemeinde an, sondern wahrscheinlich der Bruderschaft in Nazareth. Maria hatte bei der Geburt von Jesus bestenfalls ein Alter von 15 Jahren, während Joseph vermutlich im 40. Lebensjahr stand. Maria wurde noch vor der Eheschließung als Jungfrau schwanger. Nach Sitte der Zeit und besonders nach essenischen Regeln, hatte der Hochzeitszeremonie eine längere Verlobungszeit (ein bis drei Jahre) vorauszugehen. Die Eheschließung erfolgte jedoch zunächst auf Probe. Diese Probe bestand die Frau, wenn sie innerhalb eines Jahres schwanger wurde. Im dritten Schwangerschaftsmonat schließlich wurde die endgültige Eheschließung besiegelt. Der dritte Monat in der Guten Hoffnung ist übrigens deshalb gewählt, weil die Gefahr des Abgangs kaum mehr besteht.

Joseph mißachtete offenbar diese Norm und verstieß somit gegen die essenische Ordensregel. Maria, als Schwangere ohnehin im unreinen Zustand, trug zudem ein uneheliches Kind in ihrem Leib. Daraus erklärt sich, daß sie als Unreine nirgends Aufnahme bei ihrer Niederkunft fand, schon gar nicht im Hause eines Esseners, oder gar in Qumran selbst. Bei Fremden, also Nicht-Essenern Hilfe zu finden, war nach den Regeln nicht gestattet. Allerdings muß zur Ehrenrettung der Bruderschaft gesagt werden, daß sie für derartige Fälle entsprechende Orte und Gebäude vorgesehen hatte. Ein solcher Ort war vermutlich Mird, etwa zwanzig Fußstunden östlich von Betlehem; der Ort, an dem Johannes der Täufer später predigte. Ebenfalls gab es in allen essenischen Gemeinden Häuser für Unreine. Daß die Geburt von Jesus daher in einem landwirtschaftlichen Gebäude im Wirtschaftsbereich einer Bruderschaft erfolgte, ist plausibel und entspricht den Normen. Die Geburtsgeschichte von Jesus deutet auch darauf hin, daß Maria nicht im Haus ihrer Eltern oder im Hause von Verwandten oder Freunden entbinden konnte. So mußte sie sich zusammen mit Joseph an einen von der Bruderschaft bestimmten Ort, in ein bestimmtes Haus begeben. Essener selbst durften nach dem Reinheitskult die Geburt nicht begleiten, wohl aber zufällig anwesende Nomaden, die ihre Ziegen oder Schafe weideten.

Ob Joseph mit der Verbindung zu Maria das Gesetz der essenischen Einehe gebrochen hat, also bereits vorher verheiratet und Witwer war, muß trotz mancher Annahme jedoch Spekulation bleiben und ist weder historisch noch religiös von Bedeutung.

Im Übrigen gab es trotz (oder wegen?) der strengen Regeln im damaligen Judentum eine relativ große Anzahl von ausgesetzten Säuglingen und Waisen. Es spricht für die Bruderschaft der Essener, daß all diese bei ihnen Aufnahme fanden, vorurteilsfrei erzogen und ausgebildet wurden. Diese noble Handlungsweise, von Josephus Flavius in Bellum II, 120 besonders hervorgehoben, war in Judäa bekannt und verhinderte somit die Abtreibung oder Tötung von Neugeborenen. Mütter, die der Schande unehelicher Kinder nicht standhielten, legten so ihre Säuglinge einfach vor die Türe von Essener-Gemeinden.

Wie würden die christlichen Kirchen an Achtung und Ansehen gewinnen, würden sie diesbezüglich nicht nur die Moral-Regeln, sondern auch die Handlungsweise der Essener übernehmen. Waren deren Gemeinderegeln auch extrem streng, so zeigten sie sich gegenüber sozial Verstoßenen und Schwachen wiederum sehr hilfsbereit und fürsorglich.

Waschungen, Meditationen und Gemeinschaftsmahl

Die Essener verstanden sich als Wahrer und Erneuer des Väter-Erbes.

Geistig und religiös bildeten sie gewissermaßen die Aristokratie des damaligen Judentums.

Der symbolische Lebensbaum hatte für die Bruderschaft eine zentrale Bedeutung. Sie setzten den Menschen in das Zentrum dieser Symbolik und signalisierten so die Abhängigkeit von allen irdischen und himmlischen Kräften, der faßbaren Naturwelt und der unfaßbaren Welt des Kosmos.

Auf dem Berg Sinai hatte Moses dereinst von Gott alles Wissen erlangt, nämlich die höheren und kosmischen Gesetze und daraus abgeleitet die Regeln für das tägliche Leben, deren Einhaltung lediglich die Voraussetzung für den ewigen Bund mit Jahwe darstellten. Die kosmischen Gesetzte, die innere und geistige Schau, gab Moses jedoch nur an die Verstehenden und Eingeweihten weiter. Das zweite Paar Tafeln hingegen enthielt die äußere Lehre, die *Zehn Gebote* für die große Schar der Nicht-Eingeweihten.

Die Essener verstanden sich als Eingeweihte. Sie kommunizierten täglich mit den irdischen und himmlischen Kräften. Bei Sonnenaufgang und Sonnenuntergang verbanden sie sich mit dem Geiste Gottes und all den Formen, Energien sowie Elementen, in denen er sich ausdrückte. Sie erkannten, daß jeder einzelne Mensch diese göttlichen Energien sowohl aus der täglichen Nahrung, als auch aus allen Elementen empfangen und nutzen konnte. Zum täglichen Zenit des Sonnenstandes erfolgten Anrufe des Himmlischen Vaters um die Sendung der Friedensengel, die das menschliche Dasein in allen Bereichen harmonisieren sollten (Lehre vom siebenfältigen Frieden). Diese Übungen werden von der Qumran-Forschung gemeinhin als Gebetsgottesdienst bezeichnet, was inhaltlich jedoch irreführend ist.

Mittags und abends erfolgte das Gemeinschaftsmahl, an dem nur Vollmitglieder teilnehmen durften. Das Mahl selbst wurde als *die Reinheit* tituliert, da im Sinne der essenischen Auslegung nur Reine teilnehmen durften. Ausgeschlossen waren also Brüder mit Krankheiten, Schmerzen, Disziplinarstrafen, aber auch Mitglieder, die Geschlechtsverkehr gehabt hatten oder kürzlich einen Toten in ihrer Familie beklagen mußten. Das rituelle Mahl wurde schweigend eingenommen und bestand aus Brot, Gemüse, Obst. An Getränken waren Wasser, Saft aber auch Wein üblich. Die Speisen und Getränke wurden grundsätzlich gesegnet. Die Sitzordnung im Speisesaal war hierarchisch exakt nach der Rangordnung festgelegt, die unterschied in Priester, Leviten, einfache Essener und Proselyten (griech.= Hinzugekommene; durch Tauchbad, Opfer und Beschneidung zum jüd. Glauben übergetretene Heiden).

Vor allen kultischen Zusammenkünften mußten sich die Essener einer rituellen Reinigung unterziehen. Diese bestand in einem Ganzkörper-Tauchbad. Hierzu legten sie ihre Arbeitskleidung ab und stiegen, bekleidet mit einem Leinentuch, in relativ große Wasserbecken. Diese Tauchbad-Anlagen waren meist den Versammlungsräumen vorgelagert. Speziell in Qumran war dieser Reinheitskult besonders ausgeprägt, was die Vielzahl von freigelegten Reinigungs- und Tauchbecken verdeutlicht. Die körperliche Reinigung war natürlich von untergeordnetem Aspekt. Im Vordergrund stand die Reinheit von Geist und Seele vor Gott. Nimmt man die Vorschriften für Tauchbäder wörtlich, so kommt jeder Essener auf mindestens fünf Ganzkörper-Bäder täglich. War er aus vielerlei Gründen unrein, erhöhte sich die Zahl entsprechend.

Der Reinheitskult ist im Übrigen keine essenische Erfindung, er findet jedoch hier seine stärkste Ausprägung.

DAS SCHICKSAL DER BRUDERSCHAFT

Wie bereits geschildert, wird die Gründung der Essenischen Union durch den *Wahren Lehrer* auf etwa 150 v. Chr. datiert. Entsprechende Strömungen davor in und außerhalb Judäas gelten als sicher. Eine gewisse Verbindung zwischen dem im Jahre 160 v. Chr. verstorbenen Judas Makkabäus und den Essenern bzw. zu deren Oberhaupt, dem *Wahren Lehrer*, war gegeben. Möglicherweise legte der heroische Kämpfer für die jüdische Religionsfreiheit und politische Unabhängigkeit sogar den Grundstock für das Essenertum. Bei der Rettung von Kultgütern und Schriften vor der Vernichtung erwies sich Judas Makkabäus als Wahrer des religiösen Erbes. So dürfen wir keineswegs ausschließen, daß so manche Schriftrollen aufgrund seiner Anweisung in Höhlen versteckt wurden, oder daß zumindest dem *Wahren Lehrer* viele Dokumente zur Verwahrung, Neuerstellung und Vervielfältigung übergeben wurden. Der *Wahre Lehrer* muß bereits zu Zeiten des Judas Makkabäus eine bekannte Autorität in Judäa gewesen sein. So ist die Annahme nicht abwegig, daß Judas Makkabäus den *Wahren Lehrer* als Hohenpriester einsetzen wollte.

Daß sein Bruder und Nachfolger Jonatan jedoch zum *Frevelpriester* und größten Gegner des *Wahren Lehrers* wurde, ist ein Aberwitz von Geschichte und Schicksal. Jonatan starb 143 v. Chr. Tryphon, Führer des Seleukiden-Heeres, stellte ihm eine Falle, ließ ihn verschleppen und töten. Die Nachfolge übernahm ein weiterer Sohn von Mattathias, Simon Makkabäus. Ihm gelang 140 v. Chr. endgültig die Befreiung des Landes von der seleukidischen Fremdherrschaft. 26 Jahre aufopfernder Kampf von drei Mattathias-Söhnen fand schließlich seinen Lohn und entsprechende Anerkennung im Lande. Simon nutzte die Gunst für einen politischen Akt. Er ließ sich aufgrund seiner Verdienste und der seiner Brüder als weltliches und geistiges Oberhaupt bestätigen. Er war somit oberster Feldherr, Ethnarch und Hoherpriester zugleich. Die Bestätigung all seiner Ämter und Würden wurde schließlich im Vorhof des Jerusalemer Tempels auf Bronzetafeln festgehalten und galt auch in der Familiennachfolge von Simon, lediglich mit der zeitlichen Einschränkung *»bis ein wahrer Prophet auftrete«* (1 Makk 14,41).

Als Simon 134 v. Chr. starb, gingen sowohl weltliche Macht als auch das Hohepriesteramt tatsächlich auf seinen Sohn Johannes Hyrkan I über. Bereits mit dem Amtsantritt von Simon war die mögliche Rückkehr des *Wahren Lehrers* auf das Hohepriesteramt aussichtslos. Mit der offiziellen Ermächtigung der Makkabäer-Dynastie für alle künftigen Hohenpriester, war die Möglichkeit Hoherpriester zu werden für den *Wahren Lehrer* vorbei. Johannes Hyrkan I überlebte schließlich den *Wahren Lehrer* um etwa sieben Jahre. In den Schriftrollen vom Toten Meer findet sich jedoch keinerlei Hinweis mehr auf diese Situation, so daß angenommen werden kann, daß weder die Essener noch ihr Oberhaupt auf die geistige Führung des Volkes Israel spekulierten. Dies ist nur zu verständlich, wenn man bedenkt, daß die Essener bereits in wenigen Jahren, nämlich 70 v. Chr., das Strafgericht Gottes und das anschließende messianische Zeitalter erwarteten. Aufgrund der unpolitischen und anspruchslosen Haltung der Essenischen Union entspannte sich das Verhältnis zwischen den Makkabäern und Essenern. Diese hatten bereits wieder Zugang zum Jerusalemer Tempel. Wie so oft, ist es auch hier wiederum Josephus Flavius, der uns den entscheidenden Hinweis gibt. In Bellum I,78-80 berichtet er von dem Essener Judas, der im Tempel lehrte.

Im Jahre 103 v. Chr., ein Jahr nach dem Tode von Johannes Hyrkan I, übernahm dessen Sohn Aristobul I sämtliche Titel seines Großvaters und Vaters. Der Essener Judas prophezeite im Tempel, daß der Bruder des Ethnarchen und Hohenpriesters Aristobul I, Antigonos »*in Stratonsturm noch heute gemordet wird*«.

Stratonsturm war die gängige Bezeichnung für die weit entfernte Stadt Caesarea. Unmittelbar nach dieser Prophezeiung erschien jedoch Antigonos im Tempel. Er konnte also unmöglich noch am gleichen Tag nach Caesarea gelangen. Wenige Stunden später jedoch war Jerusalem geschockt von der Nachricht, daß Antigonos in *Stratonsturm* ermordet wurde. Die Ermordung geschah in einem finsteren Stadtweg Jerusalems, der ebenfalls den Namen *Stratonsturm* hatte. Die Prophezeiung des Esseners fand also auf unerwartete Weise ihre Erfüllung.

Noch im selben Jahr übernahm Alexander Jannäus in der Folge seines Bruders Aristobol I die Macht. Inzwischen hatte die einst von der Essenischen Union abgefallene Splittergruppe der Pharisäer erheblich an Bedeutung gewonnen. Ihr religiöser und gesellschaftspolitischer Einfluß hatte dank einer liberalen Tora-Auslegung stark zugenommen. Die Essener bezichtigten sie deshalb der Anbiederung, wörtlich »*der Schmeicheleisuche*«. Da die Pharisäer den Anspruch der Makkabäer auf das Hohepriesteramt tolerierten und ihren Opferkult nach dem von Jonatan verordneten 354-Tage-Mondkalender ausrichteten, begannen sie auch staatspolitischen Einfluß zu gewinnen. Neben der laschen Tora-Interpretation war speziell der Mondkalender die größte Differenz zu den Essenern. Diese wahrten als einzige den von Jahwe selbst eingesetzten 364-Tage-Sonnenkalender, der ihnen allein die traditionelle Einteilung des Kultdienstes und der Festtage ermöglichte. Die führende Religionspartei stellte jedoch noch immer die zahlenmäßig zwar kleine aber regimegetreue Gruppe der Sadduzäer. Die Essener hatten sich schon lange aus dem täglichen Leben der Gesellschaft und der Politik zurückgezogen und dem Leben einen anderen Stellenwert eingeräumt. So fallen in diese Zeit

Planung und Realisierung der Qumran-Siedlung. Dies war ein schwieriges Unterfangen, mußten doch alle Baumaterialien von weit her an den entlegenen Ort in der Wüste gebracht werden. Hinzu kam die komplizierte Arbeit für ein ausgeklügeltes System von Wasserleitungen. Zugleich mußte die Landwirtschaft in Ain Feschcha und die Produktion von Schreibmaterialien aufgebaut werden. Speziell für das Gerben von Leder haben die Essener ein neues Verfahren entwickelt, das sie vom schwer verfügbaren Tannin unabhängig machte.

Während der Regierungszeit von Alexander Jannäus (103-76 v. Chr.) konnten die Essener in Ruhe und mit Bedacht ihre Struktur erweitern und festigen. Bereits in dieser Phase haben sie sehr viele Anhänger und Sympathisanten durch ihr Wirken gewonnen. Sie sandten Lehrer, Prediger und Heiler aus und gaben ihre erwirtschafteten Überschüsse an sozial Schwache ab. In Qumran wurden Lederrollen produziert und mit alttestamentaischen Texten beschriftet. Nur ein geringer Teil diente dem Eigenstudium, galt es doch, alle essenischen Gemeinden mit dem Wort der Väter und Propheten zu versorgen. Die Worte der Propheten wurden analysiert, kommentiert und gedeutet. Kurzzeitig bestand jedoch eine große Gefahr für das Werk der Essener. Sie ging von den Pharisäern aus oder wurde zumindest von diesen mitinitiiert. Innenpolitische Gegner von Alexander Jannäus schmiedeten ein Komplott mit dem Seleukidenkönig Demetrius III und erhielten prompt seine militärische Unterstützung. Alexander Jannäus stellte sich dem Heer, wurde aber vernichtend geschlagen. Doch Demetrius III wollte auch Jerusalem erobern und das Land erneut dem Seleukidenreich einverleiben. Dies vereinte alle nationalen Kräfte Israels zur Gegenwehr, und Demetrius III mußte mit seinem Heer das Land verlassen. Die Rache des Alexander Jannäus an den eigenen Landesverrätern war grausam. Er ließ etwa 800 Menschen, größtenteils Pharisäer, bei lebendigem Leibe kreuzigen. Den Verrat dokumentiert Josephus Flavius in Bellum I,88-98. Die Beteiligung der Pharisäer erfahren wir aus essenischer Quelle, dem Kommentar zum Buch Nahum.

76 v. Chr. verstarb Alexander Jannäus. Seine Frau, Alexandra Salome (76-67 v. Chr.), erhielt die Königswürde und das Amt des Hohenpriesters und verschaffte den Pharisäern wieder Einfluß, besonders im Hohen Rat. Doch bereits Aristobul II, Sohn und Nachfolger von Alexandra Salome, demonstrierte sein Mißtrauen gegenüber den Pharisäern durch deren totale Entmachtung.

Das Wechselbad der einstigen essenischen Splittergruppe, der Pharisäer, mußten die Essener selbst dank ihrer machtpolitisch distanzierten Lebensphilosophie nicht teilen. Ihren Kommentaren zum Nahum-Buch ist jedoch eine gewisse Genugtuung über das Schicksal der Pharisäer zu entnehmen. Die Makkabäer-Dynastie, von Josephus auch Hasmonäer genannt, regierte noch bis 37 v. Chr. Die Söhne Hyrkanus II und Aristobul II, aus der Ehe Alexander Jannäus und Alexandra Salome, waren samt ihren Familien in Machtstreitigkeiten verwickelt. Diese blutigen inneren Machtkämpfe nutzten 63 v. Chr. die Römer. Pompejus eroberte Jerusalem und teilte Palästina, indem er die nichtjüdischen Gebiete von Israel abtrennte. Hyrkanus II wurde zwar erneut Hoherpriester, die weltliche Macht in Judäa übertrugen die Römer jedoch einem Fremden, dem Idumäer Antipater. Dieser wurde 16 Jahre später zum römischen Prokurator von Judäa ernannt. Die Hasmonäer betrachteten sich allerdings auch weiterhin als Staatsoberhäupter. Aristobul II führte mehrere Aufstände gegen Rom und die Idumäer. Dessen Sohn Antigonos gewann 40 v. Chr. kurzzeitig die Krone zurück, scheiterte aber nach dreijährigen blutigen Kämpfen an Herodes d. Gr., der 37 v. Chr. König von Judäa wurde.

Das einst so ehrenwerte Geschlecht aus der Priesterschaft der Hasmonäer hatte durch ihre verheerenden Familienzwistigkeiten alles Ansehen im Volk verspielt. So gereichte es Herodes d. Gr., dem Sohn Antipaters, kaum zur Kritik, als er die Hasmonäer völlig eliminierte.

Nach Erwartung und Vorstellung der Essener waren die politischen Irrungen und Wirrungen, die blutigen Familienzwistigkeiten um weltliche Macht aber auch die erneute Besetzung Israels von untergeordneter Bedeutung. Sie sahen darin lediglich ein Vorspiel auf das nahe Endgericht, die *Messiaswehen*. Schließlich hatte der jüngste Geschichtsverlauf ihre tiefe Ansicht bestätigt, daß weder politisch noch militärisch eine Besserung des Elendszustandes der Menschheit zu erreichen ist.

Für das fest erwartete Zukunftsheil Israels konnten alle Könige, Hohenpriester und Besatzer dieser Zeit prinzipiell keine Bedeutung haben. Das zukünftige Heil blieb ausschließlich dem nahen Messiastum vorbehalten. So war auch die Tempelplünderung im Jahre 54 v. Chr. lediglich eines von vielen Vorzeichen des Endgerichts. Anders gewertet wurde jedoch das schwere Erdbeben, das im Jahre 31 v. Chr. das gesamte judäische Tal verwüstete. Nicht nur Jerusalem und der Tempel, auch Qumran war stark betroffen. Ein Teil des Plateaus und einige Gebäude waren abgesackt. In Mitleidenschaft gezogen wurde vor allem die Zisterne für die täglichen Tauchbäder. Nachhaltig waren auch die Auswirkungen in Ain Feschcha. Der landwirtschaftliche Betrieb und die Produktion von Lederrollen waren erheblich eingeschränkt. Daß Jerusalem mit seinen *sündhaften* Menschen betroffen war, ließ sich mit dem Bild des sich anbahnenden Strafgerichts Gottes verbinden. Warum wurde jedoch auch Qumran, die Siedlung der Frommen, heimgesucht? Prinzipiell galt nämlich der essenische Bau jetzt als unrein und durfte für einen längeren Zeitraum nicht mehr bewohnt werden. Viele Historiker vermuten deshalb, daß Qumran für etwa zwanzig Jahre verlassen wurde. Archäologen haben jedoch eine Anzahl von Baumaßnahmen nachgewiesen, so daß vermutlich nur ein Teil der Bruderschaft vorübergehend in Jerusalem oder in anderen essenischen Gemeinden Zuflucht fand.

Das Verhältnis Herodes d. Gr. zu den Essenern war neutral bis positiv. Der Grund ist leicht erklärbar. Die Bruderschaft war politisch inaktiv. Daher waren weder Intrigen, öffentliche Kritiken noch Machtgelüste zu befürchten. Eine Stärkung und Förderung der Essener bedeutete zugleich eine Schwächung der politisch interessierten Pharisäer und Sadduzäer. Josephus Flavius berichtet gar von einer Hochachtung des Königs gegenüber den Essenern. Angeblich waren die Essener sogar als einzige vom Treueeid entbunden. Der jüdische Geschichtsschreiber, übrigens selbst Mitglied der Pharisäer, schildert dies ausführlich in Antiquitates XV, 368-372. In den folgenden Abschnitten 373-378 nennt er auch einen Grund: Menahem, ein Essener, begegnete dem Knaben Herodes auf dem Weg zur Schule, sprach ihn als künftigen König der Juden an und prophezeite ihm eine glorreiche Herrschaft. Zu dieser Zeit war eine Königswürde für den Idumäer natürlich nicht zu erwarten. Als Herodes tatsächlich im Jahre 37 v. Chr. gekrönt wurde, befragte er Menahem über die Dauer seiner Regentschaft. Dessen Prohpezeiung legte mehr als dreißig Jahre dafür fest.

Dieser Menahem (auch Menachem) fand großes Vertrauen bei Herodes d. Gr. und war mit Sicherheit ein essenischer Meister, d. h. mit magischen Weisheiten ausgestattet. Man nimmt sogar an, daß er den König in vielerlei Hinsicht beriet und mit dem essenischen Gedankengut vertraut machte. So mag es tatsächlich dem Rat Menahems und seiner Bruderschaft entspringen, daß Herodes d. Gr. etwa im Jahre 20 v. Chr. den Entschluß für den Wiederaufbau des Tempels faßte. Bei der Konzeption des neuen Tempels haben die Essener mitgewirkt. Bei ihrem Traditionsbewußtsein lag eine Gestaltung des neuen Heiligtums entsprechend der Offenbarung Jahwes an die Könige David und Salomo sowie den Propheten Ezechiel nahe. Die in den Qumran-Höhlen entdeckte Tempelrolle war sicher Grundlage für den essenischen Planentwurf des Tempels um 20 v. Chr. Wenngleich der fertiggestellte Tempel (erst 62 n. Chr.) in einigen Details mit dem essenischen Bauplan übereinstimmte, war er dennoch grundsätzlich anders konzipiert. Dies mag viele Ursachen wie Finanzierung, Statik usw. haben, kann aber auch auf eine Distanzierung Herodes d. Gr. von den Essenern hindeuten, denn er fürchtete, bei einer zu engen Zusammenarbeit mit der Bruderschaft, den Widerstand aus den Reihen anderer religiöser Parteien. Zudem erkannte er natürlich die Gefahr für seine Dynastie, die sich in der essenischen Erwartung eines weltlichen Messias aus dem Hause David und eines priesterlichen Messias aus dem Zadokiden-Geschlecht ergab. Dies führte zunehmend zu gegenseitigen Berührungsängsten. Da die politischen Visionen Herodes d. Gr. weit über Judäa und Palästina hinausgingen, sein Ziel also die Ausdehnung der weltlichen Macht war, mußte er zu den Essenern zwangsläufig auf Distanz gehen. Diese hatten natürlich große Hoffnung auf den Herrscher gesetzt. In mancher Hinsicht sahen sie in ihm sogar das göttliche Werkzeug, mit dem sie den Boden für das nahe Messiastum aufbereiten konnten. Wie wir wissen, wurde dieses Geschehen von den Essenern auf 70 n. Chr. datiert, also in einer Zeit, die jedenfalls auf Herodes d. Gr. folgen mußte. Eine Konfrontation des Messias aus dem Hause Davids und des Hohenpriesters aus dem Geschlecht Zadoks mit dem gegenwärtigen König lag außerhalb der essenischen Vorstellungswelt.

Auf diesem Hintergrund ist leicht vorstellbar, welche Welle des Umdenkens und der Neuorientierung die Geburt Johannes des Täufers im Jahre 8 v. Chr. ausgelöst hat. Jahwe bestätigte zwar die Worte der Propheten und deren Deutung durch den *Wahren Lehrer*, hielt sich jedoch nicht an das zeitliche Rechenwerk der Essener und ihres Oberhauptes. Johannes der Täufer und Jesus wurden nach den Berechnungen der Essener also um eine Generation zu früh geboren.

Die hohen Eingeweihten der Bruderschaft erkannten jedoch den kleinen Zeitirrtum in den alten Berechnungen sehr schnell. Offenbar wies sie der Stern von Bethlehem oder andere, uns nicht bekannte Zeichen, auf die prophezeite Geburt des Wegbereiters Gottes, Johannes des Täufers, hin. Neben Simon dem Essener wird auch Menahem einer dieser Weisen oder Magis gewesen sein, die von dem bedeutenden Ereignis wußten und den Neugeborenen aufsuchten. Was diese Meisterseelen sahen und erkannten, mußte natürlich ein Geheimnis unter wenigen Eingeweihten bleiben. Auch der breiten Bruderschaft mußte das Wissen vorenthalten werden, um unnötige Gefahren und Konfrontationen aller Art zu vermeiden. So ist es nicht verwunderlich, daß weder Schriftstücke noch andere Dokumente der Essener auf dieses Ereignis direkten Bezug nehmen.

Ein halbes Jahr später wurde Jesus geboren. In dieser Geburt erkannten die Meisterseelen die Inkarnation des ebenfalls prophezeiten Gesalbten aus dem Hause David. Die Erwartung der Essener-Meister war nun gänzlich erfüllt, doch wie bei der Geburt Johannes des Täufers, so mußte auch die Bedeutung dieses Neugeborenen Geheimnis der wenigen Eingeweihten bleiben. Spätestens ab diesem Zeitpunkt gab es zwei Gruppen innerhalb der Bruderschaft. Einerseits die verschwindend geringe Anzahl der Eingeweihten, andererseits die breite Basis der Essener, die weder der Geburt noch dem späteren Werk der beiden Lichtgestalten besondere Bedeutung beimaßen. Nach Auffassung der breiten Basis konnten beide nicht Teil des göttlichen Plans sein, da sie einfach um ein halbes Jahrhundert zu früh auftraten.

Die Qumran-Forschung macht in ihrer Deutung über die Beziehung der Essener zu Johannes dem Täufer und Jesus daher einen entscheidenden Fehler. Sie unterstellt nämlich gleiches Deuten, Handeln und Erkennen für die Gesamtheit der essenischen Bruderschaft, angefangen von den Novizen über die Vollmitglieder bis hin zu den Eingeweihten. Dies ist bei der Größe und Verschiedenartigkeit der Aufgaben von 4000 männlichen Mitgliedern, selbst in einer straff geführten Organisation, nicht möglich. Einen Hinweis, wie die wenigen Auserwählten der Essener die Geburt Johannes des Täufers und Jesu und deren Missionsauftrag visionär wahrnahmen, mag die mediale Durchgabe vom 28. Mai 1991 geben, die in Teil IV dieses Buches festgehalten ist.

So müssen erst die zeitgeschichtlichen Aspekte, inhaltlichen Lehren und zeitlichen Vorstellungen der Essener besprochen werden, ebenso die innere und äußere

Ain Karem - der Geburtsort Johannes des Täufers

Die Gegend von Betanien

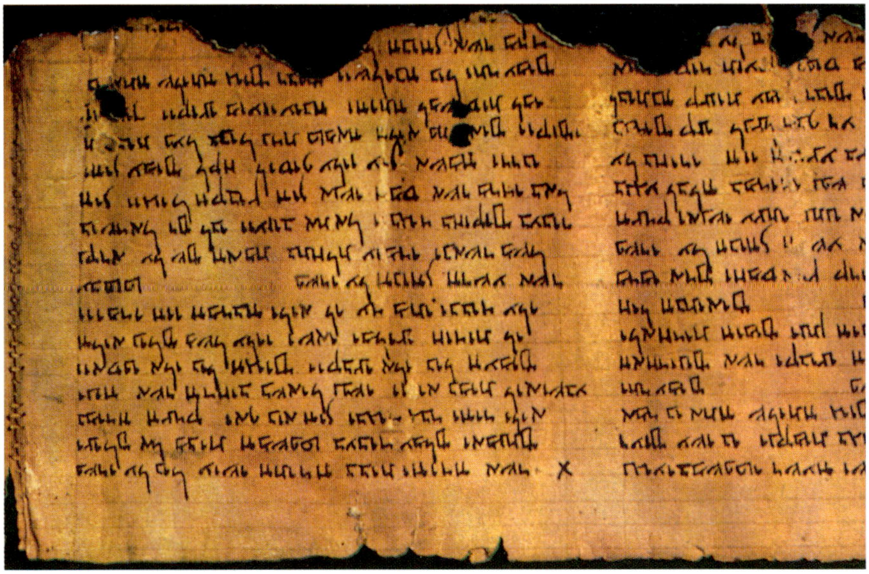

Schriftrolle vom Toten Meer – Teil des Habakukkommentars

Qumran-Ruine

Eines der Tauchbecken in Qumran

Qumran-Fundhöhlen der Schriftrollen

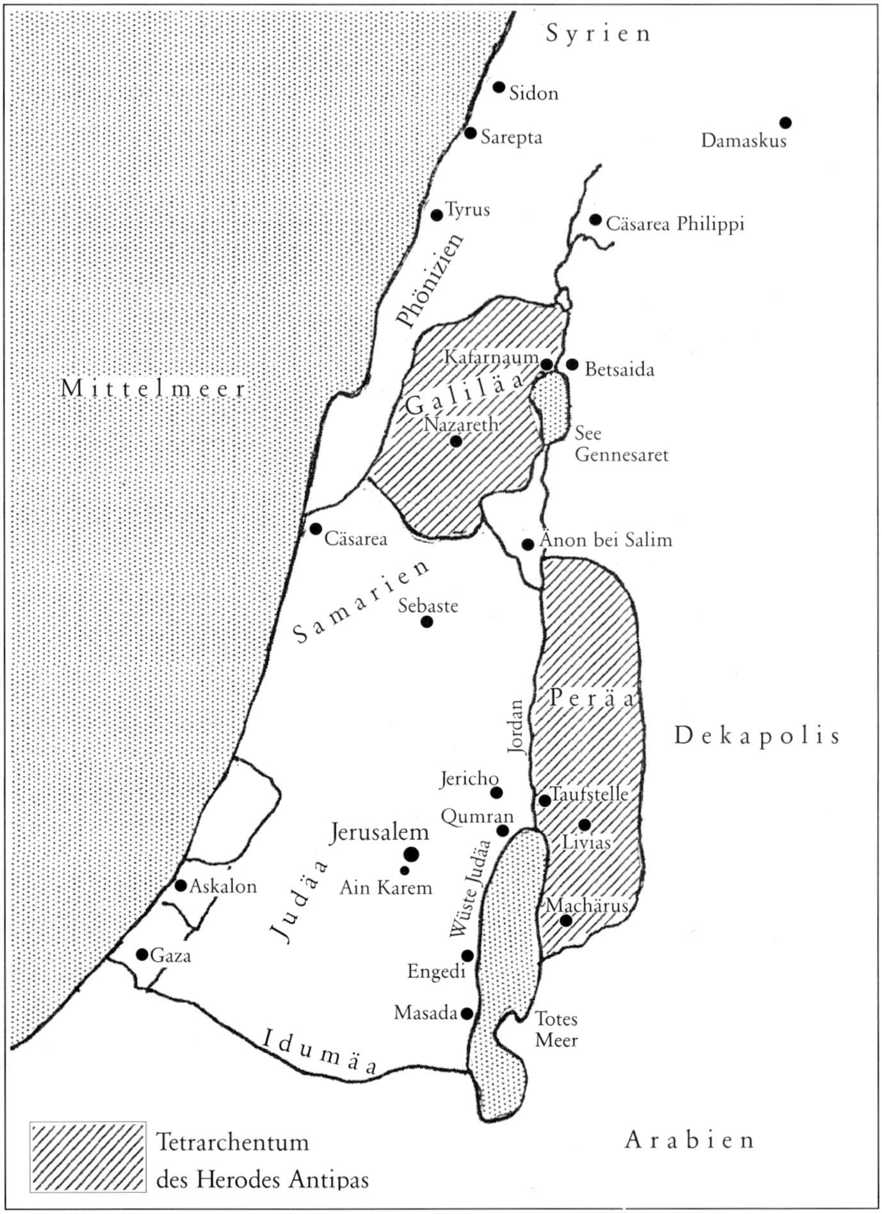

PALÄSTINA zur Zeit Johannes des Täufers und Jesu

Krise in der Beziehung zwischen Essenern und Herodes d. Gr. in der Zeit 8/7 v. Chr. zur Sprache kommen. Erst dann versteht man, daß die Eingeweihten, Weisen oder Magis ihr Wissen selbst vor der eigenen Bruderschaft geheimhielten, beide Neugeborenen in Sicherheit brachten und für deren Ausbildung sorgten.

Über den weiteren historischen Verbleib der Essenischen Union wissen wir nicht viel. Hinweise auf das sogenannte Essener-Tor, in der südwestlichen Stadtmauer Jerusalems, lassen ein verstärktes Auftreten der Essener in Jerusalem zur Zeit Herodes d. Gr. vermuten. Selbst die Zulassung von Essenern zum Synhedrium, dem Hohen Rat, ist in dieser Zeitphase denkbar.

Mit dem für die Essener so bedeutenden Jahr 70 n. Chr. ist jedoch auch ihr eigener Abgang von der Weltbühne verbunden. Vier Jahre vorher formierte sich der militärische Widerstand der Juden Palästinas gegen die Römer. Von den römischen Gegenmaßnahmen blieben die Mitglieder der Bruderschaft nicht verschont. In Bellum II, 152-158 berichtet Josephus Flavius, wie die Essener selbst trotz Folter und Tod zu ihrem Gott und zu ihrer Einstellung standen und alle Martyrien bewundernswert ertrugen. Diese Schilderung betrifft überwiegend die in Jerusalem ansässigen Essener.

Qumran selbst wurde in den Sommermonaten des Jahres 68 n. Chr. zerstört. Hierfür gibt es mehrere Hinweise, wobei wiederum der Bericht von Josephus Flavius über den Jüdischen Krieg den Verlauf der Ereignisse am meisten aufhellt. Seine diesbezügliche Schilderung ist glaubhaft, war er doch selbst als hoher Militär am Aufstand beteiligt. Er berichtet, wie die 10. Legion Jericho am 21. Juni 68 erobert hat. Alle Bewohner, die nicht vorher das Weite suchen konnten, wurden von den römischen Soldaten niedergemetzelt (sh. Bellum IV, 450-452). In der nahegelegenen Qumran-Siedlung vermuteten die Römer ein Zentrum des jüdischen Aufstandes. Die Qumran-Gemeinde wußte sicher bereits von der Einnahme Jerichos, war aber vom Angriff der Römer auf ihre Siedlung offenbar überrascht. In höchster Eile brachten sie ihre wertvollen Schriften in Sicherheit.

Alle Indizien deuten darauf hin, daß die Schriftrollen innerhalb weniger Stunden aus der Bibliothek entfernt und in nahe liegenden Höhlen versteckt wurden. Die verbleibende Zeit wahr sehr kurz bemessen. Die Höhlenfunde zeigen, wie hastig die wertvollen Schriftstücke verwahrt werden mußten. Ob und wie die Qumran-Gemeinde mit ihren 150-200 Bewohnern Widerstand leistete, ist historisch nicht feststellbar. Alle Überlieferungen weisen darauf hin, daß die Essener grundsätzlich den Kampf mit der Waffe ablehnten, selbst im Falle der Verteidigung von Leib und Leben. Es gibt jedoch eine historische Ausnahme. Josephus Flavius nennt den Essener Johannes, der als Oberkommandierender die aufständischen Truppen in der Küstenebene Judäas führte. In der Schlacht um die Küstenstadt Askalon fand er jedoch den Tod. Zur gleichen Zeit befehligte Josephus Flavius jüdische Truppen in Galiläa (sh. Bellum II, 562-568; III, 3-21). Wenn er in seinen Aufzeichnung von dem Essener Johannes spricht, berichtet er also über einen Mitstreiter gegen die römische Fremdherrschaft.

Es ist verständlich, daß angesichts der Grausamkeiten im Jüdischen Krieg einige Essener ihre Grundhaltung änderten. Die zeitliche Übereinstimmung mit der römischen Unterdrückung Israels und dem von der Bruderschaft errechneten Termin für das Endgericht kam hinzu. Einige Essener haben sich dem legendären Widerstand auf der Bergfestung Masada am Toten Meer angeschlossen. Erst 74 n. Chr., vier Jahre nach Fall und Zerstörung Jerusalems, fiel nach blutigen Kämpfen diese letzte Bastion des Aufstandes. Die letzten Verteidiger wählten nach heroischem Kampf den Freitod, so daß die Römer beim Betreten der Burgfeste keine Lebenden mehr vorfanden. Durch Selbstmord haben sich die letzten Widerstandskämpfer der römischen Unterwerfung entzogen (sh. Bellum VII, 389-401).

In Teil IV dieses Buches findet sich die mediale Durchgabe vom 28. Mai 1991. Offensichtlich handelt es sich dabei um eine authentische Schilderung des Esseners Emanuel, die ihren historischen Bezug in den Folterqualen der Essener in Jerusalem oder im Massenselbstmord auf der Burgfeste Masada hat.

74 n. Chr. wurde die Bruderschaft der Essener ausgelöscht. Die römischen Legionen hatten in Jerusalem und vielen anderen Schauplätzen des Jüdischen Krieges keinen Stein auf dem anderen gelassen. Wer nicht fliehen konnte, wurde zu Tode gefoltert, hingemetzelt oder verschleppt. Dieses Schicksal hat auch die vielen Essener-Gemeinden getroffen. Mitglieder, die überlebten, zerstreuten sich in alle Winde. Viele werden sich wiedergefunden haben, um die Bruderschaft aufs Neue zu besiegeln. Historisch belegt ist das Fortbestehen der Bruderschaft nicht.

Geist und Lehre der Essener haben jedoch den irdischen Untergang überdauert. Ein großer Teil davon ist zur Basis des Christentums geworden. Ein anderer Teil des essenischen Gedankengutes, wie etwa ihre mystischen Einsichten und magischen Weisheiten, wurde vom Christentum vernachlässigt oder gar verworfen.

Nur der, den Mystik und magische Weisheit der Essener zu berühren vermag, wird nicht belächeln, daß ihr Geist und Wirken stets in großen Mystikern wiederkehrt. So mag es nicht verwundern, wenn in Heiligen wie Hieronymus, Benedikt und Franz von Assisi die Wiedergeburt einer hohen essenischen Meisterseele gesehen wird.

Es hat den Anschein, als wäre die Weiße Bruderschaft nie erloschen. Gibt es auch seit 70 n. Chr. keinen Hinweis mehr auf deren namentliche Existenz, so spiegelt sich doch die essenische Philosophie in vielen Gruppierungen und Vereinigungen wider. Wie ein roter Faden zieht sich das Essenertum durch Zeit und Welt, so etwa bei den Orden der Templer, Johanniter und Malteser. Die legendären Bruderschaften der Rosenkreuzer und Katharer werden ebenfalls mit dem Geist der Essener in Zusammenhang gebracht. Selbst die Prophezeiungen des Nostradamus werden aufgrund neuester Erkenntnisse auf das Geheimwissen der Essener zurückgeführt.

Ich selbst neige zur Ansicht, daß der Autor der prophetischen *Offenbarung des Johannes*, dem letzten Buch des Neuen Testaments, ein Essener namens Johannes ist. Diese Vermutung schließt mit ein, daß diese geheimnisvolle Offenbarung unmittelbar aus den Prophezeiungen und Visionen der Essener herrührt.

Am Ende des 20. Jahrhunderts empfangen wir mediale Botschaften von ehemals großen Meisterseelen der geheimnisumwitterten Weißen Bruderschaft. Gewissermaßen aus den Sphären des Geistes vermitteln sie uns ihre große Sorge um die Welt der Materie. Ihre Bemühungen, dem Leben auf Erden wieder die wahren Werte und göttlichen Gesetze zu lehren, zeugen von ihrer großen Verbundenheit mit uns. In der medialen Durchgabe vom 2. Mai 1993 (sh. Teil IV, Kap.: *Mediale Botschaften Johannes des Täufers und der Essener*), spiegelt sich dies wider.

Ich habe die innere Vision erlangt,
und durch deinen Geist in mir
dein wunderbares Geheimnis erfahren.
Durch deine mystische Einsicht
hast du einen Quell des Wissens
in mir aufsprudeln lassen,
einen Springbrunnen der Kraft,
aus dem lebendige Wasser aufsteigen,
eine Flut der Liebe
und allumfassender Weisheit,
gleich dem Glanz des ewigen Lichts

Aus dem Hymnenbuch der Schriftrollen vom Toten Meer

JOHANNES DER TÄUFER UND DIE ESSENER

Mit der Entdeckung der Schriftrollen vom Toten Meer trat auch die Gestalt Johannes des Täufers wieder in den Mittelpunkt des Interesses von Forschung und Öffentlichkeit.

Das geringe Wissen über Leben und Mission des Täufers verleitete aber selbst die Fachwelt zu Annahmen und Aussagen, die lediglich auf wenigen Indizien aufgebaut sind. Dies gilt besonders für die Verbindung Johannes des Täufers zu den Essenern. So reicht das Spektrum der Beweisführungen von *Johannes war kein Essener* über *Johannes war ein ausgestoßener Essener* bis hin zu *Johannes war Oberhaupt der Essener*. Die Betrachtungsweise ist dabei meist tendenziös. Stets wird übersehen, daß vereinzelte und fragmentarische Hinweise nicht Grundlage für eine generelle Aussage über, geschweige denn für eine detaillierte Deutung von Leben und Mission sein können.

Es gibt tatsächlich keinen historischen Hinweis, daß Johannes der Täufer der essenischen Bruderschaft angehörte. Selbst Josephus Flavius macht in seinen Niederschriften über das plötzlich erscheinende Volks-Idol keine Andeutung, welcher religiösen Gruppierung der Prediger und Täufer nahesteht. Dies ist bemerkenswert, gibt der Geschichtsschreiber doch oft den Zusatz *der Essener*, wenn er Personen wie Simon, Menahem oder jenen Johannes erwähnt, der jüdische Widerstandstruppen befehligte und 66 n. Chr. gefallen ist. Daß Josephus Flavius, gewissermaßen Zeitzeuge der Essener und Johannes des Täufers, keinerlei Beziehung zu der Bruderschaft erwähnt, hat natürlich Bedeutung. Zugleich läßt es den Schluß zu, daß der Täufer sich selbst nie als Essener bezeichnete. Offenbar haben ihn auch die Volksscharen, die zu seinen Predigten und zur Taufe strömten, nicht mit der Bruderschaft in Verbindung gebracht. Hier war es allein schon das äußere Erscheinungsbild, das Johannes von den Essenern unterschied. Während er mit Kamelhaarfell und Ledergürtel bekleidet war, galt das Gewand aus weißem Leinen als typisch für die Bruderschaft. Es gab selbst für den flüchtigen Betrachter noch weitere Unterschiede. Der Täufer hatte weder einen festen Wohnsitz noch Familie. Er trank keinen Wein, und aß kein Fleisch. Den Reinigungsriten und Kultmahlzeiten in Häusern zog er ein Nomadenleben unter freiem Himmel vor. Die Essenszeiten für ihn und seine Jünger richteten sich mehr nach dem Hungergefühl und den Möglichkeiten etwas zu essen, als nach dem Sonnenstand. Der Verzicht auf eine Mahlzeit wurde sicher nicht als Verstoß gegen kultische Regeln empfunden. Eine hierarchisch gegliederte Sitzordnung während der Mahlzeiten, bei den Essenern fester Bestandteil, gab es nicht. Auch stand ihm nicht der Sinn nach Ackerbau, Hege und Pflege von Obstbäumen oder Gemüseplantagen.

Johannes der Täufer lehrte und predigte. Das wiederum taten aber auch Ausgesandte der Essener. Vielleicht sprachen diese sanfter und einfühlsamer zu den Menschen, doch hatten sie eine Sperre: ihr traditionelles Verhalten zu Unreinen, wie etwa Kranke, Heiden, Frauen mit Blutfluß usw., das ihnen besondere Regeln und Reinigungsriten auferlegte. Der Prediger im Kamelhaarfell dagegen setzte sich darüber hinweg. Er sah keinen Verstoß gegen das göttliche Gesetz der Reinheit, wenn er sich Unreinen näherte, ihnen die Hand auflegte oder sie gar taufte.

Johannes der Täufer hatte also keinerlei Berührungsängste mit den Unreinen. Dies läßt einen bedeutenden Schluß zu: Er muß sich der absoluten Kraft seiner inneren Reinheit bewußt gewesen sein, so daß er durch Menschen nicht unrein werden konnte. Den Grundstein hierfür hat er durch eine strikte, disziplinierte innere und äußere Lebensweise gelegt. Diese wich in vielen Punkten vom traditionellen Judentum ab, aber auch von den Essenern. Auch in seinen Handlungen wird er oftmals deren Regeln und Riten mißachtet haben.

Erst auf diesem Hintergrund ergeben die Worte des Elihu laut Wassermann-Evangelium Kap. 7,23-24 einen Sinn. Er sagt, daß nichts so Wege ebnen, Felsen sprengen, Hügel niederreißen und Schluchten überbrücken kann (sprich: Gesetze, Regeln, Riten, Vorurteile) wie die Reinheit. Wörtlich sagt er weiter:

»Doch des Lebens Reinheit kann der Mensch noch nicht verstehen. Daher muß die Reinheit kommen in Gestalt. Johannes ist die Reinheit in Gestalt, und Reinheit ist es, welche für die Liebe alle Wege ebnet.«

Es gibt aber noch mehr Unterschiede zwischen Johannes dem Täufer und den Essenern. Diese werden jedoch erst bei genauerem Hinsehen deutlich. So ist die oft aufgestellte Behauptung, die Taufe des Johannes entstamme dem Ritual der essenischen Tauchbäder, völlig absurd. Geradezu die Taufe läßt tiefgreifende Unterschiede zu den Reinigungsbädern der Bruderschaft erkennen. Die Taufe im Jordan war grundsätzlich jedem zugänglich. Sie war ein einmaliger Akt, eine sakramentale Handlung, die Sündenvergebung gewährte und den umkehrwilligen Täufling, gleichsam versiegelt, den Weg durch das Endgericht zur künftigen Heilszeit wies.

Die Essener hingegen hatten in ihren Gemeinden Tauchbecken angelegt, die ausschließlich der kultischen Reinheit dienten. Die Tauchbäder wurden mehrmals täglich durchgeführt. Zugelassen waren nur Mitglieder der Bruderschaft, die das Probejahr bestanden hatten.

Wie wir wissen, hatte der Ort der Johannes-Taufe eine heilsgeschichtliche Bedeutung; die Tauchbäder der Essener hingegen wurden an all ihren Wohnstätten angelegt.

Ein weiterer grundlegender Unterschied zeigt sich im Empfängerkreis der Heilsmöglichkeit. Für die Essener war der Zugang zum Heil vom Eintritt in die Bruderschaft abhängig. Nach Aussage des *Wahren Lehrers* konnte Israel das Heil nur erlangen, wenn es sich in seiner Gesamtheit dem Neuen Bund, der Essenischen Union anschloß oder zumindest nach deren Regeln und Riten lebte. Die Gnade des Heils konnte zudem nur jenen angedeihen, die sich am Tage x innerhalb der Grenzen des Gelobten Landes befanden. Die Ostgrenze war dabei der Jordanfluß.

Johannes der Täufer hingegen entließ alle, die seine Predigten und Taufe empfingen, wieder nach Hause zu Familie und Beruf zurück. Er verlangte weder Eingliederung in eine Organisation noch Einhaltung bestimmter Riten und Regeln, lediglich Umkehr. Das Heil selbst war also durch innere Selbstbestimmung eines jeden einzelnen erfahrbar, keinesfalls jedoch abhängig von der äußeren Ortsbestimmung. So gibt es keinerlei Hinweise, daß der Täufer die Heilsmöglichkeit vom Verweilen innerhalb der Grenzen des Gelobten Landes abhängig machte. Hat die von Johannes gewählte Taufstelle östlich des Jordans hier eine zusätzliche Symbolik? Jedenfalls machte der Täufer das Heil nicht von geographischen Grenzen abhängig. Er taufte z. B. auch Menschen aus Peräa, ohne sie aufzufordern, in die Grenzen des Gelobten Landes zu ziehen.

Für die Basis der essenischen Bruderschaft war es sicher nicht nachvollziehbar, daß die johanneische Mission außerhalb des Gelobten Landes überhaupt eine heilsgeschichtliche Bedeutung haben konnte.

Ein weiterer Unterschied ist auch in der Terminierung von Strafgericht und Auftreten des Messias zu sehen. Hier zeigt sich eine zeitliche Differenz von ziemlich genau vierzig Jahren. Während die Essener dieses Ereignis auf 70 n. Chr. datierten, sah es Johannes der Täufer als unmittelbar bevorstehend. Aus heutiger Sicht ist diese kleine Differenz von vierzig Jahren verschwindend, bezogen auf die betroffene Generation jedoch erheblich.

Zur Tora: Als Weisung im Namen Jahwes, von Moses dem Volk Israel offenbart, war sie den Essenern Grundlage des täglichen Lebens. Ihre Tora-Auslegung war sehr eng, speziell in Fragen der kultischen Reinheit. Johannes stellte in seinen Predigten die Gesetze der Tora nicht heraus. Wir müssen sogar annehmen, daß er viele Weisungen verworfen hat. So fordert die Tora den jährlichen Versöhnungstag zur Vergebung der Sünden für das gesamte Israel. Im Verständnis des Täufers waren aber Sündenvergebung und Heilserwartung für Israel nur durch seine Taufe am Jordan erreichbar.

Noch ein Unterschied bedarf der Erwähnung: Der 354-Tage-Mondkalender, an dem sich der Tempelkult in Jerusalem orientierte, war in den Augen der Essener ein grober Verstoß gegen das Gesetz Jahwes. Bei Johannes dem Täufer finden wir keinen Hinweis, daß er an dem praktizierten Kalender Anstoß genommen hat.

Genügen nun all diese Abweichungen zu sagen, Johannes der Täufer war kein Essener oder es gäbe keinerlei Verbindung zwischen beiden? Kam er dann aus den Reihen der Pharisäer oder Sadduzäer? Sicher nicht, hat er doch beide als *Otterngezüchte* (sh. Mt 3,7) bezeichnet. Gab es noch eine vierte, zusätzliche religiöse Bewegung, deren Namen wir nicht kennen? Ja, es gab sie: die Bewegung Johannes des Täufers. Doch diese Bewegung hatte ihre Wurzeln im Essenertum. Bei allen Differenzen zeigen sich doch auch wesentliche Übereinstimmungen zwischen Johannes dem Täufer und den Essenern. Beide hatten mehr als eine visionäre Vorstellung, nämlich Gewißheit, daß göttliches Gericht und messianische Heilszeit sich in naher Zukunft erfüllen würden. Beide mahnten zur Umkehr und entsprechenden Vorbereitung auf die Zeitenwende. Und schließlich war neben den Essenern die Johannesbewegung die einzige religiöse Gruppierung im Judentum, die den Opferkult am Jerusalemer Tempel ablehnten bzw. kritisierten. Ebenso wie die Essener, agierte auch Johannes der Täufer außerhalb der Machtzentren. Er war weder an politischem noch an gesellschaftlichem Einfluß interessiert und verwarf militärische Konfliktlösungen. Wie die Essener, so sah auch der Täufer in der Wüste Judäa den Ort, von dem das zukünftige Heil ausgehen sollte. All diese Übereinstimmungen haben natürlich ihr Gewicht.

In der größtmöglichen Übereinstimmung von Johannes und dem essenischen Denken, das Volk Israel zu Gott zurückzuführen, zeigt sich zugleich der größte Unterschied. Die Essener sahen den Weg nur im Beitritt zum Neuen Bund, Johannes hingegen setzte Umkehr und Taufe im Jordan voraus. Da die beiden Heilswege einander ausschlossen, muß dies zwangsweise zu Konfliktsituationen zwischen der Bruderschaft und dem Täufer geführt haben. Speziell auf dem Höhepunkt des Johannesfiebers, das Palästina um 30 n. Chr. erfaßte, verlor die essenische Lehre zusehends an Bedeutung in der Öffentlichkeit. Nach dem Tod des Täufers hatte die Jesus-Botschaft zentrales Gewicht in Palästina gefunden.

Wenn die gesamte Qumran-Forschung die Schriftrollen-Funde richtig interpretiert hat, müssen Wirken und Mission Johannes des Täufers und Jesu in so manchem Widerspruch zum praktizierten Essenertum gestanden haben. Nicht nur deren Mißachtung manch essenischer Grundelemente, sondern auch ihr zeitlich verfrühtes Auftreten müßte Kritik entfacht und Klärung ausgelöst haben. Doch weder in frühchristlichen noch essenischen Dokumenten findet sich der geringste Hinweis. Umgekehrt finden sich auch keinerlei Andeutungen in den frühchristlich zitierten Johannes- und Jesus-Worten zu den Essenern. Wir dürfen jedoch annehmen, daß auch die Weiße Bruderschaft, ähnlich den Pharisäern und Sadduzäern, nicht von Kritik verschont geblieben wäre, hätte sie sich gegen Johannes und Jesus gestellt.

Um die Beziehungen der Essener zu Johannes dem Täufer und Jesus zu ergründen, müssen wir an den Anfang zurückgehen.

Der *Wahre Lehrer* hatte Großes vollbracht. Er gründete die Essenische Union und gab der Bruderschaft feste Regeln. Im Neuen Bund war er stets mit dem Nimbus des Visionärs, Propheten, gar Vorläufers des Messias umgeben. Als Johannes der Täufer im Jahre 8 v. Chr. in Ain Karem geboren wurde, war der Wahre Lehrer jedoch bereits über 100 Jahre tot. In dieser Zeitspanne von einem Jahrhundert blieben Entwicklung und Erkenntnis der Essener jedoch nicht stehen. Die Annahme, daß die Bruderschaft nach dem Tode ihres Gründers nur aus Novizen, Gärtnern, Lederherstellern und -beschriftern sowie Vollmitgliedern bestand, ist absurd. Da der *Wahre Lehrer* den Zeitpunkt des Endgerichts auf 70 v. Chr. datierte, muß es auch nach ihm Weise und Seher gegeben haben, die eine Korrektur des Termins auf 70 n. Chr. erarbeiteten. Die Essenische Union war nach dem *Wahren Lehrer* weder kopflos noch ohne Führung von Eingeweihten. Im Gegenteil, der starke Anstieg von Mitgliedern bis zum Auftreten Johannes des Täufers und Jesu weist auf zunehmende Inspiration und Impulse durch Persönlichkeiten hin. Dies heißt freilich nicht, daß Regeln und Riten geändert wurden. Doch spätestens bei der Geburt Johannes des Täufers gelangten wenige Seher und Eingeweihte der Essener zu neuen Erkenntnissen, ja Offenbarungen, die der Basis der Bruderschaft aus vielerlei Gründen vorenthalten wurden. So waren es Meisterseelen der Essener, die in der Geburt von Johannes und Jesus die Zeichen Gottes und der Zeit erkannten. Beide Neugeborene gelangten in die Obhut dieser Weisen. Nicht nur Leib und Leben schützten sie vor Gefahren (Verfolgung durch Herodes d. Gr.), sie führten die Auserwählten zu Lehrern und Meistern mannigfacher Art. Diese Lehrer waren nicht immer Mitglieder der Essenischen Union, aber dem Gedankengut der Bruderschaft nahestehend. Das ganze Unternehmen mußte zwangsläufig eine Geheime Mission bleiben, um sowohl Leib und Leben, als auch die Bestimmung der beiden Gottgesandten nicht zu gefährden.

Aus Sicht der Weisen bildeten Johannes der Täufer und Jesus eine Einheit im Sinne der Heilslehre und göttlichen Vorsehung. Innerhalb dieses untrennbaren göttlichen Prinzips verkörperte Johannes der Täufer die Reinheit, Jesus die Liebe.

Beide hatten überwiegend die gleichen Lehrer, jedoch zu verschiedenen Zeiten. Wiederholte Begegnungen waren nicht zufällig, sondern genau geplant. Den größten Teil ihrer Ausbildung verbrachten sie außerhalb Palästinas. Schulungen in Ägypten, dem Zweistromland und Syrien bei Essenergemeinden oder nahestehenden Bruderschaften sind wahrscheinlich. Nur so läßt sich auch der dunkle Tunnel von etwa dreißig Jahren im Leben beider erklären. Zusätzliche Ausbildungsstätten, z. B. Indien, Tibet usw. sind mehr als glaubhaft, müssen jedoch nach bisherigem Stand der Forschung im Bereich des Möglichen bleiben. Zeitweilige Aufenthalte in Qumran zum Studium der Schriften, speziell der Prophetenbücher, sind eigentlich nur logisch, denn nirgends sonst gab es eine entsprechend umfangreiche Bibliothek der jüdisch-religiösen Literatur. Ob Johannes der Täufer und Jesus eingetragene Mitglieder der Bruderschaft waren, ist in der Tat zweifelhaft. Im Grunde spricht mehr dagegen, als dafür. Wir müssen uns mit dem Gedanken vertraut machen, daß sowohl Johannes der Täufer als auch Jesus nicht dem innersten Kreis des Neuen Bundes der Essener angehörten.

Später gebraucht auch Jesus die Bezeichnung Neuer Bund. Hierunter versteht er jedoch nicht die Fortführung des essenischen Bundes, vielmehr nennt er den eucharistischen Kelch den *»Neuen Bund in meinem Blute, das für euch vergossen wurde«* (Lk 22,20). Dieser Neue Bund wird also ausschließlich durch die Selbsthingabe Jesu gegründet.

Die lange aufrechterhaltene These, daß Johannes der Täufer und Jesus als Jugendliche der Bruderschaft in Qumran beigetreten sind, den langjährigen Weg vom Novizen zum Vollmitglied gingen und dann ausgesandt wurden, um zu lehren, ist zwar naheliegend, aber sachlich falsch. Dennoch waren beide mit den Essenern eng vertraut. Sie ehrten Person und Werk des *Wahren Lehrers*, der Vorbildfunktion und zugleich Vorläuferschaft für ihre Mission hatte. Die Entschlossenheit der Bruderschaft zur Wahrung des Vätererbes und Erneuerung des versöhnenden Bundes mit Gott ist zudem Ausgangslage für die Heilsbotschaft des Täufers und das messianische Wirken Jesu. Beide standen zeitlebens mit ihren essenischen Lehrern und weisen Ratgebern in enger Verbindung.

Auffallend bei den Ortsbestimmungen Johannes des Täufers ist, daß er sich gewissermaßen in einem Halbkreis um Qumran bewegte. So liegt sein Wüstenaufenthalt in Engedi etwa 30 Kilometer südlich von Qumran, der Ort seiner Predigten Chirbet Mird etwa zehn Kilometer westlich, Jericho 10 km nördlich und die Taufstelle Betanien 15 km nördlich. Von all diesen Orten war die Essener-Gemeinde am Toten Meer zwischen drei und neun Fußstunden entfernt.

Der Qumran-Forscher Hartmut Stegemann behauptet, daß trotz unmittelbarer Nähe der Taufstelle zu Qumran Johannes den Täufer und die Essener Welten trennten. Wenngleich dies ein gelungenes Wortspiel ist, so glaube ich keineswegs daran. Schließlich gab es keine historisch und biblisch nachweisbare religiöse Partei oder Strömung, die dem Gedankengut des Täufers so nahe stand wie die Essener. Die Gleichheit von Grundthema sowie Kernaussage in Lehre und Botschaft ist deutlich. Andere Religionsparteien, die Pharisäer und Sadduzäer, haben die Themenkreise Johannes des Täufers und der Essener erst gar nicht aufgegriffen. Natürlich gab es neben der Übereinstimmung hinsichtlich eschathologischer Erwartung und ausgeprägter Theozentrik auch die starken Unterschiede in Lebensweise, Deutung und Ausdruck, auf die ich bereits ausführlich hingwiesen habe. Daraus ist sicher eine gewisse Distanz zwischen dem breiten Essenertum und Johannes dem Täufer erwachsen, jedoch keine Spaltung.

Auftreten, Botschaft und Bestimmung eines Propheten oder Religionsgründers können zwar historisch und religionswissenschaftlich ausgeleuchtet werden, die volle Wahrheit bleibt dem rational denkenden Menschen jedoch verborgen, wenn er das Nicht-Faßbare außer acht läßt.

So ging auch Johannes der Täufer den Weg, den Gott ihm auferlegte. Dieser Weg führte ihn aus den Mauern von Stein und Geist der Bruderschaft. Zu irgendeiner Zeit an irgendeinem Ort erfaßte Johannes der Täufer die ganze Wahrheit und wußte, daß er nun die Grenzen des essenischen Denkens und Handelns überschreiten, ja sprengen mußte.

Er erkannte, daß die Wahrung des Vätererbes, Frömmigkeit, Gebet und Warten auf die Heilszeit nicht genügten, um Gottes Plan zu erfüllen. Ein wahres Werkzeug Gottes konnte nicht hinter Mauern verweilen und in Ritualen aufgehen, es mußte vielmehr aktiv und reformierend vor die Menschen treten.

So mußten Selbstsucht und Eitelkeit niedergerissen, Lethargie und Gleichmut hinweggefegt sowie versteinerte Gesetze und kultische Handlungen verworfen werden. Umkehr, Hoffnung und Heilsbotschaft mußten anstelle der alten Werte treten.

Ort und Zeit, da Johannes der Täufer von dieser Aufgabe erfüllt wurde, sind leicht bestimmbar. Er war in Engedi, am Ende seines Eremitenaufenthaltes in der Höhle Davids.

Die Behauptung, Auftreten und Werk des Täufers resultieren lediglich auf einer persönlichen Henoch- und Daniel-Exegese, die ihm einen früheren Termin als das Jahr 70 n. Chr. für Endgericht und Heilszeit offenlegte, sind töricht, denn allein die persönliche Auslegung von prophetischen Schriften verleiht weder Kraft noch Befähigung zu dem großen Werk des Täufers.

In Kap. 12,20 des Wassermann-Evangeliums wird der Lehrer Elihu zitiert. Er spricht hier zu den Müttern Elisabeth und Maria über ihre Kinder Johannes und Jesus: *»Viele Länder sehen sie und vielen Meistern sitzen sie zu Füßen.«* Wie bereits geschildert, wurde Johannes der Täufer nach seinen Schulungen bei essenischen Lehrern ausgewählten Meistern im Osten zugeführt (Zweistromland, Persien, Indien). Dies gilt analog für Jesus. Während die Lehren dieser Meister mit den grundsätzlichen Weisheiten und mystischen Erkenntnissen der essenischen Lehre übereinstimmten, bemerkte der Täufer jedoch starke Abweichungen zu den Regeln, kultischen Traditionen und Riten der Bruderschaft. Hier ist in ihm bereits eine Distanz zu den kultischen Handlungen der Essener erwachsen. Nach seiner Rückkehr nach Palästina muß dies zu Diskussionen mit dem Rat der Bruderschaft geführt haben. Mit gleichgearteten Erfahrungen und Reformvorschlägen wird auch Jesus die essenische Führung konfrontiert haben. Für die Weisen der Essener, die um Werk und Mission beider wußten, waren die Vorstellungen ihrer Schüler und Schützlinge jedoch im Rahmen der Bruderschaft nicht umsetzbar. In ihrer gesamten Struktur war diese bereits zu starr. Ebenso starr und fixiert war die inhaltliche und formelle Erwartung, die in die Handlungen der Gottgesandten Johannes und Jesus als die prophezeiten Erben der Geschlechter Zadoks und

Davids gesetzt wurden. Dies führte zu einer weiteren Distanz zwischen den Essenern und den Gleichgesinnten Johannes und Jesus.

Spätestens zu diesem Zeitpunkt spürte der Täufer, wie die göttliche Offenbarung von ihm nun gänzlich Besitz ergriff, wie Gottes Plan zur Erfüllung drängte. Schmerzhaft muß er empfunden haben, daß die Bruderschaft seiner Eingebung mit Vorbehalten gegenüberstand. Gerade sie, die sich seit zwei Jahrhunderten auf den Tag des Herrn vorbereitet hatten, erkannten nun weder Ort noch Stunde, wo sich die Prophezeiungen erfüllen sollten. Für die Essener war es freilich nicht leicht zu erkennen, daß plötzlich im Hier und Heute beginnen sollte, worauf sie lange warteten. Im übertragenen Sinne hatten sie Gott in der Wüste tatsächlich den Weg bereitet und die Straße geebnet (vgl. Mal 3,1; Ex 23,20; Jes 40,3). Auch die Wege von Johannes und Jesus halfen sie zu bereiten, deren Handlungsweise aber und auch der Zeitpunkt ihres Handelns entsprachen nicht genau ihrer Vorstellung oder gar Fixierung.

Doch Gott wollte auf dem so starr bereiteten Weg, der gar so planen Straße der Essener nicht gehen. Er ging neben Weg und Straße einher. Der Ort und die Stunde, wo sich die Prophetenworte kreuzten, war der Schnittpunkt von Verheißung und Erfüllung. Im Zentrum dieses Schnittpunktes stand Johannes der Täufer. In seinem Inneren muß er gebrannt und gelodert haben von dem Erkennen des göttlichen Planes. Jetzt gab es nur noch einen Menschen, der seine Eingebung, sein Ziel und seinen Weg gänzlich verstand und teilte: Jesus von Nazareth. Worüber Johannes sprach, was er verspürte, das keimte auch in jenem. Es waren allein diese beiden, die Ort und Stunde des Schnittpunktes von Verheißung und Erfüllung in der ganzen Tragweite erkannten. Dieser Schnittpunkt ist zugleich die Geburtsstunde der johanneischen Bewegung, des Messiastums Jesu und der Christenheit.

Prophezeiungen erfüllen sich nie so, wie sie erwartet werden. Propheten treten auf und werden der jeweiligen Vorstellung kaum gerecht. Der Messias trat auf und wird stets auftreten, wie es nicht im Plane der Menschen war und sein wird. Dies galt im besonderen für Johannes den Täufer und Jesus.

Johannes der Täufer ging nach Engedi in die Wüste am Toten Meer, um die Wahrheit zu finden. Er kam zurück mit großer Kraft, wissend um die Lehre von Umkehr und Neuausrichtung für das gesamte Israel.

Seine Zeichenhandlungen und Predigten, seine Taufe, setzten Israel in Bewegung. Seine Heilsbotschaft und Verkündigung des Messias für die Gegenwart, finden nichts Vergleichbares in der religiösen Weltgeschichte. Damit hat er, der niemals direktes Mitglied der Bruderschaft war, aber in Obhut und Geist der Essener erwachsen ist, die Grenzen seiner Lehrer gesprengt. Eine beiderseitige tiefe und innere Zuneigung war jedoch stets gegeben.

Die wenigen Eingeweihten, die von der Sendung Johannes des Täufers von Anbeginn wußten, hatten sicher auch eine besondere Vorstellung über dessen Auftreten und Wirken, die sicher nicht gänzlich erfüllt wurde; sie vertrauten jedoch auf die Kraft des Propheten und Predigers und die göttliche Führung des Erwählten. Die breite Basis der Bruderschaft freilich stand dem Werk des Täufers fragend gegenüber. Bewunderung aber empfand auch sie für ihn.

Die Vision der Seher und Eingeweihten strebte ihrer Erfüllung zu. Die Prophetie des *Wahren Lehrers* wurde Wirklichkeit. Die Taufhandlungen des Johannes am Jordan, seine Predigten und Aufrufe sowie die Wundertaten Jesu und sein Kreuzestod waren sichtbare äußere Zeichen des göttlichen Planes, von dem die Essener wußten und dem sie seit Generationen dienten. Freilich hatte die Bruderschaft Verlauf und Auswirkung etwas anders erwartet. Sicher sahen sie auch in Johannes dem Täufer den Heerführer der Söhne des Lichtes, der als siegreicher Held Frevel und Finsternis in der irdischen Welt bezwingen und dem Messias eine heile Welt übergeben würde. Ihr wohl einziger Irrtum bestand darin, daß sie für Gott einen Plan festlegten und als Auserwählte auf die Einhaltung dieses Planes hofften oder gar bestanden. Zu sehr hatten sie das künftige Handeln Gottes und seiner Gesandten ihren Vorstellungen unterworfen. Spätestens jedoch die Predigten und Handlungen von Johannes und Jesus hatten sie erkennen lassen, daß sich weder Gott noch seine Propheten den Normen und Regeln der Menschen unterwerfen.

So blieb nur den wenigen Eingeweihten der Bruderschaft die Erkenntnis der tiefen Mystik und Bedeutung des gesamten göttlichen Planes vorbehalten.

Mit dem öffentlichen Auftreten von Johannes und Jesus ging jedoch auch eine Veränderung der gesamten Bruderschaft einher. Feste Strukturen und Denkmodelle begannen zu bröckeln. Ein großer Teil der Jüngerkreise des Täufers und Jesu kam aus der Weißen Bruderschaft, angefangen von Novizen bis hin zu den Eingeweihten. So war Simon Petrus Mitglied des Essenerordens Naftali, Bartholomäus und Thaddäus kamen aus den Reihen der Therapeutae, dem ägyptischen Zweig der Bruderschaft. Auch der Autor der Johannes-Offenbarung, meist mit dem Apostel Johannes, Sohn des Zebedäus identifiziert, ist wahrscheinlich ein anderer Johannes aus der essenischen Bruderschaft, jedenfalls jedoch aus dem Jüngerkreis des Täufers oder Jesu.

Bei den Essenern war es Pflicht, Mitgliedern der Bruderschaft oder Freunden Herberge und Verpflegung zu gewähren, so diese ihr Haus aufsuchten. Ebenso gehörte die Mitgabe von ausreichend Proviant für die Weiterreise zur festen Regel. Johannes der Täufer, im besonderen Jesus, seine Apostel und ausgesandten Jünger werden davon häufig gebrauch gemacht haben. In den Evangelien finden sich mehrere Hinweise, daß Jesus in vielerlei Orten *»Aufnahme fand«* bzw. *»im Hause des ... einkehrte«*.

Vieles spricht dafür, daß Jesus die Verbindung zu den Essenern stärker aufrechterhielt als Johannes. So weisen seine Handlungen wie Brot-Brechen und Wein-Segnen bei gemeinsamer Mahlzeit auf die Kultmähler der Essener hin.

Im gesamten Kreis der Apostel, Jesus- und Johannesjünger, stellten die Essener sicher einen erheblichen Anteil. Ihre Religionsphilosophie, ihr Versöhnungswille mit Gott, bildeten entscheidende Grundlagen für die Urkirche und das spätere Christentum.

Noch ein Wort zu Johannes dem Täufer und dem *Wahren Lehrer*: Daß eine so große und bedeutende Gestalt wie der Begründer der Essenischen Union den Biographen, zeitgenössischen Historikern und biblischen Autoren entwischt ist, macht natürlich mißtrauisch. Wer oder was versteckt sich hinter dem Pseudonym *Wahrer Lehrer* oder *Lehrer der Gerechtigkeit*? Wenn er wirklich auch das Amt des Hohenpriesters für kurze Zeit innehatte, warum ist dann sein Name nicht bekannt, wohl aber die Namen seines Vorgängers und seines Nachfolgers?

Alle diese Fragen haben zu Beginn der Qumran-Forschung dazu verleitet, in Johannes dem Täufer den *Wahren Lehrer* zu sehen. Barbara Thiering geht in ihrem Buch *Jesus von Qumran* noch heute fest von der Identität des *Wahren Lehrers* mit Johannes dem Täufer aus.

Von den inhaltlichen Aussagen des *Wahren Lehrers* und seiner offenbar charismatischen, prophetischen Ausstrahlung läßt sich tatsächlich leicht eine Brücke zum Leben und Werk des Täufers schlagen. Die ganze Aussage und Beweisführung dieser These ist natürlich in erster Linie eine Frage der Datierung. Obwohl in der Tat Übereinstimmungen zwischen dem *Wahren Lehrer* und Johannes dem Täufer aufscheinen, spricht eben die Datierung der Schriftrollen vom Toten Meer eindeutig gegen eine Identität.

Die Paläögraphie (Wissenschaft von der Datierung alter Handschriften aufgrund von Schrift und Schreibmaterialien) und die Carbon-14-Methode datieren die Schriften des *Wahren Lehrers* jedoch in die Zeit um 150 v. Chr. Selbst wenn beiden Verfahren eine Toleranzgrenze von 50 Jahren eingeräumt wird, läßt sich eine unmittelbare Verbindung zu Johannes dem Täufer nicht herstellen, da dieser erst 8 v. Chr. geboren wurde.

Ich konnte feststellen, daß Poesie und Ausdruckskraft der medialen Botschaften Johannes des Täufers sich in den Psalmen des *Wahren Lehrers* wiederfinden. Als ich begann, dieses Buch zu schreiben, kannte ich die Texte der Qumran-Rollen, also auch die Psalmen des *Wahren Lehrers* noch nicht. Viele andere Gründe veranlaßten mich jedoch auch zu der Annahme, in Johannes dem Täufer den *Wahren Lehrer* zu sehen. Erst als ich mich nach und nach dem Leben und Werk, speziell der Botschaft des Täufers näherte, bemerkte ich den Unterschied zwischen beiden Gestalten.

Selbst wenn künftige wissenschaftliche Methoden zu einer Datierung der entsprechenden Texte sie in die Lebensnähe des Täufers rücken sollten, halte ich eine Identität für ausgeschlossen. Den Schriftrollen entnehmen wir den ausgeprägten Willen des *Wahren Lehrers* zur Gründung einer festen Organisation mit vielerlei

Regeln und Riten. Ebenso geben sie Zeugnis von einem starken, unabdingbaren Bekenntnis zur Tora. Gerade diese Dinge finden im Leben des Täufers jedoch geringeren Niederschlag, stoßen mitunter sogar auf Mißachtung. In den medialen Botschaften der Essener wird Johannes der Täufer aber dennoch als *»Großer Lehrer«*, *»Größter Lehrer«* und ähnlich benannt. Dies gilt zumindest für den Teil der Bruderschaft, der mit ihm oder nach ihm lebte und sein Wirken erkannte. So auch eine Meisterseele der Essener, Emanuel, der nach eigenen Angaben zur Zeit des Täufers lebte und zu seinem Jüngerkreis zählte.

Darin habe ich jedoch nie einen Bezug zum *Wahren Lehrer* und Gründer der Bruderschaft gesehen, wohl aber die enge Beziehung der Essener zu Johannes dem Täufer und deren Hochschätzung seiner Person und seines Werkes.

Den medialen Botschaften der Essener habe ich in Teil IV dieses Buches einigen Raum gewidmet. Aus vielen wird die enge Verbundenheit der Bruderschaft zu Johannes dem Täufer ersichtlich. Sie werfen zugleich Licht in das Dunkel um den *Wahren Lehrer*. An einer Stelle wird erwähnt, daß die Essener die Bezeichnung *Großer Lehrer* auf Johannes den Täufer übertragen haben, da dieser dessen Werk fortgeführt und vollendet hat.

TEIL III

DIE WIEDERKEHR

JOHANNES DES TÄUFERS

IN DER PROPHETIE

ÜBER DIE VEREHRUNG JOHANNES DES TÄUFERS, DIE JESUS-PROPHEZEIUNGEN UND DIE WIEDERKEHR DER LICHTGESTALTEN

Alle Religionen basieren auf dem Grundsatz, daß die Existenz Gottes allgegenwärtig ist, daß Wort und Wirken seiner Gesandten und Propheten zeitübergreifend Gültigkeit besitzen.

So geht auch das Christentum davon aus, daß Kraft, Liebe und Licht des Jesus von Nazareth permanent vorhanden sind. Für das Wesen Jesus gibt es dabei weder politische noch soziale oder gesellschaftliche Grenzen und Hindernisse. Dies gilt in ähnlicher Form auch für Maria, die Mutter Jesu, und Johannes den Täufer, aber auch für alle Kirchenheiligen. Das Bewußtsein von der Präsenz des Kraft- und Heilwirkens der jeweiligen Lichtgestalten ist von der persönlichen Verehrung und Hoffnung eines jeden Gläubigen abhängig. Einen besonderen Charakter haben die Marienverehrungen, verbunden mit Anbetung und Fürbitten. Der Hinweis auf die vielen Marien-Wallfahrtsorte und Marienerscheinungen unterstreicht dies. Die große Kraft- und Segenswirkung, die so mancher Fürbittende erfährt, ist nur für den Betroffenen selbst nachvollziehbar und in abgeschwächter Form dem, der sich unvoreingenommen dieser Thematik nähert.

Viele Gläubige verehren neben Jesus und Maria auch noch einen individuellen Schutzheiligen, dem sie ihre Nöte und Fürbitten offenlegen. Diese inneren Beziehungen sind meist durch persönliche Erlebnisse und Erfahrungen oder intuitive Eingebungen erklärbar.

Neben der Marienverehrung hat auch die Verehrung Johannes des Täufers eine lange Tradition. So wurde die älteste Bischofskirche in Rom, San Giovanni in Laterano, von Papst Gregor um 600 Johannes dem Täufer geweiht. Die weltweit älteste Kirche, die den Namen des Täufers trug, stand jedoch in Jerusalem. Sie lag in unmittelbarer Nachbarschaft des Hospitals und war zentraler Ort für den Gottesdienst der *Ritter des Ordens Sankt Johannis vom Spital in Jerusalem*. Im besonderen der Johanniter/Malteser-Orden errichtete in seinem Wirkungskreis viele Kirchen, die Johannes dem Täufer geweiht wurden. Die bekannteste ist wohl die Kathedrale in La Valetta, der Hauptstadt Maltas. Von großem künstlerischen Wert ist dabei die Ausmalung mit 18 Szenen aus dem Leben Johannes des Täufers, geschaffen von Mattia Preti, der selbst Mitglied des Ordens war.

Neben einer großen Anzahl von Kirchen, die den Namen des Täufers tragen, finden sich zahlreiche Johannesaltäre. Der eindrucksvollste Johannesaltar im deutschen Sprachraum steht im Benediktinerkloster zu Blaubeuren. Er entstand Ende des 15. Jh. und gibt das Leben des Täufers in 16 Bildern wieder. Der berühmte Isenheimer Altar von Matthias Grünewald stellt ebenfalls die Gestalt Johannes des Täufers neben der zentralen Christus-Szene dar.

Auch die bis ins Mittelalter aufwendig gestalteten Taufbecken zeugen von dem hohen Stellenwert des von Johannes dem Täufer eingesetzten Ritus des Taufsakraments. Bis in das 5. Jh. wurden die Taufbecken in die Erde eingelassen. Sie waren so groß angelegt, daß der Täufling in das Becken schritt und bis zur Brusthöhe im Taufwasser stand. Etwa fünfzig dieser Taufbecken sind noch erhalten. Eines davon ist das bekannte Baptisterium im Dom zu Neapel, angefertigt im 4. Jh. Erwähnenswert ist auch der Taufkessel von Lüttich aus dem 12. Jh., der mit der Taufszene Jesu verziert ist.

Bis weit in das 16. Jh. gab es zudem in Kirchen und Klöstern einen besonderen Gegenstand des Johanneskults: die Johannesschüssel. Das Haupt des Täufers war stets Objekt außergewöhnlicher Verehrung und bezieht sich auf das Haupt als Reliquie bzw. auf dessen Nachbildungen. Diese Johannesschüsseln, von Steinmetzen, Schnitzern, Bildhauern und Schmieden angefertigt, lagen auf Altären und erinnerten beständig an den Märtyrertod des Täufers. Wie das Kreuz Christi, so sollte auch die Johannesschüssel an das duldsam und tapfer ertragene Leid für Gott und die Menschen erinnern und dem Betrachter helfen, sein eigenes Leid zu relativieren. In La Valetta gibt es heute noch Pilgerzeichen, die die Form von Johannesschüsseln zeigen. Seit dem 11. Jh. findet sich die Johannesschüssel als Gegenstand der byzantinischen Malerei, später auch in der Ikonenmalerei. Interessant ist auch, daß die pommersche Stadt Köslin eine Johannesschüssel im Stadtwappen führt und im Regensburger Dom Johannesköpfe die Kapitelle bilden.

Diese kurze Ausführung über die Verehrung Johannes des Täufers kann nicht abgeschlossen werden, ohne die Orden zu erwähnen, die den Täufer als Leitgestalt oder Patron erwählten. Hier ist an erster Stelle *Der Ritterliche Orden St. Johannis vom Spital zu Jerusalem* zu nennen. Im Jahre 1113 bestätigte der Papst die Ordensgründung und die Patronatschaft Johannes des Täufers. Die Johanniter gaben sich in ihren Gründungsurkunden das Leitmotiv »*Gott, dem heiligen Johannes dem Täufer und den heiligen Armen*«. Im Vordergrund der Ordenspflichten steht seit Beginn der Dienst an notleidenden Menschen und Kranken.

Aus dem Johanniterorden sind viele Zweige hervorgegangen, die dessen Traditionen und Pflichten wahren und ihre Dienste in Krankenhäusern, Schwesternschaften und vielerlei Hilfsorganisationen verrichten. Die bekanntesten sind:

Sovrane Militare Ordine Ospedalariero di San Giovanni di Gerusalemme, detto di Rodi (Rhodos), *detto di Malta* (letzterer bekannt als Malteserorden)

Die Balley Brandenburg des Ritterlichen Ordens St. Johannis vom Spital zu Jerusalem mit weiteren Genossenschaften in Deutschland, Österreich, Schweiz, Finnland, Frankreich und Ungarn.

The Grand Priory in the British Realm of the Most Venerable Order of the Hospital of St. John of Jerusalem.

De Johanniter Orde in Nederland
Johanniterorden i Sverige (Schweden)

Ein weiterer Beweis für die Verehrung und Hochschätzung Johannes des Täufers ist die hohe Wahl der Vornamen Johann (Hans), Giovanni, Jean, John, Ioannis, Jan, Ivan usw., aber auch die vielen Bezeichnungen, die *Johannes* im Namen tragen; z. B. Johannisfeuer, Johannisbeeren, Johanniskraut (Hypericum), Johannisgürtel (Lycopodium), Johannisblume (Arnica montanus), Johannisblut (Cochenille), Johannisbrot (Ceratonia siliqua), Johanniswürmchen (Glühwürmchen) usw.

Das Johanniskraut ist übrigens ein traditionelles und bewährtes Heilmittel in der Volksmedizin. Es stärkt die Nerven und bringt innere Ruhe und Frieden. Die Schulmedizin konnte diese Heilwirkung nachweisen und fand sogar heraus, daß Johanniskraut die Eigenschaft besitzt, Sonnenenergie zu speichern. Kühe, Ziegen und Schafe, die verstärkt auf Wiesen mit Johanniskraut weiden, zeigen die Symptome eines leichten Sonnenbrandes an inneren Organen und Schleimhäuten. Daß dieses *Lichtkraut* den Namen des Lichtbringers Johannes der Täufer trägt, zeugt von großer Einsicht des unbekannten Namensgebers.

Interessant ist der Hinweis von Friedrich-August von Metzsch, daß die Rose als Blume und Zeichen Johannes des Täufers gilt. Seinen Worten zufolge ist es in Polen noch heute Sitte, daß die Gräber der Verstorbenen mit dem Namen Johannes am 24. Juni (Johannistag) mit drei Rosen geschmückt werden.

Dieser Hinweis ist deshalb von großer Bedeutung, weil am 18. März.1993 (sh. Teil IV) eine mediale Durchgabe von Johannes dem Täufer empfangen wurde, die wörtlich nachstehende Passage enthält:

»So empfange nun mein Zeichen: Die Rose der Nacht, die am Tage der Geburt Jesu erblühte. Sie ist das Zeichen des Widerstandes. Sie soll das Zeichen unserer Bruderschaft sein.«

Die Deutung fällt schwer. Enthält diese Aussage einen direkten Hinweis auf die Rose als sein Zeichen? An anderer Stelle dieses Buches habe ich darauf hingewiesen, daß die *Rose der Nacht, die am Tage der Geburt Jesu erblühte* auch ein Sternenbild oder anderes Erkennungsmerkmal für die Geburt Jesu gewesen sein könnte.

Die vorstehenden Ausführungen deuten auf die starke Verbindung der Christen zu Johannes dem Täufer hin. Hinzu kommt die Tatsache, daß jeder Christ sein religiöses Leben mit der Taufe beginnt. Ist diese Verbundenheit zu Johannes dem Täufer so stark, daß seine permanente Gegenwart oder gar seine Wiederkehr vorstellbar ist? Wenn ja, in welcher Form und Gestalt sollte diese Wiederkunft eintreten? Kehrt allein sein Geist, seine Mission wieder, oder erscheint er gar in leiblicher Gestalt? Ein erneutes Erscheinen von Jesus Christus halten viele Gläubige für wahrscheinlich. Viele geheimnisvolle Aussagen von Jesus selbst mögen der Anlaß hierfür sein. So etwa laut Joh 11,3: *»Und wenn ich hingehe, euch die Stätte zu bereiten, so will ich wiederkommen und euch zu mir nehmen«*, Joh 14,28: *»Ihr habt gehört, daß ich euch gesagt habe: Ich gehe hin und komme wieder zu euch ...«* oder Joh 16,16: *»Über ein kleines, dann werdet ihr mich nicht sehen; und abermals über ein kleines, dann werdet ihr mich sehen.«* Deutlich spricht Jesus seine Wiederkunft auch nach Lk 21,27 an: *»Und alsdann werden sie sehen des Menschen Sohn kommen in einer Wolke mit großer Kraft und Herrlichkeit.«*

Bevor dies geschehen soll, wird Leid und Verderben über Welt und Menschheit hereinbrechen heißt es in Lk 21,6-26. So spricht Jesus, daß *»nicht ein Stein auf dem anderen gelassen wird«* und weiter *»Ein Volk wird sich erheben wider das andere und ein Reich wider das andere, und es werden geschehen große Erdbeben und hin und her Pestilenz.«*

Betrachten wir nur die letzten Jahre unserer Zeit, so wird einem ob dieser Prophetie bange. Wieviele Völker haben sich getrennt oder stehen einander kriegerisch gegenüber! Denken wir nur an das Bekannte: der Zerfall und die Auseinandersetzungen der jugoslawischen und sowjetischen Völker, die Kurdenaufstände und die Unruhen in Palästina. Vergessen wir zudem nicht die Serie von Erdbeben und Naturkatastrophen im Jahre 1995 und die rapide Zunahme von unheilbaren Krankheiten und Epidemien. Die Jesus-Worte nach Lk 21,25 bis 26 steigern das Unbehagen:

»Und es werden Zeichen geschehen an Sonne und Mond und Sternen, und auf Erden wird den Leuten bange sein, und sie werden zagen, denn das Meer und die Wasserwogen werden brausen, und die Menschen werden verschmachten vor Furcht und vor Warten der Dinge, die kommen sollen über die ganze Erde, denn auch der Himmel Kräfte werden ins Wanken kommen« (vgl. Mk 43,14-19).

Diese Jesus-Prophetie hat selbst vor Zynikern und Ungläubigen ihr Gewicht, denn im gleichen Atemzug (Verse 20-24) sagt er die Zukunft Israels voraus: Die Zerstörung und Verwüstung von Jerusalem und Judäa, aber auch die Gefangennahme, Tötung und Zerstreuung der Juden unter alle Völker durch die Heiden, *»bis daß der Heiden Zeit erfüllt ist«*.

Das Schicksal der Israeliten von 70 n. Chr. bis 1948 oder gar bis heute bestätigt diese Weissagung aufs Jota!

Auch in Joh 16,7-11 spricht Jesus vom Gericht über diese Welt und die Sendung des Trösters.

Die Jesus-Prophetie, aber auch die Mahnungen Johannes des Täufers vor dem drohenden Strafgericht Gottes, finden Ergänzung und bildhafte Ausmalung im letzten Teil des Neuen Testaments, der Offenbarung des Johannes.

Von großer Bedeutung ist der Zeitpunkt, an dem Jesus seine Weissagung offenbarte. Das Lukasevangelium (sh. 22,1-3) verrät, daß dies nahe am Fest der ungesäuerten Brote, also Ostern, war, und die Hohenpriester und Schriftgelehrten danach trachteten, ihn zu töten. Ebenfalls hatte Judas Ischariot bereits Kontakt zu ihnen und den Verrat besiegelt. Hat Jesus schmerzlich erkannt, daß weder Johannes der Täufer, noch er selbst die Menschheit zu Gott hinführen konnten? Wurde ihm bewußt, daß nur wenige Menschen bereit waren und sein werden, die Worte und Taten beider zu verinnerlichen und nach göttlichen Werten zu leben? Wußte er, daß Martyrium und Tod des Täufers und sein eigenes bevorstehendes Leid nur eine kleine Anzahl zur Umkehr bewegen würden? Wenn diese wenigen durch ihn auch Erlösung suchen und finden, so war der Lauf, das Schicksal der Welt durch die Abkehr von Gott nicht mehr aufzuhalten. Diese Welt besitzt offenbar zu keiner Zeit genügend Liebe und Einsicht, die Gesandten Gottes anzunehmen. Der Hinweis Jesu, daß der prophezeite Retter Elija in Gestalt Johannes des Täufers bereits erschienen ist, die Menschen mit ihm jedoch machten, was sie wollten (sh. Mk 9,13), ist bedeutungsvoll. Ebenso die Worte an seine Jünger, daß sie von der Welt gehaßt werden (sh. Joh 15,19), so wie auch er selbst ohne Ursache gehaßt wird (sh. Joh 15,25). Schließlich sagt er ihnen: *»Sie werden euch in Bann tun. Ja es kommt die Stunde, daß wer euch tötet, wird meinen, er tue Gott einen Dienst damit«* (Joh 16,2-3).

Verfolgt man das Schicksal der Apostel, findet sich die Weissagung in ihrer Gänze bestätigt. Analysiert man Entstehung und Aussage aller apokalyptischen Weissagungen, beginnend bei den alttestamentaischen Propheten über Johannes den Täufer und Jesus bis hin zu Sehern der letzten zwei Jahrtausende, so zeigt sich ein übereinstimmendes Grundthema: Abkehr der Menschen von Gott und das Gericht über die Erde. Ein Weltenbrand unvergleichbaren Ausmaßes, der alles Sündhafte vernichtet. Nur eine schnelle Umkehr, die Abkehr vom Antichristen, dem Fürsten dieser Welt, und Hinwendung zum Einen Gott, vermag dies abzuwenden. So stehen Gier, Macht, Haß, Neid und Egoismus für den Antichristen; für das Eine Gesetz Gottes hingegen Liebe zum Nächsten, Selbstlosigkeit und Erkennen der göttlichen Werte.

Besonders eindringlich sind die Mahnungen, Bitten und Botschaften bei Marien-Erscheinungen. Ein Hinweis auf die Marienworte von Fatima (Portugal) und Medjugorje (Bosnien-Herzegowina) mag exemplarisch genügen. Daß gerade die in jüngster Zeit erfolgte Mission Mariens in Medjugorje und die traurige Bestätigung ihrer Sorge und Mahnung durch die Kriegswirren in Bosnien nicht vermochten, die Welt wachzurütteln, zeugt von der Ignoranz und Überheblichkeit unserer Zeit. Auffallend und hoffnungsvoll zugleich ist jedoch, daß Gott nie aufgehört hat, seine Mahner, Propheten und Zeichen in diese Welt zu senden. Am nachhaltigsten tat er dies durch Johannes den Täufer und Jesus. Doch seitdem sind an die 2000 Jahre vergangen. Ihre Erben, die christlichen Kirchen, erwiesen sich mehr als Verwalter der Lehre und Botschaft, ohne den Großteil der Gläubigen auch wirklich zu erreichen. Regeln, Dogmen, Gebote, Riten und Äußerlichkeiten stehen im Vordergrund. Daß dem so ist, mag mehr am Zeitgeist als an den Kirchen selbst liegen. Dieser Zeitgeist und der irrtümliche Glaube an alles Machbare durch den Menschen sind es, die die göttlichen Mahnungen und Zeichen mißachten, gar belächeln.

Doch spätestens jetzt, da die Menschheit intuitiv erahnt, daß die gesamte Erde vor einem unlösbaren Chaos steht, müssen wir uns die Frage stellen: Haben wir durch das Erscheinen von Johannes dem Täufer und Jesus nur einen Aufschub erhalten, sozusagen eine Chance und Bewährungsprobe von etwa 2000 Jahren plus x? Wie lange mag der Zeitraum x dauern? Beachten wir Geschichte und Gegenwart der Menschheit, so müssen wir uns eingestehen, daß wir die Bewährungsprobe nicht bestanden haben. Stehen uns all die Schilderungen der Propheten, Johannes des Täufers und Jesu noch bevor? Finden die Visionen der Seher und die mahnenden Worte der Gottesmutter Bestätigung? Ich fürchte ja, denn in vielen Teilen hat sich die Prophetie bereits erfüllt. Wenn das Letzte eintreten wird, gibt es auch eine Hoffnung. Nach Jesus werden die Tage um der Gerechten willen verkürzt und er wird sich ihrer annehmen.

Vorher jedoch wird wiederum der Täufer als letzter Mahner und Streiter seine Mission wiederholen, um die Schar derer, die das göttliche Gesetz achtet, vor dem drohenden Unheil zu versiegeln. Wann und zu wem wird der Täufer aufs neue sprechen: *»Ihr Ottergezücht, wer hat denn euch gewiesen, daß ihr dem künftigen Zorn entrinnen werdet? Sehet zu, tuet rechtschaffene Frucht der Buße!«* (Mt 3,7-8). *»Darum, welcher Baum nicht gute Frucht bringt, wird abgehauen und ins Feuer geworfen«* (Mt 3,10), *»Und er hat seine Worfschaufel in der Hand; er wird seine Tenne fegen und den Weizen in seine Scheune sammeln, aber die Spreu wird er verbrennen mit unauslöschlichem Feuer«* (Mt 3,12).

Wer sind die Pharisäer und Sadduzäer in unserer heutigen Welt? Welche Menschen werden wiederum in Scharen zu ihm strömen, um sein Wort und seinen Aufruf zur Umkehr zu hören? Wer wird ihm folgen und sich auf's neue durch seine Taufe versiegeln lassen vor dem Strafgericht Gottes? Und wer letztendlich wird ihm Glauben schenken, wenn er auf den wiederkehrenden Messias hinweist? Was tut die Welt wiederum dem erneuten Vorläufer an, und wer ist der Herodes Antipas in dieser Zeit?

Hierüber gibt es eine Vielzahl von Prophezeiungen, Visionen. In klarster Form und Aussage sind dies jedoch die Prophezeiungen von Hildegard von Bingen und Bertha Dudde, die ich nachfolgend hervorheben möchte.

PROPHEZEIUNGEN

Hildegard von Bingen über die Wiederkehr Elijas und dessen Kampf wider den Antichristen

Nur wenige Seher und Propheten haben solch hohe Achtung und Verehrung erlangt wie diese Ordensfrau.

Zur Person:

Im Jahre 1098 wurde Hildegard als zehntes Kind des Hildebert von Bermersheim und dessen Frau Mechthild in Bermersheim bei Alzey (Rheinhessen) geboren. Sie war Zeitgenossin von Franz von Assisi und Elisabeth von Thüringen, zwei großen Heiligen in der Kirchengeschichte. Hildegard von Bingen war eine begnadete und tapfere Frau, die größte Seherin im deutschen Sprachraum, die zudem über heilende Kräfte verfügte. Ihre Heilkräuterrezepturen sind heute noch wohlbekannt und hilfreich. Allgemein wird sie als Heilige verehrt, obwohl sie offiziell nie heilig gesprochen wurde. Ignaz von Döllinger, ein bedeutender deutscher Kirchenhistoriker des 19. Jh., sagt von ihr, sie sei *»eine in der ganzen christlichen Geschichte einzig und unerreicht dastehende Erscheinung«*.

Bereits im Alter von acht Jahren mußte Hildegard Eltern und Geschwister verlassen. Sie wurde gleichsam als Zehnt-Abgabe an die Kirche in eine Klause gesteckt; geführt von einer Einsiedlerin namens Jutta. Mit 15 Jahren, während eines Gespräches mit ihrer Lehrmeisterin Jutta und Mitschülerinnen, erkannte Hildegard plötzlich, daß sie *»das innere Schauen neben dem äußeren«* besaß. Eine Erfahrung, die ihr Trauer und Tränen bescherte und die sie gerne rückgängig gemacht hätte. Nach dem Tode Juttas übernahm Hildegard die Leitung der Klause, welche inzwischen mehr ein Frauenkloster geworden war. Sie war zu diesem Zeitpunkt 38 Jahre und defacto Äbtissin. Wenige Jahre später (1141) erfuhr sie Auftrag und Mission ihres Erdenlebens. Die Äbtissin berichtet selbst über ihre entscheidende Stunde:

»Als ich 42 Jahre und sieben Monate alt war, kam ein feuriges Licht mit Blitzesleuchten vom offenen Himmel hernieder. Es durchströmte mein Gehirn und durchgleitete mir Herz und Brust gleich einer Flamme, die jedoch nicht verbrannte. Nun erschloß sich mir plötzlich der Sinn der Schriften des Alten und Neuen Testamentes.« Sie berichtet ferner vom Auftrag, den sie hörte: »Schreibe, was du siehst und hörst!«

Hildegard von Bingen war jedoch keineswegs weltfremd. Im Gegenteil, weltliches Geschick, Menschenführung, Planung und Organisationstalent zeichneten sie aus. So hatte sie 1150 das Kloster St. Rupertsberg (heute Bingerbrück) erbaut, geführt und zudem ab 1165 dem Kloster in Eibingen bei Rüdesheim vorgestanden. Stets beruflich angespannt, weigerte sie sich zunächst, der Eingebung folge zu leisten. Außerdem plagten sie Zweifel und die Angst vor der Unglaubwürdigkeit ihrer Eingebungen. Erst durch eine Krankheit faßte sie den Entschluß, dem geistigen Auftrag nachzukommen.

Die prophetische Schau der Hildegard von Bingen erregte sehr bald Aufsehen. Papst Eugen III (1145-1153) beauftragte Gutachter zur Überprüfung und Beurteilung. Es ist wohl ein einmaliger Vorgang in der Kirchengeschichte, daß die prophetischen Niederschriften eines Lebenden, zudem einer Frau, auf positive Resonanz stießen. Viel hatte freilich der heilige Bernhard dazu beigetragen, der dafür sorgte, Hildegards Licht in der Kirche nicht unter den Scheffel zu stellen. Hildegard wurde 1148 durch ein Breve erlaubt, weiterhin *»in Christi und des heiligen Petrus Namen«* zu verkünden. Damit hatte zum ersten Mal eine Frau die päpstliche Urkunde, im Auftrag der Kirche zu lehren. Die Äbtissin und Ordensfrau wurde plötzlich zu einem der bedeutendsten Menschen in Europa.

Wenige Jahre später ließ Eugen III ihr seine Freude überbringen, daß »die Schar der gläubigen Völker sich erstaunt frage: Wer ist diese Frau, die aus der Wüste aufsteigt wie eine Rauchsäule?« Hildegard antwortete: »JOHANNES DER TÄUFER!« Bescheiden nahm sie sich zurück, denn sie wollte nur Zeugnis ablegen von dem Licht. »Ich bin nur die Posaune dessen, der da spricht«, beschrieb sie ihre Rolle. Wem sie freilich aus ihrer Schau des Lichtes etwas offenbarte, der durfte nicht empfindsam sein. Ob die so Angesprochenen nun Papst, Bischof, Herrscher oder Professoren waren, ihr Wort kam deutlich, nicht selten hart. Mehr als 300 solcher Briefe sind noch erhalten und geben Zeugnis ihrer glasklaren Worte. So blieben auch Papst Anasthasius IV. und Kaiser Barbarossa nicht von ihrer Kritik verschont.

In den Jahren 1151-1158 verfaßte Hildegard von Bingen ihre natur- und heilkundlichen Schriften. Nach ausgedehnten Predigtreisen durch Deutschland ordnete sie die *»Schau des wahren Lichtes«*, wie sie ihr in die Feder floß, in drei große Themenkreise: Der Schöpfer, die Welt und der Mensch. Diese dramatische Schau verbindet Theologie, Kosmologie und Anthropologie. In ihrem mutigen Kampf um Wahrheit und Gerechtigkeit blieb der Konflikt mit der Kirche nicht aus. Sie erlaubte das feierliche Begräbnis eines ehrenwerten aber exkommunizierten Ritters, und fiel dadurch in Ungnade bei dem Mainzer Erzbischof Christian.

Am 17. September 1179 starb Hildegard von Bingen.

Die Prophezeiung der Hildegard von Bingen über das Kommen des Antichristen und die Wiederkunft des Elija:

Die zehnte Schau der Hildegard von Bingen handelt vom Ende der Zeiten. Zu Beginn dieser Vision sieht sie die Menschen des Abendlands noch in Frieden, Fortschritt und mit reichen Ernten. In dieser Zeit wird es *»zahlreiche Weissagungen und viele Weise geben«*. Die Menschen haben Verständnis füreinander und bemühen sich um Lauterkeit. Die Worte der Propheten werden mehr und mehr entschlüsselt. Zugleich werden aber auch viele Irrlehren verbreitet und Schandtaten sowie Werke des Frevels geraten an die Öffentlichkeit – *»ein Zeichen für die bevorstehende Ankunft des Antichristen«*. Übelste Machenschaften und Verbrechen an der Menschheit und der Erde kommen ans Tageslicht. *»Es ist die Zeit der Krisis gekommen, da die Reinheit und die Ruhe des Glaubens schwinden und die Gläubigen in Massen abfallen werden ...«*

In diese Phase der Weltgeschichte fällt die Geburt des Antichristen, der in abgelegenen und oft wechselnden Orten aufgezogen wird. Verborgen vor der Menschheit, wird er unterwiesen in allen *»teuflischen Künsten«*. Von seiner Geburt an werden Streit, Krieg und Feindseligkeiten aller Art zunehmen und das Gute in den Menschen wird überschattet von Bitternis und Rohheit. Zudem werden Irrlehren aller Art hoffähig und ihre Verbreiter geachtet, so daß selbst der Gläubigste zweifelt, ob es einen Gott gibt.

Obwohl die Person des Antichristen noch nicht in die Öffentlichkeit getreten ist, beginnt der Schöpfer, das drohende Unheil durch viele Zeichen anzukündigen. Der weitaus größte Teil der Menschen mißachtet sie jedoch und ist auch nicht an deren Deutung interessiert. So nimmt das Unheil in der Welt ungehemmt seinen Lauf. Schließlich *»werden zahlreiche Zeichen an Sonne, Mond und Sterne, in den Wassern und den übrigen Elementen wie in der ganzen Schöpfung erscheinen«*, die den Menschen in solche Bedrängnis führen, daß er den Tod als Erlösung empfindet. Nur der unerschütterliche Glaube an Gott vermag in diesen Tagen noch eine Hilfe zu sein.

Doch in dieser Zeit der größten Bedrängnis tritt der Antichrist auf und verwirft die Lehre von Gott und Jesus Christus. Ausgerüstet mit den Kräften des Satans verfügt er über große Überzeugungskraft und fesselnde Redekunst. Imposant ist auch seine äußere Erscheinung. Seine hohe Intelligenz befähigt ihn, die menschlichen und wissenschaftlichen Erkenntnisse wider die göttlichen Gesetze auszuspielen. *»Vom Teufel selbst erhält er die Eingebung, seinen Mund zu verkehrter Lehre zu öffnen und alles, was Gott im alten wie im neuen Gesetz festgelegt hat, zu zerstören.«*

Hildegard von Bingen mahnt an dieser Stelle: *»Von aller drohenden Verführung der Endzeit soll der Mensch sich freihalten und im Glauben seine Hilfe und Mitte suchen, jetzt, wo das Mysterium der Bosheit so offenkundig am Werk ist ...«*.

Die Rede des Antichristen wird sich verstärkt gegen die Lehre Jesu richten, da diese wider die Natur des Menschen sei und das Selbsterkennen des Ich und das der Materie, speziell des Fleisches, verhindere. Seine Philosophie findet weithin Anklang und läßt die verzweifelten Menschen hoffen, in der Abkehr von Gott ein neues reales und dauerhaftes Heil zu finden.

Der Antichrist wird weltweit verehrt, ja sogar angebetet. So ernennt er sich selbst zum *goldenen Haupt*, was soviel wie Gott bedeuten soll. *»Er wird durch teuflische Künste und Erregung der Elemente schreckliche Mißgeburten und gewaltige Stürme hervorbringen, was Gott solange zuläßt, bis das ganze Menschengeschlecht den Fall des Antichristen erkennt.«*

Die letzten Zweifler und Gottgetreuen wird er überzeugen, indem er durch dunkle Magie den *»Tod für die Erlösung seines Volkes und die Auferstehung«* vortäuscht. Dann wird er Schriftzeichen in die Stirn seiner Anhänger einprägen lassen, als sichtbaren Beweis für die Abkehr von der Taufe des Johannes und dem christlichen Namen. So wie die Gläubigen sich bisher Christen nach Christus nannten, so werden seine Anhänger sich nun mit seinem Schriftzeichen nach ihm benennen. Jetzt ist der Zeitpunkt gekommen, wo Gott seinen Streiter Elija (Johannes der Täufer) zusammen mit Henoch in die Welt führt.

Hildegard von Bingen beschreibt die göttliche Vision mit folgenden Worten: *»Gegen das Ende der Welt hin werde Ich den Menschen zeigen, wie sie das Zeugnis dieser beiden voll Vertrauen annehmen sollen. Henoch und Elija werde Ich in Meinem Geheimnis unterweisen und ihnen die Menschenwerke offenbaren, sodaß sie diese kennen, als sähen sie sie mit eigenen Augen. Sind sie doch weiser als die Schriften und die Reden der Weisen. Denn da sie körperlich den Menschen entrückt sind, ist auch Furcht und Zittern von ihnen genommen. So ertragen sie alles, was sie umgibt mit Gleichmut. Und Ich bewahre sie an einem verborgenen Orte, ohne daß ihre Körper Schaden leiden. Wenn dann der Sohn des Verderbens seine verkehrte Lehre ausspeit, dann wird dieselbe Macht, die sie aus der Mitte der Menschen fortnahm, diese zwei gleichsam im Winde zurückführen. Solange sie dann auf Erden unter den Menschen weilen, werden sie jedesmal nach vierzig Tagen Nahrung zu sich nehmen, wie es auch Meinen Sohn nach vierzig Tagen hungerte. Sie werden solche Macht in meinen Wundern besitzen, daß sie am Firmamente, in den Elementen und übrigen Geschöpfen größere Zeichen wirken können als der Sohn des Verderbens, sodaß dessen trügerische Zauberzeichen durch die wahren Wunderwerke jener Männer zum Gespött werden.«*

Die Worte und Werke von Elija und Henoch lassen die Menschen aller Völker aufhorchen. Reue führt sie schließlich zu einem öffentlichen Bekenntnis zum Schöpfer und seinen Lichtgestalten. Der Antichrist läßt jedoch jeden, der von ihm abfällt, grausam hinrichten, so daß *»die Opfer der Hingeschlachteten nicht mehr zu zählen sind, denn die Masse ihres Blutes fließt dahin wie strömendes Wasser«*.

Da selbst diese Schreckenstaten seine Macht nicht mehr festigen können, versucht er die Taten und Wunder von Elija und Henoch als Betrug hinzustellen. Als selbst dies keine Früchte trägt, will er beide durch Schmeichelei und Drohung für sich gewinnen. Da sich diese jedoch von ihm abwenden, läßt er sie grausam martern und töten.

Der Antichrist stellt sich der Welt nun endgültig als Sieger und Erwählter dar. Die Gefolgsschar von Elija und Henoch wird gnadenlos hingerichtet, und die Zahl der Märtyrer wird so groß sein, daß sich »*die goldene Zahl der seligen Blutzeugen*« erfüllt. Doch der Triumpf ist trügerisch und nur von kurzer Dauer, denn Gott gibt ein weiteres Zeichen: Die leibliche Rückkehr von Elija und Henoch.

Es kommt zum unausbleiblichen Endkampf zwischen der Macht Gottes und der Kraft Satans. Als letztes Mittel, die Welt zu überzeugen, versucht der Sohn des Verderbens, in den Himmel aufzufahren. Ein Experiment, das er vor aller Augen vollführen will. Vor den versammelten Menschenmassen will er demonstrieren, was er den himmlischen Elementen gebieten wird.

Hildegard beschreibt den weiteren Verlauf ihrer Schau mit den Worten:
»*Zu dieser Zeit wird dieser Sohn der Bosheit entlarvt werden, und es wird sich vor allem Volke zeigen, daß er ein Lügner war. Hatte er sich doch vermessen, zum Himmel aufzufahren, wobei ihn dann der Herr und Heiland der Völker, Gottes Sohn, töten wird. Das wird Er mit jener Kraft tun, in der Er, der das Wort des Vaters ist, den ganzen Erdkreis mit gerechtem Gerichte richten wird. Wenn sich nämlich der Sohn des Verderbens durch teuflische Künste nach oben erheben wird, dann wird er durch göttliche Kraft heruntergestürzt werden, und es wird ihn der Gestank an Schwefel und von Pech verschlucken, so daß auch die herumstehenden Massen in den Schutz der Berge fliehen. Ein solches Entsetzen wird alle, die dies sehen und hören, befallen, daß sie dem Teufel und seinem Sohne widersagen und sich zum wahren Glauben in der Taufe bekehren. Völlig fassungslos wird die alte Schlange wider sich selbst knirschen und zugeben: Nun sind wir zuschanden geworden. Jetzt wird es uns nicht mehr möglich sein, uns die Menschen so zu unterjochen, wie wir es bisher getan.*«

Im weiteren Verlauf ihrer zehnten Schau schildert die Ordensfrau und Prophetin, wie nach dem Sturz des Antichristen die Ehre des Gottessohnes verherrlicht wird, und die Erde, gleichsam neugestaltet, rein ist von den dunklen und negativen Eigenschaften des Bösen. Die göttliche Liebe, das Licht Christi und die Welt werden zu einer untrennbaren Einheit verschmelzen.

Die Weissagungen der Hildegard von Bingen über Auftritt und Sturz des Antichristen sind sehr bewegend. Sie sind hier nur gekürzt wiedergegeben. Ähnliche Prophetien über Aufstieg und Fall des Antichristen und das Eingreifen des Schöpfers finden sich auch bei anderen Sehern. Sehr bekannt ist die Prophezeiung des französichen Astrologen Michel de Notre-Dame (1503-66), besser bekannt als Nostradamus[(49)].

Bei der geistigen Schau der Hildegard von Bingen bleibt die Frage offen, ob Elija gleichzusetzen ist mit Johannes dem Täufer. Im Rahmen der Eschatologie müssen beide als Einheit gesehen werden. So ist nach meiner Überzeugung auch Johannes der Täufer gemeint, wenn Elija genannt wird. Daß Hildegard von Bingen, die nach eigener Aussage von Johannes dem Täufer inspiriert wurde, jedoch immer von Elija spricht, liegt wohl in dem Jesus-Wort begründet, das von Johannes sagt, er sei der wiedergekehrte Elija.

Für die Verbindung zwischen Elija und Henoch (Sohn des Kain), finde ich keine direkte Erklärung. Vielleicht wird mit Henoch eine besondere Symbolik ausgedrückt: ein gottgefälliges Leben und ein himmlisches Entrücken, wie es die Henoch-Bücher berichten.

Bertha Dudde über die Wiederkehr Johannes des Täufers vor dem Weltenbrand

Auch Bertha Dudde hatte eine Vision vom Auftritt und vom Fall des Antichristen. Mit anderen Worten gibt sie sinngemäß den gleichen Inhalt wie Hildegard von Bingen wieder. Bevor die Menschheit jedoch in das messianische Zeitalter kommt, sendet der Schöpfer wiederum Johannes den Täufer auf die Erde, damit dieser wider die Verleumdung Gottes und den Antichristen streitet.

Doch zunächst zur Person der Seherin:

Bertha Dudde wurde am 1. April 1891 in Liegnitz (Schlesien) geboren. Mit fünf weiteren Geschwistern verbrachte sie eine materiell arme aber harmonische Kindheit. Um die stetigen Geldsorgen ihrer Eltern zu mindern, übte sie frühzeitig das Schneiderhandwerk aus. Da sie dem katholischen Lehrsystem kritisch gegenüberstand und ihre Eltern in religiösen Dingen sehr tolerant waren, ging die junge Bertha schon bald nicht mehr zur Kirche, hörte keine Predigten mehr und hatte auch sonst keinerlei Bibelkenntnisse. Sie wollte sich von der katholischen Kirche trennen, obgleich sie religiös war, was schließlich zu inneren Konflikten führte. Im Stillen bat sie Gott um die richtige Entscheidung. Wie sie selbst sagt, wurde ihre Bitte am 15. Juni 1937 erhört. Sie war im Alter von 45 Jahren, als Gott sich ihr offenbarte. Doch mit den Offenbarungen wuchsen die Zweifel und die inneren Kämpfe. Die Worte, die sie empfing, glichen einem Strom von Weisheiten, der nicht versiegte. So wurden ihre Zweifel nach und nach beseitigt, und sie begann, ihre Eingebungen täglich niederzuschreiben. Der Inhalt der Botschaften ging weit über das Wissen der Bertha Dudde hinaus. »*Nie gehörte oder gelesene Ausdrücke, fremdsprachliche und wissenschaftliche Bezeichnungen und Hinweise flossen mir unaufhaltsam zu*«, sagt sie in ihrer Autobiographie.

Jahre später fallen ihr Schriften des steirischen Sehers und Mystikers Jakob Lorber zu. Voller Glück findet sie darin die Bestätigung ihrer Gabe. Jetzt erst wird ihr die Gnade und Liebe des himmlischen Vaters bewußt, fühlte sie sich doch vorher wegen Mangel an Bildung als minderwertig und unbedeutend. Auch von der Milde Gottes spricht Bertha Dudde in ihrer Autobiographie, denn niemals empfand sie ein Muß bei ihrer geistigen Schau. Stets fühlte sie sich frei, ungezwungen und bei vollem Bewußtsein.

Die Gottesbotin der Endzeit, wie sie häufig genannt wird, starb am 18. September 1965. Ihre geistige Hinterlassenschaft sind insgesamt mehr als 9000 Kundgaben. Sie betreffen überwiegend die Themenkreise *Der Heilsplan Gottes*, *Die Seele im Jenseits*, *Falsche Propheten*, *Der Antichrist*, *Der Vorläufer Christi*, *Die Wiederkunft Christi* und *Die neue Erde*.

Die Prophezeiung der Bertha Dudde über die Wiederkehr Johannes des Täufers:

Die geistige Schau, die Bertha Dudde hierüber erhielt, ist unter dem Titel *Der Vorläufer Christi. Johannes, der letzte Rufer in der Weltwüste - Seine Mission und sein Ende* zusammengefaßt und 1972 erschienen.

Bereits die einleitenden Worte dieser Offenbarung sind aufschlußreich, Gott spricht zu Bertha Dudde über die Verflachung und von der großen geistigen und seelischen Not des heutigen Menschen. Durch Materialismus und Egoismus ist die Menschheit in größter Gefahr, die Wahrheit des Lebens zu verlieren. Die Menschen bedürfen der göttlichen Hilfe. Für diese sind die Menschen jedoch nicht offen, da sie nicht erkennen wollen. Wörtlich heißt es weiter:
»Darum muß die Lichtwelt vermittelnd wirken, es müssen Lichtwesen sich geeignete Gefäße auf Erden suchen, in die sie die Ausstrahlungen Meines Wortes einfließen lassen können und - so daran Mangel ist - steigen die Wesen des Lichtes selbst zur Erde, um als Mensch verkörpert ein Bindeglied zu sein zwischen den Menschen und der geistigen Welt - um Mittler zu sein zwischen MIR und den Menschen.«

Es folgt eine kurze Erläuterung des Begriffs Lichtwesen. Demnach sind solche Lichtwesen bereits unter uns, um der Welt zu helfen, die Verblendung und Unwissenheit sichtbar zu machen und deren Folgen aufzuzeigen. In Aussehen, schulischer Bildung und Beruf unterscheiden sie sich kaum vom Menschen des Alltags. Ihre gewissermaßen innere Steuerung ist jedoch ausgerichtet auf hohe, geistige Ziele. Irdische Güter und weltliche Versuchungen vermögen sie nicht dauerhaft vom Wege abzubringen. Sie sind frei von Egoismen und erkennen intuitiv das Eine Gesetz, den Willen des Schöpfers. In ihren Worten und Taten befinden sie sich häufig nicht im Einklang mit der äußeren Welt, den Strukturen, Denk- und Handlungsmustern der Zeit. Ihre Geburt erfolgt stets gezielt und freiwillig, doch fehlt dem inkarnierten Lichtwesen meist das Bewußtsein hierüber. So liegt es im göttlichen Plan, daß deren beständiger Kampf und stetiges Ringen für geistige Ziele den Mitmenschen ein Vorbild sind. Ein Lichtwesen hingegen, das als solches von Anbeginn erkennbar wäre, kann den Menschen nicht als Ideal dienen, weil die schwachen und fehlerhaften Erdenbürger sich dann nicht fähig fühlten, jemals dieses Vorbild zu erreichen.

Es gibt jedoch Ausnahmen:
»Nur ganz besonders hohe Geistwesen wissen um ihre Mission und ihre Herkunft und lassen auch die Menschen darum wissen, wenngleich sie keinen Glauben finden bei ihnen«, heißt es in der Vision Bertha Duddes. Solch hohe Lichtwesen sind dann aber auch jedem erkenntlich, der erkennen will, denn ihre Mission gilt allen, die davon hören und sehen. Die ganze Welt soll Kenntnis nehmen »von dem übernatürlichen Wirken, der Macht und Herrlichkeit dessen, der ein überaus hell strahlendes Licht aus der Höhe sendet.«

Die einleitenden Worte dieser Offenbarung enden mit dem Hinweis:
»Und ein solches Licht wird zeugen von MIR, und dadurch von sich reden machen. Und so es erstrahlet, wisset ihr, daß ihr kurz vor dem Ende steht, daß nur noch eine kurze Gnadenzeit den Menschen gegeben ist, denn wenn jener nicht gehört wird, und sein Mahnruf erfolglos bleibt, dann gibt es keine Rettung mehr für die entgeistete Welt - dann ist das Ende unwiderruflich gekommen, wie es verkündet ist in Wort und Schrift.«

Im folgenden führt die Offenbarung gezielt auf das angekündigte Licht hin. Es geschieht in einfühlsamen, lehrreichen und aufklärenden Worten. Zusätzlich wird hingewiesen auf die große Gnade, die Gott durch das Erscheinen dieses Lichts gewährt, auf die letzte Chance für die Lauen, Wankelmütigen und Selbstgerechten, sich zu Gott zu bekennen. Wer jedoch in den Klauen des Widersachers verbleibt, wird von diesen zerrissen. Um der Menschheit noch ein letztes Mal die Möglichkeit zur Umkehr zu geben, wird Gott ein überaus großes Lichtwesen zu Erde senden. Unmittelbar erkennt man plötzlich, wer dieses Licht ist:
»Und vor MIR wird das größte Licht auf Erden leuchten im schlichtesten Gewande. Es wird noch einmal künden von MIR, wie er es getan hat vor Meinem Auftreten im Fleisch auf dieser Erde, vor Meinem Lehrgang zu den Menschen, denen ICH das Evangelium bringen wollte. Er war Mein Vorläufer und wird es auch nun wieder sein. Und ihr Menschen werdet ihn an seinen Reden erkennen, wählet er doch die gleichen Worte und zeuget von MIR, wie er es einstmals getan hat! - Sein Geist kommt nur zur Erde, um das Gesetz zu erfüllen, demnach er MIR vorangehen muß in vollster Erkenntnis seiner Herkunft und seiner Aufgabe.«

Es wird also deutlich, wer gemeint ist: JOHANNES DER TÄUFER. Wenn der Zeitpunkt seiner erneuten Mission auf Erden beginnt, ist er eingeweiht in die Vorgänge und Zusammenhänge des irdischen Geschehens, der satanischen Ziele, aber auch des göttlichen Heilsplanes. Selbst sein eigenes hartes Los auf Erden ist ihm bekannt, dem er sich jedoch aus Liebe zu den Unerlösten nicht entzieht.

Wenn Johannes der Täufer wiederkehrt, steht die oftmals prophezeite letzte Auseinandersetzung auf Erden zwischen Gott und Satan unmittelbar bevor. Hierauf wird mehrmals hingewiesen, so auch in dem Satz: *»So er in Erscheinung tritt, ist das Ende nahe, denn Ich folge ihm bald und mache meine Ankündigungen wahr.«* Diese Ankündigungen sind dabei: Der Weltenbrand, die Zerstörung der bisherigen Erde und die Erschaffung eines neuen Himmels und einer neuen Erde, wo Gott selbst mitten unter den Seinen ist, denn die neue Erde wird sein Verweilen auf ihr zulassen.

Wann und wo soll die Wiederkehr Johannes des Täufers sein und wie kann die Welt ihn erkennen? Redewendungen wie: »*Und diese Zeit ist gekommen*« oder »*Es ist also in der Zeit, in der ihr Menschen schon lebt*«, weisen auf keine allzuferne Zukunft hin. Von großer Deutlichkeit ist der Satz: »*Schon weilt er unter den Lebenden, aber noch ist er sich seiner Aufgabe nicht bewußt.*« Der Hinweis: »*Das Land aber, das ihn birgt, ist gesegnet durch seine Gegenwart*«, läßt hingegen keine Deutung zu. Wir müssen davon ausgehen, daß er in einem Land christlicher Konfession auftritt. Nur hier kann im ganzen Umfang seine erneute Wiederkehr als Vorläufer Christi erkannt werden. Im weitesten Sinne könnte seine Wiederkunft aber auch im Gebiet des Islam erfolgen, da Johannes der Täufer auch hier einen hohen Grad an Achtung und Verehrung erfährt.

Über das Wie des Erkennens heißt es in der Vision der Bertha Dudde weiter:

»*Lasset euch daher sagen: Ihr werdet den erkennen, der über die Erde geht mit dem feurigen Schwert seines Mundes. Nicht einer wird zweifeln an seinem Wort, denn es wird göttlich sein und Ausfluß der tiefsten Liebe Gottes. Doch suchet diesen nicht in Glanz und Pracht, sein Name ist gering - unbekannt - er nennt sich wohl Johannes, doch hat sein Leib auf Erden nicht jene Gestalt, die geistig ihn zieret. Er wandelt mitten unter euch und lehret in Worten und Taten und w ird sein ein Vorläufer des HERRN vor dessen Wiederkunft auf Erden. Desgleichen wird sein Wort zeugen von der Liebe Gottes, wo immer er weilet, und in den Herzen der Menschen tiefes Sehnen erwecken nach Wahrheit und Licht.*«

Wer die Worte des Vorläufers hört, heißt es weiter, wird von seiner Rede durchdrungen sein, denn er verkündet das wahre Heil und wirkt im Glanz der Wahrheit. Seine Worte werden nicht abweichen von den Evangelien Jesu.

Es wird aber auch nicht verschwiegen, daß es viele Stimmen geben wird, die ihn verspotten und der Lächerlichkeit preisgeben wollen. Mehr noch: er wird verjagt und verfolgt und die Mächtigen werden die Menschen gegen ihn hetzen und nach seinem Leben trachten. Obwohl er von der Liebe und dem göttlichen Heil predigt, sich allen Menschen gegenüber als hilfreich erweist, werden viele Menschen in »*anhören im Haß*«. Es wird ein großer Streit entbrennen zwischen denen, die ihn als Gottgesandten erkennen und jenen, die dem Treiben der Welt huldigen.

»*Er wird alle Leiden tragen mit Geduld und immer die Stimme des Herrn vernehmen. Dieser Worte gedenkt, wenn man ihn ergreifen wird, um sein Los auf Erden zu besiegeln*«, *heißt es hierzu wörtlich. Doch Gott verkündet zugleich, daß er den Tod des Vorläufers nicht zuläßt, ehe dessen Mission erfüllt ist. Johannes der Täufer geht wiederum bewußt in dem Tod aus Liebe zu den Menschen und zu Gott. Sein Tod ist Teil des gesamten Erlösungswerkes.*

Mit den Widerständen wächst auch die Kraft des Gesandten. Er wird Kranke heilen und Hilfe dort bringen, wo sie seinen Mitmenschen unmöglich erscheint. Neben seinen Wunderwerken wird auch seine Stimme zunehmen. Seine Mahnungen und Zurechtweisungen an die Mächtigen, Ketzer und Verführer dieser Welt werden lauter und lauter.

»Es wird ein Kampf sein gegen ihn, doch sein Wort und die Macht seiner Worte schlagen den Feind nieder. Er wird ringen um die Seelen, er wird von der Liebe predigen, und er wird die Herzen entflammen. Er wird nicht fürchten irdische Macht und auch keineswegs Gewalt ausüben, sondern in größter Geduld und Liebe den Menschen nahe legen ihren falschen Lebenswandel, ihre Weltsucht und ihren Untergang.«

Immer wieder wird in der Offenbarung darauf hingewiesen, daß nicht mehr viel Zeit verbleibt und das Ende nahe ist, so Johannes der Täufer wiederum auftritt. Die Schar derer aber, die sich ihm anschließt, ist gesegnet. Sie kann viel Kraft und Licht schöpfen. Und Johannes der Täufer wird es wiederum sein, der das göttliche Heil derer bewirkt, die getreu seinen Worten handeln.

»Sein Geist kommt wiederum zur Erde, um das Gesetz zu erfüllen« heißt es. Eigentlich ist es den Menschen leicht gemacht, Johannes den Täufer zu erkennen, *»wählet er doch die gleichen Worte und zeuget von MIR, wie er es einstmals getan hat.«* Seine Reden und Taten werden so sehr mit denen Jesu übereinstimmen, daß selbst die größten Ketzer und Zweifler hellhörig werden müßten. Dennoch wird es nur eine Minderheit sein, *»die das außergewöhnliche Licht erkennt und die Zeichen zu deuten vermag.«* Die große Zahl derer, die ihn nicht erkennt, vielleicht sogar verspottet, läßt sich durch Anmaßung und Überheblichkeit ins Uferlose treiben. Sie glauben nur noch an weltliche Materie, egoistisches Glück und materielle Beweise. Das Irrige wird durch die scheinbar Mächtigen und Wissenden dieser Erde vorangetrieben mit größter Eile, die Seelen der Menschen geraten jedoch in Wüstenei. *»Darum wird Johannes der Täufer wieder ein Rufer in der Wüste sein, der nur ausspricht, was er von MIR empfängt durch das Innere Wort, durch den Geist, der außergewöhnlich in ihm wirket. Er wird von mir zeugen, denn seine Stimme ist Meine Stimme, und wer ihn anhöret, der höret MICH an.«*

In der prophetischen Schau der Bertha Dudde über die Wiederkehr Johannes des Täufers wird auch das Auftreten des Antichristen erwähnt, aber auch daß es gleichzeitig erfolgt. Hier wird der Antichrist definiert als Verkörperung der Gegner Gottes, den die Menschen zu ihrem Herrscher ausrufen. Es entbrennt ein Glaubenskampf ungeheuren Ausmaßes, indem sich der Antichrist und Johannes der Täufer personifiziert gegenüberstehen. Da der Antichrist mit ungewöhnlicher Überzeugungskraft, List und Intelligenz ausgestattet ist und mit Brutalität im letzten Kampf auf dieser Erde vorgeht, *»darum wird auch ein ungewöhnliches Licht zur Erde gesandt - der Vorläufer Johannes der Täufer.«*

Eine unvorstellbare Auseinandersetzung zwischen Licht und Finsternis nimmt ihren Verlauf, bei dem es scheint, als gerate selbst der Himmel ins Wanken (sh. Lk 21,26).

Johannes der Täufer wirkt ungewöhnliche Zeichen. Er wird zum Wuntertäter an Armen, Unglücklichen und Bedrängten in der großen Not des Weltenbrandes. Weltweit wird der Antichrist dessen Wort jedoch verbieten lassen und seinen Tod fordern. Dennoch kämpft Johannes der Täufer mit dem *»Schwert Christi, dem*

Schwert des Mundes«. In Anbetracht der Verfolgung seiner Person und Lehre werden viele nicht den Mut haben, sich zu ihm zu bekennen, doch für die Erweckten und Gottgetreuen wird er eine außergewöhnliche Stärkung bedeuten. »*Sie werden viel Kraft durch ihn empfangen, der Bedrängnis in größter Notzeit standzuhalten.*«

Nach Bertha Dudde ist dann die Zeit erfüllt, die durch Seher und Propheten angekündigt ist. Alle Gläubigen werden getröstet, denn wo immer auch Johannes der Täufer wieder erscheint, werden sein Wort und seine Stimme gehört. Und sie werden wissen, wer sich hinter diesem Licht verbirgt. Doch sie müssen auch erkennen, was die Stunde schlägt. Unbeirrt und ohne Ängste wird Johannes der Täufer seinen Weg gehen und den Auftrag erfüllen. Weder Redeverbot noch Verfolgung und Todesdrohung bringen ihn zum Schweigen. Sein Mut und seine Reden werden ein Feuer entfachen und selbst den Schwachen Kraft geben zum Widerstand. Wer sich zu Gott und den Worten des Täufers bekennt, ist in größter Gefahr, doch das gewaltige Licht des Vorläufers wird vielen die Kraft verleihen, für Gott und die Wahrheit zu sterben.

Auch Johannes der Täufer weiß um sein erneutes Ende. Auf dem Höhepunkt seiner Mission erleidet er das gleiche Schicksal wie vor 2000 Jahren. Dieses Mal ist es jedoch nicht Herodes Antipas sondern die Finsternis in Gestalt des Antichristen, der ihn gefangensetzt und tötet. Die Offenbarung an Bertha Dudde sagt hierzu:

»Doch zuletzt wird er ergriffen werden, denn der Satan treibt die ihm hörigen Menschen dazu an, sich seiner zu bemächtigen. Und dann ist auch das Kommen des HERRN nicht mehr weit, denn dann hat auch die Lieblosigkeit auf der Erde ihren Höhepunkt erreicht, und selbst die Gläubigen sind in äußerster Gefahr wankend zu werden. Dann kommt der HERR Selbst, um die Seinen heimzuholen, um sie zu erretten aus der Gewalt derer, die der Finsternis angehören - denn durch sie werden Dinge geschehen, die niemand sich vorstellen kann.«

Am Ende der Kundgabe wird nochmals auf die letzten Zeitphasen unserer bestehenden Welt hingewiesen und die neue Erde skizziert als ein Planet voller Liebe, Licht und Herrlichkeit. Befreit von den satanischen Kräften, wird die so von der Finsternis gereinigte Welt zum Paradies für die Gerechten. Auch auf die Herkunft, das Erscheinen und die Mission des Vorläufers wird noch einmal eingegangen. Demnach hält Gott das hohe Lichtwesen noch im Verborgenen, bis die Zeit seiner Mission anbricht. Von Geburt an bis zum Tode, ist der Gesandte von Gott geführt. Gott selbst wird dessen Weg vorzeichnen und ihn dort hinführen, wo viele Menschen ihn vernehmen können.

Noch einmal ermahnt Gott, die Zeichen der Zeit und die große Gnade zu erkennen, sobald der Vorläufer auftritt. Wenn dieser auch bereits unter den Lebenden weilt, so darf doch nicht heute oder morgen schon die Zeit als erfüllt betrachtet werden, denn auch Gott selbst bedarf auf Erden einer Zeit, um die Menschen vorzubereiten. So ist noch der Schleier vor die Augen der Welt gelegt. Niemand soll rätseln um das Kommen und das Schicksal des Vorläufers, denn die Menschen werden erkennen, wenn es Zeit ist. Niemand soll ihn suchen, *»denn er kommt von dort, wo ihr ihn am wenigsten erwarten werdet«.*

»Die Meinen werden ihn erkennen und sein Werk: Zu retten, die noch unentschlossen sind - zu stärken, die MIR treu bleiben wollen - und MICH und Mein Kommen anzukünden - Und wenngleich diese Zeit auch nicht mehr fern ist, so müssen doch noch einige kurze Phasen vergehen. Dann aber erfüllet sich, was euch gekündet wurde in Wort und Schrift.«

Näher betrachtet enthält die geistige Schau bzw. die Offenbarung an die Seherin Bertha Dudde zwei wesentliche Botschaften. Die erste ist klar erkennbar: die erneute Wiederkunft Johannes des Täufers, wobei dessen Mission identisch ist mit der vor 2000 Jahren. Die zweite und mittelbare Botschaft handelt vom Erkennen des Gottgesandten: Hier wird die Menschheit vor eine große Probe gestellt. Seine Wiederkehr ist nicht so angelegt, daß er in Glanz und Herrlichkeit auf Erden erscheint. Im Gegenteil, er gleicht zunächst einem normalen Menschen, wird aber zu gegebener Stunde gänzlich vom Geist Gottes erfaßt. Seine Worte erregen Aufsehen aber auch Mißtrauen bis hin zur Ablehnung. Letzteres beginnt mit Spott und führt über Redeverbot bis hin zum Mord. Die Mächtigen sind gegen ihn, der Großteil der Menschen hält seine Lehre für nicht lebbar. Eine kleine Schar wird ihn erkennen, eine weit größere in ihm aber den Sektierer, Ketzer und Verblendeten sehen, der in einer Welt fern der Realität lebt.

Die eigentliche Problematik liegt also in der zweiten und mittelbaren Botschaft. Die Gnade und Heilschance können demnach nur jene Menschen erlangen, die sich der Botschaft Johannes des Täufers anschließen und dafür auch einstehen.

Wer nun könnten die Gegner des wiederkehrenden Vorläufers sein? Man vermutet sie zunächst wohl in den Mächtigen aus Politik und Wirtschaft. In einem Inbild unserer Welt müssen wir uns darum fragen, welchen Interessen die erneute Mission Johannes des Täufers zuwiderläuft, welche Institutionen seiner Kritik ausgesetzt sind. So dürfen wir keinesfalls ausschließen, daß sein stärkster Widerpart zunächst die Kirche selbst ist, die Formal-Gläubigen und weite Bereiche der Wissenschaft. Die Offenbarung an Bertha Dudde läßt etwas erahnen: Der wiederkehrende Vorläufer stellt deutlich heraus, daß der Mensch Jesus, Christus und Gott eine untrennbare Einheit sind und keine Differenzierung zulassen. Diese Aussage Johannes des Täufers stößt offenbar auf Widerspruch und man versucht ihn der Unwissenheit zu überführen. Die Frage drängt sich förmlich auf: Sind die Führer unserer Kirchen dann etwa die Hohenpriester, die Theologen und Priester die Schriftgelehrten und Pharisäer von morgen?

Doch all diese Fragen und Annahmen müssen Spekulation bleiben. Befaßt man sich eingehender mit Prophezeiungen, ob biblisch oder außerbiblisch, so erkennt man schnell, daß allen eine seltsame Eigenschaft inne ist. Sie treten nämlich anders ein als erwartet. Dies liegt meist an unserer zu wörtlichen Auslegung und begrenzten Sichtweise. Wir unterliegen gewissermaßen einem Paradigma. So haben die Menschen stets die Bedeutung ihrer Zeitgeschichte über- oder unterbewertet, die jeweiligen Zeichen der Zeit aber meist nicht erkannt. Dies ist nicht verwunderlich, denkt die Schöpfung doch in anderen Dimensionen. Der menschliche Zeitfaktor reicht hierzu nicht aus.

So dürfen wir uns auch über die wiederholten Prophezeiungen von der Wiederkunft Johannes des Täufers kein festes Bild machen. Selbst dann nicht, wenn die Deutlichkeit der Worte und Hinweise uns dazu versucht. Doch eines sollten wir bedenken: Der Messias wurde oftmals prophezeit. Als er kam, hatte er den Namen Jesus und wurde nicht erkannt. Die Wiederkehr des Propheten Elija wurde geweissagt. Als er kam, hatte er den Namen Johannes und wurde nicht erkannt. Diese Analogie zieht sich gleich einem roten Faden durch fast alle Prophezeiungen. Allein die Erwartungen, Vorstellungen und Auslegungen, die die Menschen mit der jeweiligen Weissagung verbinden, bilden die begrenzenden Faktoren des Erkennens.

Bei der Offenbarung an Bertha Dudde heißt es zum Vorläufer: »*Wo ihr ihn nicht vermutet, dort wird er herkommen.*« So bewahrt uns wenigstens dieser Satz vor allzu konkreter Vorstellung und Auslegung.

Dieses Kapitel möchte ich mit folgender Bemerkung abschließen: Wenn es einen göttlichen Heilsplan für die Erlösung der Menschen gibt, dann hat das Wesen Johannes der Täufer offenbar eine entscheidende Funktion. Wenn die Prophezeiungen über das drohende Unheil für die Erde der göttlichen Sorge und Liebe entwachsen, wird uns wiederum der letzte Mahner und Rufer in der Wüste, Johannes der Täufer, zugeführt. Welchen Namen er dann trägt, wissen wir nicht. Ebensowenig, wo er herkommt und in welchem Teil der Erde er wirken wird. Ist seine Botschaft dann einem Großteil der Menschen zugänglich oder nur wenigen? Erfährt sein Wort noch zu seinen Lebzeiten Bedeutung oder erst nach seinem Tode?

Wenn die Jetzt-Zeit im Schnittpunkt von Prophetie und Erfüllung steht, sind wir dann auch weise genug, die Zeichen der Zeit zu verstehen? Viele Menschen werden nicht an die Apokalypse, den großen Weltenbrand, glauben. Andere wiederum haben ihn bereits an Leib und Leben verspürt; die Opfer der Kriege, Naturkatastrophen, Hungersnöte, schweren Krankheiten und Epidemien.

Unser Jahrhundert hat die Prädikate Vernunft, Logik, Forschung, Entwicklung, Wissenschaft und Schlagworte wie Motivation, Innovation, Gerechtigkeit, Frieden hervorgehoben. Dennoch ist die Welt aus den Fugen geraten. Die Menschheit befindet sich auf Irrwegen und abschüssigen Pfaden. Die Probleme der einzelnen Menschen und der gesamten Erde sind vielfältig und unlösbar. Erschreckende Realitäten wie Kriege, Vertreibung, Folterung, Abtreibung, Mißhandlung der Kreatur, Kriminalität, Hungersnot, Überbevölkerung, wirtschaftlicher Einbruch, sozialer Unfrieden, unheilbare Krankheit scheinen zu wachsen, je mehr man sie bekämpft. Die Mächtigen und vermeintlich Weisen dieser Welt, die Kirchen, Religionen, und die Wissenschaften, vermögen die Wunden nicht mehr zu heilen.

Sind dies bereits Vorzeichen oder gar *die* Zeichen, an denen wir unsere Ohnmacht und Irrungen erkennen müssen und umkehren sollen?

Sollte Johannes der Täufer tatsächlich wiederkehren, werden wir dann auch seine Mahnung, seinen Aufruf zur Umkehr und seine Botschaft hören und befolgen?

Ich hoffe, ja. Ich fürchte, nein, denn viele werden gerade dann dem Boten Gottes beweisen wollen, daß sie mehr wissen und klüger sind als dieser.

TEIL IV

UNGEWÖHNLICHE PHÄNOMENE
UND ZEICHEN HEUTE

JOHANNES DER TÄUFER BEREITET
SEINE WIEDERKEHR

DIESSEITS UND JENSEITS - DER NEUE KONTAKT

Was ich nun beschreibe, wird dem Leser zunächst wie ein Bruch erscheinen, hat es doch mit der Gestalt Johannes des Täufers scheinbar nichts gemein. Ich schildere die Umstände und Anstöße, die mich neu denken, fühlen und erleben ließen. Der Weg in diese so andere Welt, war und ist nicht geradlinig. Viele Zweifel und Widerstände begleiteten mich, so manche Frage blieb unbeantwortet.

Meinen eigenen Lebensweg und die Schicksale der mich umgebenden Menschen versuchte ich zu ergründen. Gibt es Verbindungen und Zusammenhänge, die sich unserem oberflächlichen Denken entziehen? Diese Frage führte mich auf den sogenannten geistigen Weg.

Am Ende meiner Suche stieß ich auf eine biblische Gestalt: JOHANNES DER TÄUFER. Mein Wissen über ihn war gering, seine Mission kannte ich nur vage aus den wenigen Versen der Evangelien. Denn die urchristliche Überlieferung beläßt Johannes den Täufer in einem rästselhaften Halbdunkel.

Ohne daß es mir bewußt wurde, kam ich mehr und mehr mit dem Namen Johannes der Täufer in Berührung. Die Berührungspunkte waren dabei mehr als denkwürdig. Nach einiger Zeit, begann ich das Leben und Werk Johannes des Täufers zu ergründen und zu erforschen. Ich erkannte einen tiefen Zusammenhang zwischen dem, was heute noch im Stillen in seinem Namen geschieht und seiner Mission von einst. All die mir verfügbaren Dokumente, historischen Schriften und biblischen Textquellen konnten dies freilich nicht bewirken. Den Hinweis auf die stets wirksame Kraft, das zukünftige Wirken dieser Lichtgestalt, bekam ich aus einer anderen Welt. Diese Erfahrungsebene nenne ich die *geistige Welt*, da sie sich von der materiellen Erkenntnisebene unseres irdischen Lebens abhebt.

So will ich versuchen, die Anstöße und Zusammenhänge aufzuzeigen, die mich auf den geistigen Weg führten.

Hinführung zum geistigen Weg

Die Bezeichnung *geistiger Weg* ist für viele Menschen lediglich ein Hinweis auf eine besondere Art des Denkens, Handelns und Fühlens. Das Besondere wird dabei meist zu wenig hinterfragt, so daß es undefiniert und nebulös in einer großen Anzahl von Köpfen verweilt. Außenstehende verbinden den geistigen Weg daher oftmals mit Realitätsfremdheit, Phantasterei, persönlicher Heilssuche und religiösen Wunschvorstellungen. Schlagworte wie Meditation, Findung des wahren Selbst, mystische Praktiken usw. bilden dann den Rahmen für eine falsche Vorstellung vom *geistigen Weg.*

Während die Anhänger des esoterischen Gedankengutes hierin die einzige Chance zur Wahrheitsfindung sehen, sprechen die Gegner von Irrweg, Irrlehre, Religionsersatz und dergleichen mehr. Begriffe wie New Age, Reinkarnation, Reburthing, Chanaling bringen für Außenstehende mehr Verwirrung und Skepsis als Hilfe. Menschen, die zu diesen Themen keinerlei Verbindung haben, schlagen sich im Bedarfsfalle meist auf die Seite der Gegner und Kritiker, da der *geistige Weg* im Allgemeinbild eher negativ besetzt ist. Bei näherem Hinterfragen, was denn nun eigentlich der geistige Weg sei, wird aus den vermeintlich konkreten Vorstellungen oftmals ein ungreifbares Nebelgebilde. Dies gilt für Anhänger und Kritiker zugleich. Die Ursachen sind vielfältig. Mangel an fundiertem Wissen, Erfahrung, Vorstellungskraft und ernsthaftem Bemühen sind jedoch die Hauptgründe.

Die permanent geführten Diskussionen zwischen Anhängern und Gegnern gipfeln meist in den grotesken Versuchen, auf jedes Argument ein entsprechendes Gegenargument zu finden. Am Ende bleibt oft ein gequältes und vermeintlich mitleidvolles Lächeln für den Andersdenkenden. Dabei scheint es ganz einfach. Jedem Menschen wohnt ein Geist inne, der seine Gedanken, Handlungen, Wünsche und Ziele, seinen Körper, sein gesamtes Ich steuert. Daß der Geist des Menschen nicht an seinen Körper gebunden ist, kann jeder permanent erfahren. Wie sonst könnten wir an Menschen, Dinge, Erlebnisse, Zeiten und Räume denken, die von uns entfernt sind oder gar Zukunftsvorstellungen entwickeln. Die Gedanken sind tatsächlich frei. Als Form und Ausdruck unseres Geistes vermögen sie Zeit und Raum zu überwinden. Welch unbegrenzte Kraft unseren Gedanken innewohnt, wird freilich nur jenen bewußt, die sich von den täglichen Sorgen und Mühen, Ängsten, Frustrationen, besonders aber vom begrenzenden Ego, lösen können. Dieses *Loslassen und Freiwerden* ist schwer, besonders in unserer heutigen Welt der materiellen Ziele, Technologie- und Fortschrittsgläubigkeit. Doch Technologie kennt kein anderes

Ziel als Weiterentwicklung, Fortschritt keine andere Motivation als noch mehr Fortschritt. Verbunden mit materiellen Werten, Macht und Anerkennung, führt dies zum Verlust des metaphysischen Bezugspunktes, des *Heilseins*. Unser Leben wird mehr und mehr bestimmt von Formen, äußeren sowie inneren Zwängen. Inhalt und Sinn werden verdrängt. So dominiert die Form über den Inhalt, das Äußere über das Innere. Der Zugang zum seelischen und geistigen Inhalt unseres Seins geht verloren. Da wir die Zusammenhänge des Ganzen nicht verstehen können, zerlegen wir es in immer kleinere Einzelstücke und bezeichnen es stolz als analytisches Vorgehen. Diese Einzelteile oder -erkenntnisse vermögen wir zwar zu unterscheiden, aber nicht mehr zu einer Gesamterkenntnis zusammenzufügen.

Die eigentliche Ursache hierfür liegt freilich tiefer und ist in der Polarität des menschlichen Bewußtseins begründet. Die Polarität wird deutlich, indem wir zwischen Ich und Nicht-Ich, männlich und weiblich, gut und schlecht, innen und außen, wahr und unwahr usw. unterscheiden oder besser gesagt, spalten. So sind wir Gefangene der Polarität und erfahren diese Gegensätze oftmals als Konflikte. Es ist jedoch wichtig zu erkennen, daß nicht die Welt polar ist, sondern unser Bewußtsein, unser Empfinden. Eingeweihte und Philosophen aller Zeiten haben uns mehrmals darauf hingewiesen. Für unser rational und analytisch geprägtes Denkmuster ist dies jedoch schwer nachvollziehbar. Daß wir unsere Welt als polar empfinden, liegt vermutlich in der Struktur unseres Gehirns. Die Hirnforschung findet vielleicht einen Schlüssel hierzu. Sie hat entdeckt, daß sich die beiden Gehirnhälften in Funktion und Aufgabe deutlich unterscheiden. Die linke Hemisphäre ist u. a. prädestiniert, die Eindrücke und Erfahrungen dieser Welt analytisch und rational zu verarbeiten. Auch das Zeitempfinden entspringt der linken Gehirnhälfte.

Eher entgegengesetzt hierzu verhält sich die rechte Hemisphäre. Sie ist mehr archaisch geprägt. Analogie und Symbolik, Erkennen von Gesamtheit (Figur, Gestalt anhand nur eines Teils) sind hier angesiedelt. Die rechte Gehirnhälfte ist nicht dem Zeitverständnis der linken Hemispähre unterworfen. Die sogenannten Bild- und Traumwelten der Seele werden von der rechten Gehirnhälfte gesteuert.

Die Tiefenpsychologie spricht von einem geschichteten Bewußtsein und differenziert in Oberbewußtsein und Unterbewußtsein. Bewußtes kann man der linken Hemisphäre zuordnen, Unbewußtes der rechten. Durch das Ich grenzen wir Menschen uns vom Unterbewußten und somit vom allumfassenden Bewußtsein ab. Wir leben daher mit einem subjektiven Oberbewußtsein. Menschen, die sich nicht so stark mit ihrem Oberbewußtsein identifizieren, verringern zwangsläufig ihr Ich. Sie erreichen damit eine gewisse Resonanz für das Unbewußte. Mediale Fähigkeiten, Ahnungen, Visionen und Hellsichtigkeit sind die Folgen. Der Zustand der Erleuchtung (kosmisches Bewußtsein) tritt jedoch erst ein, wenn das Ich in einem Menschen überwunden, ja aufgelöst ist. Oberbewußtsein und Unterbewußtsein verschmelzen zu einer Einheit, dem allumfassenden Bewußtsein. Dies ist ein Vorgang, den nur wenige Mystiker und Eingeweihte erreichen. Bei Jesus von

Nazareth müssen wir annehmen, daß er das Ich gänzlich überwunden hat, und alle Bewußtseinssphären in sich vereinte, weshalb er in diesem Zusammenhang auch die *Verkörperung des kosmischen Christus* genannt wird.

Thorwald Dethlefsen interpretiert daher auch die Jesusworte *»Ich und mein Vater sind eins«* als die Verschmelzung des Oberbewußtseins (Ich) mit dem Unterbewußtsein (Vater).

Betrachten wir noch einmal Funktionen und Leistungsbereiche der beiden Gehirnhälften, so müssen wir uns eingestehen, daß unser wissenschaftlich geprägtes Weltbild im Sinne des Wortes einseitig ist. Es ist überwiegend Ausdruck der linken Hemisphäre, in der das Rationale, Analytische, Kausale und das Zeitverständnis dominieren. Wir müssen uns mit dem Gedanken vertraut machen, daß unsere Erkenntnisse nur Teil der Wahrheit, die halbe Weisheit sind. Es ist daher mehr Ignoranz als Arroganz, wenn weite Teile der Wissenschaft das eher analog gesehene Weltbild der rechten Gehirnhälfte verspotten, und deren Bewußtseinsinhalte als irrational oder gar naiv abtun. Erst wenn wir lernen und akzeptieren, daß beide Hemisphären in ihrer Polarität eine Einheit bilden, werden wir die Fähigkeit zu größeren Erkenntnissen erlangen.

Bis dahin müssen wir uns jedoch eingestehen, daß das, was jenseits unserer Erkenntnis, unseres Oberbewußtseins liegt, der weit größere Teil ist. Auch müssen wir begreifen: Außerhalb unseres Erkennens steht das allumfassende Eine, die Einheit, auch All genannt, das kraft Definition alles umschließt. Demnach kann außerhalb dieses Alls nichts existent sein. In unserer menschlichen Vorstellung hat dieses All nur undefinierten Inhalt und keine Form, daher beschreiben wir es auch stets mit dem Zusatz *ohne.* Also: ohne Raum, ohne Zeit, ohne Anfang, ohne Ende, ohne Grenzen usw. Beschreiben wir dagegen unsere polar empfundene Welt, so müssen wir allen vorgenannten Begriffe den Zusatz *mit* geben. Folgen wir dem Gesetz der Analogie, müssen wir jedoch erkennen, daß *»Das was oben ist, ist gleich dem, was unten ist«* (Hermes Trismegistos) und *»Mikrokosmos ist gleich Makrokosmos«* (Paracelsus).

In dem von Jesus gelehrten Gebet *Vater unser* findet sich diese Synchronizität in der Formulierung *»wie im Himmel, so auf Erden«* wieder. Letztendlich müssen wir auch begreifen, daß Jesus diese allumfassende Einheit meinte, wenn er vom *»Vater«*, *»der Wohnung meines Vaters«* oder vom *»Himmelreich«* sprach. Die Polarität hingegen nannte Jesus *»diese Welt«* und er betonte ausdrücklich: *»Mein Reich ist nicht von dieser Welt«*.

Jesus kam aus der Einheit (vom Vater) in die Polarität (diese Welt). Er hat die Polarität jedoch überwunden und kehrte zurück zur Einheit. Die Bedeutung seiner Lehre und seines irdischen Lebens liegt also im Aufzeigen und Vorleben der Überwindung des polaren Bewußtseins. Mit der Überwindung der Polarität ist auch die Welt überwunden. Der Heilsweg und die Erlösung wurden also durch Jesus aufgezeigt.

Nur wer nicht mehr unterscheidet in Ich und Nicht-Ich, in gut oder schlecht, ist der allumfassenden göttlichen Liebe fähig, wie Jesus sie lehrte und seinen Mitmenschen entgegenbrachte. Unter diesem Aspekt wird das Jesuswort *»Vater vergib ihnen, denn sie wissen nicht was sie tun«* bedeutend. Er hatte Mitleid mit seinen Peinigern, sah er diese doch tief in der Polarität verstrickt, noch weit vom Heilsein entfernt. Heilsein setzt die Überwindung des Ichs voraus. Ohne diesen Schritt können die Fesseln dieser polaren Welt nicht abgelegt, das Paradies nicht erreicht werden. Jesus weist uns auf die Bedeutung dieses Weges hin. Er mahnt uns beständig, diesen Schritt zu tun. Er zeigt uns aber auch den steilen Pfad zum Heil auf, indem er sagt: *»Wer mir folgen will, der verleugne sich selbst und nehme sein Kreuz auf sich täglich und folge mir nach.«*

Die Jesusworte sind jedoch vergebens gesprochen, wenn wir uns in Formen, Gebete und Dogmen flüchten und voller Angst an der polaren Welt, dem Ich, festhalten. Dies ist jedoch verständlich, löst dieser Heilsweg doch auch Ängste aus und ist mit Leiderfahrungen verbunden, bis die Selbstaufgabe erreicht, das Ego überwunden ist. Lesen Sie die Evangelien aufmerksam durch. Sie werden kein Jesuswort finden, das uns auffordert, diese Welt in ein Paradies zu wandeln. Daß der Heilszustand, das Himmelreich, in uns selbst gelegt ist, erfahren wir jedoch mehrmals aus seinem Munde. Durch die Art unseres Denkens, die Analyse von Einzelteilen, machen wir jedoch unser Heil bzw. Unheil meist von der Außenwelt abhängig. Ist ein Mensch unglücklich, verbindet er sein Unglück meist mit der Projektion von Schuld. Die Ursache wird also außerhalb des Selbst gesucht; etwa in den politischen oder sozialen Umständen, im Beruf, Familienkreis usw. Die Gründe scheinen unerschöpflich. Die modernen Wissenschaften der Psychologie und Soziologie unterstützen mitunter diese Art der Schuldprojektion. Wenn auch hier Zusammenhänge hergestellt werden, so handelt es sich bei genauerem Hinsehen lediglich um Korrelationen. Sind die vermeintlich äußeren störenden Faktoren für das Heilwerden beseitigt, sind wir im Sinne der Lehre Jesu jedoch noch keinen Schritt dem göttlichen Heil, der Einheit näher. Lediglich unser Ego, die Ich-Welt, ist geglättet.

Jesus lehrte uns jedoch das aktive innere Erfahren des Heils. Er predigte den Weg aus der Polarität in die Seligkeit der Einheit. Er ist damit in vollem Einklang mit allen Religionsgründern, Heiligen, Adepten und Mystikern. In ihrer Wurzel sind daher alle Religionen, Mythologien und esoterische Lehren von gleichem Inhalt. Wird die Religion jedoch institutionell, erstarrt sie bald in Formen. Die Äußerlichkeiten nehmen zu, Inhalte werden in Rituale umfunktioniert. Die ursprünglich esoterische Heilslehre wird nach und nach zum exoterischen Glaubensbekenntnis. So wird Religion oftmals zu einem unsichtbaren Käfig, der das eigentliche Ziel ausschließt. Dieses Ziel ist die Einheit mit dem Allgeist, der in den Weltregionen die Namen Gott oder Logos, Tao, Nirwana und Brahman hat.

Warum sind wir aus dieser Einheit gefallen und in die polar empfundene Welt gestürzt? Alle Religonen und Mythologien geben eine sinngemäß übereinstimmende Erklärung. Im Christentum und in der jüdischen Religion schildert das 1. Buch Mose zu Beginn den Verstoß Adams aus dem Garten Eden (Einheit), da er vom Baum der Erkenntnis des Guten und Bösen (Polarität) aß. In diesem Akt versuchte ihn die Schlange. Die gesamte Aussage muß symbolisch verstanden werden. Der Schritt aus der göttlichen Einheit in die Menschwerdung fiel dem zaudernden Adam schwer, war diese Handlung doch gleichzusetzen mit der Abkehr vom gewohnten Zustand des Heilseins und dem Eintritt in eine konfliktreiche Welt. Adam bedurfte des ermutigenden Zuspruchs der Schlange (Symbol für Luzifer = Lichtbringer, im übertragenen Sinne auch Vermittler von Weisheit und Erkenntnis). Diese zeigte ihm die Möglichkeiten des polaren Menschen auf, wie etwa Handlungsfreiheit, schöpferisches Wirken, Schaffung einer eigenen Ordnung usw.

Spätestens an dieser Stelle der Geschichte muß die Frage erlaubt sein, ob nicht Gott selbst mit der Erschaffung Evas den Grundstein für eine polare Welt gelegt hat. Die Spaltung in die Aspekte männlich-weiblich ist nämlich ein wesentliches Kriterium der Polarität. War der Sturz aus der Einheit gottgewollt oder ein Grundirrtum des Menschen? Ergibt dieser Prozeß einen Sinn, und ist er individuell oder gar global korrigierbar?

Die Antwort finden wir leichter in der griechischen Mythologie und deren Parallelen zur christlichen Sichtweise. Betrachten wir hier die Gestalt des Prometheus, wie sie Homer und Hesiod schildern. Prometheus war Mitglied der Titanen, die genau besehen weder Götter noch Menschen waren. Auch der ursprünglich androgyne Adam war weder Gott noch Mensch. Als Himmelssöhne waren die Titanen jedoch Teil der olympischen Götterwelt. Prometheus (sinngemäß: der im voraus Wissende) wird als klug, wendig und listenreich beschrieben. Die Göttin Athene lehrte ihn Wissenschaften und Künste. Als sich die Menschen von den Göttern abspalteten (Hesiod 535: *»Als nämlich die Götter und die sterblichen Menschen sich trennten zu Mekone ...«*), mußte ein großes Rind auf beide Parteien gerecht verteilt werden. Prometheus schlug sich auf die Seite der sterblichen Menschen. Er täuschte Zeus und gab diesem lediglich die Knochen. Den Menschen hingegen ließ er das Fleisch und die saftigen Eingeweide zukommen. Zusätzlich raubte er den Göttern das Feuer (Symbol für Wissen und Weisheit) und ließ es seinen Schützlingen zukommen. Der Göttervater des Olymps wußte zwar von der List, ging aber auf den Betrug ein. Hesiod berichtet weiter: *»Schlimmes aber sagte er im Herzen den sterblichen Menschen an und dieses sollte sich erfüllen«* und: *»Von da an verbrennen die Geschlechter der Menschen auf der Erde den Unsterblichen weiße Knochen auf rauchenden Altären.«*

Prometheus wird in der antiken Tradition zum Stammvater des sterblichen Menschengeschlechts. Zeus beläßt ihn zwar in der Welt des Menschen, zeigt ihm jedoch die Konsequenz seines eigenwilligen Handelns an den Göttern auf. Aus der Tragödien-Trilogie des Aischylos erfahren wir, wie Zeus den Menschenfreund Prometheus an den Gipfel des Kaukasus nageln läßt, und ein Adler (Vogel des

Zeus) Tag für Tag dessen unsterbliche und nachwachsende Leber verzehrt. Dieses Martyrium sollte andauern, solange die Welt besteht, wobei die griech. Mythologie damit das Ende eines Weltenzeitalters versteht. Der Zeus-Sohn Herakles erlegt den Adler mit einem Pfeil; Prometheus bleibt aber weiterhin an den Fels genagelt. Zeus ist bereit, Prometheus von seinem Leid zu erlösen, verlangt jedoch die Preisgabe eines bestimmten Geheimnisses und einen Ersatz für Prometheus, der bereit ist, dessen Qualen und Tod auf sich zu nehmen. Hierfür bietet sich der Kentaur Chiron an, ein Unsterblicher, der sich in seiner Weisheit die Sterblichkeit ersehnt.

Prometheus ist der griechische Archetyp des Menschen. Sein Schicksalsweg ist der archetypische Weg der Menschheit durch die Welt. Die Geschichte dieser faszinierenden Gestalt verdeutlicht uns wiederum die Voraussetzungen der Menschwerdung und die Bedingungen der Erlösung: Die Abspaltung von Gott bzw. der Einheit; die Abkehr von der göttlichen Ordnung und der Wunsch nach eigener Ordnung, eigenen Gesetzen; das Ja zum Ich und Nein zu Gott; das An-Sich-Ziehen, was den Göttern zusteht; die Erfahrung von Schuld, Leid und Sühne; das Sich-Beugen vor den Göttern und die Zurücknahme des eigenen Willens.

In der christlichen Religion entspricht die Prometheus-Figur dem Adam (Adam im Garten Eden = Prometheus als Himmelssohn, Adam nach dem Sündenfall = angenagelter Prometheus). Zugleich besteht zwischen dem erlösten Prometheus und Jesus eine unverkennbare Parallele. Auf diesem Hintergrund wird Jesus auch der *zweite Adam* genannt.

Das Thema *Sturz - menschlicher Irrweg - Erlösung* ist die Grundstruktur aller Religionen und Mythologien. Die beiden letzten Glieder dieser Kette erscheinen uns als langer, mühsamer Weg. Wir wissen jedoch nicht, welch langer Prozeß die Loslösung aus der Einheit war.

Menschsein im Sinne der esoterischen Religionen heißt nichts anderes, als mehr oder weniger von Gott getrennt zu sein. Diese Trennung fordert Individualität und Ich-Bildung, die im philosophischen Terminus als Schuld, im theologischen als Sünde bezeichnet wird. Im Prinzip ist damit jedoch keine negative Wertung verbunden. Das Christentum spricht daher auch von Erbsünde und bezieht sich damit konkret auf den (Sünden-) Fall und die Erkenntnis von Gut und Böse, das polare Bewußtsein. Durch diese Schuld bzw. Sünde zeichnen wir Menschen uns aber auch aus. Wir wachsen und reifen daran, wir veredeln uns. Es heißt auch, daß die Engel uns um diese Möglichkeit der Erkenntnisfindung beneiden. Die Erkenntnisfähigkeit ist in der Einheit, im kosmischen Bewußtsein nicht möglich. Erkennen setzt Subjekt und Objekt voraus. So gibt es auf dem Planeten Erde soviele Welten und subjektive Erkenntnisse, wie es Menschen gibt. Von Tieren, Pflanzen und Mineralien ganz zu schweigen. Allein daran wird erkennbar, in wieviele Individuen (Einzelstücke) die Einheit sich spaltet. Alle Einzelstücke sind schöpferisch tätig. Wir haben dies nur anzuerkennen und nicht zu werten. Schöpfung heißt in diesem Sinne auch Teilung. Schöpfung ist Ablehnung der Einheit.

Die Welt ist daher sichtbares Ergebnis des Verzichts auf uniforme Einheit. Betrachten wir die polare Welt daher auch aus dem positiven Blickwinkel und wagen einen Vergleich: So wie das Prismenglas die Einheit Licht in die Einzelfarben zerlegt, so ist die polare Welt ein Instrument, das die göttliche Einheit in unzählbare Einzelteile, Individuen und Aspekte zerteilt.

Die Frage, ob dieser gesamte Prozeß Realität oder gar Illusion ist, erscheint reizvoll und zugleich müßig. Hingegen ist die Frage nach dem Sinn des polaren Umweges von Schuld und Sünde zurück zu Gott eigentlich zwingend. Ist dieser Umweg auch nicht logisch, so können wir die Sinnhaftigkeit doch erahnen. Der leid- und schmerzvolle Prozeß, den wir zwischen Fall und Erlösung durchleben, ist notwendig für die Bewußtwerdung. Der Weg birgt das tiefe Geheimnis der Freiheit und persönlichen Entfaltung des Menschen. Schuld und Freiheit sind ein Zwillingspaar wie Unschuld und Einheit. (Ein Engel kann nicht fehlen, da er keinen freien Willen besitzt.) Der polare Weg des Menschen ist Erkenntnis und Leid. Leid ist Lehre. Im Erfahren der größten Verzweiflung öffnen wir freiwillig die Tür zum Vaterhaus. Wer sich freiwillig und aus Überzeugung der göttlichen Ordnung wieder eingliedert, hat eine höhere Kenntnis erlangt als der, der aus Angst das Paradies nie verlassen hat. Die Jesusworte im *Gleichnis vom verlorenen Sohn* sagen darüber mehr aus als alle theoretischen Ausführungen es tun können.

Eine letzte Frage bleibt. Befreit uns die polare Erkenntnis *wo Glück ist, ist Leid; wo Gutes ist, ist Böses usw.* letztendlich vor der Maßregelung eines zügellosen Ich-Bewußtseins? Ist es eine Aufforderung, Leid und Schmerz zu verteilen, um somit die Welt der Erkenntnis und Erlösung näher zu bringen? Ist bei der totalen Ich-Verherrlichung das höchstmögliche Maß an Erkenntnis erreicht? Ganz sicher nicht. Mit all dem theoretischen Wissen können wir uns dem göttlichen Prinzip der Einheit nicht nähern. Das Ich-Bewußtsein soll vielmehr schöpferisch tätig sein im Sinne von Erschaffen der Liebe, des Friedens, der *Einheit mit Allem*. So haben auch alle Religionsgründer, Heilige und Adepten stets die Demut und Nächstenliebe als höchste Ausdrucksform des Ich-Bewußtseins gepredigt.

Hier schließt sich zunächst wieder der Kreis zu Johannes dem Täufer. Im Wahn der Erkenntnis, im Rausch der scheinbar grenzenlosen persönlichen Freiheit, des individuellen und kollektiven Egoismus, produzieren wir Leid, Schmerz und Verfehlungen ungeheuren Ausmaßes. Die Gefahr des Entartens und des Zerstörens ist groß. Sind wir zu weit vom *Magnetfeld* Gottes entfernt (aus der Bahn geworfen), versagt die Anziehungskraft. Die Geduld der himmlischen Mächte auf Erden ist nicht unendlich. Deshalb bedürfen wir solange die Menschheitsgeschichte währt, eines Mahners, der unsere polare Welt zurechtrückt, die überschrittenen Grenzen aufzeigt und zur Umkehr aufruft. Eine Gestalt, wie Johannes der Täufer, der den Hochmut in Demut, die Eigenliebe in Nächstenliebe wandeln will, und der die Heilsmöglichkeit aufzeigt. Lehrer sandte uns die göttliche Einheit im Überfluß der Gnade.

Ich bitte den Leser um Nachsicht, daß ich die Themen des Sündenfalls, der Polarität und des Erlösungsweges nur aufzeigen kann. Eine Vertiefung würde den Sinn dieses Buches verlassen. Die Skizzierung dieser Thematik ist jedoch notwendig, wenn wir vom geistigen Weg sprechen und die tiefe esoterische Weisheit der Religionen und Mythologien nicht verlassen wollen. Die Summe aller esoterischen Weisheiten ist das Erkennen der Einheit mit Allem und der Weg zu dieser Einheit.

So ist die intensive Beschäftigung mit esoterischen Teilbereichen wie Meditation, mediales Schreiben, Astrologie, Geistheilung, Edelsteintherapie, Tarot, Kabbalah usw. nicht zwingend ein geistiger Weg. Auch hier ist alles nur Teil der Gesamtheit. Eine zu starke Fixierung auf Teilwissen und Teilbereiche birgt die Gefahr des Stillstands. Ein Abgrenzen von der Einheit geschieht wiederum.

Wann können wir im hier gemeinten Sinn davon sprechen, daß ein Mensch den geistigen Weg beschreitet? Lassen Sie es mich so ausdrücken: Wenn der Mensch beginnt, seinen Geist, seine Seele als das eigentliche Individuum zu erkennen. Wenn er eine Realität außerhalb des Sicht-, Greif- und Meßbaren anerkennt und überzeugt ist, daß alle Materie und deren Reaktionen lediglich sichtbares Spiegelbild einer höheren aber unsichtaren Realität sind. Wenn er das Analytisch-Konkrete seiner linken Hemisphäre überspringt und seine Existenz nicht auf das irdische, körperliche Sein beschränkt. Und nicht zuletzt, wenn er beginnt, die Struktur und Hierarchie dieser höheren Intelligenz und Realität zu erahnen oder gar ansatzweise zu erfahren. Eine entsprechende innere Wandlung und Neuausrichtung der Lebensinhalte und -ziele ist die logische Konsequenz.

Die Frage nach dem Woher und Wohin und der Sinnhaftigkeit des Lebens stellt sich jeder Mensch. Die Intensität des Hinterfragens hängt dabei von vielerlei Faktoren ab: Innere Bereitschaft, äußere Anstöße, individuelle Ziele, Horizonte und Religiösität sind einige davon. Der Eingeweihte jedoch vereint all diese Impulse in dem Ausdruck *Reifegrad der Seele*.

Äußere und innere Anstöße erfährt jeder Mensch. Ob er diese Botschaften wahrnimmt und versteht, hängt von seiner Resonanz ab. Oftmals wird hier der Vergleich mit der Stimmgabel angeführt, die nur den Ton wiedergeben kann, der ihrer Schwingung entspricht. Oder das Kurzwellenradio, das keine Nachricht im Langwellen-Bereich empfangen kann. Diese Gleichnisse sind keineswegs zwingend, erhellen jedoch die Problematik der eingeschränkten Empfangsbereitschaft.

Meine Anstöße will ich kurz schildern. Nicht etwa weil sie besonders bedeutend sind, sie dienen einzig dem besseren Verständnis der folgenden Kapitel.

Im Jahre 1986 stand ich vor einer großen beruflichen Aufgabe. Es begann eine arbeitsreiche Zeit mit täglich zwölf bis fünfzehn Stunden während ich in vielen Nächten grübelte. In diese Zeit der Anspannung und des eingeschränkten persönlichen Freiraumes fiel aber das eigentlich Sonderbare. Die unzähligen, kurz aufeinanderfolgenden Begegnungen mit Menschen vieler Couleurs. Sie hatten weder mit meinem Beruf, noch mit meinem Freundeskreis oder meiner Familie zu tun. Ausnahmslos waren es Charaktere und Lebenswege, die mich sehr beschäftigten. In meinem engeren Freundes- und Bekanntenkreis traten zudem schicksalshafte Veränderungen ein. Zwei meiner Freunde starben innerhalb weniger Wochen eines dramatischen und frühen Todes. Besonders auffallend war, daß gerade die Menschen mit hohen ethischen Maßstäben den schweren Kursänderungen des Lebens unterworfen waren. Bescheidenheit, Nächstenliebe, Hilfsbereitschaft, Verständnis und eine Bereitschaft zu vergeben zeichneten sie aus.

Während eines Krankenbesuches hatte ich eine entscheidende Begegnung mit einem fünfzehnjährigen Mädchen namens Tatiana. Seit dem vierten Lebensjahr leidet es an Epilepsie. Das Krankheitsbild ist überdurchschnittlich stark ausgeprägt und hat sich fortwährend verschlechtert. Ein langer, bis heute andauernder Leidensweg nahm seinen Anfang. Untersuchungen, Klinikaufenthalte und Therapien wechselten sich ab mit Aufenthalten in Sonderschulen und Behindertenheimen. Eine weitere Verschlechterung trat nach und nach auf. Der Bewegungsapparat versagte, und das Mädchen wurde allmählich an den Rollstuhl gefesselt. Während zunächst die hohe Dosis der ruhigstellenden Medikamente als Ursache genannt wurde, fand man später den Hinweis auf die eigentliche Krankheit Multiple Sklerose. Bei all dem Leid erfährt das Mädchen die Gnade der starken und unteilbaren Liebe seiner Mutter.

Mit dem Mädchen kam ich jedoch bereits vorher in Kontakt. In einem Traum sah ich auf eine große Leuchttafel, auf der *Tatiana* aufblinkte und darunter eine Kombination von Buchstaben und Zahlen, die einer chemischen Formel glich. Intuitiv wußte ich, daß diese Formel ein Heilmittel oder einen Heilsweg ausdrückte. Leider habe ich diesem Traum und dieser Formel bis heute vergebens nach gespürt.

All diese Erlebnisse innerhalb weniger Wochen hätte ich natürlich verdrängen können. Etwa mit der lapidaren Erklärung, daß jeder sein Schicksal selbst bestimmt, oder gar auf das karmische Gesetz verweisen können - von dem ich im Übrigen zu dieser Zeit nichts wußte. Irgendetwas in mir suchte nach Erklärungen und Kausalitäten, die außerhalb des medizinischen Wissens und der üblichen Denkschemata lagen. In der klassischen Literatur der Anthroposophie fand ich Ansätze und Hinweise auf Zusammenhänge, Sinnhaftigkeit von Schicksalen und dergleichen mehr.

Natürlich verfiel ich auch auf den Glauben, in sogenannten esoterischen Kreisen mehr zu erfahren. Das habe ich auch; zumeist jedoch auf enttäuschende Art. Sehr oft wird die Thematik zu einseitig, simpel und unkritisch angegangen. Die Erwartung *von außen* ist zu hoch, die Kraft der Selbsteinschätzung und -korrektur zu schwach. Meditationen, Heilungsversuche und mediale Botschaften werden zwar vom guten Willen getragen, die Ergebnisse jedoch zu euphorisch bewertet.

Dank meines kritischen Hinterfragens, war ich bald ein ungebetener Gast in so manch *liebevollem* Zirkel. Zum Bruch kam es schließlich, als Auserwählte mehrerer

Kreise einen weltbekannten Seher aufsuchten, um ihr eigenes Karma und das von Bekannten zu erfahren. Es genügte dabei die Mitnahme eines Bildes der betroffenen Person. Die Aussagen des Sehers kamen ohne Zögern. Das Karma des Mädchens Tatiana, ihre Schuld und Sühne, wurden niederschmetternd übermittelt. Auffallend war an manchen Aussagen, die weit zurück in die Vorleben gingen, daß die Schilderung der Zeitumstände den historisch gesicherten Daten nicht standhielt. Dies interessierte freilich nur wenige.

Aus der sachlich fundierten Literatur waren mir jedoch dokumentierte Medial-Botschaften mit hoher Qualität bekannt. Mit Akribie sammelte ich alle erreichbaren Protokolle über mediale Botschaften, verglich sie und reihte sie in Themenkreise ein. Zudem beobachtete ich die entsprechenden Medien über einen längeren Zeitraum. Bald entdeckte ich, daß fast jeder mediale Kreis eine eigene Struktur und Erwartungshaltung hat. Diese werden vom Medium bewußt oder unbewußt gesteuert. Ich erkannte aber auch, daß selbstlose und zurückhaltende Medien Botschaften mit hoher Qualität erhielten. Wortwahl, Redewendungen und Inhalte deuten auf Intelligenz und Wissen hin, die dem Medium in dem Maße gar nicht inne wohnt. Ich erlebte wundersame Heilungen von Menschen, die an schweren Krankheiten litten. Die medialen Botschaften zeigten Ursachen und Zusammenhänge der Leiden auf und bewirkten einen spontanen Gesundungsprozeß. Dies bezeuge ich gerne.

Meine positiven Beobachtungen veranlaßten mich zu einem Wagnis. Tatianas Mutter und ich wagten den Versuch des medialen Schreibens. Unsere Hoffnung war, einen Hinweis zu erhalten, wie das Leiden von Tatiana gelindert werden könnte. Nach langen Minuten des Wartens erhielten wir diese Botschaft:

»Ja, ich bin Jonas.
Gott sei mit euch. Ich bin gering und dennoch ein Bote des Herrn.
Das Gebet vermag mehr als die Menschen erkennen. Es gleicht dem Sonnenstrahl, der alles in Licht hüllt.
Verlangt nicht zuviel von euren Brüdern im Geiste. Gott allein weiß um das Ziel. Ein irdischer Helfer im göttlichen Heil kann Dr. H... in H... sein,
doch den irdischen Weg müßt ihr allein begehen.
Übt euch in Demut und Geduld der Herzen.
Gehet hin in Frieden.«

Unsere Recherchen ergaben, daß es diesen Arzt in dem benannten Ort, einer österreichischen Kleinstadt, tatsächlich gab. Kurzentschlossen reisten wir hin. Der Arzt war von einer ungewöhnlich großen Zahl von Patienten umgeben. Das Leiden Tatianas erkannte er unmittelbar. Er legte für wenige Sekunden seine Hände auf und sagte: *»Besserung kann ich geben, Heilung nicht«*. Im Verlauf einer zweijährigen Behandlung nahmen Anfallshäufigkeit und -intensität sichtlich ab. Tatianas Wesen erhellte sich, ihr Interesse an der Umwelt nahm deutlich zu.

Mich beschäftigte jedoch noch die Frage, ob das genannte Karma des Mädchens die Ursache ihres Leidensweges ist. Die Aussage des bekannten Sehers hatte natürlich ihr Gewicht.

Es kostete mich viel Mühe und Überredungskunst, die Mutter Tatianas erneut zu einer Kontaktaufnahme mit der geistigen Welt zu bewegen. Mit etwas Angst und Spannung warteten wir, ob sich jener Jonas wieder meldete. Wir erhielten auf meine unausgesprochenen Frage die bewegende Antwort:

»Ja, ich bin Jonas.
Gott sei mit euch, Friede euren Herzen. Gib oh Herr die Liebe, die allein die Menschheit befreit. Führe die Seelen auf den Weg ins Licht. Laß deine Gnade walten dort, wo Haß und Neid regieren.
Hart sind die Herzen der Menschen. Hart sind die Worte, die über Tatiana gesprochen wurden.
Gott will es nicht, daß vermeintlich weise Menschen das Schicksal beschwören. Gottes Liebe erfaßt jede Seele.
Es ist nicht eure Aufgabe, das Karma zu ergründen. Euer Mensch vermag es nicht zu fassen. Sinn und Nichtsinn des Karmas sind euch Menschen nicht bekannt. Mag ein Lebender auch sehend sein, so ist er doch begrenzt durch sein Subjekt und seine Aussage hat wenig wahren Wert.
Ich kann und will hierzu nichts sagen, ist es doch der Seele ureigenstes Werk.
Habt Vertrauen in Gottes Macht. Sie ist allgegenwärtig. Habt Geduld. Verbindet eure Herzen mit Christus und die Erkenntnis wird im Inneren erstehen. Er weiß um den langen Weg, der zum Heil führt. Bittet ihn und er wird euch führen.
Gottes Friede soll euch erfassen. Die Zeit ist nahe, da ihr seine Worte vernehmen werdet.
Für euch sind viele Helfer bereit. Fürchtet euch nicht.
Ein Herz ist entbrannt. Gottes Segen ist bei ihr. Sie opfert sich zum Segen der Menschen.
Folget diesem treuen Diener in den Himmel der heiligen Dreifaltigkeit.
Oh Maria, sie ist eine Perle im Licht. Ich weiß um ihr Licht, Gott hat sie gesegnet. Gott ist in ihr. Ihm ist nichts unmöglich.
Meine Worte mögen euch heute noch befremden, doch sind sie aus Liebe gesprochen. Gebt euren Geist frei für das Licht und die Ruhe in euch. Nur so kann ich mich euch offenbaren.
Ich segne euch im Namen des Vater, des Sohnes und des Geistes.
Dankt Gott dem Herrn.
Gehet hin in Frieden.«

Die Aussage war deutlich und zugleich hintergründig. Sie kam so unvermittelt und wohl formuliert, daß wir lange sprachlos blieben. Interessant war zudem der Hinweis auf Maria. In meiner ersten Überzeugung sah ich hierin einen Bezug zur

Mutter Jesu, bis ich dieser Maria unerwartet schnell begegnete. Ich lernte einen Menschen kennen, der tief in die Geheimnisse der geistigen Welt vorgedrungen war. Eine Frau, die nach bewegtem Leben all die Dinge, über die ich hörte und las, verinnerlichte und lebte. Stets sammelte sich eine Schar Suchender, Verzweifelter und Kranker um sie. Ihnen gab sie durch Meditation, Gebet und Nächstenliebe die Hoffnung und Lebensmitte wieder. Ich möchte sogar sagen: das Licht und Heil Christi. Versetzte sich Maria in tiefe Meditation, flossen Worte im Namen Christi aus ihrem Mund.

Offen gestehe ich meine Zweifel und Vorbehalte, die mich lange bewegten. Letztendlich durfte ich die Einsicht erlangen, daß sich die Christusenergie in Menschen manifestieren kann, die ihr Sein gänzlich in den Dienst dieser Kraft stellen.

Die Worte Marias zum Leidensweg des Mädchens Tatiana zeigten mir neue Dimensionen und Wertigkeiten auf.

Nahe der Stadt Rosenheim hat Maria ein Werk des Lichts errichtet, in dem viele Verzweifelte ihr Heil an Geist, Seele und Körper gefunden haben. Die Worte Jonas' haben sich bestätigt.

Als ich Maria einmal besuchte, befand sich eine Dame namens Barbara in ihrer Gesellschaft. Bald bemerkte ich, daß auch sie Eingeweihte war und gewissermaßen den Grundstein für Marias Werk gelegt hat. Es waren beide Frauen, die mir ganz unbeabsichtigt tiefe Einblicke in die geistige Kraft und Christus-Energie vermittelten.

Als bedürfte ich noch der Bekräftigung, erfuhr ich in kurzer Folge zwei äußerst wundersame Erlebnisse. Sie geschahen unter Zeugen, die dieser Thematik fremd gegenüberstehen. Wären diese Zeugen nicht gewesen, ich würde selbst zweifeln, ob es sich tatsächlich so zugetragen hat. Es handelte sich dabei um Geschehnisse, die von der großen Kraft der göttlichen Energie zeugen. Sie sind für Außenstehende nicht glaubhaft, weshalb ich hier nicht weiter darüber berichten möchte.

Ein anderes Erlebnis hatte ich jedoch im Stillen. Dieses will ich ausführlich schildern. An einem grauen, trostlosen Wintertag unternahm ich eine lange Wanderung. Schneeboden und regnerisches Tauwetter bescherten mir kalte, nasse Füße. Ich hatte nur noch den Wunsch nach einem wärmenden Fußbad. Endlich zuhause, steckte ich meine Füße in warmes Wasser und träumte versonnen einem Jugend-Sommer an der Ostsee nach. Jäh wurde ich aus diesem Wachtraum gerissen. Ein Gesicht erschien vor meinen geschlossenen Augen. Sofort erfaßte ich, daß dieses Gesicht fremd war und anders entstanden war als etwa Gesichter, die man sich in Erinnerung ruft oder vorstellt. Dieses Bild war Realität und doch nicht greifbar. Es hatte zudem eine Besonderheit. Das Gesicht war schwarz-weiß und dennoch voller Farbtöne. Das lange, schwarze Haupthaar zeigte einen bläulichen Glanz, ebenso der Bart an Oberlippe, Kinn und Backenknochen. Haare und Bart fielen in Strähnen, wirkten aber gepflegt und ausdrucksstark. Die Farbe der Augen schien dunkelbraun. Das ganze Gesicht hatte einen überaus edlen und weisen

Ausdruck, voller Liebe und Güte. Unverkennbar spiegelte es aber auch Entschlossenheit wider.

In mir war alles auf einmal: Erschrecken, Angst, Unsicherheit, Freude und Überwältigtsein. Als erstes riß ich meine Augen auf. Das Gesicht war unverändert vor mir. Ich sprang auf, stieß mein Fußbad um und rannte zum Spiegel. Hier sah ich zwar mein Gesicht, aber klar und deutlich lag auch das unbekannte Gesicht zwischen mir und meinem Spiegelbild. Ich ging zurück auf meinen Stuhl und schloß die Augen. Jetzt kam das Gesicht näher und näher, so als würde es gezoomt. Am Ende war nur noch das rechte Auge in mehrfacher Vergrößerung vor mir.

Instinktiv beschloß ich, mich diesem Bild zu ergeben. Da erst geschah das Wunderbare: Das Auge strahlte eine Liebe und Kraft aus, die sich der menschlichen Vorstellung und Beschreibungskunst entziehen. Es erfaßte gleichsam mein ganzes Ich. Langsam und bedächtig kam das Auge weiterhin näher, bis es scheinbar in mich floß. Ich fühlte, wie Körper, Geist und Seele druchflutet wurden. Eine Art der Schwerelosigkeit überkam mich, ehe ich erfaßte, daß das Gesicht nicht mehr existierte.

Ich war so bewegt, daß ich augenblicklich mein Haus verließ, in eine Waldlichtung fuhr und mich auf einen Baumstamm setzte. Ein Gefühl grenzenloser Liebe und Güte erfaßte mich. Selbst die giftigste Schlange hätte ich in diesem Moment auf Händen getragen. Die Bäume in meinem Blickfeld erfaßte ich plötzlich als beseelte Einzelwesen. Sie glichen bewegunglosen Menschen, die miteinander ihre Gedanken austauschten. Ich war Teil ihrer Welt, konnte ihre Hoffnungen und Nöte erfassen. Die Umwelt nahm mich zwar zur Kenntnis, schenkte mir jedoch keinerlei Beachtung. Wenigstens entnahm ich das dem Verhalten einer Gruppe Rehe, die in die Lichtung trat und unmittelbar vor mir den harschen Schnee scharrte und äste. Mit großer Gelassenheit beäugten sie mich.

Wohltuend und voll ungewohnter Einsichten war dieser seltsame Seinszustand. Er hielt nicht lange an. Mein Körper wurde plötzlich schwer, als würde flüssiges, kaltes Blei in meine Adern und Gliedmaßen fließen. Ohne daß ich mich bewegte oder einen Laut von mir gab, wirkte ich wieder normal auf die Umwelt. Die Rehe flohen blitzartig. Ein Schleier des Vergessens legte sich über meine Gedanken. Was ich detailliert erfahren durfte, blieb so vage zurück, wie ich es hier schildere. Stunden später bekam ich Bedenken. Sollte dieser Zustand öfter auftreten? Wäre ich dann noch tauglich für die normale, irdische Welt? Später sehnte ich mir dieses Erlebnis wieder herbei. Leider ist es bis heute nicht wiedergekehrt.

Wer oder was verbarg sich hinter diesem Gesicht? Erst verband ich dieses Bild mit Jesus. Dann zweifelte ich, da meine intuitive Vorstellung der Jesus-Physiognomie anders war. Das erlebte Bild deutete auf Gezieltes, Entschlossenes hin. Es wirkte gleichsam als Teil und Parallele zur Jesus-Energie. Man vermag solche Dinge zu fühlen, zu beschreiben sind sie kaum.

Geraume Zeit später konnte ich es erfahren. Es war das visionäre Gesichtsbild Johannes des Täufers. Um dies zu erkennen, bedurfte es jedoch der Helfer auf dem geistigen Reich.

Die Helfer aus dem geistigen Reich

Jonas wurde mein Freund, Vertrauter und Lehrer. War der Helfer aus der geistigen Welt auch unsichtbar, nahm er doch an Konturen und Gestalt zu. Ich bewundere seine Geduld und Nachsicht, die er stets in Gesprächskontakten mit mir aufbrachte. Trotz meiner Erlebnisse blieb ich nämlich reserviert, kritisch, ja ungläubig. Doch seine Worte blieben stets voller Freundlichkeit, Güte und Weisheit. Auffallend waren zudem die Poesie seiner Worte und die Verehrung Gottes in seinen Aussagen. Auch der Mut, mit dem er sich meinen unzähligen Fragen stellte, verdient Anerkennung. Niemals wich er aus oder gab leere Erklärungen. Die Fragen waren nicht ohne Brisanz für ein jenseitiges Wesen, das eine bestimmte Geisteshaltung vertritt. Wie etwa sollte es Stellung beziehen zu Themen wie Krieg, Mord, Hungersnöte, Elend, Naturkatastrophen, Epidemien, Selbstmord, Abtreibung, Massentötung von Tieren zur menschlichen Ernährung und dergleichen mehr?

Seine Antworten überraschten uns immer wieder aufs Neue. Welche Hintergründe und Zusammenhänge vermochte er uns aus seiner Sichtweise zu vermitteln. Eines wurde dabei immer deutlich: die Auswegslosigkeit des menschlichen Handelns, wenn es sich vom wahren göttlichen Gesetz der Liebe entfernt. Stets schloß Jonas seine Erklärungen mit dem Hinweis, daß sie lediglich den Stand seines derzeitigen Wissens widerspiegeln und auch seine Form der Existenz ein ständiges Überprüfen und Lernen erfordere. Einigemale waren wir aufrichtig beschämt über unser Urteil zu so manchen Themen. Uns wurde bewußt, daß geringes Wissen (wann erkennt man das selbst?) meist die Ursache für voreilige Meinungsbildung ist.

Unser Lob wollte Jonas freilich nicht annehmen. Er verwies auf die Weisheit und Geduld seiner Lehrer. Zudem fügte er an: *»Mein Wissen ist zweifelhaft wie eures. Es entspricht der Sphäre meines Seins. Doch wieviele Sphären der Erkenntnis liegen vor mir? Nur mit Demut und Gottes Hilfe kann ich sie erreichen.«*

Fragen zu persönlichen Entscheidungen oder zukünftigen Verhaltensweisen beantwortete er jedoch nie. Der Hinweis auf den freien Willen des Menschen als Teil des göttlichen Gesetzes folgte meist.

Die Gespräche mit Jonas füllen Bände. Liest man die Gesprächsprotokolle zusammenhängend, ist der rote Faden unverkennbar: Er hat die Sinnhaftigkeit des

Menschseins, die Polarität und Verstrickung und den Erlösungsweg aufgezeigt. Meine wirklichen Irrwege in diesem Sinne hat er mir sanft und liebevoll zu erkennen gegeben. Alle meine Fragen gefielen ihm nie sonderlich. Sie hielten ihn ab, wie ich heute meine, uns von Dingen zu erzählen, die ihm wesentlich schienen. Doch er ließ mich gewähren, *»da deine Fragen uns näherbringen«*, wie er einmal bekannte.

Eine Anmerkung ist mir wichtig. Vor geraumer Zeit las ich die Werke von Novalis. Eine geistige Verwandtschaft dieser beiden ist für mich unverkennbar. So manche Betrachtungsweise meines Freundes Jonas fand ich in den philosophischen Fragmenten von Novalis wieder. Zugleich ist eine Parallele zu der esoterischen Philosophie von Thorwald Dethlefsen erkennbar, speziell zum Thema Polarität.

Wer nun ist dieser Jonas und wie haben wir seine Botschaften empfangen? Im August des Jahres 1988 bat ich Jonas, uns seine Existenz, sein Bewußtsein mitzuteilen. Seine Worte waren schön, doch stellte er sich nur vage vor:

»Ja, ich bin Jonas
Mein Name soll dich nicht verleiten. Ich bin nur ein winziges Sein in Gottes Einheit. Für innere Ruhe und göttlichen Frieden bist du noch nicht bereit. Habe du, habt ihr Vertrauen. Es wird euch Hilfe gereicht. Gott ist gnädig mit denen, die ihn ohne Selbstsucht suchen. Gott hat nicht die Moral eines Menschen. Er mißt nach Namen und der selbstlosen Liebe, die ihnen inne ist. Richtig handelt nur der, der aus Liebe handelt. Es ist an der Zeit, Gottes Einheit zu erfühlen. Zögert nicht. Lernt, in Geduld auf seine Worte zu vertrauen.
Ja, ich bin Jonas. Ich habe diesen Weg gewählt, um euch nicht länger im Dunkel allein zu lassen.
Leben und Streben ist Leid. Hört auf die Stimme der Seele. Ruft sie doch immer nach ihrem Meister. Er ist es, der die Leiden von euren Seelen nimmt. Innig ist die Liebe, die Jesus Christus mit euch verbindet. Wahre Hoffnung und Seligkeit findet ihr nur durch ihn. Er endet nie und ist immer.
Eure Sinne sind verwirrt, eure Gedanken fliehen in Zweifel. Ihr sucht einen Beweis meiner Existenz. Sorget euch nicht. Ein Beweis ist das Wort des Herrn.
Wie soll ich deine Frage nach meinem Ich beantworten um dir zu gefallen? Ich bin ein Individuum und habe dennoch kein Ich wie du, wie ihr. Hätte ich es, wäre ich Mensch wie ihr. Ich habe die Welt genossen, ich habe gefehlt. Ich wünschte, niemand müßte mehr dorthin zurückkehren, doch ist dieses noch ein weiter Weg.
Ich werde dich leiten mein Bruder, bis meine Zeit gekommen ist.
Gott mit euch. Frieden euren Herzen.«

In diesen wenigen Zeilen hatten wir so vieles erfahren, über Jonas freilich nur weniges. Erst jetzt verstehe ich, daß er eigentlich alles über sich gesagt hat. Meine normale Art des Denkens, die Suche nach Analytisch-Konkretem hat ein früheres Erkennen jedoch verhindert. So ist es nur zu verständlich, daß ich bereits nach wenigen Wochen erneut Hintergrund und Zusammenhang unserer Kommunikation erfragen wollte. Wir konnten förmlich sein Seufzen vernehmen, gleichsam als wollte er sagen: was willst du hören oh Mensch in deiner Einfalt?

In seiner unendlichen Geduld hat er wohl meiner naiven Wißbegier nachgegeben. Er schilderte ein gemeinsames Leben im späten Mittelalter in den Grenzen des heutigen Frankreichs. Unsere Verbindung war seinen Worten zufolge im Leid entstanden und endete im Leid. Sie war getragen von Armut, Hunger und Verfolgung, aber auch vom Widerstand gegen Unrecht und Unterdrückung. Durch Verrat geriet ich in einen Hinterhalt und wurde ermordet. Die besondere Tragik lag darin, daß Jonas von diesem Verrat in Kenntnis gesetzt wurde. Die *»Mächtigen und Edlen des Landstriches«*, wie er sich ausdrückte, hatten ihn jedoch festgesetzt, bis die Meldung meines Todes eintraf. Er konnte mir also nicht helfen. Seiner Schilderung zufolge war die Zeitspanne seiner Festsetzung bis zur Nachricht meines Todes für ihn Höllenqual.

Die Schilderung war wider Erwarten ausführlich und detailliert, enthielt die Topographie einer Landschaft und gab die zeitgeschichtlichen sozialen Mißstände des 17. Jahrhunderts wieder.

Am Ende fügte Jonas belehrend hinzu: *»Mag die Vergangenheit auch ihre Wurzeln im Jetzt und Heute haben, ist sie dennoch überwunden. Das Unheil muß der Mensch in Heil wandeln. Das Gewesene darf nur noch Bedeutung und Erkenntnis sein für das, was vor dir liegt. Es soll dir jedoch aufzeigen, daß Verbindungen zwischen Seelen entstehen, die Zeiten und Welten überdauern. Ob diesseits oder jenseits, Liebe und Vertrauen sind geboren aus göttlicher Kraft. Sie sind unverbrüchlich und ewig, so sie bewährt sind im Leid. Laß uns dies erkennen und nach vorne schauen.«*

Sein letzter Satz bekam unvermittelt Gewicht, denn er fuhr fort:

»Erinnere das Gesicht. Erinnere die Zeichen. Sei ohne Sorge, die Vision des Gesichtes ist eine große Gnade. Sie ist entstanden in deinem Inneren. Durch Lichtpartikel wurde es nach außen projiziert, um dein menschliches Auge sehen zu lassen. Immer wird dieses Bild dein Herz berühren. Nur ein Wesen des Lichts kann vermitteln, was du geschaut hast. Gehe mit ihm. Höre auf die Stimme in dir und folge diesem Licht. Eine große Kraft wird durch dieses Licht auf Erden wiedererstehen. Es erstrahlt im herrlichsten Glanz, getragen von den himmlischen Heerscharen.

Mein kleines Sein fühlt die Wogen. Es kommt der Tag, an dem du meine Worte verstehen wirst.

Gestatte mir ein lehrendes Wort: Noch ist die Zeit jung. Dein Menschsein steht am Scheideweg. Suche dieses Licht mit aller Kraft, so wirst du im Lichte erstehen.

Frage mich nicht nach dem Namen, denn meine Wege sind nicht unendlich. Nur was du selbst erkennst, hat Wert vor diesem Licht.

Gehe in ein Haus des Wissens. Wie bald wirst du das Törichte vom Weisen unterscheiden lernen.

Gehe hin in Frieden.«

Nachdenklichkeit und Ergriffenheit erfaßten mich. Jetzt fühlte *ich* die Wogen. War das visionäre Bild etwa das Gesicht Johannes des Täufers? Warum bin ich in den letzten Monaten so oft und unerwartet auf seinen Namen gestoßen? Warum erzählten mir so manch geschäftlich-sachliche Mitmenschen plötzlich und unvermittelt etwas von dieser Gestalt, hatte ich doch keinerlei bewußte Beziehung zu Johannes dem Täufer. Wirkte hier das Gesetz der Resonanz und Affinität? War dieser Johannes der Täufer gar Auslöser für all meine wundersamen Erlebnisse in der letzten Zeit, und deutete Jonas mit seinen Worten nicht gar versteckt auf diesen hin? Und was letztendlich wollte mir diese Lichtgestalt sagen? Mir, diesem kleinen Menschlein.

Es ist nicht leicht, diese Dinge einzuordnen, mit ihnen umzugehen. Wer kann Hilfe durch Deutung geben? Ich habe nach schneller Erklärung gesucht und nicht gefunden. Wie oft aber hörte ich das Wort von *Demut, Geduld und Vertrauen* aus dem Munde Jonas'. Und war da nicht auch der Jonas-Satz: *»Nur was du selbst erkennst, hat Wert vor diesem Licht.«*

Ich entschloß mich also zur Demut und Geduld, hatte aber insgeheim die Hoffnung, Hinweise aus der geistigen Welt zu erhalten. Doch wenn wir mit Jonas kommunizierten, ging er auf dieses Thema nicht ein. Wir konnten jedoch einiges über ihn selbst erfahren. Er liebt die Poesie, den Naturwissenschaften gilt sein stetes Interesse und Lernen. Er drückt sich gerne gleichnishaft aus, verwendet mitunter algebraische Redewendungen. Etwa wenn er sagt: *»Hochmut ist potenziertes Ich-Bewußtsein«*; die Vergleiche bringt: *»Die Wurzel aus Zeit ist Raum und Raum ist eine logische Folge der Zeit - dennoch entstehen sie miteinander«* oder: *»Der Körper verhält sich zum Raum, wie die Seele zur Zeit«* (vgl. Novalis).

Im Hochmut sieht das Geistwesen Jonas ein Grundübel der Menschheitsgeschichte, das auch vor den irdischen Wissenschaften nicht halt macht. Sein Satz: *»Wer die Ideen und Erkenntnisse anderer nicht wie seine eigenen behandelt, ist kein wahrer Gelehrter«*, stimmt nachdenklich. Ob seine einmal gemachte Aussage *»Die Dynamik des naturwissenschaftlichen Denkens führt zwingend zur Metaphysik«*, seine Meinung wiedergibt oder ein Axiom der geistigen (Fach-)Welt ist, kann ich nicht beantworten.

Wie haben wir die Botschaften von Jonas empfangen? Es gibt verschiedene Methoden der Kommunikation. Zu Beginn wählten wir die herkömmliche Technik: Das Alphabet ist in Kreisform auf ein Blatt Papier geschrieben. Zwei oder mehr Personen berühren einen leicht beweglichen Gegenstand, der die einzelnen Worte und Sätze buchstabiert. Diese Technik des medialen Schreibens ist umstritten, da sie von Unkundigen und Neugierigen mißbraucht wird. Besonders bei labilen, unkritischen und sensationsfreudigen Menschen führt dies mitunter zu Fehldeutungen mit negativen Folgen. Die Gefahr einer Manipulation durch beteiligte Personen (eher gering) oder des sich mitteilenden Geistwesens muß zudem ausgegrenzt werden. Ein medialer Kontakt sollte nie leichtfertig, aus Spaß oder Neugier erfolgen. Wie sich viele Menschen selbst produzieren und wichtig geben, so ist dies auch bei Geistwesen nicht auszuschließen. Wie im Diesseits, gibt es auch im Jenseits Tölpel und Ernsthafte. Umfassende Kenntnisse in diesem Metier sind unabdingbare Voraussetzungen, genauso wie kritische Prüfungen. Anfänger und Neugierige sind ebenso wie verteufelnde Kritiker gut beraten, sich Zusammenhänge, Hintergründe und Inhalte von einem Sachkundigen erklären zu lassen. Mediale Botschaften, die über einen längeren Zeitraum dauern, sollten neben einer kritischen Selbstprüfung auch dem Urteil eines Eingeweihten unterzogen werden. (Wer sich selbst für einen Meister oder Eingeweihten hält, widerlegt sich durch eigenen Hochmut).

Unsere Bedenken begrüßte Jonas, waren sie doch Zeichen eines aufrechten und kritischen Bemühens. Er klärte uns zugleich darüber auf, daß die Technik von untergeordneter Bedeutung ist, das Gesetz von Resonanz und Affinität hingegen bestimmend ist *(»Die Schwingung der Seele bestimmt die Botschaft«)*. Dennoch wählte er eine andere Methode, die uns überraschte. Wir erhielten seine Botschaft in Spiegelschrift. Ursula (Tatianas Mutter) schrieb von rechts nach links, in scheinbar unmotivierten Wellen ohne Abstände und Interpunktion. Niemand wußte Bedeutung noch Inhalt. Der Schreibvorgang war schneller als etwa ein handschriftliches Notieren. Tage später war das Rätsel gelöst. Ein Blatt lag im Sonnenlicht nahe eines geöffneten Fensters. Stand der Betrachter im geeigneten Winkel zum Fenster, war die Schrift lesbar.

Jonas beseitigte unsere letzten Zweifel, indem er die gleiche Botschaft wortgetreu über einen engen Freund an mich richtete. Dieser erhielt die Mitteilung in medialer Normalschrift. Sie war sehr umfangreich, so daß ich sie nur auszugsweise wiedergebe:

»Ja, ich bin Jonas.
Der Friede sei mit euch.
Die Erde, dieser brodelnde Planet, ist in Gefahr, sich selbst zu zerstören. Die Menschheit ist auf der Suche nach Ruhe und Harmonie. Doch ist sie nicht einig in der Wahl des Weges. Weder du noch ich werden sie einigen können.
Unsere Verbundenheit in göttlicher Liebe hat Not und Bedrängnis und viele Formen des Seins überdauert. Dies allein ist der Grund für die Gnade, daß du mein Wort erfahren kannst.
Es ist nicht die Zeit, die mich drängt, dies zu offenbaren, sondern das Rufen der suchenden Seelen, der bedrängten Herzen.
Es ist nicht die Sorge, die mich drängt, sondern die Erkenntnis der göttlichen Gnade.
Ein großes Licht wird erneut auf Erden gesandt. Nicht ihr habt dieses Licht erwählt, sondern das Licht hat euch erwählt.
Könnte ich euch beistehen, keinen Augenblick würde ich zögern, Mensch zu werden.

Ihr Menschen, beendet die Fragen nach Täuschung und Wahrheit. Gott allein ist Wahrheit. Hier spüren wir, wie das Licht seine Kräfte sammelt. Es ist, als ob dieses Licht aus den Himmeln abgesaugt würde, um heller und strahlender denn je zurückzukehren.
Zweifelt nicht, erkennt!
Verzeiht meine vielen Worte, doch auch ein geistiges Wesen wie ich fühlt die Wehmut und den Schmerz.
Ich habe jedes meiner Worte geprüft und wiederum geprüft, denn es ist kein Lei chtes, dies zu sagen. Es wird kein Leichtes für den stolzen Menschen, dieses Licht zu erkennen.
Friede über alle Grenzen. Gott schütze euch.«

Vom Text habe ich bewußt einige Inhalte ausgespart. Manche betrafen mich. Andere wiederum bezogen sich auf zu erwartende Symptome im weiteren Verlauf der Menschheitsgeschichte, so wir keinen Halt im göttlichen Gesetz der Liebe finden. (*»Der Hochmut, Haß und Zorn der Gedanken bemächtigt sich stets der Hand, die mordet, niederbrennt und zerstört«*, sagte Jonas an anderer Stelle). Die Schlußfolgerung und bittere Konsequenz zeigte Jonas mit seiner Logik auf. Er gebrauchte den Vergleich mit der Schiefen Ebene und sprach vom *»abnehmenden Zeitkontingent, je spitzer der Neigungswinkel ist«*. Er nannte einige Gefahrenzonen der Erde, punktuelle Irrwege der Menschen und deren kurzfristige Folgen. So manches läßt sich auch mit klarer menschlicher Ratio ableiten. Ein aufgeschlossenes Geistwesen hat jedoch eine zusätzliche Sichtebene: Das ungeheure Energiepotential aller negativen menschlichen Gedanken, Ziele und Emotionen (auch Ängste), die an den Planeten Erde gebunden sind und zur Realisierung in der Materie drängen. Summe und Verdichtungsgrad dieser Negativ-Energien sind für uns nicht sichtbar, mitunter jedoch fühlbar. Kommt es zur Entladung dieser Energien, können wir mit unseren partiellen Einsichten auch nur partielle und vordergründige Zusammenhänge erkennen. Der Vergleich mit den abregnenden Wolken, in denen sich Wasserdampf verdichtet, bis es unter entsprechenden Voraussetzungen zur Entladung kommt, ist eine bildhafte Verdeutlichung.

Inwieweit einige seiner Schlußfolgerungen inzwischen eingetreten sind, muß ich für mich selbst beurteilen und behalten, um den Leser nicht zu beeinflussen.

Von wesentlich größerer Bedeutung ist jedoch der Hinweis auf das kommende Licht, das den Suchenden und Bedrängten Hilfe bringen soll. Jonas schildert dies in bewegenden Worten. Sein Satz: *»Es ist kein Leichtes für den stolzen Menschen, dieses Licht zu erkennen«*, stimmt sehr nachdenklich. Da ich inzwischen mit der Redeweise von Jonas vertraut bin, sehe ich darin eine abgeschwächte Ausdrucksform für Bekämpfung, Verfolgung und Verspottung dieses großen Lichts. Zum Zeitpunkt der Jonas-Mitteilung dachte ich jedoch nicht so konkret über das Gesagte nach. In dem *»großen Licht«*, das erneut auf Erden gesandt wird, sah ich einen nochmaligen Hinweis auf Johannes den Täufer. Überzeugung war es freilich noch nicht, fehlten doch konkrete Angaben. Die gesamte Botschaft hat mich weder bedrückt, noch dem Irdischen enthoben. Einfach deshalb, weil es für mich nicht vorstellbar war, daß etwa ein Johannes der Täufer wiederkehrt. Wenn doch, in welcher Form sollte er erneut auf diese Erde kommen? In biblischer Gestalt, in der Form seines geistigen Energiefeldes - und schließlich wann? Sollte dies in 100 Jahren oder mehr sein, was nützt eine diesbezügliche Botschaft heute? Zudem an mich, der diese Worte gar nicht einordnen, geschweige denn verstehen konnte. Gewissermaßen hielt ich es für Energieverschwendung der geistigen Welt, einem unbeschriebenen Blatt wie mir diese Dinge zu offenbaren. Wer konnte überhaupt etwas damit anfangen? Andererseits war da dieses Geistwesen Jonas. Ich kommunizierte mit ihm nun bereits fünf Jahre und all sein Gesagtes war verständlich und nachvollziehbar. Die Inhalte lagen nie im dubiosen Bereich. Auch hat es nicht den Anschein, als wäre er ein weltfremder Betbruder oder gar esoterischer Spinner aus einer anderen Sphäre. Im Gegenteil, so manche seiner naturwissenschaftlichen Ausführungen legte ich Experten vor, die seinen Denkprozessen Anerkennung zollten. Zuweilen blieb eine unbekannte Größe offen, die vermutlich nur im metaphysischen Ansatz zu entschlüsseln ist.

Diese und einige andere Jonas-Botschaften ließ ich von Eingeweihten überprüfen. So von den bereits erwähnten Damen Maria und Barbara sowie einem alten und ehrwürdigen Mystiker im fernen Istrien. Alle sahen in dem *großen Licht* einen deutlichen Hinweis auf Johannes den Täufer. Die Jonas-Worte bedurften keiner Entschlüsselung mehr. Sie hatten Offenbarungscharakter und verleiteten zu tiefem Nachdenken.

Der Mystiker im Herzen Istriens lehrte mich das Verstehen dieser Botschaft. Ich lernte ihn während einer Dienstreise kennen. In Terminnöte geraten, suchte ich eine Abkürzung nach Pula. Der erhoffte Zeitgewinn blieb jedoch aus. Ich geriet auf einem Nebenweg immer mehr in unwegsames Gelände und mußte schließlich vor einer Holzhütte anhalten. Davor dösten zwei Hunde in der Nachmittagssonne und einige Ziegen grasten am kargen, steinigen Boden. In dieser abgeschiedenen Gegend führte ein rüstiger Greis das Leben eines Eremiten. Bis in die späten Nachtstunden durfte ich sein Gast sein. Die Fertigkeiten und Talente des alten Mannes waren vielfältig. Er baute Wein an und kelterte ihn. Er stellte Brot und frischen Ziegenkäse her. Dafür brauchte er nur seine Hände und wenige Holzwannen und -fässer. Zudem hatte er seine eigene Zisterne. Der frische Wein und das würzige Fladenbrot waren eine Köstlichkeit. Der Einsiedler kam vor vielen Jahren in diese Öde, um Einkehr und Erkenntnis zu erfahren. In seinem ganzen Erscheinungsbild glich er einem Mönch. Seine Bekleidung bestand aus einer grauen Leinenkutte. Diese trug deutliche Spuren seiner täglichen Arbeit. Auf der Brust trug er ein einfaches Holzkreuz. Er war freundlich aber wortkarg und gab nur wenig von sich preis. Seine Augen jedoch waren voller Leben. Nach einigen Bechern Wein fragte ich ihn unvermittelt, was er über Johannes den Täufer weiß: Er musterte mich lange und antwortete nicht. Jetzt fragte ich direkt: *»Können sie sich vorstellen, daß der Geist Johannes des Täufers stets auf dieser Erde geblieben ist oder gar, daß er wiederkehrt, um erneut seine Mission zu erfüllen?«* Der alte Mann stand wortlos auf, nahm eine Holzschüssel und ging aus der Hütte. Ich hörte das Geräusch der Zisterne und das Winseln der Hunde. Nach wenigen Minuten kam er zurück und sagte: *»Die Tiere brauchen Wasser für die Nacht. Es ist spät«*. Ich hatte Angst, ihn verletzt oder gar provoziert zu haben und sagte mit all meiner Sanftmut: *»Ich weiß, ich sehe nicht so aus und wirke nicht so, aber die Frage ist mir sehr ernst. Auch weiß ich, daß Sie eine Antwort haben«*. Er legte seine Hand auf meine Schulter und sagte: *»Du hast nicht Durst, du hast nicht Hunger, und dennoch trinkst und ißt du hastig, als wärst du auf der Flucht. Deine Augen suchen etwas in dieser Hütte, was nicht ist. Daher weiß ich, daß diese und viele andere Fragen dich bewegen. In deiner Hast wirst du nur schwerlich Antwort finden«*. Nach einer kurzen Pause fuhr er fort: *»Zwischen Jesus und Johannes dem Täufer liegt ein tiefes Geheimnis. Beide sind verbunden durch dieses Geheimnis und wir können es fühlen oder vergeblich suchen. Niemand kann es beschreiben, außer diesen beiden. Solange dieses Geheimnis auf Erden ist, solange sind beide auf dieser Erde wirksam. Wenn ein Mensch die Kraft unseres Christus spürt, dann war vordem der Geist Johannes des Täufers bei ihm, um ihn hinzuführen zu dieser Kraft. Dennoch war dieser Christus vor Johannes«*. *»Ja, ja«*, warf ich hastig ein, *»ich weiß es«*. Er sah mich lächelnd an und sagte: *»Ich weiß es nicht, ich plappere nur nach, was ich gelernt habe«*. Ich entschuldigte mich. *»Ach«*, fuhr er weiter, *»niemand von uns weiß es wirklich und versteht es«*. Er erklärte mir die Gestalt Johannes des Täufers aus seiner Sichtweise und ich spürte, daß er tiefes Wissen hatte. Er sah in dem Vorläufer Christi ein Werkzeug Gottes, das unter vielerlei Namen, in allen Religionen und Kulturen gewirkt hat und wirken wird. Dies jedoch stets in mittel- oder unmittelbarem Verbund mit Jesus Christus. Sein Wirken ist jedoch nicht nur an den Planeten Erde gebunden, vielmehr muß es als kosmisches Wirken verstanden werden. Zudem sprach er von einer großen Geistfamilie des Täufers, die in allen Sphären des Seins beheimatet ist. Diese Sphären des Seins entsprechen nach Ansicht des Eremiten den Bewußtseinssphären des Individuums. Sie reichen von der körperlich-irdischen über mehrstufig-seelische bis zur geistig-göttlichen Erkenntnissphäre. Ist zu bestimmten Zyklen der Menschheitsgeschichte das Wirken Johannes des Täufers (so gesehen nur der Name dieses göttlichen Werkzeugs im 1. Jh. n. Chr. in Palästina) vorgesehen, beginnt eine lange und detaillierte Vorarbeit in allen Sphären zur gleichen Zeit. Der Geist Johannes des Täufers sickert gleichermaßen durch alle Bewußtseinssphären bis hin zur körperlich-irdischen Ebene, dem Erdenmenschen. Dieses Sickern gleicht nach den Worten des Eremiten einer geistigen Stafette von Sphäre zu Sphäre, wobei jede dieser Bewußtseinsebenen einen Kreis von Mittlern (Medien) umfaßt. Das Durchsickern des Johannesgeistes nimmt der Erdenmensch jedoch in umgekehrter Reihenfolge war, da der letzte Mittler als erster erkennbar wird. Sind die Mitglieder aller Sphären gleichermaßen von Geist und Aufgabe durchdrungen, beginnt das Wirken auf Erden. Die geistige Energie aus allen Bewußtseinsebenen konzentriert sich nun auf die irdische Mission. Der Eremit sprach gleichnishaft von sieben Sphären des (Bewußt)-Seins. Bevor die Johannes-Energie den Menschen auf Erden erkennbar wird, ist sie bereits verankert. So ist es auch erklärbar, daß viele Mahner und Umkehr-Prediger unmittelbar vor Johannes dem Täufer in Palästina wirkten. Diese sind gewissermaßen als Vorläufer des Täufers zu werten. Nach den Worten des Eremiten ist die Johannes-Energie bereits die Christus-Energie, da sie aus dieser geboren ist. In das Naturgeschehen übertragen gab er den Vergleich mit Blitz und Donner, die nacheinander erfolgen, aber einem Impuls entspringen. Der alte Mann gebrauchte noch ein Bild: *»Diese göttliche Liebe wurde vorbereitet durch einen Menschen, der damals Sohn des Zacharias war und ausgedrückt durch einen Menschen, der Sohn Marias war. Sie gleichen von Gott aufbereiteten und gereinigten Gefäßen. Ihre Namen werden sich nicht wiederholen, wohl aber ihre Mission. Gebe Gott, daß sich ihr Schicksal nicht wiederholt, sonst bleibt die Erde blutbefleckt.«*

Der alte Mann wirkte jetzt müde und nachdenklich. Die Dämmerung ging in Dunkelheit über. Er zündete eine Öllampe an. Seine Sorge galt den Tieren. Er ging vor die Hütte, redete mit jedem Tier und segnete es. Dann trat er zu mir, berührte meinen Arm und sagte: *»Ich bin fast so alt wie dieses Jahrhundert, doch hat mich niemand nach Johannes dem Täufer befragt. Was bewegt dich? In eurem Lande war eine große Frau, Hildegard von Bingen, die von seinem Geist erfaßt wurde. Lies, was sie niedergeschrieben hat.«*

Ich spürte, daß der Eremit nun allein sein wollte. In meiner Ungeduld fragte ich jedoch, ob ich ihm noch etwas zeigen dürfe. Er hob die Öllampe an mein Gesicht und nickte wortlos. Ich ging zum Auto, suchte hastig in meinem Arbeitskoffer die Mitteilungen von Jonas und drückte sie in die Hand des alten Mannes. Wir gingen bedächtig in die Hütte zurück. Er legte das Papier auf den Tisch und schenkte uns Wasser ein. *»Du mußt mir vorlesen, denn meine Augen sind alt«*, sagte er. Die Öllampe gab wenig Licht, so daß ich langsam lesen mußte. Dabei traute ich mich nicht, den Blick zu erheben, denn ich fürchtete die Reaktion des Eremiten. Nach etwa zehn Minuten hatte ich alles gelesen und sah dem alten Mann gefaßt in die Augen. Der Ausdruck seines Gesichtes überraschte mich. Es war Freude und tiefe Nachdenklichkeit zugleich in ihm. Etwa fünf lange, endlose Minuten saßen wir uns schweigend gegenüber. Dann sagte er sichtlich bewegt: *»Ja, Johannes wird wiederkommen, um der Welt wieder das Wasser der Reingiung und Erkenntnis zu geben. Wie groß muß die Not der Menschen sein, wie groß muß sie noch werden, wenn der Herr uns den Mahner schickt.«* Dabei hob er den Kopf zur Decke, gleichsam als wollte er zu Gott aufblicken und eine Antwort hören. Dann sprach er voller Trauer über die Qualen und Schmerzen, das schreiende Blut der Menschen und Tiere, die sein Land heimgesucht haben.

»Selbst wenn die Menschen ermordet sind, hingeschlachtet und erschlagen, ihr Haß und Zorn bleiben zurück und führen zu neuem Fluch«, sprach er leise vor sich hin. *»Dein Bruder aus den Sphären ist eine weise Seele. Er spürt die Wogen, er fühlt das kraftvolle Licht. Dieses Licht ist der Geist des Täufers«*, sprach er nun zu mir. *»Die Bürde deines Bruders ist schwer, denn nur wenige werden ihm glauben. Auch deine Bürde wird schwer. Wenn du überzeugt bist, darfst du es ebenfalls nicht für dich behalten.«* Er bat mich, täglich mit innerer Freude zu beten und mich mit dem Geist Johannes des Täufers zu verbinden. Um die Mitteilungen von Jonas verstehen zu können, verwies er mich auf die Niederschriften der deutschsprachigen Propheten Hildegard von Bingen und Jakob Lorber.

Ich verstand, daß aus Sicht des Eremiten nun alles gesagt war. Weitere Worte konnte ich nicht mehr erwarten. Ich stand auf, gab ihm die Hand und bedankte mich. Mit der Öllampe geleitete er mich zum Auto. Sein Schritt war langsam und müde. Es war etwa elf Uhr nachts. Er stellte die Lampe vorsichtig zu Boden, faßte mich mit beiden Händen an den Schultern und sagte: *»Wenn dich dein Weg nach Medjugorje führt, so bitte die Mutter Christi um Verzeihung für alle Menschen, die ihre Worte verspottet haben. Alles was über dieses Land gekommen ist, wäre nicht geschehen, hätten wir ihre Mahnung und Fürsorge angenommen. Bete zu Gott, daß er uns Johannes den Täufer schickt, ehe wir verloren sind.«* Dann segnete er mich. Ich war nie besonders empfänglich für derartige Zeichenhandlungen. Von diesem Segen spürte ich jedoch eine große Kraft ausgehen.

Ganz in Gedanken fuhr ich ziellos in die Nacht, bis ich auf einen Wegweiser nach Pazin und Rovinj stieß. Ich fuhr schließlich bis Rovinj, setzte mich ans Meer und hing meinen Gedanken nach. Es war eine laue Mainacht mit klarem Himmel und sanften Wellen. In den frühen Morgenstunden fuhr ich weiter nach Pula, um meinen Geschäftstermin verspätet wahrzunehmen. Es drängte mich jedoch, näheres über den Eremiten zu erfahren. In den Nachmittagsstunden fuhr ich daher nach Pazin zurück und befragte den Ortsgeistlichen. Dieser verwies mich an den Pfarrer eines anderen Ortes. Ich konnte schließlich erfahren, daß der Eremit schon viele Jahre hier lebte und mit Menschen kaum Kontakt hat. Der Priester war daher etwas verwundert über mein langes Gespräch mit dem alten Mann. Er wußte lediglich, daß der Eremit sein Leben in vielerlei Ländern verbracht hatte, darunter auch in Deutschland. Viele Hinweise lassen vermuten, daß der Eremit Mitglied des Johanniter- oder Malteserordens ist oder zumindest einer dieser Bruderschaften angehörte. Der Priester erzählte mir weiter, daß die eigentliche Nationalität des Eremiten unbekannt ist und sein Aufenthalt in Kroatien vermutlich im *Geheimnis um Trogir* begründet ist. Diese Inselstadt in Dalmatien hat eine noch unerforschte Bedeutung in der Geschichte vom Heiligen Gral. Auch gibt es vereinzelte Hinweise, daß sich Jünger Johannes des Täufers dort aufhielten, klärte mich der Priester auf.

Nur drei Tage später mußte ich nach Split. Die dortigen Gespräche machten einen Besuch in Mostar notwendig. Die Stadt war wenige Monate vorher durch die kroatisch-muslimischen Kämpfe völlig zerstört worden. Mein Vorhaben in Mostar konnte ich trotz Unterstützung von internationalen Organisationen nicht erfüllen. Die verbliebenen Menschen führten ein lethargisches Dasein in den Ruinen ohne Strom, Wasser und sonstige Versorgung. Bei aller Lethargie blieb eine Energie jedoch aufrecht; der Haß und Racheschwur auf die jeweils andere Volksgruppe.

Bedingt durch plötzliche Straßensperren der Muslims waren weite Umwege für die Rückreise nach Split nötig. Da mein Fahrzeug ein kroatisches Kennzeichen trug, mußte ich langwierige Kontrollen und kritische Momente erdulden.

Die Fahrt durch das muslimische Bosnien war eine Reise durch zerstörtes Land. Zerschossene, niedergebrannte Häuser und Tierkadaver säumten den Weg. Gesprengte Brücken machten erneute Umwege erforderlich. Der Anblick des verwüsteten und geplünderten Landstrichs war trostlos. Nur vereinzelt hausten Menschen in verkohlten Ruinen. Sie ernährten sich von den wenigen Ziegen und Schafen, die der Mordlust nicht zum Opfer gefallen waren. Meine Reiseroute war nicht mehr planbar, die Autokarte wertlos. Die notgedrungen ziellose Autofahrt führte mich schließlich nach Medjugorje. Dieser Wallfahrtsort war völlig unbeschädigt. Dies allein schon gleicht einem Wunder. Hatte hier Maria ihren schützenden Mantel um diese Gnadenstätte gelegt?

Wegen des Krieges blieben die Pilgerströme aus. So saß ich allein in der Kirche von Medjugorje und kam der Bitte des Eremiten nach. Ein deutschsprechender Pater händigte mir die Geschichte des Wallfahrtsortes aus, zudem die Marienoffenbarungen, die drei Kinder aus der Gegend vor Jahren empfangen hatten. In einem verweisten Pilgercafé las ich die Marienworte. Ich war erschüttert. Alles was geschehen war und auch das Kommende hatte die Mutter Christi durch den Mund der Kinder geweissagt, so sich die Menschen nicht zur Liebe und Brüderlichkeit, zum Gebet und zu Jesus Christus bekehren. In diesem Moment erfaßten mich Hochmut und Ignoranz der Menschheit schmerzlich. Zugleich erinnerte ich mich an Gespräche mit Menschen in Sarajevo oder Titograd vor Ausbruch des Bruderkrieges. Ich hatte sie über ihre Ansicht zu den Marienoffenbarungen befragt. Zumeist haben sich diese Menschen ausgeschüttet vor Lachen und den ganzen Vorgang als das Hirngespinst einfältiger und geisteskranker Kinder abgetan. Den Hinweis *»Wenn Maria etwas zu sagen hat, wird sie dies nicht dummen Ziegenhirten in den Steinbergen sagen«*, hörte ich oft. Dieser Satz drückt freilich nur den Hochmut und die Dummheit unserer Welt aus. Er zeigt, wie weit wir von der Jesus-Botschaft entfernt sind und bedarf keines Kommentars mehr.

Anfang Juni waren meine beruflichen Aufgaben in Kroatien und Bosnien-Herzegowina vorerst abgeschlossen. Zuhause wollte ich aus Zeitmangel die empfohlenen Schriften der Seher Hildegard von Bingen und Jakob Lorber nicht studieren, sondern suchte nach Menschen mit entsprechendem Wissen. Man verwies mich an einen Herrn mittleren Alters. Ich traf auf einen Mann mit ausgeprägtem Allgemeinwissen, starker Willenskraft und zurückhaltender Freundlichkeit. Meinen Fragen gegenüber war er reserviert. Freilich kannte er auch nicht den Hintergrund. Ich hielt mich verdeckt und teilte nichts von den Jonasworten oder anderen Begebenheiten mit. Das Gespräch war herzlich, aber für meine Interessen wenig ergiebig. Beiläufig erfuhr ich eines seiner Hobbys, das Schachspiel. Ich lud ihn kurzerhand zu einem kleinen Turnier ein. Der Termin war schnell für den 24. Juni vereinbart. Für mich und meine Geschichte mit Johannes dem Täufer stellte sich dieser Termin als wegweisend heraus. In einem Arkadencafé der Stadt Wasserburg trafen wir uns mit zwei Schachfreunden von mir zu einem kleinen Turnier. In den Abendstunden wurde es im sommerlichen Wasserburg laut und lebhaft, so daß wir uns zu einer Nachtwanderung in der ländlichen Umgebung entschlossen. Keiner meiner Begleiter kannte meine Geschichte. Vor einem Marienbildnis am Wegesrand machten wir eine kurze Rast. Einer meiner Freunde, im übrigen ein Physiker, machte uns auf ein besonderes Licht hinter uns aufmerksam. Es kam in etwa zwei Metern über dem Boden lautlos auf uns zu. Mein erster Gedanke richtete sich auf die Besonderheit dieses Tages. Es war Johannistag und Sonnwende. Für mich lag es nahe, daß Kinder aus dem Dorfe mit Lampions über die Felder gingen. Das Licht erwies sich jedoch als undefinierbar. Es kam direkt über uns und hatte etwa die Größe eines Medizinballs. Die Distanz zu uns wurde später von allen Beteiligten verschieden eingeschätzt und reichte von zwei bis etwa zehn Meter. Dieses Licht stand zwei bis drei Minuten über uns. Es wirkte in seiner Intensität gedrosselt und strahlte große Ruhe aus, so daß niemand in Angst oder Panik geriet. Völlig wortlos betrachteten wir alle diese Lichtkugel. Sie stieg schließlich lautlos und schnell im Winkel von siebzig Grad in den nächtlichen Himmel. Erst auf scheinbarer Höhe der Gestirne erlosch der Schein. Das Sonderbare daran war, daß die Lichtkugel auf ihrem Wege nach oben etwa fünf Minuten zu verfolgen war, ohne kleiner zu werden. Unser aller Augen nahmen also die rasante Fortbewegung des Lichtballs wahr, der Umfang blieb jedoch unverändert groß. Diese Tatsache irritierte auch unseren Physiker, dem Lichtphänomene in der Theorie nicht unbekannt sind, wie er später erklärte.

Während der gesamten Lichterscheinung blieben wir alle stumm, denn jeder suchte für sich selbst nach einer plausiblen Erklärung. Wir brachen unsere nächtliche Wanderung ab und kehrten in die Stadt zurück. Als erstes stellten wir fest, daß unsere Wahrnehmungen auch im Detail weitestgehend übereinstimmten. Einige Erklärungen für diese Lichterscheinung wurden angedacht. Schließlich faßte ich mir ein Herz und sagte: *»Es wird sicher eine natürliche Erklärung geben. Was wir heute erlebt haben, hängt aber sicher mit Johannes dem Täufer zusammen, doch kann ich es jetzt nicht begründen.«* Daß meine Aussage nicht befriedigen konnte, war mir klar. Sie hatte jedoch den Effekt, daß mein Gast mich beim Abschied etwas verstohlen nach dem Hintergrund meiner Worte befragte und gestand, daß auch er daran glaube. Dies machte natürlich eine erneute Begegnung erforderlich. Ich war offen und schilderte meine Erlebnisse. Auch meine Überzeugung von der Wiederkehr Johannes des Täufers hielt ich nicht zurück. Natürlich konnte ich mir weder über Form noch Zeitpunkt dieser Wiederkehr konkrete Vorstellungen machen. Das Interesse meines Gesprächspartners an Johannes dem Täufer und meinen Überlegungen war groß. Es dauerte jedoch Wochen und Monate, bis ich sein Vertrauen gewinnen konnte. Dies hatte natürlich einen gewichtigen Grund, wie ich bald erfahren durfte. Er selbst hatte nämlich seit geraumer Zeit mediale Mitteilungen von den Essenern und Johannes dem Täufer erhalten. Als ich Einsicht in diese Botschaften erhielt, hatte ich kaum noch Zweifel an deren Echtheit. Es kam hinzu, daß Lebenslauf, Charakter und Beruf sowie das klare Denken meinen Bekannten auszeichnen. In seinem Leben steht er fest auf beiden Beinen und trägt ein hohes Maß an Verantwortung. Er genießt das Ansehen seiner Mitmenschen. Das mediale Wirken läuft seinem weltlich-positivem Ruf eher entgegen. In der heutigen Zeit, und in seinem Umfeld ist es kein Leichtes für ihn, sich zu seiner geistigen Aufgabe zu bekennen.

Im nächsten Kapitel will ich nun alle bisherigen medialen Botschaften Johannes des Täufers und ausgewählte Mitteilungen der Essener wiedergeben, die mein Bekannter erhalten hat.

MEDIALE BOTSCHAFTEN JOHANNES DES TÄUFERS UND DER ESSENER

Im Jahre 1993 durfte ich mediale Botschaften einsehen, die bis dahin nur ganz wenigen und ausgesuchten Menschen zugänglich gewesen waren. Diese hatten die Aufgabe, die Art des geistigen Kontaktes zu überprüfen und den Inhalt zu beurteilen. Der kleine Kreis, der diese Mitteilungen erhielt, hütete sie wie ein Geheimnis. Dazu gab es allen Grund: Die Botschaften stammen von Johannes dem Täufer und den Essenern.

Mein Freund Jonas hatte mich behutsam zu dem *»großen Licht«* hingeführt. Meine Erlebnisse zeigten mir einen Teil der Kraft, die der Lichtgestalt Johannes des Täufers inne ist. Was ich nun lesen durfte, war eine Bestätigung der Jonas-Worte: Das Große Licht hat sich wiederum auf Erden gemeldet.

Die Kraft und der Inhalt der medialen Botschaften des Täufers haben mich tief beeindruckt. Doch meine ersten Fragen waren: Stehen sie im Einklang mit dem Wesen der biblischen und historischen Gestalt von einst? Sind Ausdrucksform und Inhalte identisch mit den Predigten von einst? Dies gilt um so mehr für die sogenannte *Innere Stimme*, durch die sich Johannes der Täufer zu Themen und Problemen unserer Zeit meldet (Näheres im folgenden Kap. *Die Stimme Johannes des Täufers im Hier und Jetzt*).

Die Beantwortung dieser Fragen erschien mir zunächst leicht, gab es doch die Evangelien. Bald mußte ich jedoch erkennen, daß die frühchristlichen Autoren nur wenig über den Täufer berichten. Ich suchte nach anderen Quellen und ein umfangreiches Recherchieren begann. So sind die medialen Botschaften der eigentliche Anlaß gewesen, das Leben und das Wirken Johannes des Täufers neu zu schreiben. Ich fand Parallelen zwischen seinen Predigten von einst und seinen Worten von heute, wie ich sie nicht erwartet hätte.

Die medialen Worte des Täufers kamen nicht plötzlich und unerwartet. Es war ein gewisser Emanuel, der die Wege entsprechend vorbereitete. Dieser Emanuel sagt von sich selbst, ein Essener zur Zeit Jesu und Johannes' gewesen zu sein. Zudem war er ein Schüler des charismatischen Predigers. Auch in den medialen Mitteilungen Emanuels suchte ich eine Brücke zum damaligen Essenertum.

Meine Recherchen über die geheimnisvolle Bruderschaft waren erfolgreich. So kann ich guten Gewissens sagen, daß die heutigen medialen Worte Emanuels typisch essenische Züge tragen. Manche versteckte Hinweise dieser Meisterseele zu den Zeitumständen und persönlichen Erlebnissen sind historisch belegbar.

In bestimmten Situationen hat sich zudem das geistige Wesen Imanos gemeldet. Seine Worte gleichen denen eines alten und weisen Mannes.

Er steht in direkter Verbindung zu den Essenern und Johannes dem Täufer. Ihm war in der Heilsphilosophie der Essener, als Lehrer von Jesus und Johannes dem Täufer, eine große Aufgabe beschieden. Aus dem Inhalt einiger medialer Botschaften läßt sich eine brisante Frage ableiten: Ist Imanos etwa der *Wahre Lehrer* bzw. *Lehrer der Gerechtigkeit*, von dem die Schriftrollen vom Toten Meer berichten? Die mediale Botschaft vom 16. November 1991 deutet darauf hin und wird von mir entsprechend kommentiert.

Ich hatte im übrigen dieses Manuskript bereits druckreif abgeschlossen und dem Verlag übergeben, bis mir dieser mögliche Zusammenhang bewußt wurde. So habe ich nachträglich diesen Gedanken noch eingefügt.

Den Ausführungen des Eremiten aus Istrien folgend, reihe ich Emanuel und Jonas in die Geistfamilie Johannes des Täufers ein. In einer nicht näher zu bestimmenden (Bewußtseins-)Sphäre haben sie eine zielgerichtete Aufgabe in der neuerlichen Mission des Täufers zu erfüllen. Bei Durchsicht der medialen Botschaften wurde mir diese Aufgabe deutlich. Sie dient der Vorbereitung und Hinführung des irdischen Empfängers auf den Geist Johannes des Täufers. Ich habe daher den Mitteilungen Emanuels einigen Platz eingeräumt, um diese Hinführung zu verdeutlichen. Unschwer läßt sich daraus auch die kommende Aufgabe für den *irdischen* Johannes ableiten. In welcher Weise und wann dies geschehen soll, ist jedoch noch verschleiert. Die medialen Durchgaben sind gewissermaßen ein geistiger Schulungsweg für den irdischen Empfänger und tragen persönlichen Charakter.

Es ging eine jahrelange Diskussion voraus, ob diese Botschaften veröffentlicht werden sollten. Ich konnte schließlich eine Veröffentlichung durchsetzen mit dem Argument, das Johannes der Täufer selbst gegeben hat. Seine mediale Botschaft enthält mehrfach den Satz: »*Gehe hin und scheue nicht mein Wort.*«

Um den irdischen Empfänger der medialen Mitteilungen muß ich freilich den Mantel des Schweigens legen. Es ist nicht die Angst, diesen der Neugier, Kritik und Verspottung preiszugeben, vielmehr leitet mich hier die bereits geschilderte Prophezeiung der Bertha Dudde. Der in den medialen Botschaften Angesprochene weist eine Identität mit der Figur in Bertha Duddes Prophezeiung auf. Zudem heißt er mit Vornamen Johannes, wie die Seherin ausdrücklich vermerkt.

Der Leser darf sicher sein, daß die medialen Durchgaben hinlänglich geprüft wurden. Auch gebe ich mein Wort, daß weder Sensationslust noch Wichtigtuerei mich zur Veröffentlichung drängen. Im Gegenteil, ich habe große Achtung vor diesen Dingen und weiß um die Verantwortung. Auch bin ich mir der Gefahr bewußt, kritisiert und belächelt zu werden. Doch kann ich den Faktor Zeit nicht werten und weiterhin abwarten. Alle Zeichen sprechen für eine Veröffentlichung. Nicht zuletzt die Entwicklung der Gefahren, die wie ein ungeheuerer Sog des Negativen die Erde und uns Menschen bedrohen.

Die medialen Botschaften weisen unverkennbar auf eine erneute Erdenmission Johannes des Täufers hin. Sie stehen in Einklang mit den Visionen und Weissagungen nicht nur einer Hildegard von Bingen, Bertha Dudde oder eines Jakob Lorber. Sie deuten auf eine Zeitenwende hin, wenngleich die Aussagen nichts Bedrohliches haben.

Ich habe die medialen Botschaften bewußt durch kein Lektorat überarbeiten lassen. Dies aus Achtung vor den sich mitteilenden Wesen. Manche Aussagen verleiten zur Deutung, die ich ebenfalls unterlassen möchte. Nur wenn dem Leser Hilfestellung im Verstehen gegeben werden muß, mache ich entsprechende Anmerkungen.

Hier nun die medialen Botschaften in ihrer zeitlichen Reihenfolge:

31. Dezember 1990:

»Ich rufe deinen Namen!
Hoffnung ist mein Zeichen, Liebe mein Gebot.
Werden die Gezeiten unser Sein wandeln?
Ist die Welt willens, die Botschaft zu verstehen?
Wo sind sie, die Suchenden, die unser Herr Jesus Christus führen will?
Nicht mein ist es zu tadeln, doch mein ist es zu rufen.
Gehet hin ins Licht.
Oh du Menschenkind, fühle die Gnade.
Ich bin euch fremd und doch bekannt.
Amen.«

Anmerkung:

Aufgrund des weiteren Verlaufes der Botschaften kann Emanuel als Sprecher angenommen werden. Nicht auszuschließen ist jedoch, daß es sich hier bereits um eine Mitteilung Johannes des Täufers handelt.

28. März 1991:

»Erhebet die Herzen. Das Licht ist nahe.
Ich grüße dich mein Bruder Johannes im Namen Jesus Christus.
Mein Name ist Emanuel. Ich bin dein Helfer aus den Sphären des Geistes.
Lobe den Herrn.
Groß ist dein Ziel: Die Welt in Gottes Welt zu wandeln.
Stark ist dein Wunsch: Nie wiederzukehren auf Erden.
So du dies erreichen willst, ist es Zeit, nach dem Licht des Allgeistes zu suchen.
Jesus Christus ist gekommen, euch zu leiten.
Sein Wort kann deine Sinne wandeln; dies vermag ich nicht.
Seine Liebe kann den Stein erweichen; dies vermag ich nicht.
Doch auch meine Hand wird dich leiten auf dem Weg ins Licht.
Christus hat uns geeint zum Wohle derer, die dir Begleiter sind.
Hören wirst du die Worte, die dir zeigen, was die Liebe vermag.
Gehe den Weg. Nehme mich an, ist es doch Gottes Wille.
Doch auch wenn du den Weg verläßt, ist seine Liebe immerdar.
Ich bin Emanuel, ein Bote des Lichts.
Gesegnet seist du. Gottes Liebe hat dich erwählt.
Erkenne die Gnade.
Ich bin nicht dein Wächter, ich bin dein Schild.
Amen.«

29. April 1991

»Gelobt ist der Herr und die Allmacht des ewigen Seins.
Gegrüßet seid ihr im Namen des Allmächtigen.
Ich bin Emanuel. Fürchte dich nicht!
Mein Gebot ist die Liebe, mein Gesetz das Streben nach Einheit der Einigkeit.
Siehe die Rose, die blüht und den Sturm nicht scheut.
Ist sie doch Teil des liebenden Lichts und gewiß der Hoheit ihres Bestehens.
Nicht mein Wille geschieht, denn ich bin nur ein winziges Sein.
Die Worte, die du empfangen wirst, sind Worte der Einheit. Ich werde dich lehren, das Licht Gottes zu ertragen, denn dieses Licht kann kein Leib je fassen.
Du wirst lernen, deinen Leib zu überwinden.
Lege ab deine Angst vor Krankheit und Schmerz. Deine Kraft liegt im Geiste.
Ich bin Emanuel. Wer mit mir geht, lebt im Kampf. Im Kampf gegen die Finsternis - für die Einheit der Einigkeit. Jesus Christus ist der Pfeil, der die Finsternis durchbohrt.
Sein Wille ist meine Wahrheit. Jesus Christus hat uns erwählt, sein Werk fortzuführen.
Viele Ionen Lichtjahre dauert das Universum an. Wie soll ich sein, um den Menschen zu

gefallen? Wieviele Gezeiten sollen noch vergehen, in denen der Mensch das Ziel verfehlt?
Beginne dein Werk, denn du bist gerufen im Namen der Vollendung.
Ich segne euch
im Namen des Vaters der Einheit
im Namen des Erlösers der Menschheit
im Namen des Geistes Gottes.
Gehe hin in Frieden mit dir und deinesgleichen.
Amen.«

7. Mai 1991:

»Mein Name ist Emanuel.
Den Dienern des Herrn ist das Himmelreich.
Deine Zeichen der Erkenntnis sind aus den Sphären des Geistes.
Deine Verzweiflung sind Läuterungen. Achte der Zeichen, die das Universum dir gibt.
Deine Kraft kommt aus dem göttlichen Licht. Der Tag deines Anbeginns ist nahe. Rufe die Engel des Lichts. Sie werden deine Begleiter sein.
Die Zeit naht, da die Worte des Herrn erfüllt werden:
›Denen ich die Schulden vergeben werde, denen sind sie vergeben‹
Sei bereit, denn deine Schuld wird dir vergeben.
Deine Prüfungen sind stark. Nur wer den Schatten kennt, kann das Licht schauen.
Gehe mit Gott, so wirst du nicht fehlen. Die Mitte des Seins wirst du erfahren.
Gottes Liebe braucht Kräfte auf Erden.
Meine Worte werden Inhalt bekommen, so dich das gesandte Licht Gottes erfaßt.
Wer Großes erreichen will, muß noch Größeres vollbringen.
Ich bin Emanuel, ein Engel des Herren.
Das Licht ist nahe. Danke dem Herrn.
Gott segne die Stunde deiner kosmischen Geburt
Sein Licht wird dich erfüllen, so du sein Wort erfüllst:
›Liebe deinen Nächsten wie dich selbst‹
Nicht Geißel sollst du sein, sondern Lehrer der Liebe.
Amen.«

28. Mai 1991:

»Ich bin Emanuel.
Sei mein Freund Johannes, du Bruder im Licht.
Es war nicht ich, der dich erwählt hat, sondern das strahlende Licht, das du erfahren sollst.
Meine Wesenheit ist aus dem Geschlecht der Essener.

Meine Wege der Läuterungen führten über große Entbehrungen hin zur Wahrheit.
Hohe Geistwesen lehrten unser Volk, die Kraft des Untergangs zu überwinden.
Unser Volk wurde verfolgt und geschändet. Kein Essener wollte sich dem entziehen, um Gottes Gesetze zu verleugnen. Die Erkenntnis lag noch im Dunkeln, doch spürten wir das Gebot der Zeit. Viele Boten brachten die Verkündigung der Geburt eines strahlenden Lichts und der Geburt des Allmächtigen.
Ich war noch jung an Jahren, da dies geschah:
Ein Heer von Engeln brachte uns das Bildnis des Erlösers in der Stunde seines Todes.
Es war der Auftrag an uns, dieses Grauen zu lindern.
Kein Mensch kann ermessen, was dieser Menschensohn auf sich genommen hat.
Hilfe konnte nicht durch irdische Kraft erfolgen, sondern war nur möglich über den Geist.
Der Augenblick seiner Geburt war die Stunde seines Todes.
Gottes Kraft war ihm versagt.
Nun mußten Menschen sich emporheben, um seinen Körper zu befreien.
Groß war sein Geist, doch sein Leib zu schwach.
Um ihm Hilfe zu sein, erlernten wir die Kunst der magischen Bewegung, der Loslösung von Körper und Geist. Es wurde uns möglich, fremde Orte zu erreichen, ohne die Heimat unserer Väter zu verlassen.
Dieses half uns, an seiner Seite zu sein, wenn die Angst vor dem Untergang emporstieg.
Jesus von Nazareth wurde als Mensch geboren. Sein Leiden wurde uns offenbart. Er war auch nur ein Mensch und Nazarener. Niemals wußte er um die Wirkung seiner Geburt. Er lernte seinen Körper zu beherrschen, seine Gedanken zu ordnen. Er selbst war verwundert ob der Weisheit, die seinen Worten entsprang.
Es war die Zeit, da Herodes die Macht verlor.
Jesus kam mit seiner Mutter in das Dorf Kanaan, um die Weihen der Hohenpriester zu hören. Sein Stand war nieder und Jesus wurde der Zugang verwehrt.
Finsternis bedeckte den Tag, und sie fanden Obdach im Hause des Imanos, seines Lehrers.
Maria ging den Weg ohne ihn.
Tage des Eifers und der Verzweiflung im Herzen des Kindes folgten unaufhörlich.
Die Not war groß. Die Kraft wuchs von Stunde an. Nichts war ihm bewußt.
Doch dieses war nicht wichtig. Er kam mit dem Willen, die Worte der Hohenpriester zu lernen, doch er lernte die Worte des Herrn.
Für heute laßt uns enden. Ich bin bei euch im Namen des Herrn.
Gottes Segen sei mit euch.
Amen.«

Anmerkungen:

Die hohen Geistwesen, die das Volk der Essener lehrten, deuten auf die medialen Kontakte zu den himmlischen Engeln hin. Die Qumran-Literatur zitiert vielfach diese Fähigkeit der Bruderschaft. Aber auch in ihren irdischen Lehrern sahen die Essener die Inkarnation hoher Geistwesen.

Die angesprochene Verfolgung und Schändung sowie der Untergang des essenischen Volkes kann sich auf die historisch belegten Schicksalsschläge *Verfolgung durch die Frevelpriester, Zerstörung Qumrans* sowie den *Kampf um Masada* beziehen.

Aus dem Satz: »*Viele Boten brachten die Verkündigung der Geburt*« geht hervor, daß die Essener um die Geburt Johannes des Täufers (strahlendes Licht) und Jesus (Allmächtiger) wußten.

Im Verlauf der Schilderung über Leid und Tod Jesu beschreibt Emanuel die mentalen und medialen Fähigkeiten der Essener. Profunde Kenner des Essenertums finden ihre Vermutungen durch diese Aussagen bestätigt.

Die Bezeichnung Nazarener (auch Nazoräer) bezieht sich auf die Zugehörigkeit zur damaligen Geisteshaltung der *Bewahrer*. Im engeren Sinn kann auch die Herkunft Jesu aus dem Täuferkreis gemeint sein.

Der Hinweis auf Herodes deckt sich mit dem im Teil I des Buches zitierten Wassermann-Evangelium, wonach Johannes der Täufer und Jesus nach dem Tod des Königs Herodes mit ihren Müttern aus Ägypten zurückkehren. Der Knabe Johannes findet nach dem Wassermann-Evangelium in dem Eremiten Matheno einen Lehrer. Laut Emanuel wird Imanos für den Knaben Jesus zum Lehrer der Worte des Herrn. Imanos wird in späteren medialen Durchgaben noch näher beschrieben.

10. Juni 1991:

»*Mein Name ist Emanuel.*
Gottes Segen sei mit dir.
Überwinde die Ängste des Leibes und die Gefahren im Irdischen.
Christus hat viele Helfer im Geistigen Reich. Die Zahl derer im Irdischen ist gering.
Halte fest an deinem Weg. Das Weizenkorn hat den Sproß getrieben hin zum Licht.
Die göttliche Fügung wird es schützen vor Unbill und Zerstörung.
Ich spüre deine Not und Bitternis. Jesus Christus ist dein Helfer.
Sein Heil wird deine Sorgen lindern. Ewig werden die Tage des Friedens sein.
Erfahre die geistigen Weisheiten. Lerne, deinen Geist vom Körper zu trennen.
Lerne, die irdischen Gefängnisse mit deinem Geist zu überwinden.
Auch Johannes der Täufer und Jesus Christus haben diese Schule vollzogen.
Gehe hin in Frieden.
Amen.«

29. Juni 1991:

»Mein Name ist Emanuel.
Ich grüße euch im Namen des Herrn.
Du mein Bruder Johannes warst schon bei uns, als wir noch als Essener auf der Erde weilten. Dies ist das Geheimnis um unser und euer Wirken.
Du mein Bruder Johannes verspürst ein großes Licht.
Danke der Wesenheit, die du so deutlich in dir fühlst.
Ich kenne deine Gedanken und weis, daß deine Demut dich noch zaudern läßt.
Dieses Licht ist gesandt vom Größten Lehrer aller Zeiten.
Wahrhaftig, dies ist Jochanan ben Sacharja, den die Welt Johannes den Täufer nennt - der Wahre Lehrer.
Ich bin nur Werkzeug und Mittler, doch darf ich dies sagen:
Du und ihr, die ihr diese Botschaft hört, ward einst Schüler des Großen Lehrers und werdet es immer bleiben; zum Ruhme Jesus Christus'.
Lobet den Herrn. Gehet hin in Liebe.
Amen.«

7. August 1991:

»Mein Name ist Emanuel.
Gegrüßet seid ihr im Namen der Herrn.
Ich bin wie du mein Bruder ein Schüler Johannes des Täufers. Unser Wirken in seinem Namen dient dem Reiche Gottes und der Verehrung Jesus Christus'.
Vieles muß geschehen; hart werden die Prüfungen sein. Gehe den Weg - es gibt nur Untergang oder Erlösung.
Was nützen dir Illusionen. Johannes der Täufer und Jesus Christus haben Großes erduldet und waren ohne Schuld. Es bedarf großer Wesen, das Reich Gottes zu erneuern.
In euch liegt die Kraft.
Ich bin an deiner Seite mein Bruder, weil auch ich ein Schüler des Großen Lehrers bin.
Ich weiß um deine Erfahrungen, doch ist dies der Plan Gottes. Es ist Johannes der Täufer, der Große und Wahre Lehrer, welcher durch dich als Werkzeug spricht.
Dies mag dir als Bürde erscheinen, doch ist es eine große Gnade.
Johannes der Täufer hat sich noch nie medial gemeldet.
Dies ist sein erneutes Werk zu Anbetung seines Bruders Jesus Christus.
Der Große Lehrer ist bei euch. Erfaßt dieses Licht, das die Welt hinführt zu Christus.
Amen.«

7. Juli 1991:

»Emanuel ist mein Name. Mein Zeichen ist die Sonne.
Ich rufe meinen Bruder, der mir befohlen ist vom Großen Lehrer, Johannes dem Täufer.
Sein Werk soll fortgeführt werden.
Dein Bruder Johannes ist ein Wesen, das aus meiner Welt entsandt wurde, um diesen Weg zu bereiten. Er hat den Weg über die Erde gewählt, um den Menschen die Werke des Großen Lehrers zu vermitteln. Dieser Weg ist oft schmerzlich und betrübsam.
Nur Geistwesen, die zu großem bereit sind, wählen diesen Weg.
Ich war geboren, doch zu einer Zeit, da vielen Brüdern dieser Weg befohlen war.
Wir waren viele und hatten große Seher, die uns zur Seite standen. Du mein Bruder, ihr meine Brüder und Schwestern seid nur wenige. Den Weg ins Licht wollen viele begehen, doch wahrhaft erlösen wollen nur einige. Ihr Ziel ist es, sich selbst zu befreien. Wahrhaft große Wesen wollen mehr: Die Menschheit befreien vom Elend des Geborenseins. Ich habe große Achtung vor deinem Tun und beuge mein Haupt vor dir. Ich bin ein altes Wesen, das nur um dir zur Seite zu stehen auf diesen Planeten zurückgekehrt ist.
Dir wurden Weisheit und Wissen mit auf den Weg gegeben.
Du hast den Größten Lehrer an deiner Seite.
Seine Macht und seine Kraft kann mehr vollbringen als die Menschheit erahnt.
Sei getrost in dieser Kraft und gehen deinen Weg.
Zürne nicht meiner - ich bin ein Diener dieser Kraft.
Bleibe auf deinem Weg.
Amen.«

Anmerkung:
Aus der Anrede »*Dein Bruder Johannes ist ein Wesen ...*« wird ersichtlich, daß dieser indirekt über eine dritte Person angesprochen wird. Die mediale Botschaft an Johannes wurde von einer dritten Person in Spiegelschrift empfangen.

12. Oktober 1991:

»Die unendliche Christuskraft hat dich erkoren, sein Werkzeug zu sein.
Zweifle nicht an deiner Tat.
Ich bin Imanos und durfte Lehrer und Leiter deines Herren sein.
Ich bin ohne Auftrag zu dir gekommen, nur um dir mein Sein bewußt zu machen.
Ich sehe, mein Werk des Lichts wird aufgenommen und fortgeführt. Dafür danke ich.
Jeder Lehrer ist im Kampf gegen Einfalt und Dummheit, bis das Bewußtsein erwacht.
Sei ohne Furcht und Sorge. Die Menschen mögen durch ihre Einfalt das Licht verstoßen, doch der Herr wird es stets auf Erden aufrichten durch Mutige.«

30. Oktober 1991:

»Ja, ich bin Emanuel.
Ich rufe die Schüler des Wahren Lehrers.
Vor langer Zeit haben du und ich begonnen, den Weg des Großen Lehrers zu beschreiten.
Es waren große Prüfungen, die du mein Bruder durchleben mußtest.
Ich habe oft gebangt um deine Reifung, doch bist du stark geworden.
So hat Johannes der Täufer dich als Stimme erwählt.
Es ist an dir, den Auftrag dieses strahlenden Lichts zu erfüllen.
Sei der Rufer in der Wüste - deine Worte werden nicht ungehört verhallen.
Der Geist des Großen Lehrers Johannes der Täufer, er wurde entsandt, um euch zu lehren.
Bedenkt: Jesus Christus hat Hilfe geholt unter den liebsten seiner Brüder.
Er hat um Hilfe gerufen,
da sein Werk in der Hand der Menschen wieder zerstört werden wird.
Johannes der Täufer war damals Wegbereiter des Herrn.
So ist dies auch heute sein Tun.
Ihr habt die Wunderkraft dieses strahlenden Lichts erlebt,
doch zu wahren Wundern fehlt noch die Erkenntnis des wahrhaftigen Seins.
Erkennt den Sinn, warum dies geschehen ist, warum diese Worte gesprochen wurden.
Sorge dich nicht um die Worte, die der Wahre Lehrer durch dich spricht, mein Bruder.
Sie sind Offenbarung und Sinnbild der allumfassenden Liebe.
Nimm nicht Anstoß an den Menschen, die diese Worte beschimpfen,
sind sie doch Kinder und wollen die Weisen belehren.
Kehret um. Die Gnade ist groß. Johannes der Täufer ist wiedergekehrt,
um die Worte des Erlösers zu kräftigen. Er wird nicht zulassen,
daß er aus Liebe noch einmal gekreuzigt wird.
Erkennt die Worte, so erkennt ihr auch euer Fehlen.
Gelobt ist der Herr. Verbleibt in Frieden. Gehet hin in Liebe.
Amen.«

Anmerkung:
In einer großen Gesprächsrunde von etwa vierzig Personen wurde ein heikles irdisches Thema besprochen, bei dem es um persönliche und um wirtschaftliche Interessen ging. Die Gesprächsteilnehmer vertraten eine bestimmte Branche der Ernährungsindustrie und des Handels. Mein Bekannter Johannes war aus beruflichen Gründen in dieser Runde anwesend. Bei einem bestimmten Thema erhielt er das *Innere Wort* oder die *Innere Stimme* Johannes des Täufers. Diese Worte waren natürlich nicht im Sinne der wirtschaftlichen Interessen der Teilnehmer und stießen auf Widerstand und Ablehnung. Emanuel nimmt hierzu Stellung und bekräftigt die Worte des *irdischen* Johannes.

16. November 1991:

»Emanuel ist mein Name.
Friede euren Seelen.
Du mein Bruder Johannes empfindest die Sphären vor deinem geistigen Auge.
Deine geistigen Brüder wissen um deine Nöte.
Das Werk Johannes des Täufers hat begonnen. Sehet die Zeichen in euren Herzen.
Spüret die Zeichen in eurem Leibe. Fühlet die Zeichen eurer Seele.
Ich grüße euch, meine Brüder und Schwestern im Bunde des Wahren Lehrers.
Mein Zeichen ist die Sonne, mein Heil ist in Jesus Christus.
Gehet hin in Frieden.«

»So gehe deinen Weg durch das Tal des Jammers. Bewahre deinen Stolz in deinem Herzen.
Nicht Demut vor den Menschen sollst du haben, doch Wehmut für die Geschlagenen.
Dies soll dein Werk sein.
Du bist der Michael deiner gepeinigten Brüder.
Millionen werden es sein, doch jeder einzelne bringt dir Erlösung.
Wir rufen deinen Namen.
Empfange das Licht und das Wort Johannes des Täufers.
Gehe hin in Liebe.
Imanos.«

»Wieder kehre ich, Emanuel, um euere Fragen aufzulösen:
Das Wesen Imanos von Kaneas hat als Mensch den Leib überwunden.
Qualen der Hölle ist er durchgegangen im Bewußtsein der geistigen Erlösung.
Kaum ein Mensch hat solch Großes vollbracht. Er war der Moses unserer Zeit und lehrte das Eine Gesetz. Imanos war ein Gesandter des Herrn, der zu jener Zeit viele Menschen auf den Erlöser vorbereitete. Seine Augen waren geblendet, sein Bewußtsein stets mit dem Geistigen verbunden.
Johannes und Jesus waren jung an Jahren. Imanos unterwies sie im Göttlichen Gesetz der Einheit. Johannes der Täufer war sein Freund. Imanos lehrte ihn, die Angst vor dem Leid zu überwinden.
›Strebe nach dem Heil der Seele, nicht nach dem Heil des Leibes‹.
Imanos war in den Augen meiner Bruderschaft der Große Lehrer.
Johannes der Täufer hat sein Werk fortgeführt und vollendet.
Große Achtung hatten wir von diesem Werk. Ich und viele meiner Brüder haben den Namen auf Johannes den Täufer übertragen.
Gottes Segen sei mit euch und euresgleichen.
Amen.«

Anmerkung:

Die Aussage Emanuels zu Imanos kann von großem historischen Gewicht sein. Die Hinweise »*Er war der Moses unserer Zeit ...*« und »*Imanos war in den Augen meiner Bruderschaft der Große Lehrer*«, können in der Qumran-Forschung eine Lücke schließen. Bekanntlich ist der eigentliche Name des *Wahren Lehrers* oder *Lehrers der Gerechtigkeit* in keiner Schrift vom Toten Meer erwähnt. Die Spekulation, daß Imanos dieser Lehrer war, ist verlockend. Allerdings erhält die wissenschaftliche Streitfrage der Datierung dadurch wieder neue Nahrung. Der Großteil der Qumran-Forscher hat die Existenz des *Wahren Lehrers* auf ca. 150 bis 100 v. Chr. datiert. Endgültige Sicherheit gibt es nicht. Imanos lebte jedoch etwa 100 Jahre später. Wie sonst konnte er Lehrer des jungen Johannes und Jesus gewesen sein.

Viele der Essener haben den Namen *Großer Lehrer* offenbar auf Johannes den Täufer übertragen. Die australische Theologin und Qumran-Forscherin Thiering ist überzeugt, daß der *Wahre Lehrer* der Essener niemand anderer als Johannes der Täufer war.

Wurde jedoch der Name *Großer* bzw. *Wahrer Lehrer* von Imanos auf Johannes den Täufer übertragen, gab es im essenischen Sprachgebrauch mindestens zwei Lehrer mit dieser Bezeichnung. Grundsätzlich halte ich an diesen Beinamen nicht fest. Wie die medialen Durchgaben zeigen, ist die Variation hierzu groß. So wird Johannes der Täufer als *Größter Lehrer aller Zeiten*, *Großer Lehrer* und *Wahrer Lehrer* bezeichnet. Der in den Schriftrollen vom Toten Meer vielfach zitierte *Wahre Lehrer* und Gründer der essenischen Union ist nach meiner Überzeugung nicht mit Johannes dem Täufer identisch. Die Fixierung der Historiker, im *Wahren Lehrer* ausschließlich eine Person zu sehen, führt jedoch in die Sackgasse. Die Möglichkeit der Titelübertragung von Lehrer auf Schüler darf keineswegs ausgeschlossen werden.

Kann Imanos aufgrund der bis dato erfolgten historischen Recherchen der *Wahre Lehrer* und Gründer der essenischen Bruderschaft gewesen sein? Die Parallelen sind groß:

Er lehrte das *Eine Gesetz* und stand damit in einer geistigen Linie mit Moses. Läßt sich daraus die Gesetzgebung für die Essenische Union ableiten? Eine Frage von höchster Brisanz.

Er bereitete die Menschen auf den Messias vor. Diese Vorbereitung beschränkte sich nicht nur auf die Vorhersage des Erlösers, sondern forderte auch Umkehr und Neuausrichtung. Der Hinweis, daß Johannes der Täufer dieses Werk weiterführte und vollendete, zeigt neue Perspektiven auf. In diesem Zusammenhang kann auch das Wort vom 12. Oktober 1991: »*Ich sehe, mein Werk des Lichts wird aufgenommen und fortgeführt*« erst richtig in seiner Bedeutung erkannt werden.

Imanos hatte offenbar eine große Gegnerschaft, die ihn verfolgte und ihm nach dem Leben trachtete. In der medialen Botschaft vom 14. April 1992 wird diese

Bedrängnis geschildert. Demnach ist er nicht freiwillig ins Exil (nach Damaskus?) gegangen, sondern wurde dorthin getrieben.

Die medialen Botschaften sprechen dafür, daß Imanos mit dem *Wahren Lehrer* aus den Schriftrollen vom Toten Meer identisch ist. Das Wirken und das Schicksal des unbekannten Lehrers der Essener zeigen jedenfalls eine deutliche Übereinstimmung mit der Gestalt des Imanos von Kaneas.

Die starke geistige Verbindung zwischen Johannes dem Täufer und Imanos wird aus den medialen Botschaften deutlich. Die Parallelen zwischen dem *Wahren Lehrer* der Qumran-Rollen und dem Täufer sind ebenfalls unübersehbar. Sie lassen sich über das Lehrer-Schüler-Verhältnis erklären. Natürlich muß bei all diesen Überlegungen angemerkt werden: Ist Imanos mit dem *Wahren Lehrer* identisch, so sind die bisher angenommenen Jahreszahlen von den Historikern um etwa 100 Jahre falsch datiert. Es sei denn, Imanos hätte ein biblisches Alter von etwa 150 Jahren erreicht. Den Meisterseelen der Essener wird allerdings auch ein hohes Lebensalter nachgesagt.

18. Dezember 1991:

»Ich grüße euch, meine Brüder im Herrn.
Die Himmel neigen sich zur Erde, um die Menschheit zu befreien.
Heiligkeit läßt die Gestirne erbeben, bis das Werk des Erlösers erfüllt ist.
Du mein Bruder Johannes bist gerufen, das Werk unseres großen Meisters
Johannes des Täufers zu vollenden.
Sei stark in deinem Glauben.
Emanuel ist mein Name.«

27. Dezember 1991:

»Ich grüße dich mein Bruder Johannes.
Mein Wort ist Liebe, die du lernst zu verstehen.
Ich bin Emanuel und höre dein Rufen.
Der Ruf deiner Seele bringt das geistige Reich zum Schaudern.
Verzeih uns, daß wir dich beluden mit Prüfungen, du Bruder der Essener.
Wir geistigen Wesen kennen oft nur die Erfüllung der Gebote Jesus Christus'.
Armut zeichnet unseren Geist um das Wissen der Seele.
Deine Wiedergeburt hilft uns, dieses Wissen zu erneuern.
Jesus Christus ist dein Herr und Meister, Johannes der Täufer dein Patron. Er gab dir deinen Namen, auf daß du Zeugnis ablegst ob der großen Bruderschaft im Herrn.
Dein Heil ist nicht von dieser Welt.«

Anmerkung:

Unmittelbar nach diesen Worten setzte eine ungewöhnliche, große Energie ein. Alle Teilnehmer an diesem medialen Gespräch berichteten von einer plötzlichen und intensiven Helligkeit im Raum. Es folgte die erste mediale Botschaft von Johannes dem Täufer:

»Und so sprach der Herr:
Wer den Weg mit mir geht, wird die Dunkelheit nicht schauen.
Ich rufe dich, Johannes.
Gedenke der Wege, die du gegangen bist in meinem Zeichen.
Laß nicht die Dunkelheit siegen über das Wort des Herrn.

Mein Feuer wird herniederkommen auf die Mächte,
die mein Werkzeug zerstören wollen.
Dieses ist nicht nur dein Kampf.
Auch das geistige Reich ist im Kampf gegen diese Macht.
Das Symbol der Geburt Christi, genannt Jesus von Nazareth,
ist das Zeichen der Erlösung von der Macht der Dunkelheit.
Diese Mächte dringen ein in die Seelen der medialsten Wesen.
Auch du mein Bruder bist gefangen vom Wahn des Unterganges.
Die Kraft wird dich wieder erreichen,
so du dich mit all deinem Glauben dagegenstellst. Doch dein Wille ist frei.
So bitte ich dich mein Bruder Johannes,
laß deine Mühen nicht vergebens getan sein.

Dein Körper ist frei von Befall,
doch dein Geist wird gepeinigt vom jenseitigen Untergang.
Lobpreise den Herrn und erhebe dein Herz gegen die Unbill der Dunkelheit.
Jesus Christus ist bei dir und bittet dich, bleibe fest im Glauben an deine Erlösung.
So gieße ich die Wasser des Jordans über dein Haupt und taufe dich
Im Namen des Vaters
im Namen des Erlösers Jesu Christi und
im Namen des Geistes Gottes.
Gehe hin und verkünde mein Wort.
Johannes der Täufer.«

Anmerkung:

Wie aus dem Text ersichtlich wird, befand sich der irdische Empfänger dieser Botschaft, mein Bekannter Johannes, in einer großen psychischen und physischen Krise. Die Ursachen waren vielfältig. Auslöser waren jedoch körperliche Symptome, die auf ein schweres Krankheitsbild hinwiesen. Unmittelbar nach den

Worten Johannes des Täufers trat eine spontane Gesundung ein. Ob die Ursache des Leidens auf geistige Prüfungen zurückzuführen war, muß offen bleiben, wenngleich die Worte Emanuels den Schluß nahelegen.

Wie alle Teilnehmer erzählten, dauerte es viele Minuten, bis die Fassung wieder gefunden war. Das Wort Johannes des Täufers und das damit verbundene Energiefeld führten zu großer Verwunderung.

Etwa zwanzig Minuten später kam eine erneute Botschaft:

»Ja, Imanos ist mein Name.
Höre auf das Wort eines alten Mannes.
Nur der Adler kann die Sonne erreichen, denn seine Kraft bezwingt den Sturm. Du bist der Adler, auf deinen Schwingen erreichen die Seelen das Licht.
Ruhe im Frieden.«

31. Januar 1992:

»Ja, Imanos ist mein Name.
Der Herr sei mit dir, mein Bruder im Licht.
Ich bin.
Ruhe kehre ein in dein Sein.
Laß deine Gedanken ziehen und tauche ein in den Brunnen der Herrlichkeit.
Es ist dieses Werk vollbracht.
Nun sei frei.
Jesus Christus, ich danke dir für deine Liebe.
Sein ist das Wort: Ich bin das Licht,
Ich bin das Heil,
Ich bin das Göttliche in dir.
Jesus Christus' Liebe, unendliche Liebe, ist in dir.
Ich bin Imanos, dein Meister aus ferner Zeit.
Ich habe jenen Teil belebt in dir aus jener Zeit,
da du hochstehend warst im Geiste.
Diese wird von nun an in dir erstrahlen.
Du wirst die Verbindung fühlen,
denn das Licht kommt nun aus dir.
HALIMA MATEI - bringe das Heil.«

15. Februar 1992:

»Emanuel ist mein Name - mein Zeichen ist die Sonne.

So bin auch ich bereit, dir die Worte des Herrn zu geben. Ich grüße dich in deinem Haus. Meine Worte an unseren Bruder Johannes sollen in Güte zu ihm erklingen. Der Herr hat sein Zeichen der Erlösung in unser Herz gebrannt und so ist es unauslöschlich für alle Zeit. Unser Weg ist schwer und die Last liegt schwer auf unseren Schultern. Doch die Gnade des Herrn und seine Liebe sind die Labsal der Erlösung.
So bitte ich dich mein Bruder, ihr meine Brüder, ihr seid diesen Weg mit uns gegangen. Wir waren ein Volk und wir bleiben ein Volk des Herrn, das das Reich Gottes mit dem Reich des Mammon versöhnt und wieder vereint.
Nicht Engel sind es, die dies vollbringen; es ist das Volk des Herrn, das auf diese Welt die Erlösung bringt. So wie unser Meister Johannes auf diese Erde ging, so wie unser Erlöser von Gott gesandt auf diese Erde ging, so seid auch ihr hier, um Gottes Werk zu vollenden. Denn die Sünden der Welt können nur auf Erden gewandelt werden. Ich kenne wohl eure Not, die euch auf Erden peinigt, denn die Erde und die Last des Menschseins ist mir wohl bekannt. Ich war nicht immer weise, ich war nicht immer groß. Auch ich habe Leid erfahren und tiefe Trauer gespürt, doch ich habe das irdische Leid überwunden und Gottes Liebe ist in mir erstanden.
Die weiße Bruderschaft der Gereinigten konnte nur erstehen, weil sie das Leid und den Zorn überwunden hat. Sei getrost mein Bruder Johannes, nie wird dieses Heil von dir genommen sein. Sei stark in deinem Glauben, denn du bist die Säule auf der Christus das Dach seines Tempels erbaut. Viele Säulen werden hinzugestellt, damit sein Werk unzerstörbar wird.
Doch viel Zeit auf Erden wird vergehen, ehe dies erfüllt ist. Öffne deine Sinne für das Große in dir, für die Gnadenstrahlung Gottes. Laß sein Werk erstrahlen im Glanz der neuen Hoffnung.
Du bist gegangen in dieses Leben. Rufe deine Brüder der gereinigten Bruderschaft, sie sind dir so nah. Sie halten fern von dir die Dunkelheit, so du ihrer Hilfe bedarfst; doch nicht immer können sie siegen. Doch so dies nicht sein kann, tragen sie das Leid mit dir.
Du bist nicht gering. Nein, wir sind es, die furchtsam das Reich der Himmel g ewählt haben, um den Peinigern der Dunkelheit zu entfliehen. Nicht du bist es, der ehrfürchtig sein Haupt beugt, nein, wir deine Brüder, beugen das Haupt vor deiner Tat.
Nicht wir sind es, die gnädig zu euch kommen. Nein, ihr seid es, die uns die Gnade geben, daß wir fern von Versuchung doch teilhaben können am Werke der Erlösung. Ein hoher Platz ist euch befohlen, so ihr wiederkehrt in das Reich Gottes!
So will ich nun enden, meine Brüder im Herrn. Nehmt sie auf, die Hilfe, die das geistige Reich gibt.
Bedenkt die Kraft der heiligen Wasser und verunreinigt nicht eueren Leib durch niedere Nahrung. Laßt das Fastengebot euere Körper reinigen, auf daß Licht euere Zellen erhellt. Ich danke dir mein Bruder, daß du mein Wort vernommen hast.
Gehet hin im Namen des Herrn und verkündet sein Wort, auf daß er wiederersteht in den Herzen der Menschen, die den Weg schon einmal mit ihm gegangen sind.
Amen, im Namen des Herrn. Amen.«

Anmerkungen:

Diese mediale Botschaft kam in Spiegelschrift. Ein enger Freund von Johannes hatte sie unverhofft des Nachts erhalten. Er wurde von einem Lichtschimmer im Raum geweckt. Noch schlaftrunken, drängte es ihn zu Bleistift und Papier, ohne jedoch zu wissen warum. Das Erwecken aus dem Schlafe ist ein oft beobachtetes Phänomen und leicht erklärbar. Die Sinne des Empfängers sind rein, d. h. nicht abgelenkt durch die täglichen Sorgen und Nebensächlichkeiten.

Die erwähnte »*Weiße Bruderschaft der Gereinigten*« ist die Bruderschaft der Essener. Auch mit dem »*Volk des Herrn* « sind die Essener gemeint.

Die gesamte Botschaft hat für den Adepten eine sehr hohe Aussagekraft, gewährt sie doch tiefen Einblick in die Zusammenhänge sowie den geistigen Verbund der Sphären.

14. April 1992:

»Ich fühle deinen Schmerz, ich kenne deine Zweifel
und doch wird deine Kraft größer und stärker.
Du bist erwählt zum Lehrer auf Erden. Fürchte dich nicht.
Ich bin Imanos.
Meine Worte sind nur wenige, doch sie kommen aus dem Licht.
Ich komme aus dem Licht des Herrn. Auch mein Weg war gesäumt von Leid und Pein.
Sie haben meine Kinder gemordet, sie haben mein Haus gebrannt, sie haben mich getrieben und verspottet, sie haben mein Augenlicht geblendet und dafür erstrahlte für mich das Licht der göttlichen Erkenntnis.
Zürne nicht mit deinem Meister, zürne nicht mit dem geistigen Reich. Nicht die Himmel haben das Leid erschaffen, sondern der Mammon.
Folge deinem Meister Johannes dem Täufer.
Er führt dich zurück ins Licht.
Aus dem geistigen Reich kommt dieses Lob:
Die Worte, die Johannes der Täufer durch dich spricht,
sind an Schönheit kaum zu überbieten.
Kein anderer als du mein Bruder kann dies so wiedergeben.
Gelobt sei der Herr.«

»Geliebte Brüder im Herrn
Aus fernen Welten dringt mein Ruf an euere Sinne.
Gelobt ist der Herr.
Gesegnet ist mein Werkzeug und jene, die mit ihm gehen.
Friede kehre ein in euere Herzen.
Laßt mein Werk erstrahlen zum Ruhm und zur Ehre des Allmächtigen.

Von nun an will ich dich nicht mehr Werkzeug nennen, sondern Lebensmann.
Ich habe dich geprüft und du hast dein Werk zu Ende gebracht.

So taufe ich dich
im Namen des höchsten Meister
im Namen seines unsterblichen Sohnes und
im Namen des Geistes.
So gehe den Weg mit mir und bringe den Seelen mein Wort.
Amen in alle Ewigkeit Amen.
Johannes der Täufer.«

»Emanuel ist mein Name - mein Zeichen ist die Sonne.
So grüße ich euch meine geliebten Brüder der Essener.
Du mein Bruder Johannes hast die große Taufe unseres Meisters
zum Verwalter auf Erden erhalten.
Hohe Engel werden dir zur Seite gestellt. Deine Kraft ist groß.
Dein Lohn ist die Erlösung vom irdischen Dasein, so dies dein Wille ist.
Gehe getrost an der Seite deines Meisters.
Wer mit ihm geht, wird die Dunkelheit überwinden.
Ich danke dir, daß du auch mein Wort gehört hast.
Amen.«

Anmerkungen:

Imanos weist in bewegten Worten auf sein irdisches Schicksal hin. Wer seine Widersacher waren, ist nicht ersichtlich. Die Vermutung liegt nahe, daß diese aus den Reihen der Hohenpriester, Pharisäer oder Sadduzäer kamen. Wenn Imanos identisch ist mit dem *Wahren Lehrer* der Essener, dann war sein entscheidender Gegner der *Frevelpriester*, wie er in Teil II des Buches ausführlich beschrieben ist.

Das starke Energiefeld der medialen Botschaft Johannes des Täufers sowie die unerklärliche Helligkeit im Raume wurde von allen Beteiligten erneut wahrgenommen. Dieses Phänomen trat bzw. tritt bei allen medialen Mitteilungen des Täufers auf. Die Zeitspanne, in der die Botschaft vermittelt wird, ist im Vergleich zu anderen medialen Durchgaben extrem kurz. Sie dauert je nach Umfang zwei bis fünf Minuten. Bei medialen Botschaften, die in Spiegelschrift erhalten werden, spricht der Schreiber von *»einem Fliegen des Stifts über das Papier«*. Das empfangene Glücksgefühl im Energiefeld Johannes des Täufers wird als *»unbeschreiblich«* wiedergegeben. Zugleich wird ein hohes Maß von Respekt empfunden. Eine Angst vor dem Versagen entsteht mitunter. Diese ist jedoch unbegründet. Die Durchsicht aller Originalschriften hat gezeigt, daß Johannes der Täufer unleserliche Schriftzüge (z. B. wegen Schnelligkeit oder gebrochener Bleistiftspitze) exakt wiederholte und die Hand entsprechend langsamer führte, bis Tempo und Schwingung wieder in Harmonie waren.

13. Juli 1992:

»So sei mein Mittler im Namen des Herrn, mein Bruder im Geiste.
Ich habe dich erwählt aus vielen Milliarden.
Ich habe dich geprüft durch die Werke der Tat.
Dein Wort und mein Sein sind verbunden zum Bande der Gesandten.
Gehe du mein Bruder den Weg der Einkehr und der Stille im Geiste.
Nie wird mein Wort dir versagt sein.
Ich habe gerufen in der Wüste nach den Engeln des Lichts.
Gehe du den Weg der Einkehr in meinem Namen und in meinem Zeichen,
auf daß du wiederkehrst in der Kraft meiner Worte.
Mein Wort steht geschrieben in deiner Seele und wird in dir sein,
bis dein Fuß die Wüste flieht. Trete an, Johannes, den Weg der Einkehr.
Ich werde wiederkehren, so du bereit bist hinauszugehen.
Gehe den Weg mein Bruder und doch halte inne,
bis ich dich zurücksende im Namen des Herrn.
So richte mein Wort an jene, die rastlos und sorgenvoll sind.
Der Tag und die Stunde, da unser Wort wiederkehrt, ist nicht fern.
Rufe mich in der Stille, denn mein Wort wird erstarken in dir.

Meine geliebten Brüder, meine geliebten Schwestern in Christi.
So wird mein Wort nun von euch genommen sein,
doch meine Worte bleiben bestehen.
Große Sorgen tragen jene, die den Weg in meinem Namen begehen.
Und so gieße ich die heiligen Wasser des Jordans
über euere Häupter und segne euch
  im Namen des allmächtigsten Gottes
  im Namen unseres Bruders Jesus Christus und
  im Namen des Allgeistes.
Und der Tag wird kommen,
da ihr mein Wort vernehmen werdet durch diesen meinen Bruder.
So finde jeder seinen Weg bis wir uns wieder vereinen
zum Ruhme des Vaters.
Johannes der Täufer.«

Anmerkungen:

Diese mediale Botschaft kam ebenfalls über eine dritte Person in Spiegelschrift. Der Hintergrund bedarf der Erläuterung. Mein Bekannter, den ich den *irdischen* Johannes nenne, gab das *Innere Wort* im Namen Johannes des Täufers in unregelmäßigen Abständen an einen großen Kreis von fünfzig bis siebzig Zuhörern weiter. Dieser setzte sich aus allen Schichten der Bevölkerung zusammen. Sie hatten alle eine Gemeinsamkeit: Den Willen, den geistigen Weg zu beschreiten. Die Worte Johannes des Täufers entsprachen jedoch nicht den Erwartungen so vieler Teilnehmer. Sie waren prüfend und kritisch, sie forderten auf zur Selbsterkenntnis und -korrektur. So manche Vorstellung von der göttlichen Liebe wurde zerstört. Der Aufruf zum Handeln aus eigener Kraft und zum Bekenntnis der unabdingbaren Nächstenliebe wurde von einigen als sehr schmerzhaft empfunden. Die Täuferworte deckten die menschlichen Schwächen wie Egoismus, *Sich-Fallenlassen* und *Ich will nichts weiter als geliebt werden*, auf. Die geforderte Selbstkritik und -disziplin als Grundlage für den geistigen Weg wurden als lieblos empfunden. Die offenen Worte Johannes des Täufers wurden als Gegensatz zu den Reden Jesu Christi empfunden.

Ein Großteil dieser Johannesworte wurde protokolliert und auf Tonbändern festgehalten. Ich habe sie mehrfach abgehört und gelesen. Es mag eine Frage der individuellen Erwartung sein, ich jedenfalls fand große Weisheit, Führung und Liebe in den Johannesworten.

Umkehr und Erneuerung sowie tiefe Selbstbesinnung und Suche nach Erkenntnis sind freilich stets Tenor der Täufer-Botschaft. Dies war sicher auch so vor 2000 Jahren.

Die Worte trafen also nicht den Geschmack vieler Zuhörer. Sie stießen sogar auf Ablehnung.

Genau für Montag, den 13. Juli 1992 abends war mein Bekannter, der *irdische* Johannes, in diesen Kreis eingeladen. Er war voller Zweifel hinzugehen und eventuelle Täuferworte zu sprechen. Doch wollte er sich dem Auftrag nicht entziehen. Auf dem Weg zum Auto klingelte das Telephon. Ein Freund hatte unmittelbar zuvor die mediale Johannes-Botschaft in Spiegelschrift empfangen und telephonisch weitergeleitet. Das Täuferwort wurde der medialen Botschaft zufolge aus diesem Kreis bis auf weiteres zurückgenommen.

Nur wenige Wochen später wurden diese medialen Täuferworte im Kreis verlesen. Nach kurzem Stillschweigen gingen die Teilnehmer jedoch zur Tagesordnung über. Der Gerechtigkeit halber muß jedoch gesagt werden, daß viele seither das mediale Wort Johannes des Täufers vermissen.

4. Oktober 1992:

»So rufen euch die Engel der Welten. Seid bereit zum Heil der Welt.
Mein Heil ist in dieser Welt, zur Erlösung und Befreiung der Welt und des Seins.
Du warst mein Schüler, Johannes, und sollst nun Lehrer sein.
Doch ist dein Weg an meiner Seite.
Niemand soll höher sein als sein Bruder.
So sei bereit, wer den Ruf in sich vernommen hat.
Amen in Ewigkeit Amen
Johannes der Täufer.«

25. Oktober 1992:

»Und so sind Welten entstanden aus dem Licht des Seins.
Und so sind Himmel entstanden aus dem Licht der Einheit.
Und so ist die Liebe entstanden aus dem Licht des Herrn.

So seid gerufen, diese Liebe zu leben.
So seid gerufen, diese Liebe zu geben
und dies zu lernen und zu lehren.

Nicht Opfer sollt ihr sein, die die Dunkelheit sucht,
doch soll euer Wirken Opferung sein im Kampf wider die Dunkelheit.

Ich habe mein Licht geteilt in den Strahl der Liebe und den Schein des Kampfes.
Ich bin der, der die Güte Christi mit dem Schwert verbreitet und doch bin ich Liebe.

Nicht ohne meinen Zorn wird das Dunkle meine Brüder bedrängen.
Nicht ohne mein Feuer wird die Zerstörung euere Seelen martern.
Nicht ohne meine Liebe wird ihre Rückkehr begonnen sein.

So gebe ich dir mein Wort, Johannes:
Ich taufe dich durch die Feuer der Erneuerung,
durch die Wasser der Reinigung,
durch den Odem der Veränderung.

Beginne unser Werk fortzusetzen.
Johannes der Täufer.«

30. Dezember 1992:

»Ja, ich bin Emanuel.
Mein geliebter Bruder, vieles was eueren Weg zeichnet,
wird euch aus dem geistigen Reich gegeben.
Die Bürden, die euch plagen
sollen euch Schule sein in der Geduld.

Die Schläge der Brüder
sollen euch Schule sein in der Verzeihung.

Die Angst in den Augen der Kinder
soll euch Schule sein in der Liebe.

Das Warten auf die Offenbarungen aus dem geistigen Reich
soll euch Schule sein in der Demut.

Dies alles soll euch Hilfe sein, nicht Plage.
Ich will nun enden und lausche eueren Gedanken.
Gehet hin in Liebe.
Amen.«

30. Dezember 1992:

»Was soll die Dunkelheit dich bedrängen, du mein Johannes?
Was soll das Feuer dich zerstören, du mein Bruder?
Was soll das Leiden dich martern, du mein Bruder?

Was ist es, das dich quält?
Es sind die Zweifel an der Kraft des Herrn.
Es sind die Zweifel an der Ohnmacht der Dunkelheit.

Nein, mein Johannes, dein Heil ist nicht von dieser Welt,
weil du dich abgewendet hast.
Doch durch dich kommt mein Heil wieder in diese Welt.
Das Tal der Dunkelheit wirft nur Schatten auf dein Dasein,
doch mein Licht wird es stets überdauern.
Und so stürzen sich herab die Sphären der Wahrheit auf jene,
die dich bedrängen.
Nicht Leid soll dein Weg sein, doch die Erkenntnis des Leidens.

Reiche mir die Hand zum Bunde.
Kein großes Leid ist deine Pein, denn dein Körper bleibt rein.
Johannes der Täufer.«

18. März 1993:

»Höre mein Wort.

Du bist das Licht, ausgesandt durch den Herrn.
Du bist die Flamme, ausgesandt durch die Gnade der Berufung.
Du bis das Schwert der Liebe, ausgesandt in meinem Namen.

So hast du mein Wort empfangen und fortgetragen.
So hast du mein Wasser empfangen und geweiht.
So empfange nun mein Zeichen:

Die Rose der Nacht,
die am Tage der Geburt Jesu erblühte.

Sie ist das Zeichen des Widerstandes.

Sie soll das Zeichen unserer Bruderschaft sein.

Johannes, Johannes, führe hinaus die Brüder aus dem Joch der Verzweiflung.

Dein ist meine Kraft
Dein sind meine Worte
Dein ist mein Feuer

Das Zeichen laßt euer Zeichen sein -
und die Pforten der Hölle werden euch nicht überwältigen.
Amen - im Namen des Herrn - Amen
Johannes der Täufer.«

Anmerkungen:

Zu dem Satz »So hast du mein Wasser empfangen und geweiht«:

Mein Bekannter, der *irdische* Johannes hatte einen denkwürdigen Traum. Er sah eine verwaiste, zerfallene Dorfkirche. Über dieser Kirche schwebte das Antlitz Johannes des Täufers. Rund um das Kirchengebäude waren Gräber. Ein Teil des gesamten Areals war von einer Steinmauer umsäumt. Vor dem Kirchen- und Friedhofskomplex floß ein schmaler, munterer Bach mit glasklarem Wasser. Es enthielt heilende Kräfte. Diesen Traum teilte Johannes niemandem mit.

Drei Monate später erhielt er einen Zeitungsausschnitt zugesandt, in dem von der geplanten Renovierung der Dorfkirche in Ensdorf (Landkreis Mühldorf, Oberbayern) berichtet wurde. Die reparaturbedürftige Kirche war abgebildet. Zudem war vermerkt, daß diese Kirche Johannes dem Täufer geweiht ist.

Das Foto entsprach dem Traumbild von Johannes. Er suchte die Kirche in Ensdorf auf und fand auch den sprudelnden Wasserquell an der geträumten Stelle vor. Das Innere der Kirche war einfach und spartanisch. Eine Plastik der Taufe Jesu zierte den Altarraum.

Mein Bekannter war natürlich bewegt, daß sein Traumbild in der Realität existierte. Er dankte Johannes dem Täufer für diese Vision und segnete den Wasserquell. Nur ganz wenige Menschen wissen davon. Sie verwenden das Wasser gegen ihre Krankheiten und sind von dessen Heilkraft überzeugt.

Die Kirche ist inzwischen renoviert. Die Täuferplastik mußte weichen. Ich kann mich des Eindrucks nicht erwehren, daß Johannes der Täufer lieber in der alten Kirche geblieben wäre.

Zu dem Zeichen *»Die Rose der Nacht, die am Tage der Geburt Christi erblühte«*: Diese Aussage birgt noch ein Geheimnis. Alle Recherchen blieben bisher unergiebig. Legendenhaft ist überliefert, daß auf dem Fluchtweg der Heiligen Familie nach Ägypten auch heute noch kleine Röschen blühen. Darauf bezieht sich meiner Ansicht nach diese Aussage nicht. Wie im Teil I des Buches bereits geschildert, vermute ich dahinter ein kosmisches Sternbild der damaligen Zeit oder ein anderes äußeres Zeichen, das Eingeweihte auf die Geburt Jesu hinwies. Die Essener müssen mit diesem Bild vertraut gewesen sein. Es stand im Zusammenhang mit der Messiaserwartung. In den medialen Botschaften Emanuels wird zweimal *»Die Rose der Nacht, die am Tage der Geburt Jesu erblühte«* als Zeichen eines Bundes erwähnt, der sich trotz aller Widerstände für den Messias und die geistige Erlösung der Menschheit einsetzte. Es liegt nahe, daß Imanos oder eine andere Meisterseele der Essener dieses Zeichen gesehen und gedeutet hat.

Die gesamte Botschaft hat eine Bedeutung, die im Moment noch nicht befriedigend erklärt werden kann.

2. Mai 1993:

Mein Name ist Emanuel - mein Zeichen ist die Sonne.
Die Stunde ist gewählt, um deinen Geist zu öffnen.
Das große Licht der Sonne hat den Tag begonnen, da zu euch gesprochen wird.
So grüße auch ich die Brüder der Essener.
Den Odem der Erde hast du vernommen, der die Erde belebt.
Doch der Odem ist schwer. Die Zeit wird kommen,
da sie zur Neige geht und kein irdisches Leben das Allreich beschwert.
So lernet zu sein ohne den Makel des Leibes.
Kein Haus wird euer sein, kein Raum euch begrenzen.

Lasset ab vom Bau der irdischen Zisternen, so ihr den Weg des Geistes begeht.
Ihr seid berufen, ein Bollwerk des Geistes zu sein.

Laßt nicht geschehen, was Priester euch vorangetan.
Nicht Tempel des Leibes sollen euer Werk sein, sondern Stürme des Geistes.

Wo ist die Seele, die je ein Haus besessen?
Wo ist das Licht, das je gebunden war an Dunkelheit?
Nichts ist für die Ewigkeit, das begrenzt wird.

So beginnet euer Werk im Zeichen der Sonne, im Zeichen des Lichts, das ohne Mauern ist.
Nur dieses Werk kann ohne Ende sein.
Lasset ab vom Irrweg der Masse und Leiber und erwachet im Geiste.«

Anmerkungen:

Zu dem Satz »*Den Odem der Erde hast du vernommen ...«:* Die Schreiberin erwachte um 5 Uhr morgens und war hellwach. Nach einiger Zeit war in der Ecke des Raumes ein deutliches Atmen zu vernehmen. Keine menschliche Person konnte Ursache für dieses Atmen sein. Immer wieder war es überdeutlich zu hören. Trotz dieser eigenartigen Begebenheit war keinerlei Angstgefühl aufgetreten.

Es folgte die mediale Botschaft in Spiegelschrift. Der Inhalt verleitete zu vielerlei Fragen, da kein konkreter Bezug vorlag. In den Nachmittagsstunden erhielt die Schreiberin jedoch unerwartet Besuch. Das Gremium eines esoterischen Kreises schilderte ihr die detaillierten Pläne für den Erwerb und Ausbau eines großen Gebäudekomplexes inklusive Ackerland. Gedacht war an ein geschlossenes, autarkes Arche-Noah-Modell. Mit dem Bau einer eigenen Wasserzisterne war bereits begonnen worden. Bei dem Stichwort Zisterne fand die Schreiberin die Verbindung zu der medialen Botschaft in der frühen Morgenstunde.

Dem Gremium wurde die Mitteilung vorgelegt. Es fühlte sich zwar angesprochen, das große Projekt wurde dennoch in Angriff genommen. Knapp zwei Jahre später ist es schmerzlich gescheitert. Ich muß jedoch hinzufügen, daß die Planer und Organisatoren dieses Projekts aus ehrenhaften Absichten gehandelt haben.

Natürlich hat die Botschaft auch allgemeinen Charakter, weist sie doch auf die Fragwürdigkeit des materiellen Strebens hin.

24. Juni 1993 (Johannistag!):

»Groß ist der Herr in seiner Gnade
Einzig das Licht.
Groß ist der Herr in seiner Gnade
Einzig die Kraft.
Groß ist der Herr in seiner Gnade

Einzig sein Reich.
Bete für die Allmacht. Bete für die Einheit.

Was ist der Mensch ohne das Leben.
Was ist der Geist ohne die Kraft.
Was ist der Wahn ohne die Angst.
Was ist die Erlösung ohne dich.

Du bist mein Wächter des Lebens.
Leite zurück die Brüder ins Licht!
Silama Betan.
Wahrlich ich sage dir:
Kein irdisches Wesen wird die Worte vernehmen, wie du sie vernommen hast.
Dein Auge wird sehen, was mein Wille ist.
Johannes der Täufer.«

»Mein Name ist Emanuel, mein Zeichen ist die Sonne.
Mein Bruder Jochanan ben Sacharja, so vernehme ich deine Worte.
Der Bund der Essener kann deine Macht erkennen und trägt doch schwer an dei nem Wort.
So will ich leiten die Brüder im Licht.
Gib, daß dein Wort erstehen kann im Leibe der Brüder.
Allmächtig ist deine Kraft,
grenzenlos deine Macht,
unendlich deine Weisheit.
Nicht kleinmütig ist unser Glaube, doch schmerzhaft die Pein.«

»Mein Wort ist bei euch in Fleisch und Blut.
Nie wird meine Liebe von euch genommen sein.
Lernet zu sehen und sehet um zu lernen!
Ich bin bei euch in meinem Bruder und lebe euer Leid.
Johannes der Täufer.«

»Mein Bruder Johannes,
mein Wort an den großen Meister der Essener ist ein Ruf nach geistiger Kraft.
Kaum ein Geistwesen kann die irdischen Leiden verstehen.
Lange Zeit nun fühle ich mit euch und habe den Schmerz erkannt.
Hart war mein Sinnen. Das Ziel nur war mein Weg.
Ich habe von euch gelernt zu sehen. Nun muß ich Mittler sein.
Dein Leben im Leibe ist Bestimmung zur Heilsbringung im irdischen Reich.
Verzage nie, denn dein Weg ist die Rückkehr im Bunde deiner Brüder.
Mein Kampf ist für Mirana - gegen das irdische Reich.

Mein Kampf ist für euch im geistigen Reich.
Der Große Meister Johannes der Täufer ist Kraft und Liebe.
Sein Geist wird den Bitten nicht verschlossen sein.
Emanuel.«

»*Dein Wort ist mein Wort und es wird am Firmament stehen am Tage der Einigkeit.*
Du Johannes mußt mein Bruder sein.
Wie kann die Seele sonst erlöst sein?
Johannes der Täufer.«

»*Nicht Trauer soll dein Begleiter sein, bis du doch erwählt,*
den Leib zu überwinden und die Brüder zu lehren.
Es wird die Zeit kommen, da du heil bist und das Heil aus dir ausströmt.
Gehe weiter deinen Weg und du wirst die Gnade des Meisters empfangen.
Gehet hin in Frieden.
Emanuel.«

Anmerkungen:

Diese mediale Botschaft beinhaltet ein interessantes Zwiegespräch zwischen Emanuel und Johannes dem Täufer. Unmittelbar nach den ersten Täuferworten an den *irdischen* Johannes spricht Emanuel den großen Meister der Essener Jochanan ben Sacharja (=hebr. Name für Johannes den Täufer) an. Er bittet ihn förmlich um mehr Kraft für das Werk und den Schutz der weltlichen Brüder. Er appelliert an die allmächtige Kraft, die grenzenlose Macht und unendliche Weisheit Johannes des Täufers.

Dieser antwortet kurz und bündig in vier Sätzen, spricht dabei aber den kleinen weltlichen Kreis um den *irdischen* Johannes an. Der Hinweis: »*Lernet zu sehen und sehet um zu lernen*«, ist eine deutliche Aufforderung zu mehr Erkenntnis. Zugleich versichert er aber seine Liebe und Anteilnahme an den weltlichen Brüdern. Emanuel richtet nun sein Wort an den *irdischen* Johannes. Er hat Mitleid mit dem kleinen weltlichen Kreis, der durch massive irdische Widerstände und persönliche Rückschläge von seiner eigentlichen Aufgabe abgehalten wird. Er hat gesehen, daß die auserwählten Werkzeuge auf Erden mit genügend Leid und Schmerz zu kämpfen haben und verweist abschließend auf die Hilfe des großen Meisters Johannes der Täufer. Dieser fordert den *irdischen* Johannes zur Tat auf und nennt das Ziel »*am Tage der Einigkeit.*« Auch Emanuel appelliert nochmals an den *irdischen* Johannes, Geduld zu üben. Er benennt auch das Zwischenziel, die Überwindung des Leibes und die Heilsbringung.

In seiner Botschaft spricht Emanuel den Satz: »*Mein Kampf ist für Mirana - gegen das irdische Reich.*« Diese Aussage konnte mein Bekannter nicht deuten, da ihm das Wort Mirana unbekannt war. Ich klärte ihn auf. Jonas nannte Mirana (soviel wie: Engel des Lichts) als den geistigen Namen für das Mädchen Tatiana. Das hohe geistige Wesen Mirana hat für eine bestimmte Erdenmission viel Leid und Schmerz auf sich genommen.

31. August 1993:

»So ist mein Sein
So ist mein Wort
So ist mein Geist

So kehre ich zurück aus den Quellen des Geistes,
denn es ist eingetreten die Stunde der Macht.
Nicht klein und schwach wirst du sein,
denn meine geistige Kraft ist dein.

Was ist es, das dich martert?
Was ist es, das dich quält?
Was ist es, das dich beugt?

So höre mein Wort, mein Johannes:

Finsternis und Licht, dies sind die Mächte
Wahrheit und Schein, der Geist
Liebe und Tod, die Feinde

Dein Sein ist die Liebe, dein Feind der Tod
Dein Sein ist die Wahrheit, dein Feind der Schein
Deine Macht ist das Licht, dein Feind die Finsternis

So rufe ich dich, Johannes, stehe auf zum Kampf gegen die Macht,
die dich bedrängt. Dein Geist ist ungebrochen.

Du bist erstanden an meiner Seite, unverwundbar im Geiste.
Nichts kann im Geiste unseren Kampf noch dämmen.
Der Schmerz trifft nur noch den Leib. So laß den Kampf begonnen sein.
Die Dunkelheit kann nur noch bedrängen dein körperliches Sein.

Doch wiederum sage ich dir die Worte:
Nicht groß ist deine Pein, denn dein Körper bleibt rein.

Sorge dich nicht um dein Leid, denn du bist erwählt.

Schmerz wird dir wiederfahren durch mein Wort
und der Schmerz wird deine Seele martern.

Sie werden dich verhöhnen ob meiner Worte
Sie werden dich verjagen ob meiner Worte
Sie werden dich verfluchen ob meiner Worte

und deine Seele wird trauern und leiden.

Nur dies ist der Kampf, den du alleine bestehen mußt -
und sie werden dich lieben ob meiner Worte

Empfange den Geist meines Seins.
Ich taufe euch im Namen des Vaters
im Namen des Sohnes und
im Namen des Allgeistes

Gehe hin und scheue nicht mein Wort.
Amen
Johannes der Täufer.«

Anmerkungen:

Im Verlauf meiner Recherchen habe ich viele Prophetien, Visionen und mediale Botschaften der letzten dreitausend Jahre gelesen. Diese Worte Johannes des Täufers sind in ihrer Poesie, Ausdruckskraft und Klarheit einmalig.

Der Satz: »*So kehre ich zurück aus den Quellen des Geistes, denn es ist eingetreten die Stunde der Macht*«, ist von großer Tragweite. Ich wage eine Deutung: Johannes der Täufer bereitet seine erneute Erdenmission gezielt vor. Er legt den Grundstein hierfür nun auf Erden. Sein Geist beginnt sich im Irdischen zu verankern.

Hier ist auch eine Verbindung zu den Jonas-Worten gegeben: »Hier spüren wir, wie das Licht seine Kräfte sammelt. Es ist, als ob dieses Licht aus den Himmeln abgesaugt würde, um heller und strahlender denn je zurückzukehren« (sh. Kap. Die Helfer aus dem geistigen Reich).

Im weiteren Verlauf der Botschaft geht der Täufer auf die irdische Not und Bedrängnis seines weltlichen Lehensmannes ein und gibt ihm Kraft und Zuversicht. Vage wird dabei der schmerzvolle Schulungs- und Läuterungsprozeß des *irdischen* Johannes erkennbar. Das Erwähltsein hat seinen menschlichen Preis. Johannes der Täufer weist den Erwählten unmißverständlich auf das Kommende hin. Er wird Spott und Verfolgung in dieser Welt ausgesetzt sein, doch auch liebende und verstehende Menschen werden ihn umgeben.

Die Worte Johannes des Täufers erinnern bewegend an die Prophezeiungen einer Hildegard von Bingen und Bertha Dudde.

19. Dezember 1993:

»Mein Name ist Emanuel -
mein Zeichen ist die Sonne.
So rufe ich aus den Welten des Geistes
den Bruder im Lande der Väter Abrahams.
Dein Fuß wird betreten die Pfade des Meisters.
Doch die Wege sind gezeichnet von Haß und Gewalt.
Fliehe den Ort der Menschen
und erwarte sein Wort in der Wüste der Gedanke n.
Nicht jenes Land soll das Land deines Wirkens sein,
wo Frevel und Mammon das Wort entweiht.
Suche die Wüste im Äußeren
und du wirst finden die Wüste im Geiste.
Und sein Wort wird dein Herz erfassen
und dich emporführen in die Sphäre des Großen Lehrers.«

Anmerkungen:

Dieser Mitteilung liegt ein besonderer Vorgang zugrunde. Im Dezember 1993 befand ich mich auf meiner ersten Studienreise in Palästina. Begleitet wurde ich von meiner Familie und dem *irdischen* Johannes. Unser Standort war Eilat. Von dort aus durchstreiften wir die Negev-Wüste und das angrenzende Sinai. Eine weitere Studienreise in die Region des Toten Meeres war erst für März geplant. Während eines frühmorgendlichen Spaziergangs mietete ich kurzerhand ein Auto und überraschte meine Begleiter mit dem Entschluß einer mehrtägigen Reise nach Qumran, Jericho und Jerusalem. Bei der Abfahrt vom Hotel lief uns die Rezeptionsdame gestikulierend nach. Sie hatte soeben ein Telefax für meinen Bekannten erhalten. Es beinhaltete die mediale Botschaft Emanuels. Die Schreiberin hatte es in den Nachtstunden empfangen und nach Israel durchgefaxt. Natürlich waren wir überrascht. Wußte Emanuel bereits vor uns, wohin die Reise am 19. Dezember 1993 führen würde?

Wir wandelten dann tatsächlich auf den Spuren des Meisters und Großen Lehrers Johannes der Täufer. Den Hinweis Emanuels auf »Haß und Gewalt« fanden wir bestätigt, besonders in den Regionen Jericho und Jerusalem.

Der Taufstelle Johannes des Täufers am Jordan konnten wir uns nur flüchtig und verstohlen nähern. Das Gebiet lag in einer militärischen Zone und wurde streng bewacht. Jeglicher Zutritt war untersagt.

29. Januar 1994:

»Mein Name ist Emanuel, mein Zeichen ist die Sonne der Erneuerung.
Neu muß werden die Gemeinschaft der Essener.
Neu muß werden die Lehre der Essener.
Neu muß werden das Ziel der Essener.
Neu muß werden die Einheit im Kampf wider die Dunkelheit.
Neu ist der Auftrag unseres Herrn.
Rettet das Gute aus den Fängen des Todes.
Sein Kampf gilt jedem Bruder, jeder Schwester,
die willens sind, seinen Weg zu gehen.
Nicht leichten Mutes mag dieser Weg begonnen sein,
denn die gegnerische M acht ist groß.
Mein Bruder Johannes, du hast viele Wochen gelitten und dein Denken ist,
als wärst du verlassen und allein.
Da Welten uns trennen, muß dein Empfinden so trügerisch sein.
Doch ich habe zu Johannes dem Täufer gesprochen über dein Leid.
Wie könnte ich dies, wäre ich nicht allzeit mit dir vereint.
Keine Not, die nicht durch das Gute geschwächt; kein Angriff,
der nicht durch das Gute gedämpft, erreicht dich Johannes.
Du bist nur allein im irdischen Leib, nicht aber im geistigen Sein.
Das strahlende Licht wird deine Kraft sein.
Amen.«

»Wie kann ich dir mein Zeichen und mein Leben geben
- und dich verlassen.
Wie kann ich dir mein Wort und meinen Namen geben
- und dich verraten.
Wie kann ich dir meinen Auftrag und meine Sorgfalt geben
- und dich verraten im Angesicht des Feindes.

Nie ist meine Liebe von dir genommen.
Nie meine Hand entfernt von deinem Tun.
Nie mein Fuß entfernt von deinem Pfad.
Mein Johannes, du lernst die Herrlichkeit zu schauen und fürchtest die Dunkelheit.
Zum Zeichen meines Bundes lege ich den Mantel des Feuers,
meines Feuers, über deinen Leib. Kein Wesen kann Macht ergreifen an dir.
Dieses ist mein Vermächtnis.
Teile diesen Mantel, doch scheue den Leichtsinn.
Dein sei mein Wort, doch prüfe dein Sein.
Johannes der Täufer.«

»Im Frieden liegt die Kraft.
Gottes Herde zieht vorbei an Geröll und Stein
und geht unbeirrt des Felsen Pfade.
Ihr Augenlicht erblicket nur des Hirten Schritt
und ist blind jeglicher Gefahr.
So werdet zum Lamm,
das unbeirrt die Pfade des Hirten geht.
Johannes,
du bist nicht ein Lamm,
du bist sein Lamm.
Gegrüßet sei der Große Lehrer.
Imanos.«

Anmerkungen:

Emanuel ruft eindringlich zur Erneuerung des essenischen Gedankenguts auf. Er verschweigt nicht die Widerstände, die jene erwarten, die den Weg der Essener begehen. Dann geht Emanuel auf die Leiden des *irdischen* Johannes ein. Dieser war einem starken körperlichen Leidensdruck ausgesetzt. Zweifel an der Richtigkeit seines Handelns überkamen ihn dadurch verstärkt. Er fühlte sich tatsächlich von Johannes dem Täufer verlassen.

Die Botschaft Johannes des Täufers geht auch auf diese menschlichen Nöte des Zweifelns und Verlassenseins ein. Er gibt jedoch ein gewaltiges Wort der Bekenntnis. Es bedarf keiner Kommentierung.

Imanos bekräftigte die Rede Johannes des Täufers noch mit seinen Worten. Sie sind gleichnishaft und voller Weisheit.

Erkennbar ist, daß mehrere mediale Botschaften auf die Nöte und Leiden des *irdischen* Johannes eingehen. Es waren Bedrängnisse vielfacher Art. So traten in seinen weltlichen Handlungen Widerstände auf, die jeder menschlichen Logik entbehren. Auch starke körperliche Beeinträchtigungen mußte er hinnehmen. Viele dieser Notsituationen konnte ich miterleben. Wie sind sie erklärbar? Eine Antwort mag in der erforderlichen Überwindung der irdisch-menschlichen Ziele und Wünsche, ja selbst des Körpers, liegen. Diesen Prozeß bezeichnet die geistige Welt als Läuterung. Das *Überwinden des Ichs* ist offenbar unabdingbare Voraussetzung für ein geistiges Wirken. Es findet sich in der Biographie aller Mystiker und Eingeweihten wieder. Genau gesehen ist jedes Leben ein Weg der Läuterung, der zur Überwindung des Ichs und der Welt und somit zur Rückkehr in die Einheit führt. Im Kampf gegen die täglichen kleinen und großen Sorgen wird uns dies jedoch kaum bewußt. Wir sind daher leicht in Gefahr, das wirkliche Ziel unseres Seins zu verdrängen.

Ist es daher nicht eine große Gnade, wenn immer wieder geistige Wesen und irdische Menschen auftreten, uns dieses Bewußtsein zu geben?

6. März 1994:

»Jerusalem, Jerusalem,
über wieviele Städte hast du deinen Schatten gelegt.
Zwietracht und Haß ist dein Antlitz, Eitelkeit und Stolz dein Sinnen.

Die Worte deiner Propheten hast du geschmäht.
Dem Licht des Herrn hast du dein Herz verschlossen,
seinem Gebot die Tür gewiesen.

Mißachtet hast du deinen Sohn, verleugnet und vespottet.
Selbst durch das Kreuz hast du deine Sünde nicht erkannt.
Wohin führt dich dein Hochmut?

So der Herr spricht: Gehe wiederum in diese Stadt,
werden deine Mauern erschallen von meinem Wort.
Mein Tadel wird in deinen Ohren tönen, denn ich fürchte dich nicht.
Doch fürchte du dich Jerusalem,
denn die Posaunen von Jericho können noch heute bei dir sein.

Dies ist das neue Wort der Propheten:

Jerusalem, Jerusalem,
zeige dein Antlitz nicht in Rom. Denn so du Zwietracht säst und
Haß und Mord in diese Stadt kehren, wird der Herr dein Antlitz zerstören.

Lege ab deinen Hochmut, kehre um und ebne die Wege des Herrn,
auf daß dir vergeben werde.

Du, oh stolzes Rom, lege ab deine purpurnen Gewänder.
Besinne dich auf Christi Wort.
Über deine Lämmer sollst du sein Heil legen,
doch du treibst sie in ein Netz von Geboten.

Die Hohenpriester und Pharisäer Jerusalems, sie sind in deinen Palästen wiedergeboren.

Wie soll der Herr euch leiten, da ihr ihn verweist in Gesetze und Rituale.
Halte ein, auf daß du nicht wirst zum neuen Jerusalem.

Sei bereit, so der Menschensohn wiederkehrt.
Johannes der Täufer.«

Anmerkungen:

Der Inhalt dieser Johannes-Worte erinnert an die Worte Jesu nach Lk 13, 34-35: »Jerusalem, Jerusalem, das du die Propheten mordest und die steinigst, die zu dir gesandt sind, wie oft wollte ich deine Kinder sammeln, wie eine Henne ihre Kücklein unter ihre Flügel sammelt, und ihr habt nicht gewollt! Seht, ›verlassen wird euer Haus‹ (Jer 22,5). Ich sage euch: Ihr werdet mich nicht mehr sehen, bis die Zeit kommt, da ihr sprecht: Gepriesen sei, der da kommt im Namen des Herrn!«

Im Gleichklang mit Jerusalem wird auch der Vatikan in Rom von Johannes dem Täufer gerügt. Auch hier sehe ich eine Parallele zu den Jesus-Worten nach Lk 11,42-43;46: *»Doch wehe euch Pharisäer! Ihr rechnet den Zehnten von Minze, Raute und jedem Kraut; aber am Recht und an der Liebe Gottes geht ihr vorbei. Dies sollte man tun und jenes nicht unterlassen. Wehe euch Pharisäern! Ihr liebt den ersten Platz in den Synagogen und das Begrüßtwerden auf den öffentlichen Plätzen. Wehe auch euch Gesetzeslehrern! Ihr beladet die Menschen mit schwer zu tragenden Lasten, ihr selbst aber rührt nicht mit einem einzigen eurer Finger die Lasten an.«*

Mahnung und Aufruf Roms zur Umkehr können in seiner ganzen Tragweite erst verstanden werden, wenn man die Prophetien der letzten Jahrhunderte über das Schicksal des Vatikans und des Papsttums einsieht. Viele beinhalten die Zerstörung der Kirche und die Vertreibung des Papstes. Dieser Vorgang, der die Zeit des Antichristen einläutet, ist mit dem Tod vieler Menschen verbunden.

Die Mahnung: *»Halte ein, auf daß du nicht wirst zum neuen Jerusalem»,* mag auf die Zerstörung im Jahre 70 n. Chr., aber auch auf das geteilte Jerusalem von heute hinweisen. Eine Deutung liegt nahe, wenngleich sie nur oberflächlich und vordergründig sein kann. Die Johannes-Worte drücken jedoch etwas aus, das zu tiefem Nachdenken und Deuten veranlaßt. Würden sie sonst gesprochen worden sein?

Hochinteressant ist in diesem Zusammenhang die Prophezeiung des Nostradamus laut Centurie I. Im Vers 52 steht der Satz: *»Die Krankheit der Kirche durch den neuen König verursacht wird zum Niedergang Nord- und Südeuropas.«* Hiermit ist eine Krise der katholischen Kirche und der gesamten Christenheit in naher Zukunft angesprochen, die sich nach den Worten des Verses 53 noch verschlimmert: *»Durch andere Gesetze alles unchristlich wird.«*

In der Centurie II, Vers 8 beschreibt Nostradamus, wie die Dogmen der katholischen Kirche verworfen werden. Es folgt eine Zeit der Erneuerungen, die den Vatikan wieder zu den Ursprüngen des Christentums zurückführt. In Vers 36 spricht der französische Seher von einem großen Propheten, dessen Briefe und Schriften von einem Tyrannen (Antichrist) beschlagnahmt werden. Der Nostradamus-Forscher M. Dimde analysiert diese Aussage dahingehend, daß dieser große Prophet die Kirche beständig zur Umkehr mahnt und mit seinen Predigten und seinen Handlungen die Erneuerung herbeiführt.

8. Mai 1994:

»Emanuel ist mein Name - mein Zeichen ist die Sonne.
Hören wirst du die Stimme deines Lehrers.
Sehen wirst du das Wort deines Meisters.
Liebe sende ich dir mein Bruder. Liebe, die die Welten überdauert.
Gesegnet sei der Tag. Gesegnet bist du.
Laß deine Brüder aus dem Bunde der Essnener dir Hilfe sein.«
»Wir sind gekommen, wir Brüder aus dem Tal der Wahrheit.
Gegrüßet seist du Jochanaan.
Laß uns dir bringen unseren Dank. Laß uns dir erbringen unsere Lobpreisung.
Gelobet sei dein Name, gelobet sei dein Sein.

Wir sind gekommen, dir zu bringen die Gabe der Befreiung.
Von nun an wirst du frei sein von Höllenqualen. Der Bund der Essener wird dir von nun an zur Seite sein. All unsere magischen Weisheiten wirst du als Mensch erlernen.
Wir haben die Kraft aus Gottes Hand erhalten, nun werden wir sie an dich leiten.
Scheue nicht Dämonen noch Teufel. Scheue nicht Feuer noch Sturm.
Werde Herr der Elemente.
Doch tue dies nur im Namen des Großen Lehrers Johannes des Täufers.
Laß nicht Hoffart dein Tun bedrohen. Bleibe in Demut und Geduld.
Gott segne deinen Weg.
Deine Brüder im Herrn.«

»Meine Welt ist das Reich des Herrn.
Meine Erkenntnis ist das Wissen um die Macht.
Meine Kraft ist das Reine Licht.

Meine Hoffnung ruht in dir.
Du mein Johannes bist in mir auf diesem Weg.
Ich werde dir Labsal und Erquickung sein.
Johannes, mein Bruder, höre mein Wort:

Was wäre mein Werk ohne deine Geburt.
Wie könnten meine Worte erschallen ohne dein Sein.
Wie könnten die Seelen geführt sein ohne deinen Weg.

Preise den Tag, da du gekommen bist, mein Lebensmann zu sein.
Friede mit dir.
Erfülle mein Wort. Dein ist mein Wort durch dich und an dich.
Johannes der Täufer.«

Anmerkungen:

Emanuel kündigt die Worte des Lehrers und Meisters Johannes der Täufer an. Zugleich verweist er auf die Hilfe der essenischen Brüder.

Diese begrüßen den *irdischen* Johannes mit dem Namen Jochanaan. Die Schreibweise erfolgt hier mit Doppel-a und entspricht damit der Wiedergabe einer althebräischen bzw. aramäischen Form, die oftmals auch Jokanaan geschrieben wird. Die geistigen Brüder der Essener künden von der Weitergabe ihres magischen Wissens an den *irdischen* Johannes, ihres Bruders im körperlichen Kleid. Der Hinweis, diese Kräfte nur im Namen des Großen Lehrers Johannes des Täufers einzusetzen und nicht der Hoffart zu verfallen, hat seine Bedeutung. Jeder Eingeweihte verfügt nämlich über ein gewisses Maß an magischen Kräften. Diese können auch für egoistische Zwecke eingesetzt werden. Diese Einweihung des *irdischen* Johannes erinnert stark an die historisch gesicherten Riten und Ausbildungszyklen der Essener. Nach Probe-, Lehr- und Vorbereitungszeit folgt eine siebenjährige Zeit der Reifung und Festigung. Erst dann sind die Voraussetzungen für die Einweihung in die magischen Weisheiten gegeben. Ein Mißbrauch dieser Fähigkeiten führte zum Verstoß aus der Bruderschaft. Vermutlich sind derartige Vergehen jedoch nicht aufgetreten.

Die anschließenden Worte Johannes des Täufers sprechen in ihrer Klarheit und Ausdruckskraft für sich. Sie verdeutlichen, daß der *irdische* Johannes vom Geist des Täufers erfaßt ist und durch sein körperliches Leben auf Erden eine bestimmte Aufgabe erfüllen soll.

Mit der Mitteilung vom 8. Mai 1994 möchte ich das Kapitel der medialen Botschaften Johannes des Täufers und der Essener schließen. Weitere Worte aus dem geistigen Reich haben den *irdischen* Johannes und seinen kleinen Kreis natürlich auch nach dem 8. Mai 1994 erreicht. Solche werden vermutlich auch weiterhin folgen.

Sie haben jedoch nicht mehr den persönlichen Charakter, da Schulung und Vorbereitung für das Kommende weitgehend abgeschlossen scheinen. Die medialen Botschaften Johannes des Täufers sprechen jetzt vielmehr die Irrwege der Menschen und deren Ursachen an. In sehr vielen Fällen ist der Inhalt deckungsgleich mit den Themenkreisen, die durch das *Innere Wort* angesprochen werden. Um Wiederholungen zu vermeiden, gebe ich hier diese medialen Botschaften Johannes des Täufers nicht wieder, sondern verweise auf das folgende Kapitel *Die Stimme Johannes des Täufers im Hier und Jetzt.*

Auch mediale Botschaften des Täufers, die sich vermutlich auf das Kommen beziehen, will ich hier bewußt nicht wiedergeben, um Fehldeutungen, Spekulationen oder gar hysterische Panikmache zu vermeiden. Im Grunde genommen haben diese Botschaften nichts Bedrohliches, geschweige denn apokalyptische Züge.

Eines will ich freilich nicht verschweigen: Johannes der Täufer legt den Finger auf die Wunden der vielen kleinen und großen Vergehen, die uns gleich einer teuflischen Spirale ins Chaos ziehen. Dies gilt für den einzelnen Menschen im täglichen Leben, für Institutionen und Lenker der Menschheit. Auch Hochmut und Irrwege unserer Wissenschaften bleiben nicht ausgespart. Seine Botschaft richtet sich auch an jene, die sich gleichsam wie Zuschauer in Sicherheit wiegen, ihre Unschuld beteuern und nicht ahnen, welche Gefahren auch ihnen drohen. Seine Hinweise auf die Zeichen der Zeit (sh. Lk 12,54-57) sind deutlich, sein Tadel der menschlichen Schwächen wie Eitelkeit, Haß und Lieblosigkeit sind eindringlich. Der Fingerzeig auf drohendes Unheil als Konsequenz des menschlichen Hochmuts ist jedoch nicht Schreckensbotschaft für morgen, sondern Heilsbotschaft für heute. So müssen wir auch die Täuferworte verstehen. Botschaften, die auf drohende Gefahren aufmerksam machen und einen Rettungsweg aufzeichnen, sind Beweis einer sorgenden Liebe für die Menschheit.

Offengestanden verleitet mich vieles, eine persönliche Deutung auszusprechen, doch ist mein Respekt vor diesen Dingen zu groß. Auch weiß ich aus dem Studium der jahrtausendealten Geschichte der Prophetie und Offenbarung, daß diese ihrer eigenen Gesetzmäßigkeit unterliegen. Sie traten und treten ein, doch sind Zusammenhänge, Ausmaß und Zeitpunkt der Erfüllung selten im Hier und Heute genau erkennbar. Dies mußte selbst die weise und erwählte Bruderschaft der Essener erfahren. Ihre Seher und Propheten hatten tiefes Wissen über das Kommen des Erlösers. All ihr Wirken diente der fundamentalen Vorbereitung und Festigung des Messiasreiches auf Erden. Der ursprünglich festgesetzte Zeitpunkt für das Erscheinen des Messias bedurfte jedoch einer Korrektur. Dies gilt auch für die sogenannten Messiaswehen, unter denen die Bedrängnis des Lichts durch die irdischen Kräfte der Finsternis zu verstehen ist. Während man zunächst die gotteslästerliche Herrschaft der Seleukiden und Frevelpriester als die Zeit der Läuterung befand, sah man diese nur wenig später in der Diktatur Roms.

Die Messiaswehen sollten sich während der leiblichen Existenz des Erlösers zutragen. Zumindest legen wir heute die betreffenden Qumran-Schriften (z. B. die Kriegsrolle) so aus. In unserer historisch-wissenschaftlichen Sichtweise stellen wir dann nüchtern fest, daß Johannes der Täufer zwar eine starke Bewegung in Palästina auslöste, Jesus von Nazareth aber nicht einmal von den Geschichtsschreibern seiner Zeit erfaßt wurde. Dennoch wissen wir heute, daß niemand so wie Jesus die Welt bewegte und seine Worte die meistgelesenen der Welt sind. Das Eintreten einer Prophezeiung kann daher meist nur im Nachhinein in seiner Gänze erkannt werden.

Das prophetische Wissen der Essener wird durch den Verlauf der Geschichte bestätigt. Nimmt man ihre bisher bekannten Schriften wörtlich, ist freilich aus heutiger Sicht eine geringe zeitliche und inhaltliche Abweichung eingetreten. Doch auch unsere heutige Sichtweise, und sei sie noch so historisch-wissenschaftlich zementiert, ist begrenzt. Vielleicht sehen wir eine zeitliche Fixierung der Essener-Botschaft, die gar nicht gegeben ist. Wer sagt uns, daß sich ihre Messias-Vision ausschließlich auf eine bestimmte Zeit bezieht? Wer sagt uns, daß die Messiaswehen nicht erst noch bevorstehen?

Bei aller Diskussion um die Essener bleibt jedoch eines unbestritten: Die Bruderschaft hat ihre Aufgabe darin gesehen, sich und die Welt auf den Messias vorzubereiten. Alle Energie, alles Wissen, alle Handlungen waren darauf ausgerichtet. Dies jedenfalls vermitteln uns ihre erhaltenen Schriften.

Die wenigen medialen Botschaften der Essener, die ich hier wiedergebe, vermitteln Gleiches. Es scheint, als wäre der essenische Bund und seine Aufgabe nie erloschen. Ich behaupte: sie sind es auch nicht! Die Bruderschaft der Essener existiert in ihrer ganzen Größe in den Sphären des Geistes weiter. Ihr Wille, der Menschheit beizustehen in der Erkenntnis, ist ungebrochen. Ihr Ziel, die Seelen zu retten vor dem Untergang, ist unverändert. Ihre Aufgabe, die Welt mit Gott zu versöhnen, ist unauslöschlich. Sie sind die Lehrer und Mittler des Einen Gesetzes, die Wahrer der göttlichen Einheit.

Die Essener sahen in ihren Eingeweihten hohe Meisterseelen, die sich auf Erden inkarnierten. Ihr Leben im physischen Körper war Dienst an den Menschen, die der Verblendung und den Irrwegen verfallen sind. Ihr Werk war die Rückführung dieser verirrten Lämmer zum Wort Gottes.

Müssen wir von den Essenern in der Vergangenheitsform sprechen? Die medialen Botschaften belehren uns eines besseren. Wenn es die Zeit erfordert und die Gefahren für die Menschheit groß sind, senden sie stets erwählte Brüder aus ihren Reihen auf die Erde, um ihre Heilsbotschaft und Messias-Verkündigung zu erneuern. Vor etwa 2000 Jahren taten sie dies in eindrucksvoller und aufopfernder Weise. Kein geringerer als Johannes der Täufer stand mit ihnen im Bunde und vollendete ihr Werk. Gäbe es nicht die historischen Schriften etwa eines Josephus Flavius oder die zufälligen Funde der Schriftrollen vom Toten Meer, unsere Wissenschaft würde all dies in den Bereich des Aberglaubens und der Fabel verweisen.

In diesem Buch habe ich mediale Botschaften wiedergegeben, die gegen Ende des 2. Jahrtausends von einer erneuten Mission der Essener und Johannes des Täufers künden. Die wissenschaftliche Beweiskraft dieser Mitteilungen aus dem geistigen Reich ist gering. Dennoch haben sie ihr Gewicht für den, der sehen will.

Viele Experten der Essener-Philosophie sind überzeugt, daß die Bruderschaft tief in der religiösen Menschheitsgeschichte verwurzelt ist und ihre Anfänge bereits in den biblischen Gestalten Henoch, Abraham und Moses zu finden sind. Sie sind auch überzeugt, daß die Essener nicht nur historische Tatsache sind, sondern weiterhin wirken. Dr. E. Bordeaux Székely[(50)] ist der bekannteste dieser Exegeten und soll an dieser Stelle eine Würdigung erhalten.

Den Schlußpunkt zu diesem Kapitel möchte ich mit einem medialen Wort von Imanos setzen:

»Lobet den Herrn, ihr Werkzeuge des Lichts.
Große Gnade und göttliche Wahrheit sind durch
diese Worte auf die Erde gekommen.
Doch die Erfüllung der Gnade liegt in der Auflösung
des Seins und Rückkehr zur Einheit.
Dieses ist das Ziel, dieses ist der Weg. Dein Weg,
du irdischer Bruder der Essener und der Weg aller.
Gebe Gott, daß dein Werk vollendet wird.
Bist du bereit?
Liebe komme zu euch, Liebe komme durch euch.
Imanos, euer Helfer im Herrn.«

DIE STIMME JOHANNES DES TÄUFERS IM HIER UND JETZT

Im vorausgehenden Kapitel ist deutlich geworden: Die medialen Botschaften Johannes des Täufers und der Essener richten sich überwiegend an eine bestimmte Person. Diesen Menschen nenne ich den *irdischen* Johannes.

Beim aufmerksamen Lesen dieser Mitteilungen fällt auf, daß dieser *irdische* Johannes vor etwa 2000 Jahren selbst Mitglied der essenischen Bruderschaft gewesen ist. Insgesamt findet sich dieser Hinweis siebenmal. Zudem war er im Schüler- bzw. Jüngerkreis Johannes des Täufers. Dies bekunden die medialen Täuferworte vom 4. Oktober 1992 und 31. August 1993. In unserer Zeit wurde er wiedergeboren, um das Werk der Essener und die Botschaft Johannes des Täufers zu erneuern.

Der Auftrag ist groß. Noch größer aber wird der Widerstand in dieser Welt sein. Die Mitteilungen vom 31. August weisen unmißverständlich darauf hin. Doch Johannes der Täufer hat sein irdisches Werkzeug, seinen weltlichen Lehensmann, *»erwählt aus vielen Milliarden«* und *»geprüft durch die Werke der Tat«* (mediale Botschaften vom 14. April 1992 und 13. Juli 1992). Diese Prüfungen sind Wege der Läuterung und Selbstüberwindung, denn *»wer Großes erreichen will, muß noch Größeres vollbringen.«* Niemals bleibt jedoch die Liebe und Fürsorge des Täufers versagt, denn *»Das Tal der Dunkelheit wirft nur Schatten auf dein Dasein, doch mein Licht wird es stets überdauern.«* (mediale Botschaft vom 16. Januar 1993). Seine besondere Liebe drückt Johannes der Täufer in der Botschaft vom 29. Januar 1994 aus. Doch erwartet er auch das Bekenntnis des *irdischen* Johannes zum großen Werk. Die Aufrufe: *»Gehe hin und scheue nicht mein Wort.«* und *»Dein sei mein Wort an dich und durch dich«*, weisen darauf hin.

Der Auftrag wird vielfach deutlich, so auch in der medialen Botschaft vom 24. Juni 1993: *»Du bist mein Wächter des Lebens. Leite zurück die Brüder ins Licht!«* Johannes der Täufer unterstreicht das Erwähltsein seines weltlichen Lehensmannes noch mit den Worten: *»Wahrlich ich sage dir: Kein irdisches Wesen wird die Worte vernehmen, wie du sie vernommen hast. Dein Auge wird sehen, was mein Wille ist.«*

Alle medialen Botschaften weisen den *irdischen* Johannes auf seine Aufgabe im Erlösungswerk des Täufers und der Essener hin. Ein gewichtiger Teil dieser Aufgabe ist das Verkünden des Wortes im Auftrag Johannes des Täufers. Das Bekenntnis Johannes des Täufers zu seinem Werkzeug auf Erden ist groß. Er sagt: *»Dein Wort ist mein Wort und es wird am Firmament stehen am Tage der Einigkeit.«*

Seine Botschaft an die Menschen ist voller Liebe. Auf Worte der Schmeichelei wartet man jedoch vergebens. Johannes der Täufer definiert sein Wesen in der medialen Botschaft vom 25. Oktober 1992 selbst: *»Ich habe mein Licht geteilt in den Strahl der Liebe und den Schein des Kampfes. Ich bin der, der die Güte Christi mit dem Schwert verbreitet und doch bin ich Liebe.«*

So sagt er auch zu seinem Erwählten: *»Du bist das Schwert der Liebe, ausgesandt in meinem Namen.«* (mediale Botschaft vom 18. März 1993)

Die Worte, die der *irdische* Johannes im Namen des Täufers wiedergibt, entsprechen dabei dem Tenor des Großen Lehrers. Sie sind aufrüttelnd und kritisch. Sie mahnen zur Selbstbesinnung und Umkehr. Vorurteile und starre Denkschemata werden verworfen. Unverkennbar ist jedoch die unendliche Liebe und Güte. Die angebotene Hilfe des Täufers führt oft zu einer schmerzhaften Selbsterkenntnis, die ein Sich-Selbst-Zurechtrücken anmahnt. Daran ändert auch die Poesie des Gesagten nichts. Die Worte des *irdischen* Johannes sind ein mediales Sprechen. Man nennt diesen Vorgang das *Innere Wort* oder auch die *Innere Stimme*. Dieses Phänomen ist keineswegs neu oder gar eine Zeiterscheinung. Es ist uns aus allen Kulturen überliefert. Aus dem Alten Testament wissen wir von Propheten, die auf diese Weise Gottes Wort wiedergaben.

Das Innere Wort geschieht keineswegs im Trancezustand. Es bedarf auch keiner Rituale oder äußeren Form. Es wird vielmehr bei vollem Bewußtsein gesprochen. Auch wird keinerlei Zwang empfunden, da der Wille stets frei bleibt. Nicht jede Eingebung muß daher durch Worte ausgedrückt werden. Das Sprechen des Inneren Wortes erfordert natürlich stärkste Konzentration. Trotzdem wird dabei die Umwelt intensiver wahrgenommen als sonst. Speziell die Emotionen der Menschen, wie tiefe Ängste und innere Nöte, werden förmlich greifbar. Kleine und große Irrwege der einzelnen Individuen sind sichtbar.

Wie funktioniert nun das Innere Wort? In der Regel sieht das sprechende Medium eine Folge von klaren Bildern, die wiederum aus vielen Mosaiksteinchen bestehen. Es bedarf nur noch des Aktes, diese Bilder in Worte umzusetzen. In der Wortwahl selbst ist freilich die Hilfestellung aus dem geistigen Reich erkennbar. Das Erfassen eines Themas erfolgt oft blitzartig, d. h., die Bilder und entsprechenden Worte kommen wie aus heiterem Himmel. Das sprechende Medium ist meist unvorbereitet. Dennoch kommen die Worte klar und ruhig. Der Ton ist immer sanftmütig. Mitunter fehlen aber auch die Bilder und das Wort wird direkt spürbar. Stets liegt es jedoch an der freien Entscheidung, ob das Medium nun spricht oder die Eingebung für sich behält. Dies möchte ich nochmals hervorheben.

Nur mit wenigen Worten und unklar kann ich beschreiben, wie der *irdische* Johannes das Innere Wort des Täufers empfängt, empfindet und weitergibt. Man kann den gesamten Vorgang auch einfacher ausdrücken: Die geistige Energie Johannes des Täufers wird beim Inneren Wort verstärkt erfaßt. Das Gefühl in dieses Kraftzentrum eingehüllt zu werden, wird geistig und körperlich empfunden. Das gesamte Ich wiegt sich in der Sicherheit einer strahlenden Lichtkugel und beginnt mit dieser zu verschmelzen. Das Weitere geschieht dann wie von selbst.

Die Schilderungen des *irdischen* Johannes stimmen weitestgehend mit den Erlebnissen und Empfindungen der bereits erwähnten Eingeweihten Maria und Barbara überein. Diese empfangen jedoch die Jesus- bzw. Christusenergie. Natürlich muß man dabei an die Worte des Eremiten von Istrien denken, wonach beide Energien einem einzigen Impuls entspringen, also nicht teilbar sind. Dennoch werden sie von vielen Menschen als parallele oder gar unterschiedliche Energien empfunden. Dieses Empfinden ist gar nicht so trügerisch, denn die Johannesworte legen den Finger meist unvermittelt auf die Wunden der menschlichen Nöte und Verfehlungen. Die Eigenbezeichnung des Täufers als *»Schwert der Liebe«* findet auch im Inneren Wort seine Bestätigung. Letztendlich paßt es auch mehr zum allgemeinen Bild über Johannes den Täufer.

Das Innere Wort empfindet der *irdische* Johannes als Gnade und Bürde zugleich. Nach seinem Dafürhalten wird er den Anforderungen des Großen Lehrers nicht gerecht. Betrachtet er seine Gedanken, menschlichen Wünsche und Handlungen, so fühlt er sich nicht würdig, im Namen dieser Lichtgestalt zu sprechen. Auch weiß er um die Verantwortung, die mit dem Inneren Wort verbunden ist.

Viele Menschen suchen den *irdischen* Johannes auf. Ihre Erwartungshaltung ist groß. Sie hoffen auf Zuspruch und Auflösung der persönlichen Nöte. Ein großer Teil der Hilfesuchenden hat die Mitte des Seins verloren. Psychische Nöte und Vereinsamung sind die Folgen. Hilfe wird meist durch Veränderungen der äußeren Welt erwartet. So bleibt das Wort Johannes des Täufers zuweilen unverstanden, spricht es doch mehr eine innere Neuorientierung an. Auch verlangt er dem Menschen etwas ab: Die Erkenntnis der eigenen Mängel etwa oder den Willen, Liebe und Verständnis für andere zu haben. Oftmals findet sich der Hinweis auf die Jesus-Worte: *»Legt alles Alte von euch und werdet neu in meinem Geiste.«* Verblüffend ist dann die individuelle Aufschlüsselung und Benennung all der Dinge, die der Angesprochene ablegen sollte. Das Gesprochene gleicht einer Rückführung zu schmerzhaften Erlebnissen und Handlungen, die nicht aufgelöst wurden. Die Worte strahlen dabei Verständnis und Sanftmut aus. Oftmals beginnen Menschen vor Glück zu weinen, da sie bisher noch nie solche Liebe empfunden haben. Dieses Öffnen der Seele bewirkt ein sichtbares Freiwerden der Betroffenen. Sie sind frei für die Heilsbotschaft. Dies gilt entsprechend für Menschen mit körperlichen Leiden.

Meist nehmen die Hilfesuchenden das Gesprochene mittels Toncasette auf. Im Rahmen meiner Recherchen durfte ich viele Tonträger abhören. Auffallend ist, daß das Innere Wort kaum Allgemeinplätze formuliert. Es hat vielmehr individuellen Charakter. Ich bitte daher um Verständnis, wenn ich hier keinen Einzelfall schildere oder wörtlich wiedergebe. Ich hielte es für einen Verstoß gegen die persönliche Würde der betroffenen Menschen.

Zudem ist der Anteil des Inneren Wortes an Einzelpersonen sehr gering im Verhältnis zur Gesamtheit der Botschaft des Täufers. Weit mehr Beachtung möchte ich daher den Themen widmen, die von allgemeinem Interesse sind. Die Auswahl fiel mir schwer. Sie ist sicher subjektiv. Zudem habe ich mich vom Poesiegehalt der Mitteilungen leiten lassen.

Die folgenden Protokolle über das Innere Wort stammen aus der Zeit von 1991 bis 1994. Sie haben unverkennbaren Predigt-Charakter. Ich gebe keine Einzelerläuterungen dazu, denn Inhalte und Aussagen sind klar verständlich. Jedes Innere Wort habe ich mit einer Überschrift versehen, die das jeweilige Thema wiedergibt.

Beginnen möchte ich jedoch mit einer Ausnahme. Es ist das Innere Wort an die kleine irdische Jüngerschar. Diese besteht nur aus wenigen Personen. Sie zeichnen sich durch starke Willenskraft aus. Das Schicksal hat sie bisher arg bedrängt. Ihre Leben sind geprägt von Widerständen und Rückschlägen. Dennoch sind sie immer wieder aufgestanden. In ihrer Liebe und Hilfsbereitschaft sind sie Vorbilder. Sie haben verantwortungsvolle Führungsaufgaben in ihren Berufen und stehen mit beiden Beinen im Leben. Daß sie schwere Schicksalsschläge erdulden mußten, ist auch aus der medialen Durchgabe vom 24. Juni 1993 ersichtlich. Warum der Verlauf ihrer Leben so schwer ist, kann der neutrale Beobachter schwerlich nachvollziehen. Eine Antwort mag das Täuferwort an sie sein:
»Bitternis und Schmerz sind Steine, die der Mensch verwirft. Doch die Steine, die verworfen werden, sollen die Ecksteine der Säulen sein, auf denen der Tempel Gottes erbaut wird. Seid gewiß, in diese Welt seid ihr gekehrt, um Säulen zu sein. Und niemand wird Säule des Lichts, dessen Fundament nicht erprobt ist, denn die Säule soll Bestand haben in Ewigkeit. Sie soll unzerstörbar sein, wie das Licht Christi. Eine Säule aus Licht in Ewigkeit. Und sie vermag durch nichts und niemanden gelöscht werden. Sie wird niemals zerfallen. Große Kraft müßt ihr sammeln, denn große Kraft soll aus euch ausströmen.«

Hier nun die Wiedergabe des Inneren Wortes an den kleinen Jüngerkreis. Es drückt Liebe und Fürsorge aus:

»Seht das zarte Wort,
  es ist voller Feuer.
Meidet das Wort des Schmeichelns,
  es zeugt von euerer Not.
Sprecht nicht Worte des Zorns,
  sie offenbaren euere Wunden.

Weisheit ist allein in wenigen Worten der göttlichen Liebe.
  Doch wer ist so weise?
Göttliche Liebe mißt nicht und wertet nicht.
Worte der menschlichen Liebe sind tastend und suchend.
So sie nicht zurückkehren, werden sie gelöscht durch den Stolz der Herzen.
Die Worte des Menschen gleichen Dornen und Dolchen,
  und wieder wund wird längst Vernarbtes.

Wahrheit und Liebe sind wie Licht,
  ausgesetzt inmitten Finsternis und Verfolgung.
Wahr ist: Was du tust, tust du durch ihn.
  Was er tut, tut er durch dich.
  Was ihr tut, tut ihr durch mich.

Finsternis und Verfolgung werden meinen Namen nicht tilgen noch euch.
Selbst in euerem Leibe leuchtet mein Name, gleich einer Schrift aus Feuer.
Buchstabe um Buchstabe. Ohne Anfang und Ende.

Euer Leib wird dereinst getilgt sein,
  niemals jedoch das Licht meines Namens in euch.

Euer Ohr mag taub sein und verschlossen euer Herz.
Trübnis und Bitterkeit scheinen euch die Gefährten des Weges.
Denkt ihr, aus diesen Stoffen ist der Mantel eueres Seins gewebt?
Dann werft ihn ins Feuer, denn selbst der Saum soll euch nicht berühren.

Weder Raum noch Zeit werdet ihr durchwandern,
  ohne meine Schritte zu spüren.
Selbst die verschlungenen Pfade der Irre wandle ich in gerade Pfade des Lichts.
Doch dann seid nicht mehr zaghaft.

Dies ist mein Bund an euch:
Haltet inne im Tosen der Nacht. Verweilt nur einen Wimpernschlag:
  Es ist der Laut meiner Schritte.
Haltet euere Stimme an und lauscht:
  Es ist mein Wort.
Schließt euere Augen und seht:
  Es ist die Glut meines Feuers.

Und sein Wort wird zu meinem:
  Wahrlich, ich schüre es, bis es brennt.

Ich segne euch mit der Liebe des Herrn.
Amen.«

Die Zeichen der Zeit

»Ihr geliebten Wesen in Christi,
mit den heiligen Wassern des Jordans wasche ich die Sünde von euerer Seele.
Ich komme, um euch die Schatten von den Augen zu nehmen.
Ich bin gesandt, um euch zum Einen Gesetz zurückzuführen.
Ich gebe mein Wort, um euch den Willen der Allmacht wieder zu bringen.

Wozu seid ihr gekommen? Wollt ihr eine Weile ruhen in meinem Wort oder seid ihr hier, um es wahrhaftig zu hören?
Wahrlich, ich gebe mein Wort. Doch wird es den Hochmütigen der Welt nicht gefallen. Ihre Köpfe haben nicht den Stein der Weisen, dafür sind ihre Herzen Steine der Eitelkeit. Diese werden sie nach mir werfen und niemand vermag sie zu zählen.

Hochmut und Eitelkeit haben vielerlei Kleider. Sie nisten selbst im Gewande der Wissenschaft und im Kleide der Priester. Im Habitus der vermeintlich Mächtigen haben sie ihre Altäre errichtet.
An ihren Kleidern werdet ihr die Frevler nicht erkennen. Ihre Worte und Werke sind es, die sie verraten.
Seht, wie sie das Maß aller Dinge verloren haben.
Hört, wie die Verblendung aus ihnen hervorquillt.
Vernehmt, was ein jeder von sich gibt.
Lauscht ihr noch den Worten des Frevels, wenn sie euch sagen, was Gott ist, was wahr und falsch ist, was Erde und Menschen brauchen?
Wollt ihr wirklich, was die vermeintlich Mächtigen und Weisen dieser Welt euch geben?

Sie haben Flüsse, Bäche und Rinnsale gerade gemacht.
Wo bleibt die Schöpfung im Namen des Herrn?
Sie haben euch Weg um Weg, Straße um Straße geebnet.
Wo ist der Pfad des Lichts?
Sie haben euch Schule um Schule, Tempel um Tempel errichtet.
Wo ist der wahre Geist der Erkenntnis?

Seht, wie sie jedes Atom, jede Zelle ergründen und nutzen wollen.
Doch die Verblendung führt sie auf Wege der Finsternis und der Preis ist hoch. Das Leben auf Erden ist Siechtum und Zerstörung ausgesetzt. Den Fluch ihres

Handelns kleiden sie in Worte der falschen Weisheit. Ihr Verwirrtsein im Geiste gleicht dem Sprachgewirr beim Turmbau zu Babel. So wird dieser wiederum zum Symbol ihres Handelns werden.

Was bedeutet all ihr kluges Geschwätz, wenn Krankheit und Seuchen über euch herfallen wie Heuschrecken über die Felder, wenn euere Leiber geschunden sind und euere Seelen zerbrochen?

> Euere Städte sind voller Leben und Lärm. Aber was ist die Verlorenheit des Menschen in der Wüste gegen die Einsamkeit und Leere euerer Städte.
> Euere Tage scheinen wohlgehütet und umsorgt, dennoch ist jeder Tag für euch nur Mühe und Sorge.

Eine Hand gibt euch, eine andere nimmt euch. Sie geben euch den Mammon und nehmen dafür euere Seelen.
Sind die Eitlen und Selbstgerechten mit der Weisheit des Tages zu Ende, geben sie euch ihre neue Weisheit. Das Gesetz der Einheit haben sie in ein Labyrinth der Irrwege gewandelt.
Wie lange noch wollt ihr blind sein und den Propheten des Abgrundes folgen.
Viele von euch folgen selbst dann, wenn sie euere Brüder verteufeln.
So werdet ihr geführt in tosende Schlachten der Gedanken und Leiber.
Euer Blutzoll macht sie zu Helden der Finsternis. Doch bezahlt ihr nicht nur mit dem Schmerz des Fleisches, ihr bezahlt mit euerer Seele.

Wofür und wogegen kämpft ihr auf dieser Welt?
> Ihr kämpft für die Liebe und habt Haß.
> Ihr kämpft für die Reinheit und habt Unrat.
> Ihr kämpft für den Frieden und habt Krieg.

Euer Kampf ist vergebens, denn ihr werdet all das im Äußeren erhalten, was in euerem Inneren ist. Dies ist Teil des Einen Gesetzes.
So werden die Eitlen und Mächtigen dieser Welt mit euch tun, was sie wollen und an euch und durch euch wird geschehen, was euere Seelen trifft.

Sie werden alles verkleiden in Worte der Verführung, die sie Erkenntnis und Fortschritt nennen. Doch ihre Werke bringen Unheil über diese Welt, da ihnen die Liebe fehlt. Weisheit und Liebe sind eins.
Hätten sie die Liebe, wären sie auch weise zu erkennen:

> Alles Leben auf Erden wird getragen von der Reinheit der Elemente.
> Euere Leiber und Seelen sind nur ein winziges Spiegelbild des Planeten. So gleicht die große reinigende Kraft der Ozeane eueren Organen der Reinigung. Die Pflan-

zen und Bäume sind eueren Lungen gleich. Die Flüsse und Bäche beleben die Erde wie die Blutbahnen eueren Leib. Die Erdkruste entspricht der Haut des Menschen.

So müßt ihr erkennen, daß jede Krankheit des Planeten auch zum Leiden euerer Körper führt, daß jede Not der Erde auf Mensch und Kreatur zurückfällt.
Ihr geliebten Brüder und Schwestern in Christi,
werdet nicht Werkzeug der Verblendung, laßt euch nicht führen vom Hochmut, laßt euch nicht leiten vom Frevel.
Seht in die Welt:

Es vergeht kein Wimpernschlag, an dem der Mensch nicht unsägliches Leid über seine Brüder bringt.
Es vergeht kein Atemzug, an dem der Mensch nicht die Kreatur mißachtet und quält.
Es vergeht kein Herzschlag, an dem der Mensch sich nicht an den Elementen versündigt.

Doch jede Tat begeht der Mensch an sich selbst. Allen Schmerz und jegliches Leid, das ein Bruder über die Welt bringt, muß seine Seele selbst tilgen. Dies ist das Gesetz der Allmacht.

Seht ihr denn nicht, wie der Schmerz allen Lebens anschwillt zu einem Orkan des Leides, wie sich die Erde krümmt unter eueren Schlägen, wie die Wasser schäumen von den Giften eueres Tuns?

Und ihr wollt die Zeichen der Zeit wissen. Seid ihr töricht oder eitel? Kennt ihr nicht das Wort der Propheten? Wißt ihr nicht das Wort meines Bruders Jesus Christus über das Ende der Schrecken?
Ist meine Stimme nicht ein letztes Zeichen wider die Verblendung!
Laßt daher meine Worte nicht sein wie Wasser, das verrinnt.
Laßt es nicht sein wie Schall, der verhallt.
Laßt es nicht sein wie Licht, das erlischt.

Ich will euch nicht ängstigen, bin ich doch gekommen, um euch Einhalt zu predigen. Ich kann euch nicht zürnen, bin ich doch gesandt um der Gerechten willen. Diese werden das Licht des Herrn auch im Tosen der Welt nicht missen.
Oh Herr, sei gnädig dieser Welt.
Amen Amen Amen.«

Das Gleichnis vom Strom

»Ihr geliebten Brüder, ihr geliebten Schwestern in Christi.

So betrachtet in Gedanken einen Strom, von der Quelle, seiner sichtbaren Geburt, bis hin zur Mündung, seines vermeintlichen Sterbens.

Wie leicht und unbeschwert scheint sein Entspringen, doch welch starker Wille des Geistes lenkt die Materie.
Wie frei und ungezwungen scheint sein Lauf, und doch ist ihm sein Weg vorgegeben, selbst wenn er seine Ufer verläßt.
Wieviele Rinnsale, Bäche und Flüsse münden in ihn und bedrängen sein Ich. Dennoch wird er mit jedem Zufluß stärker und kräftiger.
Wie zwängt er sich durch Engen und wie strömt er über Klippen hinweg.

Er kennt nur ein Ziel. Unbeirrt von allen Hindernissen, die sein Weg ihm stellt, findet er den Ozean. Hier endlich ist er verbunden mit allen Flüssen und Strömen, die in diesen Ozean münden. Ja, er ist Teil geworden eines größeren und höheren Seins. Und dieses höhere Sein ist mit ihm geworden.

Wer von euch sagt, der Strom hört auf zu sein mit der Mündung, dem antworte ich: Gehe zurück und du wirst erkennen, er ist.
Doch wo immer du auch stehst am Strome, erkenne auch dies:
Nicht einen Wimpernschlag ist er der gleiche, denn die Schöpfung kennt kein Beharren. Weder in euerer Welt noch auf den von Menschen ungezählten Planeten des Alls.
So wie alles Leben sich gleicht, so gleicht auch der Strom dem Menschen. Nehmt dieses Gleichnis in euer Inneres und die Bedrängnis des Tages wird euch nicht mehr berühren.

Doch laßt auch dieses Wort in euch: Die Schöpfung kennt kein Beharren.
Überprüft euer Sein und Tun, wo ihr versucht seid, zu verharren. Überprüft euch, wo ihr verstrickt seid in Formen. In Formen, die euch hindern, das Eine Ziel zu finden.

So gieße ich den Geist der heiligen Wasser des Jordans über das Haupt eines Jeden von euch. Euere Seelen sollen frei und rein werden, euere Sinne sollen sich öffnen für das Heil Christi.

Ich segne euch
  im Namen des Vaters und Schöpfers,
  im Namen des unsterblichen Sohnes,
  im Namen des Allgeistes
Laßt den Frieden in euch sein.

Amen.«

Die Mutter Jesu, das Symbol der Liebe und Fürsorge

»Nicht das tote Wort toter Menschen kommt zu euch, sondern das lebendige Wort aus dem Geist der göttlichen Einheit fließt durch lebendige Menschen in euere Herzen.
Ihr geliebten Wesen in Christi,
der Geist Gottes komme über euch. Ich taufe euch mit den heiligen Wassern des Jordans, denn euere Seelen sollen geöffnet sein für das Heil Christi.
Werdet lebendige Tempel des Lichts und der Liebe im Namen Jesu Christi.

Wie oft fragt ihr euch: Wer ist Jesus, wer ist Christus. Wo ist der Unterschied? Befragt nicht mich, denn ich kenne keinen!
Euere Frage verleitet euch in viele Formen des Denkens und Wertens.
Und so gebt ihr Einfältiges und Kaltes von euch, denn die Frage dient euerer Eitelkeit.
Ich zürne keinem, denn diese Frage war auch in der leiblichen Mutter des Erlösers. Doch wurde ihre Frage aus Leid und Schmerz geboren.
Welch Großes hat dieser Mensch vollbracht. Die Frucht ihres Leibes, ihres Geistes, haben die Menschen verspottet und gekreuzigt. Welche Pein hat diese Mutter erlitten. Und dennoch liebt sie diese Menschen wie Gott selbst.
Wahrlich ich sage euch:

  Alle Liebe der irdischen Mütter kommt nicht ihrer Liebe gleich.
  Alle Bitten der irdischen Mütter sind nur Teil ihrer Fürbitten.
  Alle Tränen der irdischen Mütter sind nur ein Rinnsal zum Meere
  ihrer Tränen.

Spürt ihr denn nicht, wie sie den Mantel ihrer Liebe um euch legt?
Fühlt ihr denn nicht, wie sie ihre schützende Hand über euch hält?
Erkennt ihr denn nicht die Gnadenstrahlung ihres Seins?

Habt ihr die Worte der Mutter Christi gehört, die sie euch gab durch Erwählte ihres Herzens?
Warum zweifelt ihr, wenn diese Erwählten Kinder sind? Seid ihr nicht alle Kinder der Mutter Christi?
Erkennt es: Ein Wesen der Reinheit kann nur durch Reines sprechen.
Wo auf Erden ist mehr Reinheit als in den Kindern des Lichts?

Ich bitte euch, erkennt die Gnade und Liebe aus ihren Worten und Zeichen. Prüft ihre Worte aus dem Munde der Kinder und erkennt: Niemand aus den Himmeln ist euch so nahe wie die Mutter Jesu Christi. Sie allein ist das Symbol der Erdenmutter, das leibhafte Zeichen der immerwährenden Liebe und Gnade.
Hört ihre Worte! Bittet um ihre Zeichen! Dankt ihren Werken!
Seid gewiß, Segen und Fürbitte der Mutter Jesu Christi sind bei euch bis an das Ende aller Tage, bis zum Beginn der zeitlosen Einheit mit ihrem Sohne.
Ich segne euch im Namen der Mutter Gottes.

Amen.«

Die Trauer des Menschen und die Hoffnung auf Christus

»Ich bin bei euch im Namen und zu Ehren Christi.
Daran sollt ihr mich erkennen: Ich gieße die heiligen Wasser des Jordans über euer Sein.
Ihr geliebten Brüder, ihr geliebten Schwestern, eine Sprache in Bildern will ich euch geben.
So spricht der Mensch in seinem Leid:

In die Räume des Schmerzes und der Verzweiflung,
durch Welkendes in trauernden Alleen
führt mein Weg.
An dunklen Gewässern zerspringt mein Herz,
wiederkehrend in den Tagen der Nebel und Ängsten der Nacht.
So bin ich wund, so ist mein Sein nur Narbe.
Und dies:
Ich bin ein Spiel aller Winde,
treibe in der Gischt der Meere
und brenne in allen Feuern.

So spreche ich zu euch:

Euere Ängste hängen wie Steine an euch.
Schmerz und Leid sind wie dunkle Tore,
die euch den Blick in die Herrlichkeit verschließen.
Euer Weg endet nicht in schwarzer Verwesung,
nicht in Trübsal und Bitternis.
Er wird euch über Not und Pein hinwegführen,
wie die Brücken über reißende Wasser.
Seid gewiß,
der Pfad weist euere Schritte ins Licht.
Er mündet in das Meer der Liebe Christi,
wo alle Trauer der Herzen sich wandelt in Freude.
Dies ist die Bestimmung eueres Seins.

Wer sagt euch, das dieses erst in fernen Tagen ist?
Öffnet die dunklen Tore euerer Gedanken und Sinne,
denn die Herrlichkeit des göttlichen Seins ist bei euch.

Seid euch gewiß dieser Worte,
Tag um Tag,
Stunde um Stunde,
Atemzug um Atemzug
und die Wehmut in euch wird in Sehnsucht zu Gottes Einheit gewandelt.

So segnet ihr die Wasser und die Lüfte. Segnet alle Elemente dieser Erde. Segnet all die Menschen, die sich im Leide wähnen wie ihr. Segnet alles was ist, denn auch euer Segen ist ein Strahl des Lichts.

Öffnet die dunklen Tore vor den Herzen der Menschen. Ebnet die Wege des Herrn. Dies für die Welt zu tun, ist mein Sein.

Amen, im Namen der Allmacht, Amen.«

Die heilende Kraft des Ölbaumes

»Ich segne euch, ihr Geschöpfe des Lichts.
Aus dem Licht der Allmacht ist alles Sein erschaffen. Das göttliche Licht belebt selbst die dichteste Materie. Diese zerfällt erst, wenn das Licht in ihr erlischt.
So ist euer Leib geformt aus Licht und euere Seele ist der Träger des göttlichen Lichtfunkens. Ja, sie ist Teil des allmächtigen Lichts und kennt nur ein Ziel: Die Rückkehr und Verschmelzung mit dem einzigen Lichtquell. Nur der Mensch selbst vermag diesen Funken zu einem lodernden Feuer Gottes auf Erden zu entfachen. Dies geschieht nicht im Äußeren, allein die innere Kraft kann dies bewirken. Doch habt ihr selbst erkannt, daß diese Kraft den Stürmen des Lebens und steter Bewährung ausgesetzt ist. So habt ihr Angst, daß euere Kraft zerbricht wie Halme im Wind. Machen euch fortwährende Nöte und Kümmernisse schwach auf dem irdischen Weg zum Licht? Habt ihr Krankheit und Schmerz? Geht in die Stille, geht in euch und entfacht den göttlichen Lichtfunken. Dehnt ihn aus zur Sonne euerer Leiber und eueres Geistes.

So gebe ich euch ein Gleichnis:
Wieviele Bäume sind den Stürmen und Bedrängnissen dieser Welt nicht gewachsen? Wieviele zerbrechen und sterben vor ihrer Zeit?
Doch ist ein Baum, der dies zu überwinden vermag, der viel Heil für den Menschen birgt. Diesen Baum nenne ich euch:
Es ist der Ölbaum, der Olivenbaum.
Ich bitte euch, betrachtet die alten Olivenbäume. Sie haben das Alter mehrerer Menschengeschlechter. Seht sie euch lange an und ihr werdet erkennen, wieviel Schmerz und Bedrängnis diese Bäume besiegt haben.
Der Stamm ist oftmals übersäht von Geschwüren und Wucherungen. Die Krone ist geborsten, der Stamm gespalten oder gebrochen, dennoch gibt es immer wieder einen Zweig, der Früchte trägt und zu einem neuen Ast wird. Immer wieder nimmt dieser Baum die Kraft des Schöpfers auf. Immer wieder erneuert sich der totgeglaubte Stamm zu neuem Leben. Und immer wieder findet er das Licht des Lebens in sich und drückt die Macht der Schöpfung aus.

Doch so wie nicht alle Bäume die gleiche Kraft und den gleichen Willen haben, so gilt dies auch für die Menschen. Daher bitte ich euch, versucht nicht euere Schwächen und Ängste zu übertünchen. Ergründet euch vielmehr selbst und

findet die Wahrheit über euch selbst. Gebt euch nicht stark, wo ihr noch nicht stark seid. Es sind nur Menschen, die dieses als Schwäche ansehen.
Für Gott gibt es keine Schwächen. Für Jesus Christus gibt es keine Schwächen. Und selbst für jeden Meister, der auf Erden weilte und weilt, gibt es keine Schwächen im Menschen, der den Pfad des Lichts begehen will.

Geht in die Stille und Einkehr. Entzündet das Licht der Allmacht in euch und werdet heil.

Amen.«

Das Ostermysterium - Worte am Karfreitag

»Mit den heiligen Wassern des Jordans
benetze ich euer Haupt,
reinige euere Seelen und
öffne eueren Geist
für die allheilende Kraft des erstandenen Christus.

Den Wein teile ich mit euch, denn er ist sein Blut.
Das Brot breche ich mit euch, denn es ist sein Leib.
Ich tue dies zu seinem Gedenken auf Erden,
zum Zeichen unseres Bundes.

›Eli, eli, lema sabachtani‹
Oh mein Bruder, immerfort wird die Welt die Narbe deines Rufes tragen.
Niemals getilgt ist dein Wort ›Es ist vollbracht‹
Immer sein wird deine Stimme ›Hölle wo ist dein Sieg. Tod wo ist dein Stachel‹.
Immerdar ist dein Licht. Wenn die Welt vergeht, so wird deine Liebe bleiben.

Doch was vermag mein Wort? Niemandes Mund wird dir gerecht.
Oh mein Bruder, so weiß ich das Wesen deines Seins. So höre ich deine Stimme unaufhörlich, die da ruft:

›Ich habe den Tod überwunden.
Ich habe besiegt die Finsternis um euretwillen.
Wer mein Wort hört und an mich glaubt, wird leben.‹

Stetig ist deine Botschaft für die Brüder und Schwestern in dieser Welt:

›Nicht das Leiden meines Fleisches soll euch erfüllen und führen,
denn der Leib hat keine Bedeutung.
Erfaßt mein Sein; es ist das Heil der Auferstehung.
Nehmt meine Liebe und mein Licht zu euch und die Pforten der Hölle
werden euch nicht überwältigen.‹

Meine geliebten Brüder und Schwestern, so hat sich das Wort erfüllt:

›Das Licht kam in die Finsternis
und die Finsternis hat es nicht erkannt.‹

Diese Welt hat den Sohn nicht angenommen, doch die Welt hat es sich nicht vergeben. Die Wunde seines Todes lastet auf dieser Erde und auf jenen, die sie geschlagen haben.
So hat sich das Wort der Propheten erfüllt an meinem Volk. Erfüllt hat sich das Wort, das mein Bruder gelegt hat über Jerusalem. Und erfüllen wird sich das Wort des Herrn bis auf's Jota.

Oh ihr Menschenkinder,
so sehe ich, wie das Gezänk und Geplärr der Menschheit anschwillt, wie die Sünden der Menschheit herniederbrechen auf diese Welt, gleich wie die Flut auf die Strände der Meere.

Mein Gott, laß mich dich bitten um Gnade. Laß mich streiten
für diese Welt.
Laß mich führen die Brüder und Schwestern deines Sohnes.
Gib, daß Sünde und Leid verbrennen im Licht der Erkenntnis.
Laß sie meiner spotten und mein Wort verhöhnen,
doch lasse sie heil werden.
Höre mein Rufen oh Herr und vergib dieser Welt,
wie du Ninive vergeben hast.

Ihr geliebten Wesen in Christi,
so denkt ihr in den Stunden dieses Tages an den Weg des Kreuzes, an die Leiden unseres Bruders Jesus.
Ich spüre, wie diese Bilder euch bewegen. Doch verdrängt darüber nicht sein Wort vom ewigen Heil der Auferstehung.

Diese Stunde nutze ich, um tief in euerem Empfinden zu rühren, um euere Herzen zu bewegen. Ich bitte euch, seid nicht Teil dieser Welt des Lärmens und Zankens. Werdet euch der Bedeutung dieses Tages bewußt. Findet euer Heil im Licht des erstandenen Christus. Bekennt es nicht nur mit eueren Lippen, sondern erfaßt es mit jeder Faser eueres Seins.

So führe ich jetzt einen jeden von euch in die Welt des Zertretens, Zerstörens und Mordens. Seht den Bruder neben euch in seiner Not, seht die Schwester neben euch in ihrem Schmerz. Und dann seht in euch. Was tut ihr, wenn Wahn und Hochmut dieser Welt euere Brüder und Schwestern zerstören, wenn sie erniedrigt und gedemütigt werden, wenn sie gejagt und gemordet werden aus Haß und Verblendung?
In einem jeden von ihnen ist der Schrei: ›Eli, eli, lema sabachtani‹.
In einem jeden von ihnen ist Christus.
Ich bitte euch, erkennt dies und legt es nicht ab wie euere Kleider.

Ich danke euch, daß ihr mein Wort gehört habt.
Ich segne euch mit dem Heil des erstandenen Christus, des Trösters dieser Welt.
Gebt dieses Heil, diesen Trost weiter an die Verzagten und Geschlagenen.
Christus soll in euch erstehen. Verbleibt in seiner Kraft.

Amen.«

Wider den Zeitgeist

»Oh Herr, entfache das Feuer deiner Liebe in den Herzen der Menschen. Öffne die Sinne der Welt für dein Licht. Gib Weisheit den Geschlechtern der Erde.

Ihr geliebten Seelen in Christi,
wieviele Geschlechter müssen noch vergehen bis die Menschheit erkennt?
Wieviele Geschlechter werden noch verworfen bis die Welt sieht?
Wieviele Reiche und Mächte sollen noch kommen und gehen bis der Mensch sein wahres Sein erfaßt?

Wo ist die Macht des großen Hauses(51) von Memphis und Theben?
Wo ist der Reichtum von Sidon und Tyrus(52)?
Wo ist der Stolz von Assur(53)?

Sie sind erstanden und zerfallen wie Babylon. Aus Schweiß und Blut der Völker haben sie ihre Reiche errichtet. In ihrem Hochmut wähnten sie sich als Gebieter der Welt. In ihrer Eitelkeit erhoben sie sich zu Göttern und verachteten das Gesetz der Allmacht. Die Gerechten und Sehenden ihrer Zeit verbrannten sie im Feuer ihrer Verirrung.

Seht das Schicksal dieser einst so stolzen Reiche und Herrscher und erkennt, daß sie stets wiederkehren.
Wie oft ist Babylon durch Gewalt enstanden und durch Gewalt gefallen!
Die Namen der Völker und Herrscher, die ihr Babylon stets aufs Neue errichten, wechseln wie die Gezeiten.

> Welche Namen hat Babylon heute?
> Welche Mächtigen dieser Welt sind im Geiste Nebukadnezars(54)?
> Welche Völker dieser Erde haben den Grundstein ihrer Zerstörung
> selbst gelegt?

Legt eueren Stolz ab, verwerft den Glauben an euere kalte Weisheit.
Öffnet dafür euere Augen. Ich zeige euch nur ein Geringes der Sünden im Babylon eueres Seins.

Wieviele Seelen sind verstrickt in der Gier nach Besitz und Sicherheit? Sie sind zum Götzen eueres Tuns geworden. Wißt ihr denn nicht, daß die Erde kein dauerndes Besitztum zuläßt und keine Sicherheit gibt?
Ihr reist ohne Halt und Bindung über die Erde. Ihr besteigt jeden Berg und bevölkert die Strände der Meere in euerer Rastlosigkeit. Im Taumel euerer Sinne sucht ihr die Fülle des Seins im Äußeren, denn euer Inneres ist leer und verbrannt.

Das Fleisch der Geschlechter ist zur Ware der Sinneslust geworden. Selbst die Not und Unschuld der Kinder wird von Unseligen zur Befriedigung ihrer Fleischesgier mißbraucht. Wieviele Seelen sind zertreten, wieviele Herzen zerbrochen?
Die Frucht des Leibes ist zum Gezänk zwischen Selbstsucht und Selbstherrlichkeit geworden. Ungeborenes wird zertreten wie Gewürm. Doch kein Mensch und kein Gesetz dieser Welt erhebt euch zum Richter und Gebieter über Seelen. Niemand kann euch die Sünden nehmen. Auch der Geist der Zeit vermag dies nicht.
Möge Gott euch vergeben, denn ich weiß um so manche Not, die euch zu dieser Tat geführt hat. So sind auch jene nicht ohne gleiche Sünde, die diese Not schüren und hegen. Sie sind ein Übel aller Zeiten und Geschlechter.

Euere Kranken und Alten sind verwaist in Häusern und Mauern. Nur Bitternis, Schmerz und Einsamkeit sind ihre Gefährten. Ihr sprecht von Pflege und Fürsorge. Ich sage euch: Ihr verwaltet eine Fleischeshülle, denn die Seele so vieler habt ihr zertreten im Wahne euerer kalten Liebe und Weisheit.

Euere Augen und Ohren werden betäubt von Unrat und Werken des Zerfalls. Ihr öffnet sie bereitwillig Tag um Tag, denn euere innere Stimme, euer inneres Sehen habt ihr dem Geist der Zeit geopfert.
Der Geist der Zeit verpackt seelen- und wertlose Dinge in viele eitle Worte und glitzernden Schein.
Euere Besitztümer putzt ihr heraus und tragt sie zur Schau wie balzende Hähne ihr Gefieder, doch euere Seelen verkümmern im Schmutz.

In eueren Städten liegen die Opfer euerer Moral und Werke leibhaftig auf den Straßen. Wer zählt die Ausgestoßenen und Aussätzigen im Babylon von jetzt?

Wieviele streben und drängen danach, die Menschen zu lenken und zu verwalten. Wer verwaltet die Not der Menschen und Völker? Wer lenkt die Verlorenen und Verstoßenen? Doch die Selbstherrlichen kennen nur eines: Sie verweisen auf die Schuld der Hilflosen und Verlorenen.

Was achten die Selbstgerechten noch, außer sich selbst und ihren Besitz? Wieviele Selbstgerechte sind unter euch? Das Wort unseres Bruders Jesus Christus *»Liebe deinen Nächsten wie dich selbst«*, ist unter den Völkern Babylons ein leeres Wort geworden. Sie tanzen um das Goldene Kalb ohne Unterlaß. Sünde, Gier und Frevel erfüllen die Welt bis in den letzten Winkel.

Was ist der Frevel Sodoms gegen die Laster dieser Zeit? Wie lange noch hält der Herr seine Hand über das Meer der Sünden?

Meine geliebten Brüder und Schwestern,
nicht der ist gerecht, der seine Hände in Unschuld wäscht, denn die Schuld kennt viele Stufen.
Mein Wort wird euere Herzen nicht erobern. Wollte ich euere Gunst erwerben, so würde ich euch nach dem Munde sprechen. Wünschte ich euere Verehrung, so würde ich euch erheben über die Laster der Zeit.
Ich bin gekommen, um wider den Geist der Zeit zu sprechen, denn er ist maßlos und ohne Halt. Er bringt euch Tod und Verdammnis.

Denen, die mein Wort verstehen, will ich Hilfe und Kraft sein.
Doch seid auch ihr Hilfe und Kraft den Verstoßenen und Verlorenen.
All denen, die erkennen und erwachen, reiche ich die heiligen Wasser des Jordans und reinige ihre Seelen im Namen des Herrn.
Kehret um, denn die Pfade des Lichts sind euch geebnet.
Gehet hin ins Licht.
Amen.«

Über das Fasten und die Ernährung

»Ich gieße den Geist der heiligen Wasser des Jordans über euch aus.
Meine geliebten Wesen in Christi,
viele sind unter euch, die das Licht begehren, aber nicht suchen. Und viele sind es, die leiden, aber den Weg des Heils nicht finden. Es ist die Pein der Seele, es ist der Schmerz des Leibes.
Jesus Christus heilte Aussätzige und Gichtbrüchige. Er machte Blinde sehend und Verzagte voller Hoffnung. Sie wurden heil, da sie an die göttliche Kraft glaubten.
Wißt ihr auch, daß Jesus Christus viele heilte, die nicht an seine Kraft glaubten?
Er lehrte sie, die heilende Kraft des Fastens zu nutzen.

All jene unter euch, die von jahrelangem Gebrechen des Körpers, von Trauer der Seele, befallen sind, möchte ich aufrichten. Befreit euch von dieser Pein durch das Gebot des Fastens.
Dieses Gebot ist weder Dienst an Gott noch Huldigung gegenüber den Himmeln. Dienst und Huldigung soll es an euch sein. So ihr fastet, verbrennt aller Unrat in euerem Körper, alle Last der Seele. Die Gifte in eueren Leibern werden verzehrt und ausgespült, das Blut gereinigt.

Fasten bedeutet nicht, weniger zu essen, sondern nichts zu essen. Seid ohne Ängste, ihr werdet nicht hungern, denn nach drei Tagen ist das Hungergefühl erloschen. Trinkt reines Wasser, soviel ihr zu trinken vermögt, denn in diesem sind die heilenden Engel. Reinigt auch euere Körper täglich mit den Engeln des Wassers, denn die inwendigen Gifte des Blutes und des Fleisches dringen durch euere Haut nach außen.

Doch bedenkt, auch die Seele wird ihre Last ablegen. Seid nicht verwirrt, wenn diese Schatten euch durch dunkle Träume und Ängste verlassen.
Verbringt die Tage im Schutz der Engel der Lüfte. Verbindet euch mit dem göttlichen Licht der Sonne.

Es werden nur wenige Stunden und Tage sein, an denen ihr mutlos und verzagt seid. Es werden aber viele Tage sein, an denen ihr frei seid und die göttliche Kraft des heilenden Fastens verspürt.
Es werden Augenblicke sein, an denen ihr euch müde fühlt. Doch seid getrost: Die Kraft des Leibes wächst, die Freude der Seele erwacht, die Freiheit des Geistes

läßt euch die Einheit mit Gottes Liebe erkennen. Das stille Gebet, die Übergabe eueres leiblichen Seins in Gottes Hand wird euch tragen. So ihr fastet in Begleitung der Engel der Lüfte, der Engel des Wassers und im göttlichen Vertauen, wird euch an nichts mangeln.

Erweist euch den Dienst des Fastens. Halten euch Ängste von diesem heilenden Gebot ab, so sucht Rat und Begleitung eines erfahrenen Bruders, einer kundigen Schwester.
Das Fasten ist ein heilender Quell des Leibes, ein sanfter Strom des Friedens und ein brausender Sturm der Erleuchtung.
Nach vielen Tagen des Enthaltens werdet ihr den Duft des Brotes, die Energie des Korns und der Früchte erst in Wahrheit erfahren.

Ich bitte euch, nehmt nicht in Hast und Eile Nahrung zu euch. Tut ihr dies jedoch über lange Zeit, so wird nichts mehr sein, was ihr nicht in Hast und Eile tun könnt. Eßt in Frieden und erkennt das Samenkorn als die Grundlage aller Nahrung. Erfaßt die Kraft der Erde, die Kraft der Sonne, der Luft und des Wassers in jedem Stück Brot. Diese Elemente sind geboren aus der göttlichen Energie und geben ihre Kräfte den Pflanzen und Früchten wieder. Es ist ohne Bedeutung, ob der Teil der Pflanzen in der Erde oder über der Erde euch wertvoller erscheint. Die Kraft der Wurzel aus der Erde wird geleitet an die Blätter und Früchte. Die Kraft der Blätter aus der Sonne wird geleitet an die Wurzel.

Doch spreche ich nun zu euch über die fleischliche Nahrung.
So werdet ihr sagen: Es muß doch einen göttlichen Plan geben, um all die Menschen zu ernähren. Und hierzu meint ihr, bedarf es des Tötens der Tiere.
Ich sage euch: Es ist nicht von Nöten. Erfaßt es mit euerem menschlichen Denken. Laßt euere Vernunft walten, denn es bedarf hierzu nicht einmal eines fühlenden Herzens.
Wieviele wertvolle Nahrung müßt ihr einem Tier geben, um daraus eine mindere Nahrung zu erhalten? Es ist das Vielfache an wertvoller und göttlicher Nahrung, das die Tiere euerer Züchtung aufnehmen, damit ihr wertloses Fleisch verzehren könnt.
Überprüft es und ihr werdet erkennen, es ist kein leeres Wort. Doch dies ist nicht der Grund, warum ich so in euch dringe. Die Tiere, die ihr zu euerem Fleischverzehr züchtet, sind beladen mit Angst und Schrecken, ja, sinnloses Dasein ist Fleisch geworden. Es ist das richtige Wort: Angst und Schrecken und sinnloses Dasein sind Fleisch geworden. Ihr nehmt Nöte, Krankheit und den Geist dieser gequälten Tiere mit jedem Stück Fleisch in euch auf.

Wie würdet ihr urteilen, hättet ihr diese armen Tierseelen erschaffen, ihnen den Odem des Lebens eingehaucht? Wie würdet ihr empfinden, hättet ihr diese Tiere

durch euere schöpferische Liebe belebt, um dann zu sehen, wie andere Wesen diese Schöpfung quälen, zerreißen und zerstückeln, verbluten lassen, nur um ein einziges mal satt zu werden?
Erschaudert ihr bei dem Gedanken, wie Gott euch sieht, so ihr seine Schöpfung achtlos mordet, um achtlos zu essen?
Bedrückt euch der Gedanke, wie oft ihr das Fleisch der Tiere eßt, ohne Hunger zu haben? Wie oft werft ihr achtlos Fleisch weg?
Ihr werft die Schöpfung Gottes, ihr werft das Leben der Tiere weg.

So wie sich die Menschheit diesen Tieren gegenüber verhält, ist es eine weit größere Sünde, als all die Sünden, die euch vorgehalten werden.
Was ist der Dieb gegen den Mörder? Was ist der Lügner gegen den, der tötet? Was ist der Spötter gegen den, der mordet. Ja, was ist selbst der, der Gott beschimpft gegen den, der stündlich seine Geschöpfe zertritt; der sie qualvoll jagt, der sie einsperrt, der sie ohne Licht, ohne Luft, ohne Erde, ohne Raum, ja, ohne alles Göttliche beläßt?

Dieses sage ich euch: So ihr es ermessen könntet, welches Leid über diese Erde durch die Qual und den Schmerz der Tiere kommt, ihr könntet keinen Augenblick mehr ruhig sitzen.
Doch habt ihr dies in euerer Verblendung längst verdrängt. Ihr seid ohne Schmerz für dieses Leid der Tiere. Wie erst wollt ihr das Leid der Pflanzen erkennen, das ihr in euerem Hochmut erzeugt?

Ich danke euch, daß ihr meine ernsten Worte gehört habt. Sie werden der Eitelkeit und Verblendung dieser Welt nicht gefallen.
Dennoch werden meine Worte nicht vergehen.

Ich segne euch mit dem Licht Christi.

Amen.«

Ein Teil des Weges im Leben Johannes des Täufers

»Meine geliebten Wesen in Christi,
der Geist der heiligen Wasser des Jordans öffne euere Herzen für das Licht der Erlösung.

Ich bin erwachsen an den Stätten der Tempel. Ich sah den Zorn und Haß der Menschen, ihren Frevel und Wucher.
Ich sah, wie sie sich erhöhten, indem sie ihre Brüder und Schwestern erniedrigten.
Ich hörte die Priester und Hohen Israels, wie sie das Wort Mose für ihren Eifer nutzten.
Meine Worte haben sie nicht geändert, meinen Leib bewarfen sie mit Steinen.

So habe ich mich abgewandt von den Städten und ging in die Länder.
Hier sah ich Menschen voller Mühsal und Krankheit. Wie ihr Auge blind war und ihr Geist. Wie ihr Ohr taub war und ihr Herz.
Wie ihr Körper verkrüppelt war und ihr Hoffen.
Meine Worte des Heils fanden nicht ihre Seelen. Sie teilten weder Brot noch Wasser mit mir.

So habe ich mich abgewandt von den Menschen und vertiefte meinen Geist in die Wasser der Meere.
Hier sah ich Schmerz und Tod. Die, die töten und die, die getötet werden. Ich sah die Wesen, wie sie ausgerichtet sind zu jagen und zu verschlingen. Und ihr Vermehren ist nur ein Vermehren des Tötens. Ich sah die Wesen, die gemordet werden. Und ihr Vermehren ist nur ein Vermehren des Gemordetwerdens.
Meine Gebete haben das Blut der Meere nicht verringert.

So habe ich mich abgewandt von den Wassern der Meere und vertiefte meinen Geist in die Lüfte.
Hier hörte ich den Gesang der Vögel. Doch ich sah, der Klang ihrer Lieder erfüllte nur die Lüfte, so sie nicht jagten und töteten für sich und die ihren.
Über meinen Segen flogen sie achtlos hinweg.

So habe ich mich abgewandt und blickte zur Erde.
Ich sah zu meinen Füßen, wie der Skorpion geiferte auf der tödlichen Jagd nach seinem Opfer und ich hörte den Schreckensschrei des Todes.
Der Schmerz meiner Seele machte nichts ungeschehen.

So habe ich mich wiederum abgewandt und fragte den Vater:
›Warum du Schöpfer allen Seins hast du dies so erschaffen?‹
Da antwortete mir die Stimme des Herrn:
›Ich habe alles Sein erschaffen aus Liebe. Doch ich habe niemanden und nichts gehindert, so zu sein, wie es will. Was aus Liebe erschaffen ist, ist frei und nicht gebunden.
Höre auch dies:
Ich habe dich erwählt, doch muß mein Geist in dir selbst erstehen. Nur der vermag mein Heil zu geben, der das Unheil auf Erden erkennt. Ich habe dich ge-

sandt, mein Gesetz wieder in diese Welt zu bringen. Ich habe dich gesandt, den Geist der Welt zu erhellen, damit das Leid gelindert wird. Weise die Menschen hin auf meine Liebe, weise hin auf meinen Sohn, der meine Liebe offenbart.
Doch mein Wort soll dir auch diese Antwort sein:
Zuhauf sind Mensch und Kreatur in meinem Geiste. Ist nicht jeder gute Hirte in meinem Namen bei den Lämmern?
Vertiefe deine Sinne in die Blüten, Pflanzen und Bäume. Sie wachsen empor in meinem Licht, strahlend und voller Kraft und sie töten nicht. Ja, sie geben Nahrung ohne zu nehmen. Durch sie gedeiht Leben in Vielfalt. Wende deinen Geist nicht allein darauf, was oberhalb der Erde Frucht und Leben spendet. Siehe auch das Wurzelwerk unter der Erde und du wirst erkennen, daß auch dieses in meinem Geiste ist.‹

Ich habe getan, wie mir der Herr geheißen hat und die Wahrheit seiner Worte erkannt.
Meine geliebten Brüder, meine geliebten Schwestern,
so war ich blind für die Liebe des Vaters, taub für die Kraft des Geistes.
Doch ich habe gesehen und gelernt.
Erkennt auch ihr die unendliche Kraft Gottes. Laßt euer Wirken ein strahlendes Licht sein, das die Dunkelheit durchdringt und erkennt:
Euere Liebe vermag Leid und Krankheit euerer Geschwister zu lindern, ja zu löschen. Der Herr hat einen jeden von euch erwählt, seine Liebe zu geben.

Auch ein Kleines gebe ich euch:
So ihr verzagt seid und voller Trauer, vertieft eueren Geist in einen hoch- und starkgewachsenen Baum. Verbindet euch mit seinem Wesen, seinem Heil. Ja, lehnt euch an ihn und umarmt ihn, denn der Baum ist wahrhaftig im Geiste des Schöpfers.
Spürt, wie er seine Kraft und sein Heil euch selbstlos gibt.

Verbleibt in der Liebe des Herrn.
Amen, in Ewigkeit Amen.«

Die Wiederkehr Johannes des Täufers

»Ihr geliebten Wesen in Christi, der Geist Gottes komme über euch.
Ich taufe euch mit den heiligen Wassern des Jordans. Wiederum lege ich Zeugnis ab für den Tröster dieser Welt.

So offenbart mir mein Bruder Jesus Christus:
Viele Worte wirst du geben. Doch du wirst erkennen, sie sind im Wind zerbrochen.
Doch sagst du nicht: Was vermögen die Worte gegen den Wind.
Denn du weißt, der Wind wird sie wie Wolken über die Erde treiben und sie werden auf dürstenden Boden fallen, wie Wolken abregnen über der Wüste.
Bedenke: Wieviel Regen bedarf die Erde, um fruchtbar zu werden.
Wieviele Worte bedürfen die Herzen der Menschen, um zu mir zu finden.

Nie wieder sage ich: Was euer Ohr hört, das sollt ihr von den Dächern rufen!
Die Welt würde meine Kinder des Lichts wiederum zertreten. Doch meine Kinder des Lichts setze ich nicht mehr der Dunkelheit aus.

Die Zeit ist nahe, da du, mein Bruder sagst:
Ich kehre wieder auf diese Erde. Meine Stimme wird streiten für dich in den Städten, ja selbst in der Wüste rufe ich dein Wort.

Wiederum wirst du sein der Stachel im Fleische der Finsternis.
Wiederum wirst du sein das Schwert des Lichts in der Verblendung.
Wiederum wirst du die Schar der Gerechten sammeln mit deinem Ruf.
Doch auch wiederum werden die Frevler und Ungerechten nach deinem Leben trachten.

Dann ist die Zeit gekommen, wo ich dir folgen werde und in der Herrlichkeit Gottes wiederkehre.
Dann wird dein Wort leuchten am Firmament, geschrieben aus dem Feuer der Erde. Und mein Wort wird daneben sein, geschrieben aus der Gischt der Meere.
Und sie werden ineinander fließen zu einem Wort.
Und wir werden aus Feuer und Wasser ein neues Element bilden und es wird unzerstörbar sein, wie du und ich.

Das Wort wird sich erfüllen:
Ich werde die Herde sammeln. Und du mein Bruder wirst an meiner Seite sein.
Denn ich bin eins mit dir, so wie ich eins bin mit dem Vater.

Amen.«

AUSBLICK

Die Worte Johannes des Täufers in der Jetzt-Zeit sind mahnend und aufrüttelnd. Selbst der kleine Ausschnitt aus den Texten der Inneren Stimme zeigt deutlich die Vergehen und Irrwege unserer Zeit. Es sind medial empfangene Worte und Reden im Namen Johannes des Täufers, die aus dem Munde eines irdischen Menschen fließen. So kann ich von niemandem erwarten und verlangen, daß er diese Worte auch als die erneute Botschaft des Vorläufers Christi anerkennt. Den tieferen Wahrheitsgehalt der Reden muß freilich jeder selbst prüfen und erkennen.

Auffallend ist die starke Übereinstimmung im Ausdruck und im Inhalt der medialen Johannesworte und der Predigten des Täufers vor annähernd 2000 Jahren. Dies ist deshalb bemerkenswert, da der *irdische* Johannes keinerlei bewußte Kenntnisse über die Predigtinhalte des Täufers zur damaligen Zeit besaß. Erst durch meine Recherchen im Rahmen dieses Buches wurden die Parallelen von einst und jetzt deutlich.

Dem kritischen Betrachter der medialen Johannesworte drängt sich natürlich eine Fülle von Fragen auf. Die Kernfrage ist, wie die neuerliche Botschaft Johannes des Täufers zu werten, zu deuten und einzureihen ist. Der Hinweis auf den Gleichklang der heutigen Reden mit den Mahnungen des *Rufers in der Wüste* von einst, mag den Zweifler wohl kaum befriedigen.

Warum kehrt der Geist einer biblischen Gestalt nach etwa 2000 Jahren wieder? Die Antwort erscheint vordergründig leicht: Die Menschheit hat sich zwar in Wissenschaft und Technik weiterentwickelt, in ihrer Moral jedoch nicht. Selbst das Erscheinen des Messias, die weltweite Verbreitung seiner Heilsbotschaft und sein Kreuzestod haben das Verhalten der Menschen nicht verbessert. Die mahnenden Worte des Täufers und die Botschaft Jesu gelangten in die letzten Winkel der Erde, doch werden sie nicht gelebt. Der Verlauf der Menschheitsgeschichte in den letzten zwei Jahrtausenden bestätigt dies mit Nachdruck. Die als christlich bezeichneten Völker und Nationen können davon keineswegs ausgenommen werden. Ist dieser ethische Stillstand der Menschheit, sind die Verfehlungen und Sünden des Menschengeschlechts Ursache für kommende Weltkatastrophen oder gar apokalyptische Veränderungen?

Die Geologie belehrt uns eines besseren. Sie nennt uns Vorgänge und Kräfte, die stetige Erdveränderungen bewirken. Aus Zusammensetzung und Aufbau der Gesteine vermittelt sie uns den Werdegang des Erdkörpers im Verlauf seiner bis zu sieben Milliarden Jahre alten Existenz. Viele apokalyptische Erdveränderungen sind bekannt, so etwa das Auseinandertriften der Landmasse in die einzelnen Kontinente, die Sintflut, die Eiszeit, verheerende Vulkanausbrüche, Meteoriteneinschläge sowie ungeheuere Spannungen der Erdkruste, die unsere Gebirge entstehen ließen. Für diese starken Veränderungen war der *sündige* Mensch wohl kaum verantwortlich, vielmehr wirkten hier kosmische Faktoren großen Ausmaßes.

Doch genau hier finden wir den Ansatzpunkt und die Erklärung für die biblische Prophetie sowie das Erscheinen von Johannes dem Täufer und Jesus von

Nazareth. Altes und Neues Testament geben vielerlei Hinweise auf das Ende der *Alten Welt* und den Beginn eines *neuen, messianischen Zeitalters.* Die Offenbarung des Johannes beschreibt diesen Vorgang ausführlich. Das Studium etwa der Prophetenworte Daniels und Ezechiels[55] (Kap. 37-38) sowie die Aufzeichnungen der Evangelisten Matthäus (Kap. 24,25) und Lukas (Kap. 21) führen zu einem besseren Verständnis der biblischen Prophetie.

Auch die Cheops-Pyramide aus dem 3. Jahrtausend v. Chr. birgt nach Ansicht von Experten eine Fülle von Wissen über das Schicksal von Mensch und Welt. Sie wird deshalb auch die *Bibel aus Stein* genannt. Die entscheidende Frage muß daher lauten, ob die Erkenntnisse und Zeichen der Gegenwart auf das Ende der *Alten Welt* hinweisen. Es sind auf der einen Seite astronomische, galaktische und planetare Aspekte, die kaum beschreibbare Veränderungen auch für den Planeten Erde bewirken werden. Auf der anderen Seite ist es der Mensch selbst, der durch Umweltzerstörung und atomaren Wahn die gesamte Lebensgrundlage gefährdet. Die Erde ist gleichsam in einer Zange. Allein das verantwortungslose Handeln des Menschen in diesem Jahrhundert hat uns in eine Sackgasse geführt, aus der wir selbst nicht mehr herausfinden. Es hilft uns dabei wenig, wenn wir unsere Verantwortungslosigkeit in vielen Bereichen der Technik, Entwicklung, Wirtschaft und Wissenschaft als Errungenschaft deklarieren. Auch wenn viele Menschen in der heutigen Welt ihre persönliche Zufriedenheit und Erfüllung finden, ändert dies nichts an der prekären Situation der Erde. Die persönliche Zufriedenheit mancher Menschen ist oftmals nur in einem egoistischen Scheuklappen-Prinzip begründet.

Wir Erdenbewohner besitzen offenbar noch nicht die moralische Reife und Liebe, um unser eigenes Wissen vorausschauend und weise einzusetzen. Doch neben den verheerenden Auswirkungen unseres kaltblütigen Handelns stehen die Resultate unseres heißblütigen Tuns, wie etwa die Kriege und Bruderzwiste sowie die Folgen von Selbstsucht und Egoismus. Nur ein reinigendes Gewitter vermag den Planeten Erde und die Menschheit vor der endgültigen Verwüstung und Verwirrung zu retten. Man muß weder Mahner noch Prophet sein, um das Wetterleuchten heute schon zu sehen. Hierzu genügen ein klarer Verstand, ein Wissen um die stets wiederkehrenden Veränderungen der Lebensbedingungen auf Erden sowie eine gesunde Distanz zur Fortschrittsgläubigkeit der Wissenschaften des modernen Menschen.

Wird der kommende Reinigungsprozeß auf Erden durch kosmische Veränderungen ausgelöst? F. W. Sumner sagt hierzu: »*Unser gesamtes Sonnensystem rückt in eine neue kosmische Region vor, welches unseren ganzen Planeten und alles Leben auf ihm umwandeln wird. Wir sind eben jetzt in eine der wichtigsten Perioden dieses kosmischen Zyklus eingetreten, und es stehen große Veränderungen bevor.*«

Der amerikanische Forscher beschreibt die bevorstehenden Veränderungen in einer ebenso tiefgründigen wie leicht faßbaren Form. In dem Buch *Das kommende Goldene Zeitalter* sind seine Theorien in populär-wissenschaftlicher Art zusammengefaßt.

In der Tat wissen wir, daß unser Sonnensystem zur Jetzt-Zeit das Sternbild der Fische verläßt und in das des Wassermanns eintritt. So wie die Erde und ihre Schwesterplaneten die Sonne umkreisen, so kreist auch unser Sonnensystem in einer weit größeren Bahn um die Zentralsonne. Diese Bahn beschreibt eine Ellipse, d. h., die Strahlungsintensität der Zentralsonne variiert je nach dem, ob wir uns ihr nähern oder uns von ihr entfernen. Nach unserem irdischen Zeitmaß dauert die Umkreisung der Zentralsonne etwa 25.857 Jahre und ist in die Perioden der zwölf Tierkreiszeichen Widder, Stier, Zwilling usw. unterteilt. Jedes Tierkreiszeichen entspricht einem Weltzeitalter und dauert etwa 2.155 Jahre, wobei die einzelnen Konstellationen nicht alle die gleiche Ausdehnung haben. Dieser große Zyklus ist auch im kleinen Jahreskreislauf der Erde zu finden. Innerhalb von 365 1/4 Tagen umkreist sie in einer elliptischen Bahn unsere Sonne. Auch der Planet Erde ist hierbei entsprechend den zwölf Tierkreiszeichen einer unterschiedlichen Strahlungsintensität unserer Sonne ausgesetzt (sh. Hermes Trismegistos: *»Das was oben ist, ist gleich dem, was unten ist.«*).

Astrologisch betrachtet, befindet sich unser Sonnensystem in der Übertrittsphase vom Fischezeitalter in das Zeitalter des Wassermanns. Verglichen mit dem Zifferblatt der Uhr stehen wir also an der Zwölf bzw. an Mitternacht, und der neue Schöpfungstag bricht an. Jedem Zeitalter wird eine spezifische Eigenschaft und Schwingungsfrequenz zugeordnet. Das Fischezeitalter wird von den niedrigsten Schwingungen beherrscht. Sie sollen denen von Infrarot mit 15 Trillionen pro Sekunde entsprechen, während die Schwingungen des kommenden Wassermannzeitalters denen von Ultraviolett mit 75 Trillionen pro Sekunde entsprechen. Begreifen wir die esoterische wie auch naturwissenschaftliche Bedeutung der Grundzüge dieser Vorgänge, so verstehen wir auch die negativen Geschehnisse im Fischezeitalter besser. Es darf uns nicht verwundern, wenn feinere Gefühlsregungen der menschlichen Herzen und Seelen sowie höhere geistige Erkenntnisse der Massen durch die trägen Schwingungen im Zeitalter der Fische gehemmt wurden. Die Erde war gleichsam von einem reduzierten Licht, einem Nebel, umgeben, die das Gedeihen niederer Elemente begünstigt haben. So darf es auch nicht verwundern, wenn in dieser Zeit Kriege und Auseinandersetzungen aller Art, Materialismus und Egoismus beständig zugenommen haben. Seelische Verarmung, fehlende Moral und geistige Trägheit sind nur Symptome dieser Entwicklung. Daß die dunklen Kräfte allmählich Macht über die Menschheit erhielten und die Geschicke der Welt nach und nach steuerten, ist Ergebnis dieser Entwicklung.

Die um ein fünffaches höhere Lichtschwingung des kommenden Wassermannzeitalters bewirkt hingegen ein Freiwerden und Entstehen von lichten, reinen Kräften.

Der Übergang von einem Zeitalter in das andere erfolgt natürlich nicht abrupt. Er ist vielmehr fließend, so wie auch unsere Jahreszeiten in der Natur fließend ineinander übergehen. Erst um das Jahr 2030 soll diese zodiakale Übergangsperiode abgeschlossen sein. Doch nimmt bis dahin die Lichtfrequenz in unserem Sonnensystem beständig zu. Wann diese Übergangsperiode begann, ist umstritten. Zumeist wird etwa die Mitte des 20. Jahrhunderts genannt. Interessant ist in diesem Zusammenhang die wissenschaftliche Entdeckung der kosmischen Strahlen im Jahre 1932. Es stellte sich heraus, daß diese eine 2,50 Meter dicke Bleiplatte durchdrangen (z. Vgl. durchdringen die Röntgenstrahlen nicht einmal drei Millimeter dickes Blei). Im Verlauf der Jahrzehnte hat die Intensität der kosmischen Strahlen kontinuierlich zugenommen. Neben der Wassermann-Konstellation wirkt zudem die stärkere Strahlung der Zentral-Sonne, kommen wir ihr im bevorstehenden Zeitalter doch am nächsten. In Folge dieser zweifach bewirkten enormen Schwingungserhöhung des Lichts wird eine positive Veränderung der geistigen und seelischen Kräfte auf Erden erwartet. Grobstoffliche, grobmaterialistische und dunkle Kräfte werden durch das mehrfach verstärkte Licht aufgelöst bzw. *verbrannt* und feine, empfindsame Sinne treten an deren Stelle. Dies ist der tiefere Grund, warum man vom kommenden Zeitalter auch vom *Zeitalter des Lichts*, der *messianischen Zeit*, dem *Goldenen Zeitalter* oder modern umgangssprachlich auch von *New Age* spricht. Die Offenbarung des Johannes drückt den gleichen Zustand so aus: *»Und ich sah einen neuen Himmel und eine neue Erde; denn der erste Himmel und die erste Erde vergingen, und das Meer ist nicht mehr«* (Offb 21,1).

In der Übergangsphase kommt es freilich zur Scheidung der Geister, zur Trennung von Mächten der Finsternis und Mächten des Lichts. Doch dieser Scheidung wird ein ungeheures Aufeinanderprallen der Kräfte Luzifers und Christi vorausgehen, begleitet von Katastrophen und kosmischen Veränderungen. Speziell diese Phase in der Welt- und Menschheitsgeschichte wird in der biblischen Prophetie verstärkt angesprochen. Auf diese schrecklichen Ereignisse weist in neutestamentaischer Zeit Johannes der Täufer als erster hin. Seine Worte sind deutlich: *»Es ist schon die Axt den Bäumen an die Wurzel gelegt. Darum, welcher Baum nicht gute Frucht bringt, wird abgehauen und ins Feuer geworfen«* (Mt 3,10). *»Und er hat seine Worfschaufel in der Hand; er wird seine Tenne fegen und den Weizen in seiner Scheune sammeln; aber die Spreu wird er verbrennen mit unauslöschlichem Feuer«* (Mt 3,12). Sie legen aber zugleich offen, wer in diesem Kampf siegen wird. Die Essener haben bereits im 2. Jh. v. Chr. den bevorstehenden Endkampf zwischen den Mächten des Lichts und der Finsternis, zwischen dem Guten und dem Bösen, im Himmel wie auf Erden niedergeschrieben. Von größter Ausdruckskraft sind jedoch die Jesusworte hierzu nach Mt 24-25 und Lk 21. Sein Hinweis: *»Und die Menschen werden verschmachten vor Furcht und vor Warten der Dinge, die kommen sollen über die ganze Erde; denn auch der Himmel Kräfte werden ins Wanken kommen«* (Lk 21,26), macht das unvorstellbare Ausmaß dieser Auseinandersetzung und kosmischen Veränderungen deutlich.

Was uns Menschen heute besonders wachrütteln müßte, ist die Gewißheit, daß sich während dieser Schicksalsphase zwangsläufig ein Ausscheidungsprozeß bei der gesamten Menschheit vollzieht. Er betrifft Völker und Nationen aber auch jede Einzelperson. Jeder einzelne Mensch stellt sich bewußt oder unbewußt auf die Seite des Lichts oder der Finsternis. So wird er entweder als *»Weizen gesammelt«* oder als *»Spreu verbrannt«*. Einen Mittelweg für die Lauen wird es nicht geben.

Diesen Ausscheidungsprozeß schildert Jesus in Mt 24,37-41 mit den Worten: *»Denn wie es in den Tagen Noahs war, so wird auch sein das Kommen des Menschensohnes. Denn wie sie waren in den Tagen vor der Sintflut - sie aßen, sie tranken, sie freiten und ließen sich freien bis an den Tag, da Noah in die Arche hinein ging; und sie achteten's nicht, bis die Sintflut kam und nahm sie alle dahin -, so wird auch sein das Kommen des Menschensohnes. Dann werden zwei auf dem Felde sein; einer wird angenommen, und der andere wird verworfen werden. Zwei werden mahlen auf der Mühle; eine wird angenommen, und die andere wird verworfen werden.«*

Jesus bestätigt hiermit die Botschaft des Täufers mit seinen eigenen Worten. Diese sind zwar milder, aber ebenso deutlich.

Die Trennungslinie wird gezogen zwischen jenen, die im Geist Christi stehen und jenen, die der Ideologie des Antichristen huldigen. Die Schar derer, die im Geiste Christi steht, gerät jedoch auch in vorübergehende Bedrängnis. So schildern die Prophezeiungen, wie die Christusgetreuen von den Schergen des Antichristen gejagt und verfolgt werden. Die Essener berichten ebenfalls davon. Auch Jesus spart diesen Punkt nicht aus. In Mt 24,9-14 sagt er hierzu:

»Alsdann werden sie euch überantworten in Trübsal und werden euch töten. Und ihr werdet gehaßt werden um meines Namens willen von allen Völkern. Dann werden viele der Anfechtung erliegen und werden sich untereinander verraten und werden sich untereinander hassen. Und es werden sich viele falsche Propheten erheben und werden viele verführen. Und weil der Unglaube wird überhandnehmen, wird die Liebe in vielen erkalten. Wer aber beharrt bis ans Ende, der wird selig. Und es wird gepredigt werden dies Evangelium vom Reich in der ganzen Welt zum Zeugnis für alle Völker, und dann wird das Ende kommen.«

Die Bezeichnung *»das Ende«* wird oftmals auch mit dem Ende der Welt gleichgesetzt (vgl. Mt 13,39) und resultiert aus einem Übersetzungsfehler bei Luther und auch King James. Die korrekte Übersetzung des griechischen Textes bedeutet: *Ende des Zeitalters.*

Der Antichrist und seine Ideologie werden für kurze Zeit leichtes Spiel haben. Vor den Trümmern einer zerstörten menschlichen Ordnung, einer verwüsteten Welt, wird er viele Anhänger finden. Er wird den Menschen zurufen: *»Was ist das für ein*

Gott, der euch Leid und Elend bringt; der euere Mühen und Werke, selbst euere Leiber, zertritt wie Gewürm?«

In Anbetracht der großen Not und Hilflosigkeit wird ein Großteil der Menschen Hilfe vom Antichristen erwarten und sich bereitwillig seiner Führung unterwerfen. Nur wer den Leitstern Christi, frei von aller theologischen Verbrämung, in seiner Wahrheit und Schönheit erkennt, wird den Anfechtungen des Antichristen widerstehen können. Sind dies jene, die mit dem heiligen Geist und dem Feuer getauft werden?

Der Schluß liegt nahe, denn erst in diesem Zusammenhang erhalten folgende Täuferworte einen deutlichen Sinn: *»Ich taufe euch mit Wasser zur Buße, der aber nach mir kommt, ist stärker als ich, und ich bin nicht genug, ihm die Schuhe abzunehmen; der wird euch mit dem heiligen Geist und mit Feuer taufen«* (Mt 3,11). Diese Worte müssen in Zusammenhang gebracht werden mit dem Gleichnis des Täufers von der Worfschaufel und der Trennung von Weizen und Spreu. Wir müssen uns demnach damit vertraut machen, daß diese geheimnisvolle Botschaft Johannes des Täufers sich auf Zukünftiges bezieht. Hierin liegt in meinem Verständnis das tiefere Geheimnis seiner Prophetie und apokalyptischen Predigten. Johannes der Täufer erschien zu Beginn des Fischezeitalters. Er verwarf die in anderen Zeitaltern praktizierten Sünd- und Sühneopfer zur Reinigung von Sünden und ersetzte sie durch die Taufe mit Wasser. Er löste also niedere Kulte, z. B. Stier und Widder als Brandopfer, Tötung eines Lammes zum Passahfest, ab und vermittelte höhere Werte. Seinen Hinweis auf die kommende Geist- und Feuertaufe müssen wir auch unter dem Aspekt der absoluten Reinigung und Befreiung im anbrechenden Wassermannzeitalter betrachten.

Zu Beginn des Fischezeitalters erschien auch die Bruderschaft der Essener auf dem Erdenplan, vor allem aber kam Gott in Gestalt Jesu Christi auf unsere Erde und offenbarte uns das Vorbild der wahren Wesensart, nach der wir unser Leben ausrichten können.

Am Ende des Fischezeitalters melden sich die Essener wieder. Sind die Funde ihrer Schriftrollen vom Toten Meer ein archäologischer Zufall oder göttliche Führung? Sind ihre medialen Botschaften in der Jetzt-Zeit autosuggestive Erscheinungen oder Auftrag? Sind die medialen Botschaften und die Innere Simme Johannes des Täufers die Überzeugung weniger oder ein letztes mahnendes Zeichen für alle?

Ich bin überzeugt, daß Johannes der Täufer wiederum der Rufer in der Wüste unserer Gedanken und Handlungen ist. Es bleibt zu hoffen, daß seine Stimme lauter und lauter wird, und daß sie auch Gehör findet. Es ist in der Tat die Zeit gekommen, wo wir innehalten und unser Dasein neu ausrichten müssen. Auch müssen wir lernen, die Geschehnisse auf Erden und die Zeichen der Zeit richtig zu deuten und einzuordnen. Neben der Anhäufung von Erdbeben, Flutkatastrophen und anderen Naturgewalten, neben den vermehrten Kriegen, den wirtschaftlichen und sozialen Einbrüchen, den Krankheiten und Epidemien, müssen wir auch anderen Phänomenen und Erscheinungen mehr Aufmerksamkeit widmen. Wir müssen aufhören, den begrenzten Horizont unseres angeblich analytisch-konkreten Wissens zu unserem Ideal und Ersatzgott zu erheben. Wir müssen zudem viele bestehende und kommende Probleme neu und frei von allem Alten betrachten.

Ein Beispiel hierfür mag das aktuelle Problem der Ozonschicht sein. Nach allem, was wir derzeit über die kosmische Veränderung, die zunehmende Strahlen- und Lichtintensität der jetzigen und kommenden Zeit wissen, ist eine Abnahme der schützenden aber auch lichthemmenden Erdatmosphäre erklärbar. Ist die gravierende Zerstörung der Ozonschicht nicht bereits ein deutliches Zeichen für bevorstehende wesentliche Veränderungen aller Lebensbedingungen auf unserem Planeten Erde? Ist ein stärkeres Licht nicht zugleich Voraussetzung für höhere Formen des Lebens und des Geistes? Ist die Ozonschicht nur eine schützende Hülle für Formen und Arten des Lebens, die im ungefilterten Licht nicht bestehen könnten? Verhindert dieser atmosphärische *Sonnenschirm* letztendlich eine neue Welt für höhere und mehr geistige Formen des Lebens, die wir mit unserem heutigen, materiellen Raster des Denkens nicht erfassen können?

Sind dies gewagte oder gar absurde Gedanken? Wohl kaum, wenn wir uns bewußt werden, daß das gesamte All in einem Entwicklungs- und Schöpfungsprozeß begriffen ist, der vom Allgeist, einer zentralen höheren Intelligenz (Gott) geleitet wird. Diese Schöpfung zielt auf die stetige Entwicklung von Liebe und Licht, zielt auf die Vergeistigung allen Seins. In ihrer Wurzel haben dies alle wahren Religionen erkannt. Dieses Prinzip haben alle Religionsstifter in ihren Lehren mehr oder weniger deutlich hervorgehoben. Der immerwährende Entwicklungsprozeß des gesamten Alls nimmt dabei keinerlei Rücksicht auf den Zeitgeist, den Stolz und die Interessen der Menschheit auf dem Planeten Erde, *»diesem mitleiderregenden Staubfleck mit der gelben Sonne im äußersten Winkel des Geistes Gottes«* (Ramtha)[(56)]. Wer sich seinem Charakter und seinen Taten entsprechend außerhalb der göttlichen Prinzipien stellt, wird am neuen Schöpfungstag (Evolutionssprung) *»verbrannt mit unauslöschlichem Feuer«*, wie Johannes der Täufer sagt, oder laut Jesus *»verworfen werden«*.

Beide Redewendungen sind hart und deutlich, weisen sie doch auf die Kompromißlosigkeit des göttlichen Handelns zur Stunde x (Jüngster Tag) hin. Wer nicht den Normen entspricht, wird vom Evolutionsprozeß ausgeschieden.

In vielerlei Hinsicht tragen wir Menschen dazu bei, daß die Stunde x, die Tage des Schreckens näher und näher rücken. Unsere technischen und wirtschaftlichen Errungenschaften, unser unstillbares Streben nach materieller Befriedigung, haben uns eine nicht mehr überschaubare Fülle von Problemen beschert. Unsere Böden sind verseucht, unser Wasser ist verschmutzt, unsere Luft ist vergiftet. Wir selbst tragen zur Zerstörung der Ozonschicht bei. Unsere Handlungen haben die Grundelemente des irdischen Lebens empfindlich gestört. Wenn wir auch damit nicht die Existenz des Planeten Erde gefährden, so zerstören wir doch unsere Lebensgrundlage und die der unschuldigen Tier- und Pflanzenwelt. Fordern wir damit die Allmacht nicht geradezu auf, das reinigende Gewitter über uns kommen zu lassen? Welch große Probleme und dramatische Entwicklungen mögen sich wohl hinter den heute bereits erkennbaren Gefahren verbergen?

Unser unseliger Drang nach immer mehr Fortschritt hat aber selbst dem Planeten Erde eine unmittelbare Existenzgefährdung beschert: die negative Nutzung der atomaren Energie. Nicht nur Menschen, auch geistige Wesen zeigen vergeblich die damit verbundene extreme Gefahr auf. In bleibender Erinnerung ist mir dabei die mediale Mitteilung des bereits zitierten Ramtha. In einfachen Worten schildert er die Grundstruktur des Planeten Erde und zeigt die bekannten und uns Menschen noch unbekannten Gefahrenquellen auf. Besonders deutlich spricht Ramtha das erhöhte Risiko an, dem unser Planet bei unterirdischen Atomtests ausgesetzt ist. Werden z. B. in der Erdkruste unterhalb des Meeresbodens Atomsprengköpfe gezündet, kann dies einen Riß verursachen, durch den Meerwasser in das bis zu 4000 Grad Celsius heiße Erdinnere dringen kann. Die Folge wäre eine Dampfexplosion, die den Planeten förmlich in Stücke zerreißen könnte. Die Gefahr ist selbst nach der weltweiten Einstellung der Atomtests noch latent vorhanden, da entsprechende Riß- und Bruchstellen durch die bisherigen Versuche schon entstanden sind, die bei starken Erd- oder Seebeben aufzubrechen drohen.

In Anbetracht dieser extremen Gefahr, müssen wir uns drei entscheidende Fragen stellen. Erstens: Ist es uns gestattet, die göttliche Schöpfung im Großen wie im Kleinen zu gefährden oder gar zu zerstören? Zweitens: Würde das All uns vermissen, wenn wir *»diesen mitleiderregenden Staubfleck mit der gelben Sonne im äußersten Winkel des Geistes Gottes«* samt uns auslöschten? Drittens: Haben wir uns durch Hochmut und Verblendung schon so weit von Gott entfernt, daß er uns nicht mehr Hilfe sein kann, und daß er die Menschen samt ihrem Planeten sich selbst und ihrer eigenen Zerstörung überlassen wird?

Bei all unseren leichtsinnigen und grob fahrlässigen Handlungen an uns selbst und der Erde, ist uns dennoch etwas gegeben, das beständig mahnt. Es ist unsere innere Stimme, das Gewissen. Es ist der göttliche Funke in uns, der uns verbindet mit der allumfassenden Einheit. Wenn wir zulassen, daß dieser göttliche Funke unsere Gedanken und Handlungen lenkt, sind diese Fragen leicht und klar zu beantworten. Ist dieser Lichtkeim in uns erloschen, so sind wir egoistisch und hemmungslos. Unsere Intelligenz wird fehlgeleitet, unsere Wirken wird zerstörerisch. Wir errichten Turm um Turm zu Babel, lassen Chaos und Verwüstung zurück und huldigen unseren eigenen seelenlosen Errungenschaften.

Warum wollen wir uns noch länger herausreden durch beschönigende Argumente. Das irdische Leben und die Erde selbst sind längst in den Griff der neuerlichen Bauherren der *babylonischen Türme* geraten. Das Verstecken hinter scheinbar notwendigen Systemen, die Hinweise auf vermeintlich wirtschaftlich und technisch Unverzichtbares, beweisen nur unsere Ausweglosigkeit im Labyrinth des Materialismus.

»Das Menschengeschlecht hat die Erde zu einer Wunde gemacht, die nun beginnt, im Körper des Alls zu schmerzen«, sagt die Meisterseele Emanuel in einer medialen Botschaft. *»So wie der Mensch seine ganze Aufmerksamkeit und heilende Kraft auf eine kranke und schmerzhafte Stelle seines Leibes richtet, so wenden euch die himmlischen Kräfte ihre Fürsorge zu. Es ist nicht Angst, nicht Leid, nicht Zorn, die Gottes Allmacht hierzu bewegen, es ist allein die Liebe. Viele Lehrer und edle Seelen sind gesandt in dieser Zeit. Viel Licht gießt der Himmel über euch aus, damit ihr lernt, heil zu werden, damit ihr erkennt, daß das Heil einzig im Gleichklang mit den Gesetzen der Allmacht zu finden ist.*

Seht und lernt, denn die Gnade des Herrn ist nicht unendlich. So das große Licht wieder auf Erden erstrahlt (Anm.: gemeint ist Johannes der Täufer) *ist die letzte Zeit der großen Gnade und Umkehr angebrochen.*

Sei bereit du Menschengeschlecht, wenn der Bote des Herrn erscheint, die schmerzende Wunde des All-Körpers zu heilen.

Wehe denen, die nur sinnen und trachten, die Wunde zu vertiefen, denn sie werden erkennen müssen, daß sie die Wunde selbst sind. Ihnen wird geschehen nach den Worten des großen Lichts (vermutlich ein Hinweis auf die Täuferworte vom *Verbrennen der Spreu* laut Mk 3,12).

Betrachten wir die alttestamentaischen Prophezeiungen, die Johannes- und Jesusworte, aber auch die Visionen der Mystiker und Seher im letzten Jahrtausend zu dem Thema des Endgerichts, ist die Botschaft eindeutig: Erde und Menschheit stehen vor einem entscheidenden Erneuerungsprozeß. Nicht nur Himmel und Erde geraten ins Wanken, auch unter den Menschen kommt es zur Scheidung der Geister. Die Prophezeiungen sprechen dabei von *Tagen des Schreckens*, doch sollen diese nach den Worten Jesu um der Gerechten willen verkürzt werden (sh. Mt 24,22). Alsdann erscheint das Zeichen des Menschensohnes am Himmel und die Auserwählten werden gesammelt (sh. Mt 24,30-31).

Jesus kündet zugleich von einer neuen, messianischen Welt. Die Offenbarung des Johannes beschreibt den glücklichen Zustand für die Erwählten so:
»Und Gott wird abwischen alle Tränen von ihren Augen, und der Tod wird nicht mehr sein, noch Leid noch Geschrei noch Schmerz wird sein; denn das Erste ist vergangen. Und der auf dem Stuhl saß, sprach: Siehe, ich mache alles neu! Und er spricht zu mir: Schreibe, denn diese Worte sind wahrhaftig und gewiß! (Offb 21,4-5)

Es sind viele Menschen unter uns, die den prophezeiten Prozeß der Umwandlung und Erneuerung in naher Zukunft erwarten. Die Vorzeichen hierzu sind vielfältig für den, der sehen kann und will. Das beginnende Wassermannzeitalter wird mit Attributen verbunden, die den beschriebenen Auseinandersetzungen zwischen der Finsternis und dem Licht sowie der anschließenden Heilszeit entsprechen. Das in der Materie begrenzte Leben des Menschen im Fische-Zeitalter soll durch eine vergeistigte Lebensform im kommenden Zeitalter ersetzt werden. Dies führt natürlich zu einem Verzicht, ja zu einem Verwerfen unserer bisherigen Systeme, Handlungsweisen und Denkschemata in fast allen Bereichen.

Daß dies bereits im Vorfeld zu einer Scheidung der Geister führen wird, ist wohl jedem vorstellbar, wenn man bedenkt, wie schwer es für viele sein wird, *das Alte abzulegen und neu zu werden im Geiste Christi.* Dieses Alte abzulegen, bedeutet doch auch, Ansehen, Macht, Verehrung, ja selbst seine materielle Existenz zu gefährden und meint nicht nur das Überprüfen des eigenen Denkens und Handelns.

Wenn wir neutral und wertfrei unsere Zeit am Ende des 20. Jahrhunderts betrachten, erkennen wir, daß das kommende Zeitalter seine Schatten schon vorauswirft. Wie scheiden sich bereits schon jetzt die Geister. Hier gibt es die, die mit Zähnen und Klauen ihre alten Systeme und Erkenntnisse verteidigen. Noch verbergen sich ihre Zähne und Klauen hinter hochmütigen, verächtlichen und despotischen Worten. Dort gibt es jene, die neue, geistige Lösungsansätze suchen und aus ihrem inneren Empfinden heraus andere Wege einschlagen. Viele Menschen beginnen plötzlich zu denken, zu handeln und zu fühlen, wie dies vor Jahrzehnten noch undenkbar erschien.

Dieses Anders-Sein ist vielfältig. Es entspringt jedoch einer gemeinsamen Wurzel: Dem Wunsch nach Harmonie von Geist, Körper und Seele - die Suche nach dem wahren und unvergänglichen Sein. Die Sehnsucht, wieder mit Gott versöhnt und vereint zu sein - einem Gott, der frei ist von aller religiösen Verbrämung.

Darin liegt der tiefe Grund, warum so viele Menschen die bisherige Art des Denkens und Handelns - die alten Trampelpfade - verlassen und immaterielle Werte, sowie ein neues Bewußtwerden auf anderen Wegen suchen. Auch diese Wege sind vielfältig. Meditation, Rückkehr zu den esoterischen Wurzeln der Religionen, Wiederbelebung der alten Weisheiten Tibets und Indiens sowie der spirituellen Lehren vergangener Hochkulturen, sind einige davon. Ein großer Teil dieser Menschen erfährt eine innere Neuausrichtung, ein spirituelles Bewußtsein. Einige wenige entwickeln mediale Fähigkeiten. Sie kommunizieren mit Geistwesen aus einer anderen Sphäre. Andere wiederum erlangen Hellsichtigkeit oder verfügen über heilende Kräfte.

Diese Entwicklung hat sich in den letzten Jahren verstärkt. Sie stößt vielfach auf Skepsis, Ablehnung und Widerstand. Ein Großteil der Kritiker sieht in dieser Entwicklung einen Irrglauben und sucht die Ursache im sozialen Umfeld des industriellen Menschen. Diese Sichtweise halte ich für sehr begrenzt, wenngleich so manche Kritik beachtet werden muß, gibt es doch auch viele eitle, kapital- und machtorientierte Strömungen in der spirituellen Bewegung.

Eines müssen wir bei allen Betrachtungsweisen stets bedenken: Wir befinden uns an der Trennungslinie zwischen den beiden Zeitaltern Fische und Wassermann, an der Altes und Neues aufeinandertreffen. Das Alte ist dabei überwiegend die materielle Betrachtungsweise, das Neue hingegen die überwiegend spirituelle Weise des Sehens. Die Trennungslinie wird noch eine geraume Zeit fließend sein. Solange werden auch die Diskussionen und Gegensätze, wird die *Scheidung der Geister* zunehmen. Die starren Verfechter der bisherigen Systeme, Strukturen und Erkenntnisse, die konkret-analytisch (linke Hirnhälfte!) denkenden Menschen, werden sich nicht überwinden, das Neue und Kommende anzunehmen. Aber auch die Anhänger der analogen und spirituellen (rechte Hirnhälfte!) Welt werden die alten Erkenntnisse verwerfen.

Dabei scheint das Überwinden der Gegensätze ganz einfach. Wenn wir weise sind, wenn wir die Erkenntnisse des anderen achten wie unsere eigenen, ist beides leicht und schnell zu verbinden. Unsere altehrwürdigen Wissenschaften, unsere jahrtausende alten Erfahrungen bergen im Kern soviel Edles und Wertvolles, daß sie eine stabile Brücke in das neue und kommende Weltzeitalter bilden könnten. Wenn wir jedoch auf das harmonische Miteinander der Menschen warten, werden wir vergeblich warten. So wird die Allmacht für uns dieses Problem lösen, indem sie verwirklicht, was sie in der Offenbarung angekündigt hat: » ... *denn das Erste ist vergangen. Siehe, ich mache alles neu.*«

Die Visionen und Prophezeiungen haben am Ende des 2. Jahrtausends ein nicht mehr zu überschauendes Ausmaß erreicht. Auch die Marienerscheinungen waren und sind von einer Dichte und Intensität, wie sie vor dem nicht überliefert sind. Im letzten Jahrzehnt haben die medialen Fähigkeiten der Telepathie, des Hellsehens und -hörens sowie die medialen Botschaften sprunghaft zugenommen.

Selbst wenn wir die Spreu vom Weizen trennen, bleibt eine unverhältnismäßig große Anzahl von nicht erklärbaren Phänomenen übrig. All diese Visionen, Prophezeiungen und medialen Botschaften sind apokalyptisch geprägt.

Wir sind gut beraten, wenn wir diesen Aussagen unsere kritische Aufmerksamkeit zuwenden. Wir sind weise, wenn wir die Zeichen der Zeit erkennen, und wir müssen wissen, daß bereits der alttestamentaische Prophet Joel auf diese Zeit der unerklärbaren Phänomene hingewiesen hat:

»Und nach diesem will ich meinen Geist ausgießen über alles Fleisch; und eure Söhne und Töchter sollen weissagen; eure Ältesten sollen Träume haben, und eure Jünglinge sollen Gesichte sehen; auch will ich zur selben Zeit über Knechte und Mägde Meinen Geist ausgießen. Und ich will Wunderzeichen geben am Himmel und auf Erden. Blut, Feuer und Rauchdampf; die Sonne soll in Finsternis und der Mond in Blut verwandelt werden, ehe denn der große und schreckliche Tag des Herrn kommt« (Joel 3,1-4).

SCHLUßWORT

Johannes der Täufer ist eine biblische Gestalt, die in kein Schema paßt. Es finden sich auch keine Parallelen zu ihm in der jahrtausende alten Geschichte der jüdischen und christlichen Religion.

In den Augen des Betrachters hat Johannes der Täufer viele Gesichter und Gestalten. So ist er zugleich Asket, prophetischer Mahner, Rufer in der Wüste, Bote Gottes, Vorläufer des Messias, Umkehr- und Gerichtsprediger, gelegentlich aber auch Verkünder und Wegbereiter des Endzeitrichters. Dennoch bleibt er dem Betrachter ein fesselndes Rätsel. Ein Schleier des Geheimnisvollen ist um diesen Jochanan ben Sacharja gelegt.

Erst wenn man Schicht um Schicht dieses Schleiers durchdringt, erkennt man die Konturen dieser charismatischen Gestalt: Johannes der Täufer stand im Schnittpunkt von Verheißung und Erfüllung, er war der Bote Gottes *zwischen den Zeiten*. Er verwarf Traditionen und sprengte Gesetze. Er kannte nur ein Ziel: Die Hinführung der Menschen auf die wahren Werte und ewigen Gesetze. Diesem Ziel ordnete er alles unter, selbst sein Leben.

Johannes der Täufer war weit mehr als nur Prophet und Mahner, Vorläufer und Wegbereiter, er war ein von Gott gesandter Lehrer für die gesamte Menschheit. Dies wird freilich erst erkennbar, wenn wir ihn befreien von dem viel zu eng gefaßten Rahmen der Evangelien und der christlichen Kirchen.

Seine Zeichenhandlungen und Predigten befreiten die Menschen von ihren inneren und äußeren Zwängen. Diese Zwänge waren Riten, Regeln, Gesetze und Denkschemata, die das Erkennen des Wahren Gesetzes verhinderten. Seine Kritik galt nicht den kleinen Sündern, sie traf die Mächtigen und Selbstgerechten, die selbsternannten Hüter von Weisheit, Gesetz und Moral. Es waren diese Selbstgerechten, die Gottes Volk in die Irre und Verderbnis führten, deshalb kam Johannes der Täufer, als wiederkehrender Elija, *um alles wieder zurechtzurücken* (sh. Mt 17,11).

Johannes der Täufer kam als Lehrer und Mahner. Er zeigte den einzig möglichen Weg: Abkehr vom Zeitgeist und Neuausrichtung hin zum göttlichen Heil. Nur die Liebe zu den Menschen konnte dieses Große Licht, das sich hinter seinem Namen verbirgt, zu dem Schritt in ein außergewöhnliches irdisches Leben veranlassen.

Dieses Große Licht wird stets wiederkommen, wenn großes Unheil für die Menschen droht. Wir dürfen dieses Licht nicht als Unheilskünder oder Wegbereiter des Endzeitrichters sehen, wir müssen es vielmehr als Rettung und Heilsbotschaft verstehen. Diese Heilsbotschaft ist Labsal für die Aufrechten, sie ist Bitternis für die Selbstgerechten.

Es gibt keinen besseren Schluß für dieses Buch als die nachfolgenden medialen Worte Johannes des Täufers, weisen sie doch auf eine Wiederkehr dieses Großen Lichtes hin:

»So ist der Bund besiegelt,
auf daß mein Wort wiederkehre in diese Welt.
Ich werde die Lämmer sammeln
von einem Ende der Welt zum anderen.
Ich werde sie führen über Geröll und Stein
und leiten mitten durch die Wölfe.
Und wo mein Wort ist,
ist die Kunde vom Heil Christi bei den Lämmern,
doch bei den Wölfen wird Heulen und Zähneknirschen sein.

Johannes der Täufer.«

Mediale Spiegelschrift vom 2. Mai 1993

ABKÜRZUNGEN

Abkürzungen für die biblischen Bücher

Altes Testament

Dan	Das Buch Daniel
Dtn	Deuteronomium
Esr	Das Buch Esra (Esdras)
Esth	Das Buch Esther
Ex	Exodus
Ez	Das Buch Ezechiel
Gen	Genesis
Hen	Das Buch Henoch
Hos	Das Buch Hosea
Jer	Das Buch Jeremia
Jes	Das Buch Jesaja (Isaias)
Jos	Das Buch Josua
Klgl	Die Klagelieder Jeremias
1 Kön	Das 1. Buch der Könige
2 Kön	Das 2. Buch der Könige
Lev	Leviticus
1 Makk	Das 1. Buch der Makkabäer
2 Makk	Das 2. Buch der Makkabäer
Mal	Das Buch Maleachi (Malachias)
Mich	Das Buch Micha (Michäus)
Neh	Das Buch Nehemia
Ps	Der Psalter
Ri	Das Buch der Richter
Sach	Das Buch Sacharja (Zacharias)
1 Sam	1. Buch Samuel
2 Sam	2. Buch Samuel
Spr	Die Sprüche Salomos

Neues Testament

Apg	Apostelgeschichte
Hebr	Hebräerbrief
Joh	Das Evangelium nach Johannes
1 Kor	1. Korintherbrief
Lk	Das Evangelium nach Lukas
Mk	Das Evangelium nach Markus
Mt	Das Evangelium nach Matthäus
Offb	Offenbarung des Johannes
Röm	Römerbrief

Allgemeine Abkürzungen

Anm.	Anmerkung
bzw.	beziehungsweise
CD.	Cairo-Damaskus-Dokument
d. Ä.	der Ältere
d. Gr.	der Große
d. h.	das heißt
d. J.	der Jüngere
dt.	deutsch
f	folgend
ff	folgende
griech.	griechisch
hebr.	hebräisch
Jh.	Jahrhundert
jüd.	jüdisch
Kap.	Kapitel
Kom.	Kommentar
nachbibl.	nachbiblisch
n. Chr.	nach Christi Geburt
österr.	österreichisch
sh.	siehe
u. a.	unter anderem
usw.	und so weiter
v. Chr.	vor Christi Geburt
vgl.	vergleiche
z. B.	zum Beispiel

ANMERKUNGEN

1. Das Wort Anthroposophie bezieht sich auf das griech. anthropos = Mensch und sophia = Weisheit und ist Sammelbegriff für die Geisteswissenschaften in allen ihren Äußerungen.
   Der Begriff Anthroposophie wird dabei überwiegend mit den wissenschaftlich-philosophischen Einsichten und Werken Rudolf Steiners (1861-1925) in Verbindung gebracht, wenngleich er uns bereits in den philosophischen Schriften I.P.V. Troxlers und Immanuel Hermann Fichtes begegnet.

2. Die Geburt von Johannes dem Täufer und Jesus fällt in die Amtszeit (23-5 v. Chr.) des Hohenpriester Simon Boethus. Historik und Religionswissenschaft datieren die Geburten beider auf 8-6 v. Chr. Die Enthauptung Johannes des Täufers und der Kreuzestod Jesu erfolgte in den Jahren 31-33 n. Chr. Es errechnet sich demnach für beide ein Alter von etwa 40 Jahren.

3. Ansiedlung östlich des Toten Meeres, an der Südgrenze Peräas.
   Die Siedlung wurde von Alexander Jannäus zur Burg ausgebaut und 63 v. Chr. durch Pompejus zerstört. Herodes d. Gr. baute auf den Ruinen eine Festung aus. El Mukawer heißen die Reste dieser Trutzburg heute in arabisch.

4. Bild eines Fürbittegebetes. Die Deésis zeigt den thronenden oder erhöht stehenden Christus zwischen Maria und Johannes dem Täufer.
   Vom Betrachter aus gesehen ist dabei Maria auf der linken, Johannes der Täufer auf der rechten Seite. Beide nehmen eine fürbittende Haltung ein.
   Das Deésis-Bild entspringt der Ostkirche und ist noch heute eine gebräuchliche Darstellung. In der römischen Kirche befinden sich die bedeutendsten Deésis-Bilder: Laterankirche, Rom; Santi Quattro Loronati, Rom; Johanniskirche, Bad-Zwischenahn; Rathaus Lüneburg; Altartafel aus Merseburg, Wallraf-Richartz-Museum, Köln.

5. Die Pharisäer waren eine religiöse Gruppierung im Judentum. Ihr Ursprung liegt in der Zeit des Zweiten Tempels. Nähere Hinweise hat bereits der jüdische Geschichtsschreiber Josephus Flavius gegeben.

Der Begriff Pharisäer wird in den Evangelien hauptsächlich für Kajaphas als Oberhaupt der pharisäischen Partei gebraucht.
Der Name Pharisäer (hebr. Peruschim) bedeutet die *Abgesonderten*, bezogen auf eine relativ strenge Gesetzesauslegung.
Die Pharisäer entspringen der Bewegung der Chasidäer, trennten sich jedoch von ihr, da sie deren messianisch-apokalyptische Naherwartung nicht teilten.
Am Ende des 2. Jh. v. Chr. bekämpften sie den hellenistischen Einfluß auf das Judentum und die Politik der Hasmonäer.
Am Ende der Dynastie hatten die Pharisäer starken Einfluß auf den Hohen Rat und das Volk.
Sie waren die geistige und religiöse Elite Israels. Nach der Zerstörung Jerusalems waren sie die einzige wirksame Religionspartei. Ihre Geistesrichtung wurde maßgebend für das Judentum.
Die Lehre der Pharisäer beruft sich auf eine genaue Gesetzeserfüllung einerseits, andererseits war das Gesetz der jeweiligen Situation anzupassen und erlaubte somit eine individuelle Auslegung durch die Gelehrten.
Ein hohes Verdienst der Pharisäer war, daß sie Nichtjuden und Sünder nicht unbedingt vom Heil ausschlossen.
Das Neue Testament schildert die Pharisäer als die Gegner Johannes des Täufers und Jesu. Der Gegensatz basiert auf der unterschiedlichen Stellung zum Gesetz. Für Johannes den Täufer und Jesus bedeutete die Tora keine absolute Heilsnotwendigkeit. Die andere Ursache des Konfliktes war die Ablehnung aller messianisch-eschatologischen Naherwartungen durch die Pharisäer.

6. Die Sadduzäer waren neben den Pharisäern und Essenern die bedeutendste religiöse Gruppierung des Judentums. Die Sadduzäer waren vorwiegend an politischer Einflußnahme interessiert und dem hellenistischen Gedankengut nicht abgeneigt.
Erstmals machten die Sadduzäer unter dem Hasmonäer Jonatan (160-144 v. Chr.) von sich reden. Sie lehnten die mündliche Lehre (Halacha) ab, auf die sich die Pharisäer beriefen. Entgegen ihrer urkonservativen religiösen Haltung zeigten sie sich politischen Strömungen und Neuerungen jedoch aufgeschlossen und erwarben sich stets ein gutes Einvernehmen mit dem jeweiligen Herrscherhaus. Auf das religiöse Leben der Juden hatten sie jedoch geringen Einfluß. Im Neuen Testament treten die Sadduzäer als Leugner der Auferstehung (sh. Mk 12,18-27) und Gegner der Pharisäer auf. Die späteren Rabbiner bezeichneten die Sadduzäer als Häretiker (Vertreter von ketzerischen Lehren).

7. Elija (= mein Gott ist Jahwe).
Elija stammt aus Tisbe in der Region Gilead (zwischen Wüste, Arnon, Jordan und Jarmuk) und war der größte Prophet im Nordreich des 9. Jh. v. Chr.

Die Berichte über Elija finden sich in den Geschichtsbüchern des Alten Testaments (1 Kön 17-19; 21; 2 Kön 1). Elija, von Gott für einen besonderen Auftrag ausgesandt, predigte und kämpfte für den Monotheismus Israels und war erklärter Gegner des Baalkults.
Die Berichte der Bibel schmücken sein Wirken mit Wundern aus. Er überwand Dürre und Unbill und wurde als Lehrer, Tröster und Beschützer der Armen und Bedrängten verehrt.
Das Spätjudentum erwartet Elija als Vorläufer des Messias.
Auch das Neue Testament kennt Elija als Nothelfer (sh. Mk 15,35 f). Selbst in heutiger Zeit genießt er Verehrung, selbst im Islam.

8. Jesaja (=Rettung ist Jahwe) wurde 742 v. Chr. im Tempel zu Jerusalem zum Propheten berufen. Er kündete unter den Königen Asarja, Jotam, Achas und Hiskija. Der babyl. Talmud überliefert die Legende seines Martertodes unter Menasse.
Jesaja (Deuterojesaja) hat seinem nach Babel verbannten Volk Hoffnung auf einen Retter gemacht.
Sein Spruch 40,3 ist eine Anspielung auf die ebene Prachtstraße in Babylon und die Macht, die nötig ist, um in bergigem Gelände einen ebenen Weg anzulegen.

9. Maleachi (= mein Bote) ist kein eigentlicher Personenname.
Vermutlich gelangte das Wort Maleachi von Mal 3,1 in die Überschrift (1,1) und wurde somit als Name des unbekannten Autors des Maleachi-Buches verstanden.
Das Maleachi-Buch ist die letzte, ursprünglich anonyme Schrift im Zwölfprophetenbuch, sie gehört in den Beginn des 5. Jh. v. Chr.

10. Das hebr. Wort Pescher bzw. Pescharim findet sich in einigen Schriftrollen vom Toten Meer und hat in etwa die Bedeutung von Schlüssel.
Die sogenannte Peschermethode ist demnach ein Verfahren zur Entschlüsselung bzw. zu einer völlig neuen Annäherung an Texte des Alten oder Neuen Testaments.
Auf der Peschermethode ist teilweise das Werk Barbara Thierings *Jesus von Qumran* aufgebaut.

11. Bruder des Moses, aus dem Stamme Levi. Aaron steht Moses bei der Flucht seines Volkes aus Ägypten bei, sozusagen als Mensch und Prophet. Nach dem Sinai-Bund wird Aaron und seinen männlichen Nachkommen das Priestertum übertragen. In Israel kann fernerhin nur Priester sein, wer Aarons Geschlecht entstammt.

12. Dritter Sohn Jakobs von Lea (sh. Gen 29,34)
Der auf Levi zurückgeführte israelitische Stamm wurde von Jakob wegen eines Überfalls auf Sichem verflucht (sh. 49,5-7)

13. Name für eine gnostische Sekte, im Irak beheimatet. Die Mandäer nannten sich ursprünglich Nazoräer. Ihre Schriften enthalten wertvolles jüdisch-christliches Traditionsgut, inzwischen leicht vermischt mit iranischen Elementen.
Die Mandäer sind Nachkommen einer Täufersekte aus der Jordangegend. Mit größter Wahrscheinlichkeit beziehen sie sich direkt auf Johannes den Täufer, worauf auch das *Johannesbuch der Mandäer* schließen läßt. Die Bezeichnung Nazoräer führte auch Johannes der Täufer.

14. Titel der englischen Originalausgabe: *Jesus the men.*
Deutsche Übersetzung erschienen im Gütersloher Verlagshaus Mohn, 1993.
In ihrem Werk vertritt Barbara Thiering die These, daß der in den Qumran-Texten mehrfach erwähnte *Lehrer der Gerechtigkeit,* Johannes der Täufer ist. Der Gegner des *Lehrers der Gerechtigkeit,* in den Qumran-Schriften als der *Lügenmann* und *Frevelpriester* bezeichnet, ist hingegen niemand anderer als Jesus selbst.
Diese These wird freilich erst dann möglich, wenn man die speziellen Qumran-Texte, die den *Lehrer der Gerechtigkeit* und den *Lügenmann* erwähnen, um 100-150 Jahre später datiert, als es Paläographie und Carbon-14-Tests gestatten.
Sie bleibt selbst dann noch fragwürdig, würde sie doch besagen, daß Johannes der Täufer und Jesus erbitterte Gegner gewesen sind, da der *Frevelpriester*, dem *Lehrer der Gerechtigkeit* nach dem Leben trachtete.
Barbara Thiering geht weiter davon aus, daß Jesus in Qumran und nicht in Jerusalem gekreuzigt wurde. Dem Buch zufolge hat Jesus die Kreuzigung überlebt und noch dreißig Jahre in Palästina mit Maria Magdalena und drei gemeinsamen Kindern gelebt. Später soll er mit der aus der Apostelgeschichte (sh. Apg 16,14-15 und 16,40) bekannten Purpurhändlerin Lydia gelebt haben und in Rom eines natürlichen Todes gestorben sein.
Sieht man von diesen Aussagen ab, die mit auch nur halbwegs seriöser Wissenschaft nichts mehr gemein haben, muß die zu anderen Themen umfangreiche Recherchenarbeit Barbara Thierings beachtet werden.

15. Josephus Flavius (37/38 n. Chr. bis nach 100), jüdischer Historiker.
Josephus nahm zunächst aktiv am Krieg gegen Rom teil und wechselte 67 n. Chr. zu den Römern unter Vespasian über.
Ab 70 n. Chr. verfaßte Josephus in Rom die Geschichte des jüdischen Volkes, beginnend mit der Schöpfung bis hin zu seiner Gegenwart.
Josephus stützte sich speziell bei der Darstellung des 1. Jh. vor und nach Chr. auf zahlreiche , inzwischen verlorengegangene Quellen und Dokumente.

In seinen historischen Aufzeichnungen, den *Jüdischen Altertümern* (Antiquitates), erwähnt Josephus an mehreren Stellen auch Johannes den Täufer. Darüberhinaus gibt er als zeitgenössischer Historiker ein mehr oder weniger neutrales Bild der Essener wieder.

16. Herodes (griech. = Heldensproß), der Große, Sohn des Antipater.
Herodes d. Gr. löste das hasmonäische Herscherhaus ab und wurde 40 v. Chr. mit Billigung der Römer König der Juden. Offiziell wurde er jedoch erst 37 v. Chr. gekrönt und regierte bis 4 v. Chr. Seiner Regentschaft gingen schwere Kämpfe mit den Hasmonäern voraus.
Herodes d. Gr. gründete mehrere Städte und Festungen (z. B. Cäsarea, Machaerus) und baute in Jerusalem den Herodianischen Tempel, den Königspalast und erneuerte die Burg Antonia. Darüberhinaus wurde er zum Mitinitiator einer Missionsbewegung in der Diaspora, die die Juden in aller Welt in einer Gemeinschaft mit beträchtlichem politischen und finanziellen Potential einen sollte.
Herodes d. Gr. war von seiner Gesinnung her Hellenist, achtete aber die religiösen Anschauungen und Praktiken seines Volkes.
Sein politisches Hauptverdienst liegt wohl in der Römer-Freundlichkeit einerseits und der Einigung des jüdischen Volkes andererseits.
Schon sein Vater Antipater, ein Idumäer und Günstling des römischen Feldherrn Pompejus, erneuerte zusammen mit Numenius den jüdisch-römischen Freundschaftsvertrag und suchte auch mit Sparta in freundschaftliche Beziehungen zu treten (sh.1 Makk 12,1-23).
In den Jahren vor seinem Tod litt Herodes d. Gr. zunehmend unter Verfolgungswahn. So enterbte oder liquidierte er die meisten seiner Kinder aus insgesamt neun Ehen.

17. Die jüdische Zeitrechnung basiert auf AM = Anna Mundi (Weltjahr seit der Schöpfung). Aufgrund verschiedener Ansichten und Auslegungen entstanden die nachfolgenden leichten Differenzierungen bei der Festlegung der Zeitmessungen:

NS	=	nordsolar
NLS	=	nordlunisolar
Inters	=	solares Zwischenjahr
SS	=	südsolar
SLS	=	südlunisolar

Zudem gab es noch das sogenannte Generationsjahr.
Für diejenigen, die eine Generation mit 40 Jahren rechneten, ergab sich ein zusätzlicher Konflikt: Begann eine neue Generation im Jahre 0 oder im Jahre 1.

Für die Vertreter des Sonnenkalenders begann die Generation im Jahre 0, für die herodianischen Lunisolaristen hingegen im Jahre 1.
Dies bedeutet, daß das lunisolare Jahr 3940 AM ein Jahr nach dem solaren 3940 AM begann.
Somit begann das herodianische Generationsjahr 3940 AM zwei Jahre später als das solare Generationsjahr 3940 AM.
Betrachten wir das Evangelium Mt 2,7-16 unter diesem Aspekt:
Die Weisen aus dem Morgenland täuschten Herodes d. Gr. nicht nur über den Geburtsort, sondern auch über das Geburtsdatum.
Auf seine Frage: »*Wann* (chronos, d. h. in welchem Generationsjahr) *soll der Erbe Davids geboren werden?*«, erhielt er von den Magis die Auskunft: »*im Generationsjahr der Südpartei.*« Im Verständnis der Magis, die dem Sonnenkalender anhingen, war dies das Jahr SS 3930, also 7 v. Chr.
Für Herodes hingegen bedeutete die Aussage das Jahr 5 v. Chr., da das Jahr SLS 3930 auf das Jahr 6 v. Chr. fiel, und das Jahr 3931, sein Generationsjahr, auf das Jahr 5 v. Chr.
Darin liegt wohl die Ursache, daß Herodes d. Gr. erst zwei Jahre später mit der Geburt von Johannes dem Täufer und Jesus rechnete.
Herodes d. Gr. muß diesen Fehler bzw. Trugschluß jedoch erkannt haben. Deshalb suchte er nach Kindern, die zwei Jahre alt waren.

18. Das *Wassermann-Evangelium von Jesus dem Christus* ist in deutscher Übersetzung veröffentlicht vom Heinrich Hugendubel Verlag, München, 1980.
Der vollständige Titel des Buches lautet: *Das Evangelium des Wassermann-Zeitalters über Jesus den Christus vom Fische-Zeitalter.*
Der Titel der amerikanischen Originalausgabe: *The Aquarian Gospel of Jesus the Christ.*
Der Autor nennt sich Levi. Über seine Person selbst wird nur weniges mitgeteilt:
Levi war amerikanischer Staatsbürger und von Kindheit an den Weltreligionen zugewandt. Schon als Knabe war er von der sensitiven Feinheit höherer Ebenen stark beeindruckt. Mit Eifer vertiefte er sich in die Studien über Ätherschwingungen und die Geheimnisse der Himmel. Vierzig Jahre verbrachte er mit Studien und stiller Meditation, bis er sich im Stadium höheren geistigen Bewußtseins befand.
Levi verfaßte das Evangelium aus der Sicht des Wassermann-Zeitalters. Bei der Niederschrift des Evangeliums wirkt er als Medium, Mittler zwischen Gott und den Menschen.
Entscheidend ist, daß sich das Wassermann-Evangelium von Levi in den wesentlichen Aussagen nicht von den Evangelien des Neuen Testamentes unterscheidet. Es geht jedoch mehr in die Tiefe, Zusammenhänge werden deutli-

cher. In vielen Passagen ist es detaillierter und logischer aufgebaut als die neutestamentaischen Evangelien.

19. In der Tat gibt es viele Indizien, die für ein Wirken Jesu in Indien sprechen. Historiker haben in jüngster Zeit nach Beweisen gesucht, nach denen Jesus zumindest Teile der verstreuten zehn Stämme Israels in Afghanistan und Kashmir aufsuchte und lehrte.
Der Historiker und Autor Hazrat Mirza Ghulam Ahmad von Quadian sammelte in seinem Werk *Masih Hindustan Mein* zu Ende des 19. Jh. Zeugnisse zu diesem Thema. Das Buch wurde unter dem englischen Titel *Jesus in India* veröffentlicht.
Dem Werk ist ferner zu entnehmen, daß Jesus im Alter von 125 Jahren in Srinagar gestorben ist. Das Grab in Kashimir, in dem Yus Asaph begraben ist, sei in Wirklichkeit das Grab Jesu.

20. Herodes Antipas hatte sich wegen Herodias von seiner Ehefrau, Tochter des einflußreichen Nabatäerfürsten Aretas IV (9 v. Chr.-39 n. Chr.) getrennt und war deshalb in einen Krieg mit Aretas gezwungen worden.
Der Ausgang war für Herodes Antipas vernichtend.
Die öffentliche jüdische Meinung sah in der Niederlage und dem damit verbundenen Machtverlust eine Gottesstrafe für die Hinrichtung des vom Volk geachteten Johannes des Täufers.

21. Die Evangelien basieren auf der sogenannten Zweiquellentheorie. Es wird unterstellt, daß Matthäus und Lukas neben dem Markus-Evangelium als zweite Quelle eine Sammlung von *Herrenworten* benutzt haben, die sogenannten Logien (Sigel: 2). Die verschiedene Anordnung des Mt/Lk über Mk hinaus gemeinsamen Stoffes, macht die gegenseitige Kenntnis von Mt/Lk unwahrscheinlich.
Diese Unabhängigkeit erlaubt den Rückschluß auf die von beiden Evangelisten benutzte Logienquelle.
Es ist nicht schlüssig, ob die Logienquelle beiden Evangelisten in der geichen Form vorlag.

22. Apogryphen werden die Bücher des Alten Testaments genannt, die in der Biblia Hebraica fehlen und ausschließlich durch Septuaginta und Vulgata in die Bibel gelangt sind. Die katholische Bibel enthält sie bis heute, die evangelische hingegen nicht, da Martin Luther sie nicht der heiligen Schrift gleichsetzte und zu einem bloßen Anhang zum Alten Testament verbannte.
Von den Apogryphen sind zwei zu Anfang des 2. Jh. v. Chr. entstanden. Von diesen gibt es interessanterweise auch Handschriften in den Qumran-Funden.

23. Jakobus (in Mt 13,55; Mk 6,3 als *Bruder des Herr* bezeichnet, erhielt später den Beinamen *der Gerechte.*
Jakobus wurde erst nach der Auferstehung gläubig und spielte die führende Rolle in der Jerusalemer Urgemeinde.
Entscheidend war seine Stimme beim Apostelkonzil (ca. 50 n. Chr.) und der Formulierung des Aposteldekrets. Jakobus setzte sich dabei zusammen mit Petrus für den Zugang der Heiden zur Kirche ein. Jakobus ist mit größter Wahrscheinlichkeit Verfasser des sogenannten Jakobus-Briefes,
Zuletzt wird Jakobus in der Apg 21,18f erwähnt. Jakobus wurde 1 n. Chr. geboren. Er war somit acht Jahre jünger als Jesus und im Gegensatz zu diesem ehelich geboren. Bezüglich der Bewegungen *Ein Nachkomme Davids auf dem Königsthron,* galt für den östlichen Flügel dieser Strömung Jakobus deshalb auch als der legitime Davidide.
In vielerlei Hinsicht gab es starke Differenzen in den Ansichten und Auslegungen der Messiasbotschaft und deren Verbreitung zwischen Jakobus und Paulus. Im Jahre 62 n. Chr. starb Jakobus den Märtyrertod. Er wurde auf Anordnung des Hohenpriesters Ananus d. J. zu Tode gesteinigt.

24. Hillel, der in der jüdischen Überlieferung auch den Beinamen *der Große* trägt, lebte zur Zeit Herodes d. Gr. Er war Pharisäer und Schriftgelehrter und Gründer einer Rabbinerschule.
Hillel vertrat eine gemäßigte Linie innerhalb der Pharisäer und schuf die Grundlage der rabbinischen Exegese und Hermeneutik.

25. Bezeichnung für die Evangelisten Matthäus, Markus und Lukas, die eine ähnliche bzw. teilweise wörtliche Übereinstimmung der Evangelien zeigen.
Diese Gleichheit der Synoptiker erklärt sich durch die Annahme gegenseitiger Benutzung oder durch Erhebung gemeinsamer Quellen.

26. Hartmut Stegemann, geb. 1933., Dr. theol., Dr. phil., ist Ordinarius für Neutestamentaische Wissenschaften an der Theologischen Fakultät der Universität Göttingen, Direktor des Instituts für Antikes Judentum und Leiter der dortigen Qumran-Forschungsstelle. Stegemann ist seit 1954 an der Sichtung und Auswertung der Qumran-Funde beteiligt und gehört zu jenem kleinen Kreis der Forscher, die stets zu allen Originalhandschriften aus den Qumran-Funden freien Zugang hatten.
Das Buch *Die Essener, Qumran, Johannes der Täufer und Jesus* ist im Verlag Herder, Freiburg i. Brsg.,1993, erschienen.

27. Philo von Alexandria war jüdischer Religionsphilosoph. Er lebte 15/10 v. Chr. bis nach 40 n. Chr. In seinen Niederschriften verbindet er die jüdische Theolo-

gie mit der griechischen Philosophie, speziell den stoischen und platonischen Ausrichtungen. Sein Werk übte großen Einfluß auf die Theologie der Kirchenväter aus.

28. Marsaba zählt zu den spektakulärsten Bauwerken Israels. Heute ist das berühmte Kloster Heimat griechisch-orthodoxer Mönche. Das Kloster wurde im 5. Jh. n. Chr. gegründet. In früheren Zeiten wurde der Platz jedoch von Asketen aufgesucht und von Pilgern als Herberge genutzt.
Das Lukasevangelium 4,16-30 schildert, wie Jesus den Abhang eines Berges hinuntergestoßen werden sollte, *»auf dem ihre Stadt gebaut war«*. Die Ortsbeschreibung kommt Marsaba überraschend nahe.

29. Henoch wird in Gen 4,12 als Sohn des Kain erwähnt. Von Henoch wird ein gottgefälliges Leben und ein vorzeitiges Entrücken geschildert. Mit Henoch ist eine umfangreiche apokalyptische Literatur, die sogenannten Henoch-Bücher, verbunden. Zu unterscheiden sind dabei das äthiopische Henochbuch (Hen I), das slawische Henochbuch (Hen II) sowie die hebr. verfaßte Sammlung von Henoch-Überlieferungen.
Hen I wurde erst im 18. Jh. n. Chr. als Handschrift bekannt. Das Buch schildert nach der Einführungsrede den Fall der Engel. Noah, letzter der zehn Urväter und vor der Sintflut Geretteter, kündet die Strafe an. Henoch will vermittelnd eingreifen, jedoch vergebens. Es folgen große apokalyptische Gleichnisse, die *Zehn-Wochen-Apokalypse* bis hin zum Gericht durch den Messias und die Totenauferstehung. Entstanden ist die Schrift in essenischen Kreisen. Hen II und III sind stofflich von Hen I abhängig.

30. Pontius Pilatus, 26-36 n. Chr. Statthalter von Judäa. Er entschied den Prozeß Jesu und befahl die Kreuzigung (sh. Mk 15,15). Seine wirkliche Einstellung zu Jesus ist nicht sicher eruierbar. In jüdischen Quellen wird er als rigoros, ungerecht und grausam dargestellt.
Der sogenannte Brief des Pilatus, der über die Wunder Jesu und dessen Auferstehung berichtet, ist ein erdichteter Brief aus dem 2. Jh. n. Chr. an Kaiser Claudius (irrtümlich statt Tiberius).

31. Aggripa I (Julius A.), 10 v. Chr.-44 n. Chr., war Enkel Herodes d. Gr. Er wurde in Rom ausgebildet und erzogen. Durch seine Freundschaft mit der kaiserlichen Mutter Antonia gewann er Einfluß am römischen Hof und versuchte, die herodianische Dynastie in Judäa wiedereinzusetzen. Wegen seines untadeligen Lebenswandels geriet er jedoch in große Geldnöte, mußte Rom verlassen und floh nach Judäa. Nach schweren persönlichen Krisen (Selbstmordversuch) zeigte er starkes Interesse für die Lehren Johannes des Täufers und Jesu.

In seiner politischen Einstellung stand er jedoch im Gegensatz zu den priesterlichen Parteien Judäas. Etwa 36 n. Chr. hielt sich Agrippa I wieder in Rom auf und wurde wegen einer Verschwörung gegen Kaiser Tiberius zu Kerkerhaft verurteilt.
Hauptinitiator der Verschwörung war Gaius Caligula. Als dieser nach dem Tod von Tiberius den Thron bestieg, begnadete er Agrippa I und verlieh ihm den Titel König der Juden. In Judäa fand er starke Unterstützung innerhalb der asketischen Bewegung. Nachdem er Mattäus Hannas im Jahre 43 n. Chr. als Hohenpriester abgesetzt und sich selbst zum höchsten Priester proklamiert hatte, wurde er von seinen Gegnern ermordet.

32. Kajaphas (Kaiphas) ist der Beiname des jüdischen Hohenpriesters Joseph. Er amtierte in der Zeit des Auftretens Johannes des Täufers (sh. Lk 3,2) und Jesu. Kajaphas ist besonders durch den Prozeß Jesu (sh. Mt 26,3;57) bekannt.
Bei Lk 3,2 wird daneben Hannas als Hoherpriester tituliert. Der Hintergrund: Hannas hatte das Amt von 6-15 n. Chr. inne. Seine fünf Söhne amtierten alle zeitweise als Hohepriester; Kajaphas war sein Schwiegersohn. Nach seiner Amtszeit behielt Hannas den Titel und übte weiterhin großen Einfluß aus, z. B. unter Kajaphas.

33. Neben den Zeloten gab es eine große Zahl von nationalistisch ausgerichteten Gruppierungen und Bünden. Viele versuchten, Johannes den Täufer für ihre Ideen und Vorhaben zu gewinnen. In der Frage eines militärischen Aufstandes gegen die römische Besatzungsmacht konnte er jedoch viele zu einer Neuorientierung und Umkehr bewegen.
Ob die in der Damaskusschrift festgehaltenen Worte *»Sie waren wie Blinde und solche, die nach dem Weg tasten bis der Lehrer erschien und ihnen einen neuen Weg zeigte«*, dem Täufer oder dem Lehrer der Gerechtigkeit zuzuordnen sind, bleibt weiterhin umstritten.
Die Möglichkeit, daß der Lehrer der Gerechtigkeit und Johannes der Täufer identisch sind, kann bei dem heutigen Stand der Qumran-Forschung nicht absolut ausgeschlossen werden.

34. Die Tora ist ursprünglich lediglich eine mündliche Weisung, die der Priester im Namen Gottes am Heiligtum gegeben hat. Die Worte und Anweisungen der Propheten sowie die Weisheitslehren des Alten Testaments sind bereits gewissermaßen eine Tora (sh. Jes 8,16 und Spr 13,14). Die Toraerteilung ist jedoch die wesentliche Aufgabe des Priesters (sh. Dtn 33,10) und regelt speziell Fragen des Kults, der Rein- und Unreinheit und unterscheidet zwischen heilig und profan. Darüberhinaus fallen Entscheidungen im Bereich des Rechts und der sittlichen Ordnung an.

Die Tora wird dem gesamten jüdischen Volk erteilt, wenn es zur Wallfahrt am Heiligtum versammelt ist.
Als die Tora schriftlich fixiert wurde, ist ein bedeutender Wandel im Begriff vorausgegangen. Das Berufswissen der Priester war damit nicht mehr für den Laien bestimmt. Die Toraauslegung der Priester stieß auf Kritik bei jenen, die in der Tora noch mehr das Wort Gottes und dessen tieferen Sinn als das Buchstaben-Wissen der Schriftgelehrten sahen, wie Johannes der Täufer und Jesus.

35. Hosea (= Jahwe hat gerettet) trat in der Zeit zwischen 750-725 v. Chr. als Prophet auf. Es war eine Phase politischer Wirren und religiös-sittlichen Verfalls im Nordreich. Vermutlich entstammte Hosea dem Nordreich, denn laut Hos 5,8 f; 6,8 f war er ein profunder Kenner des Landes und laut 9,15; 12 der Kultstätten. Vom Werk des Propheten erzählt das Hosea-Buch.

36. Jeremia, aus dem Stamme Benjamin, wurde etwa 650 v. Chr. geboren. Als Prophet verkündete er sein Wort über vierzig Jahre in Jerusalem. Das Leben des Propheten läßt sich anhand des Jeremia-Briefs sowie des Jeremia-Buchs gut nachvollziehen. Seine letzten überlieferten Worte fielen in die Zeit nach der Zerstörung Jerusalems.
Jeremia ist lauter Mahner und spricht gegen König Jojakim. Ihm wird der Zutritt zum Tempel daher untersagt. So diktiert er Baruch, seinem Gefährten, seine prophetischen Worte, die dem Volk Israel Unheil verkünden.
Doch auch die Kapitulation Jerusalems gegenüber Babylon zeitigt keine Änderung der Politik Jojakims, der sich weiter auf seine Hof- und Heilspropheten stützt. Während der Belagerung Jerusalems wird Jeremia gefangengesetzt, von den Babylonern jedoch befreit und Gedalja, ein Freund das Propheten, zum Statthalter ernannt, jedoch bald ermordet. Jeremia wird von seinen Gegnern nach Ägypten verschleppt.
Nach jüdischer Überlieferung ist er vom eigenen Volk gesteinigt worden (sh. Hebr. 11,36-37).

37. Im Gegensatz zu den neutestamentaischen Evangelien berichtet das Wassermann-Evangelium nicht von den Predigten Johannes des Täufers in der Wüste, schildert jedoch analog den Aufenthalt in der Wüste zur Einkehr und Besinnung und gibt eine konkrete Ortsangabe.

38. Jerusalem ist bereits seit dem 4. Jahrtausend v. Chr. besiedelt. In vor-israelischer Zeit war Jerusalem von Volksgruppen Palästinas, den Jebusitern, bewohnt und trug daher den Namen Jebus oder Stadt der Jebusiter (sh. Ri 19,11).
Bedeutung erlangte Jerusalem erst durch die Eroberung Davids, etwa 1000 v. Chr. Er ernannte Jerusalem zur Hauptstadt der rivalisierenden Nord- und

Südstämme. Mit der Übertragung der Bundeslade wurde Jerusalem zugleich auch religiöser Mittelpunkt von Israel und Juda. Davids Sohn, Salomo, erbaute ca. 960-950 v. Chr. Tempel und Palast und festigte dadurch die zentrale Bedeutung Jerusalems, die selbst nach dem Tode Salomos 926 v. Chr. und der Reichsteilung weiter bestand. 597 v. Chr. wurde Jerusalem von den Babyloniern erobert, zehn Jahre später zerstört und die Bewohner deportiert. Selbst in Gefangenschaft blieb die Stadt weiterhin religiöser Mittelpunkt (sh. Jes 40-55). Nach Rückkehr aus babylonischer Gefangenschaft wurde der zerstörte Tempel zwischen 520-515 v. Chr. wieder aufgebaut und 70 n. Chr. durch Titus endgültig vernichtet.
Jerusalem hat(te) jedoch neben der irdischen und religiösen Bedeutung noch eine zusätzliche himmlische Variante. Alttestamentaische Texte berichten, daß Jahwe selbst dereinst in Jerusalem einzieht. Nach der Vernichtung aller abgekehrten Völker, versammelt er die gottestreuen Völker in Jerusalem (sh. Mich 4,1-3; Jes 2,2). Jerusalem (Zion) wird gleichermaßen die Residenz Jahwes bzw. des Messias-Königs (sh. Ps 26; 110,2). Daraus ableitend entwickelt sich die Vorstellung, daß Jerusalem neben seiner irdischen Existenz zugleich eine bereits im Himmel bestehende Realität ist, das sogenannte neue Jerusalem. Dies wird deutlich in der Offenbarung, wo die *»heilige Stadt, das neue Jerusalem hernieder steigt aus dem Himmel von Gott her«* (Offb 21,2).

39. Haggai (= Festtagskind) ist der zehnte der sogenannten kleinen Propheten. Mit Unterstützung des Propheten Sacharja (sh. Esr 5,1 ff) forcierte er nach dem Exil den Wiederaufbau des Tempels.
Das Haggai-Buch enthält vier genau datierte prophetische Reden aus dem Jahre 520 v. Chr. In der ersten Rede fordert er zum Wiederaufbau des Tempels auf (sh. 1,1-11). Die zweite Rede verherrlicht den neuen zu bauenden Tempel (sh. 2,1-9). Die dritte Rede verkündet die Unreifheit des gegenwärtigen Israel samt seiner Opfer vor Jahwe (sh. 2,10-14). Die vierte und letzte Rede verheißt dem Davididen Serubbabel die messianische Königswürde.
Wie seine prophetischen Vorgänger ruft auch Haggai verstärkt zum Vertrauen auf göttliche Gnade und Hilfe auf und verkündet das endzeitliche Heil.

40. Joel (= Jahwe ist Gott) ist Prophet der nachexilischen Zeit und wirkte vermutlich in Jerusalem. Das Joel-Buch ist die zweite Schrift des Zwölfprophetenbuches und nach 445 v. Chr. niedergeschrieben. Damit ist Joel genaugenommen der letzte Prophet, der vor Johannes dem Täufer aufgetreten ist. Die Joel-Prophetie ist jedoch mehr das Aufzeigen eines apokalyptischen Zukunftsbildes, dem das Heil Israels folgen wird. Der Bekanntheitsgrad von Joel war im Vergleich zu anderen Propheten eher gering.

41. Apollos ist ein Jude aus Alexandria und kommt aus der Bewegung Johannes des Täufers. In Ephesus wird er mit dem Gedankengut der Christengemeinde vertraut und orientiert sich in seinen weiteren Reden und Predigten in Korinth an Paulus.

42. Esau (= rauh, behaart) ist Sohn von Isaak und Rebecca und Bruder Jakobs. Esau und Jakob stehen dabei für zwei Kulturen: Jäger und Hirten - und zwei Völker: Edom und Israel (sh.Gen 25,23; 27). Esau verlor bzw. vermachte seinem Bruder Jakob das Erstgeburtsrecht (sh. 25,31 ff) und somit den Vorrang. Analog hierzu überflügelte der jüngere Staat Israel den mit Esau identifizierten Staat Edom. Die Esausprüche (Gen 25,23; 27,39) sind Orakel über die Zukunft des Staates Edom.

43. Das Thomas-Evangelium ist die Sammlung von 114 Schriften (Logien), gefunden 1947 in einer koptischen Übersetzung. Es enthält die umfangreichste Wiedergabe von Jesus-Worten außerhalb der kanonischen Überlieferung. Die Jesus-Worte sind dabei ohne erzählenden Rahmen aneinandergereiht.

44. Thomas-Akten ist die Bezeichnung für einen christlich-gnostischen Apostelroman, der von Thomas und seinen Wundertaten in Indien erzählt. Der Apostel erleidet am Ende den Märtyrertod.
Die Forschung ist sich über den Wahrheitsgehalt der Thomas-Akten noch nicht im Klaren. Das inzwischen berühmte Grab in Kashmir scheint jedoch auf Thomas und seine Mission in Indien hinzuweisen.

45. Herodes von Chalkis wurde nach dem gewaltsamen Tod seines Bruders Agrippa I zum Regenten ernannt. Er war vermutlich an dem Anschlag auf seinen Bruder beteiligt.
Nach der Verbannung von Herodes Antipas übernahm Herodes von Chalkis dessen Pflichten als Oberhaupt der beschnittenen verheirateten Heiden. Er starb 48 n. Chr.

46. Nabatäer, ein semitisches Nomadenvolk mit Sitz in der arabischen Wüste. Sie wurden im 5. und 4. Jh. v. Chr. seßhaft und verdrängten die Edomiter. Im weiteren Verlauf rissen sie das gesamte Ostjordanland an sich und errichteten ein ansehnliches Reich im 1. Jh. v. Chr. bis zum 1. Jh. n. Chr. mit der Hauptstadt Petra. Die Nabatäer kontrollierten die wichtigsten Karawanenstraßen zwischen Indien, Südarabien, Äthiopien und Europa. Die Nabatäer waren mit den Hasmonäern und der herodianischen Familie bis zur Verstoßung seiner ersten Frau und Nabatäer-Prinzessin durch Herodes Antipas eng befreundet.

Das Nabatäer-Reich wurde in den Jahren 105/106 n. Chr. durch Rom (Kaiser Trajan) zerstört.

47. Zeloten (Eiferer) ist die Bezeichnung für eine radikale, von politisch gefärbtem Messiastum erfüllte Gruppierung, Bewegung im 1. Jh. n. Chr. Vorbildfunktion für die Zeloten hatten die Makkabäer-Aufstände gegen Rom. Das Ziel der Zeloten war dabei die Befreiung von der Römerherrschaft mit Waffengewalt.
Besonders starken Anklang fand die zelotische Bewegung in Galiläa (vgl. Apg 5,37).
In der engeren Jüngerschaft, den ›Zwölfen‹, befand sich auch ›Simon der Zelot‹ (sh. Lk 6,15).
Jesus selbst distanzierte sich nach Lk 13,1-3 deutlich von den Interessen der Zeloten bzw. den aufrührerischen Galiläern.

48. Die Sumerer (Bewohner des Landes Sumer) sind um 3300 v. Chr. in das Zweistromland eingewandert. Ihre Herkunft ist ungewiß. Sie waren weder Semiten noch Indogermanen. Auf der Grundlage von Ackerbau und Viehzucht schufen die Sumerer eine Kultur mit hochentwickelter Technik (Baukunst, Metallverhüttung), deren größte Leistung die Erfindung der Keilschrift war. Das sumerische Reich war in einzelne Stadtstaaten gegliedert, an deren Spitze als Vertreter der Gottheit ein König oder Fürst stand.
Die umfangreiche Literatur der Sumerer ist uns meist durch spätere Abschriften überliefert. Neben Listen und Gesetzen sind vor allem Hymnen, Mythen und Epen erhalten, in denen uns auch die Gestalt des Gilgamesch zuerst begegnet.
Die Sumerer hatten sich stets gegen Eindringlinge zu wehren. Die Einwanderung der Amoriter führte 1950 v. Chr. schließlich zum Zerfall des Staatswesens; die Sumerer wurden in der Folgezeit dem babylonischen Reich eingegliedert.

49. Michel de Nostredame, genannt Nostradamus (1503-66), studierte Medizin in Montpellier, kämpfte mutig und erfolgreich in verschiedenen Städten gegen die Pest und wurde durch Hygiene- und eigene Heilmittel berühmt. Seit 1550 gab er Almanache mit Prognosen und Ratschlägen heraus, die sehr begehrt waren.
In den letzten Jahren seines Lebens, in Salon, verfaßte Nostradamus seine Centurien in dunkel gehaltenen Quatrains (Strophen) mit Prophezeiungen bis zum Jahr 3000. Der mit verblüffenden Einzelheiten vorausgesagte Tod König Heinrichs II machte sie zur Sensation. Nostradamus entstammte einer jüdischen Familie, die in mehreren Generationen bedeutende Gelehrte hervorbrachte.

50. Der Philologe Dr. Edmund Bordeaux Székely war Professor für Philosophie und Experimentuelle Psychologie. Er übersetzte alte Schriften und Aufzeich-

nungen aus Sanskrit, Aramäisch, Griechisch und Latein in zehn moderne Sprachen. Zu seinen wichtigsten Übersetzungen gehören ausgewählte Texte der Schriftrollen vom Toten Meer und die Evangelien der Essener sowie Texte des Zend Avesta und der Schriften des alten Mexiko. Dr. Székely starb 1979.

51. Mit der Bezeichnung *»großes Haus«* sind vermutlich die Pharaonen gemeint. Pharao ist die bibl. Benennung der Könige Ägyptens und bedeutet *Großes Haus*. Damit war zunächst der Palast des Königs gemeint, seit dem 15. Jh. v. Chr. aber auch der König selbst. Memphis und Theben waren die Zentren des Pharaonenreiches.

52. Sidon war in alttestamentaischer Zeit die bedeutendste und reichste Hafen- und Handelsstadt Phöniziens, weshalb die Phönizier auch Sidonier genannt wurden (sh. 1 Kön 5,20;16,31). Von Sidon aus betrieben die Phönizier Handel mit allen Ländern des Mittelmeerraumes und errichteten viele Niederlassungen. Später verlor Sidon seine Vormachtstellung an Tyrus und erlangte sie nur kurze Zeit unter den Persern wieder. Im Neuen Testament werden Sidon und Tyrus bei Mt 15,21 und Lk 6,17 genannt. Die Apg 27,3 erwähnt Paulus in Sidon.

53. Assur war Hauptstadt des assyrischen Reiches. Auf dem Höhepunkt ihrer Macht (911-605 v. Chr.) beherrschten die Assyrer ganz Mesopotamien einschließlich Babylonien, Syrien und Teile Kleinasiens. In dieser Zeit wurden sie auch für Israel und Juda schicksalshaft. Die beiden jüdischen Staaten wurden angegriffen und mußten Tribut zahlen. Später wurden sie der Großmacht gänzlich unterworfen, viele Juden wurden deportiert. 721 v. Chr. wurde Israel von dem assyrischen König Sargon II von der Geschichte gelöscht, Juda wurde zum Vasall Assyriens. Im 7. Jh. v. Chr. zerfällt das Riesenreich und verschwindet ab 605 v. Chr. gänzlich aus der Geschichte.
Assur war aber auch der Name des Hauptgottes der Assyrer sowie ihres Stammvaters.

54. Nebukadnezar II war babylonischer König (604-562 v. Chr.). Schon als Kronprinz bekriegte er die Völker im Westen des Reiches. Nach seiner Thronbesteigung unternahm er mehrere Feldzüge. 597 v. Chr. eroberte er Jerusalem, 587 v. Chr. zerstörte Nebukadnezar II die Stadt und deportierte den Großteil der Bevölkerung (sh. 2 Kön 25,1 ff). Der Prophet Jeremia bezeichnet Nebukadnezar II als den Knecht Jahwes, der das Gericht an Israel und den Völkern vollzieht (sh. Jer 25,9).

55. Ezechiel (= Gott ist oder macht stark) wirkte in den Jahren 594-571 v. Chr. unter den israelitischen Exilanten in Babylon. Ezechiel war Priester, Prophet

und Urheber des Ezechiel-Buches. Zum Propheten wurde er am Fluß Kebar, außerhalb des Heiligen Landes, berufen. Er empfing Gottes Wort in Schauungen. Ezechiel trat als Bußprediger und Unheilskünder auf, wurde aber auch als Tröster und *Wächter* bestellt, um die Verzweifelten aufzurichten.
Große Beachtung fanden in jüngster Zeit die Kapitel 40-48 des Ezechiel-Buches, in denen der Prophet die Schau des zukünftigen Tempels und die neue Ordnung für sein Volk sieht. Die Beschreibung des Ezechiel, in welcher Weise er die Lage, die Ausmaße und die Ausstattung des zukünftigen Tempels erhielt, lassen einige Forscher vermuten, daß der Prophet eine Begegnung mit einem interplanetaren Wesen hatte.

56. Ramtha teilt sich seit 1977 medial mit. Nach eigenen Angaben hat er vor 35000 Jahren auf der Erde gelebt und war die meiste Zeit ein wilder Eroberer, bis er in einer Schlacht verwundet wurde. Er zog sich auf einen Berg zurück, um über das Leben nachzudenken. Sieben Jahre verbrachte er auf einem kahlen Felsen und befaßte sich mit der Sonne, dem Mond, dem Leben nach dem Tod und jenen Dingen, die sich nie zu ändern scheinen. Als er den Berg wieder verließ, kehrte er als erleuchtetes Wesen zurück, denn er hatte die Illusion des Lebens durchschaut. Ramtha lehrte sein Volk viele Jahre lang, ehe er *»in das All auffuhr«*. Er ist der *Ram*, auf dem das Hindu-Volk seine Religion errichtete.
Die medialen Mitteilungen des Ramtha sind mittlerweile in 12 Büchern erfaßt und finden in den USA viel Beachtung. Inzwischen gibt es auch in Deutschland eine große Leserschaft der Ramtha-Bücher.

BIBLIOGRAPHIE

Apokryphen:

Weidinger, E., *Die Apokryphen, Verborgene Bücher der Bibel*, Augsburg 1990.

Schindler, A. (Hrsg.), *Apokryphen zum Alten und Neuen Testament*, Zürich 1988.

Bibel:

Luther, Einheitsübersetzung der Heiligen Schrift, revidierter Text 1964.

Josephus Flavius:

Antiquitates judaicae (Jüdische Altertümer)

De bello judaico (Der Jüdische Krieg)

Schriftrollen vom Toten Meer:

Dupont-Sommer, A., *Die essenischen Schriften vom Toten Meer*, aus dem Französischen übersetzt von Walter W. Müller, Tübingen: J.C.B. Mohr (Paul Siebeck) 1960.

Maier, J., *Die Tempelrolle vom Toten Meer* (Uni-Taschenbücher 829), München/Basel, Ernst Reinhardt (1978), 1992.

Maier, J./Schubert, K., *Die Qumran-Essener. Texte der Schriftrollen und Lebensbild der Gemeinde* (Uni-Taschenbücher 224) München/Basel, Ernst Reinhardt (1973), 1992.

Philo von Alexandria:

Die Werke Philos von Alexandria, Band I-VI, hrsg. von Leopold Cohn, Breslau 1909-1938.

Plinius:

Die Naturgeschichte des Plinius Secundus, hrsg. von G. C. Wittgenstein, Leipzig 1881-1882.

Zeitgenössiche Literatur:

Ahmad, H.M.G., *Masih Hindustani Mein*, 1899, Übersetzung von Qazi Abdul Hamid: Jesus in India 1944, Neu: London 1978.

Baumann, A., *ABC der Anthroposophie*, Hallwag, Bern und Stuttgart 1986.

Betz, O./Riesner, R., *Jesus, Qumran und der Vatikan. Klarstellungen*, Herder, Freiburg/Basel/Wien 1993.

Hildegard von Bingen:

Böckeler, M., *Der ›einfältige Mensch‹ - Hildegard von Bingen. In: Hildegard von Bingen, Wisse die Wege,* Scivias, hrsg., übertr. und bearb. v. M. Böckeler, O. Müller, Salzburg 1975.

Brand, H. J., *Hildegard von Bingen. Orientierung und Auftrag,* Edition Werry, Mühlheim 1980 (Hrsg.: Institut für kirchengeschichtliche Forschung des Bistums Essen).

Schipperges, H., *Hildegard von Bingen, Welt und Mensch,* aus dem Geneter Kodex übers. und erl. von H. Schipperges, Salzburg 1972.

Dethlefsen, T., *Ausgewählte Texte,* Goldmann, München 1988.

Dinde, M., *Nostradamus Total. Alle Texte, alle Methoden, alle Deutungen,* Dettendorf, Essen usw. 1994.

Drower, S., *Mandean Polemic,* Bulletin of the School of Oriental and African Studies, Vol. 25, Teil 3, 1962.

Ernst, J., *Johannes der Täufer. Der Lehrer Jesu?,* Herder, Freiburg/Basel/Wien, 1994.
Johannes der Täufer. Interpretation, Geschichte, Wirkungsgeschichte, (BZNW 53), Berlin-New York 1989.

Freunde der Neuoffenbarung (Hrsg.), *Der Vorläufer Christi. Johannes der letzte Rufer in der Weltwüste. Seine Mission und sein Ende.* (Wiedergabe der prophetisch empfangenen Vision von Bertha Dudde), Heuchelheim 1972.
Wer war Bertha Dudde? Die Gottesbotin der Endzeit. Ihr Leben und Wirken, Heuchelheim 1975.

Levi, *Das Wassermann-Evangelium von Jesus dem Christus,* Hugendubel, München 1980.

Macuch, *Alter und Heimat des Mandaismus nach neuerschlossenen Quellen,* Theologische Literaturzeitung 82, o. J.

Messadié, G., *Ein Mensch namens Jesus,* aus dem Französischen übersetzt von Kirsten Ruhland, Droemer Knaur, München 1989.

Metzsch, F.-A. von, *Johannes der Täufer. Seine Geschichte und seine Darstellung in der Kunst,* Callwey, München 1989.

Pape, D. R., *Der Vorläufer Johannes der Täufer. Prophet und Wegbereiter des Herrn,* aus dem Amerikanischen übersetzt von Katharina Goodwin, Junge Gemeinde, Stuttgart 1991.

Rudolf, K., *Die Mandäer I. u. II.* (FRLANT 74-75), Göttingen 1960/61.

Schonfield, H. J., *Die Essener. Das Geheimnis des Wahren Lehrers und der Einfluß der Essener auf die menschliche Geschichte,* aus dem Englischen übersetzt von Martin, Bruno Martin, Fulda 1985.

Spalding, B., *Leben und Lehren der Meister im Fernen Osten,* aus dem Englischen übersetzt von M. Usteri, Drei Eichen, Ergolding 1990.

Stegemann, H., *Die Essener, Qumran, Johannes der Täufer und Jesus,* Herder, Freiburg/Basel/Wien 1994.

Stemberger, G., *Pharisäer, Saduzzäer, Essener* (Stuttgarter Bibelstudien 144), Katholisches Bibelwerk 1991.

Sumner, F. W., *Das kommende Goldene Zeitalter,* auszugsweise Übersetzung von C. Müller, Urgemeinde, Wiesbaden-Biebrich 1989.

Szekely, E. B., *Die Lehren der Essener,* aus dem Englischen übersetzt von Martin, Bruno Martin, Fulda 1988.

Thiering, B., *Jesus von Qumran. Sein Leben neu geschrieben,* aus dem Englischen übersetzt von S. Denzel und S. Naumann, Gütersloher, Gütersloh 1993.

Trever, J. C., *Das Abenteuer von Qumran,* aus dem Amerikanischen übersetzt von H. v. Radzibor, I. G. Oncken, Kassel 1967.

Vaux, R. de, *Archaelogy and the Dead See Scrolls. The Schweich Lectures 1959,* revisid edition in an English translation, Oxford University Press, London 1973.

Wiedengren, G. (Hrsg.), *Der Mandäismus* (WdF CLXV II), Darmstadt 1982.